本书系 2023 年度教育部
哲学社会科学研究重大委托项目
"推进马克思主义中国化时代化研究"
(23JZDW05) 的研究成果。

新时代高校育人"十大"论域

黄蓉生 等 编著

西南大学出版社
国家一级出版社 全国百佳图书出版单位

图书在版编目(CIP)数据

新时代高校育人"十大"论域 / 黄蓉生等编著. --重庆：西南大学出版社, 2025. 5. -- ISBN 978-7-5697-3173-6

Ⅰ. G649.2

中国国家版本馆 CIP 数据核字第2025VE5681号

新时代高校育人"十大"论域
XIN SHIDAI GAOXIAO YUREN "SHIDA" LUNYU

黄蓉生　等　编著

选题策划：	段小佳
责任编辑：	段林宏
责任校对：	朱司琪
装帧设计：	殳十堂_未　氓
排　　版：	杨建华
出版发行：	西南大学出版社（原西南师范大学出版社）
	地址:重庆市北碚区天生路2号
	市场营销部:023-68868624
	邮编:400715
印　　刷：	重庆市圣立印刷有限公司
成品尺寸：	170 mm×240 mm
印　　张：	29
字　　数：	427千字
版　　次：	2025年5月　第1版
印　　次：	2025年5月　第1次印刷
书　　号：	ISBN 978-7-5697-3173-6
定　　价：	98.00元

编委会

主　编：黄蓉生

副主编：白云华　谢　忱

参编成员：(按姓氏笔画为序)

　　　　白云华　史甲庆　刘云彬　刘　畅　李思蓓
　　　　范　曦　赵　静　徐佳辉　唐　颖　钱珠栎
　　　　黄蓉生　梁月凤　谢　忱　蒋春芝

目录

导　　论
　　一、新时代以来高校育人取得历史性成就　/　3
　　二、新时代高校"十大"育人的主要内容　/　4
　　三、新时代高校践行"十大"育人的实践要求　/　7

第一章　新时代以来高校思想政治工作的变革与成就
　　一、高校思想政治工作的特殊重要性进一步彰显　/　19
　　二、高校思想政治工作内容任务得到强化落实　/　25
　　三、高校思想政治工作格局持续优化　/　33
　　四、高校思想政治工作专门力量不断增强　/　38

第二章　新时代高校"十大"育人的原则遵循
　　一、坚持遵循规律与改革创新的统一　/　47
　　二、坚持育人导向与问题指向的统一　/　53
　　三、坚持协同联动与分工负责的统一　/　60
　　四、坚持普遍要求与分类指导的统一　/　65

第三章　统筹推进高校课程育人
　　一、高校课程育人的内涵要义　/　73
　　二、高校课程育人的重要意义　/　82
　　三、统筹推进高校课程育人的实践路径　/　92

第四章　着力加强高校科研育人

一、高校科研育人的理论概述　/　111

二、高校科研育人的时代价值　/　127

三、高校科研育人的实践模式　/　133

第五章　扎实推动高校实践育人

一、高校实践育人的主要蕴涵　/　143

二、高校实践育人的重要意义　/　154

三、扎实推动高校实践育人的实施进路　/　164

第六章　深入推进高校文化育人

一、高校文化育人的学理阐释　/　181

二、高校文化育人的重要意义　/　186

三、深入推进高校文化育人的路径　/　195

第七章　创新推动高校网络育人

一、高校网络育人的科学界定　/　209

二、高校网络育人的战略意义　/　218

三、推动高校网络育人的重要举措　/　227

第八章　大力促进高校心理育人

一、高校心理育人概论　/　243

二、高校心理育人的紧迫性　/　252

三、大力促进高校心理育人的策略思考　/　256

第九章　切实强化高校管理育人

一、高校管理育人的基本蕴涵　/　269

二、强化高校管理育人的重大价值　/　279

三、强化高校管理育人的实践进路　/　288

第十章　不断深化高校服务育人

一、高校服务育人的内涵 / 303

二、高校服务育人的重要意义 / 313

三、不断深化高校服务育人的举措创新 / 324

第十一章　全面推进高校资助育人

一、高校资助育人的基本认识 / 335

二、高校资助育人的重要意义 / 350

三、全面推进高校资助育人的实施策略 / 357

第十二章　积极优化高校组织育人

一、高校组织育人的学理解析 / 375

二、高校组织育人的时代价值 / 385

三、积极优化高校组织育人的各项功能 / 393

第十三章　新时代推进高校"十大"育人的条件保障

一、加强高校党委对育人工作的统一领导 / 409

二、建好高校思想政治工作队伍 / 416

三、强化高校育人工作改革驱动 / 425

主要参考文献 / 437

相关成果辑揽 / 447

后　记 / 453

导 论

2017年12月,为认真学习贯彻党的十九大精神,进一步把贯彻落实全国高校思想政治工作会议和中共中央、国务院《关于加强和改进新形势下高校思想政治工作的意见》精神引向深入,大力提升高校思想政治工作质量,教育部党组专门制定并下发了《高校思想政治工作质量提升工程实施纲要》(以下简称《实施纲要》),强调要"充分发挥课程、科研、实践、文化、网络、心理、管理、服务、资助、组织等方面工作的育人功能,挖掘育人要素,完善育人机制,优化评价激励,强化实施保障,切实构建'十大'育人体系"[1],这对高校着力培养德智体美劳全面发展的社会主义建设者和接班人,着力培养担当民族复兴大任的时代新人,不断开创新时代高校思想政治工作新局面指明了前行方向,提供了根本遵循。

一、新时代以来高校育人取得历史性成就

党的十八大以来,高校认真学习领会习近平总书记重要讲话和重要指示批示精神,坚持用习近平新时代中国特色社会主义思想铸魂育人,把"立德树人"融入思想道德教育、文化知识教育、社会实践教育等环节,精心设计学科体系、教学体系、教材体系、管理体系,新思想"三进"育人成效得到显著提升,思政课发展环境和课程体系生态得到有力重塑、发生格局性变化,德智体美劳全面培养的育人体系全面构建,学生全面发展,生动活泼发展的育人生态进一步形成和巩固。

尤其是全员全过程全方位育人格局基本形成。习近平总书记在2018年9月全国教育大会上对教育系统明确提出了"健全全员育人、全过程育人、全方位育人的体制机制"[2]要求。"三全育人"是新时代推进育人理念和育人方式变革的重大命题。高校积极探索,不断完善时间上全过程、空间上全覆盖、要素上全动员的体制机制,推动健全课程、科研、实践、文

---

[1] 中华人民共和国教育部:《中共教育部党组关于印发〈高校思想政治工作质量提升工程实施纲要〉的通知》[EB/OL].(2017-12-05)[2024-10-03].http://www.moe.gov.cn/srcsite/A12/s7060/201712/t20171206_320698.html.
[2] 习近平:《论党的青年工作》,中央文献出版社,2022年,第171页。

化、网络等"十大"育人体系,育人合力大幅增强;坚持理论教育与实践养成相结合、思政教育与现实生活相结合,将新时代的原创性思想、变革性实践、历史性成就等研究成果转化为鲜活的思想政治教育素材;深化课程思政建设,梳理挖掘各门专业课程所蕴含的思想政治教育元素和所承载的思想政治教育功能,推出一批示范课程、名师和团队、数字化资源;推动思想政治教育、专业教育与创新教育、社会实践、志愿服务等的有机融合;推动"一站式"学生社区建设覆盖全国高校,将学生社区"末梢"转变为思想引领、发展指导等工作"前哨",推动育人工作做在日常、抓在经常、落到个人和实处。

二、新时代高校"十大"育人的主要内容

教育部党组专门制定和下发的《实施纲要》,在提出"十大"育人体系基本任务时,全面系统地规定了"十大"育人中各个育人的主要内容。[①]

1.统筹推进课程育人

"课程育人"规定,深入推动习近平新时代中国特色社会主义思想进教材、进课程、进头脑,创新高校思想政治理论课建设体系。与此同时,要推进马克思主义理论研究和建设工程教材、思想政治理论课统编教材编写修订,充分挖掘和运用各门课程蕴含的思想政治教育元素。适应发挥专业教师课程育人的主体作用,加强教材使用和课堂教学管理,制定高校课堂教学管理指导意见,明确课堂教学的纪律要求。

2.着力加强科研育人

"科研育人"规定,改进科研环节和程序,把思想价值引领贯穿选题设计、科研立项、项目研究、成果应用全过程,把思想政治表现作为组建科研团队的底线要求。完善科研评价标准,改进学术评价方法,组织编写师生

[①] 中华人民共和国教育部:《中共教育部党组关于印发〈高校思想政治工作质量提升工程实施纲要〉的通知》[EB/OL].(2017-12-05)[2024-10-03].http://www.moe.gov.cn/srcsite/A12/s7060/201712/t20171206_320698.html.

学术规范与学术道德读本,在本科生中开设相关专题讲座,在研究生中开设相应公选课程。同时,要健全优秀成果评选推广机制,服务国家和区域经济发展,促进全社会思想文化建设。要大力培育全国高校黄大年式教师团队,培养造就一批科研育人示范项目、示范团队。

3.扎实推动实践育人

"实践育人"规定,整合实践资源,拓展实践平台,依托高新技术开发区、大学科技园等建立多种形式的社会实践、创业实习基地。丰富实践内容,创新实践形式,既广泛开展社会调查、生产劳动等社会实践活动,又组织实施好"牢记时代使命,书写人生华章""百万师生追寻习近平总书记成长足迹"等新时代社会实践精品项目。同时,深入推进实践教学改革,加强创新创业教育,培育建设一批实践育人与创新创业示范基地。

4.深入推进文化育人

"文化育人"规定,推进中华优秀传统文化教育,引导高雅艺术、非物质文化、民族民间优秀文化进校园。挖掘革命文化的育人内涵,有效利用重大纪念日契机和重点文化基础设施开展革命文化教育。开展社会主义先进文化教育,开展社会主义核心价值观主题教育。同时,大力繁荣校园文化,创新校园文化品牌,建设特色校园文化;建设美丽校园,创建文明校园,努力将高校建设成为社会主义精神文明高地。

5.创新推动网络育人

"网络育人"规定,建设高校思想政治工作网,加强高校思想政治工作信息管理系统共建与资源共享。编制《高校师生网络素养指南》,引导师生增强网络安全意识,遵守网络行为规范,养成文明网络交往方式。拓展网络平台,推动"易班"和中国大学生在线全国共建,引领建设校园网络新媒体矩阵。同时,开展"大学生网络文化节"等网络文化建设活动,推广展示一批"网络名篇名作"。培养网络力量,建设一支政治强、业务精、作风硬的网络工作队伍。

6. 大力促进心理育人

"心理育人"规定,加强知识教育,把心理健康教育课程纳入学校整体教学计划。开展宣传活动,举办"5·25"大学生心理健康节等品牌活动,营造心理健康良好氛围。强化咨询服务,提高心理健康教育咨询与服务中心建设水平。同时,加强预防干预,推广应用《中国大学生心理健康筛查量表》"中国大学生心理健康网络测评系统";建立学校、院系、班级、宿舍"四级"预警防控系统,提升工作前瞻性、针对性;完善工作保障,培育建设一批"高校心理健康教育示范中心"。

7. 切实强化管理育人

"管理育人"规定,健全依法治校、管理育人制度体系,结合大学章程、校纪校规、自律公约修订完善,研究梳理高校各管理岗位的育人元素。加强干部队伍管理,提高各类管理干部育人能力。加强教师队伍管理,严把教师聘用、人才引进政治考核关,依法依规加大对各类违反师德和学术不端行为查处力度,及时纠正不良倾向和问题。同时,强化保障功能,培育一批"管理育人示范岗",引导管理干部用良好的管理模式和管理行为影响和培养学生。

8. 不断强化服务育人

"服务育人"规定,强化育人要求,研究梳理各类服务岗位所承载的育人功能;明确育人职能,开展系列主题教育,切实提高后勤保障水平和服务育人能力。做好在图书资料、医疗卫生、安全保卫等领域的各项服务工作。同时,加强监督考核,落实服务目标责任制,把服务质量和育人效果作为评价服务岗位效能的依据和标准。选树一批服务育人先进典型模范,培育一批高校"服务育人示范岗"。

9. 全面推进资助育人

"资助育人"规定,加强资助工作顶层设计,建立资助管理规范,完善勤工助学管理办法。精准认定家庭经济困难学生,健全四级资助认定工作机制,实施动态管理。坚持资助育人导向,培养学生奋斗精神和感恩意识,在国家助学金申请发放环节,在国家助学贷款办理过程中,注意培养学生爱党爱国爱社会主义意识和自强不息、创新创业的进取精神。同时,创新资助育人形式,开展"助学·筑梦·铸人"等主题教育,推选展示资助育人优秀案例和先进人物。

10.积极优化组织育人

"组织育人"规定,发挥高校各级党组织的育人保障功能,推动学校各级党组织自觉担负起管党治党、办学治校、育人育才的主体责任。实施教师党支部书记"双带头人"培育工程,实施"高校基层党建对标争先计划",创建示范性网上党建园地,推选展示一批党的建设优秀工作案例。同时,发挥各类群团组织的育人纽带功能,推动工会、共青团、学生会等群团组织创新组织动员、引领教育的载体与形式;培育建设一批文明社团、文明班级、文明寝室。

三、新时代高校践行"十大"育人的实践要求

中国特色社会主义进入新时代以来,习近平总书记着眼强国建设、民族复兴伟业后继有人,立足党和国家事业发展全局的高度,深刻阐释了"培养什么人、怎样培养人、为谁培养人"[①]这一教育的根本问题和教育强国建设的核心课题。高校践行"十大"育人,必须坚持以习近平总书记系列重要论述为指导,把培养社会主义建设者和接班人作为根本任务,培养一代又一代拥护中国共产党领导和我国社会主义制度、立志为中国特色社会主义事业奋斗终身的有用人才。

1.贯彻落实"立德树人"根本任务

育人的根本在于立德。高校践行"十大"育人的本位目标和最终归宿就在于落实好"立德树人"根本任务,这是办好中国特色社会主义大学的立身之本,体现了我国高等教育的本质要求。"立德树人"具有十分丰富的内涵要义。所谓"立德"即树立德业、修养道德。古人认为"'大上有立德,

---

① 习近平:《思政课是落实立德树人根本任务的关键课程》,人民出版社,2020年,第9页。

其次有立功,其次有立言。'虽久不废,此之谓不朽"①,将"立德"置于首要位置,突出"立德"的基础性和纲领性地位,反映了中华民族自古以来重视崇德修身的历史文化底蕴。新时代高校思想政治教育继承发扬中华优秀传统文化,强调要立中国特色社会主义之"德",要求教育对象明大德、守公德、严私德,遵从社会公德、家庭美德、职业道德、个人品德等方面的道德要求,形成正确的世界观、人生观和价值观。所谓"树人"即培养人、教育人。新时代高校思想政治教育要树之"人"是党和国家事业的建设者和接班人,也就是德才兼备、担当民族复兴大任的时代新人。习近平总书记指出:"人才培养一定是育人和育才相统一的过程,而育人是本。人无德不立,育人的根本在于立德。这是人才培养的辩证法。"②显见,"树人"必先"立德",这是"树人"必不可少的重要基础;"立德"指向"树人",这是"立德"锚定实现的目标追求。二者互为条件、协同互促,共同构成"立德树人"的主旨内涵。质言之,高校践行"十大"育人就是要坚持社会主义办学方向,从理念、目标、内容、方法、过程、载体、环境、管理、评估等方面切实加强和改进大学生思想政治教育,抓好"立德树人"工作,帮助大学生掌握运用马克思主义基本原理,认识人生应该在哪用力、对谁用情、如何用心、做什么样的人,把准成为担当民族复兴大任的时代新人的成长成才方向。

2.培育和弘扬社会主义核心价值观

培育和弘扬社会主义核心价值观是高校践行"十大"育人的重要实践要求。价值反映主客体需求关系,价值观是关于主体对客体意义和重要性的根本看法和系统观点。价值主体需求的多样性、差异性和复杂性,导致社会上存在着不尽相同、多种多样的价值观念,其中居于主导地位、发挥引领作用的就是核心价值观。社会主义核心价值观指以马克思主义为指导,与社会主义经济基础相适应、中华优秀传统文化相契合,在坚持和发展中国特色社会主义的实践中形成发展的价值观念,规约着社会主义

---

① 郭丹、程小青、李彬源译注:《左传》(中册),中华书局,2012年,第1328页。
② 习近平:《在北京大学师生座谈会上的讲话》,人民出版社,2018年,第7页。

事业的前行路径和未来趋势,在社会主义价值体系中处于主导地位、发挥引领作用。自党的十八大明确提出"倡导富强、民主、文明、和谐,倡导自由、平等、公正、法治,倡导爱国、敬业、诚信、友善"①社会主义核心价值观的基本范畴以来,党中央多次强调"把培育和弘扬社会主义核心价值观作为凝魂聚气、强基固本的基础工程"②,用以凝聚形成全社会的价值共识。习近平总书记指出,"青年的价值取向决定了未来整个社会的价值取向,而青年又处在价值观形成和确立的时期,抓好这一时期的价值观养成十分重要"③,"用社会主义核心价值观教育学生,引导他们扣好人生的第一粒扣子,是高校思想政治工作的使命所在"④。高校思想政治教育应把培育和弘扬社会主义核心价值观作为重点内容,坚持贯穿结合融入、做到落细落小落实,同办学治校、立德树人、教育教学紧密联系起来,确保大学生扣好人生的第一粒扣子,"做社会主义核心价值观的坚定信仰者、积极传播者、模范践行者"⑤。

具体而言,就是解决社会价值要求与个体价值需求之间的矛盾,使社会主义核心价值观在大学生群体中入耳入脑入心,帮助他们铸就崇高的理想信念、掌握丰富的文化知识、锤炼高尚的道德品质。这就要求高校务必将社会主义核心价值观贯穿办学育人全过程、融入主渠道主阵地,将思政课实践教学、校园文化活动、校外调查研究等各种活动置于培育和弘扬社会主义核心价值观统摄之下,形成教室第一课堂、校园第二课堂、社会第三课堂协同推进的良好态势,引导大学生把从课堂中习得的社会主义核心价值观知识体系转化为生活中践履的信仰价值体系,在社会实践中增强"四个自信",帮助处于人生"拔节灌浆期"的他们补足所需的"阳光"和"水分",夯牢勤学修德、明辨笃实、爱国励志、求真力行的坚实根基。

---

① 中共中央文献研究室编:《十八大以来重要文献选编》(上),中央文献出版社,2014年,第25页。
② 《习近平谈治国理政》第1卷,外文出版社,2018年,第163页。
③ 《习近平著作选读》第1卷,人民出版社,2023年,第243页。
④ 习近平:《论教育》,中央文献出版社,2024年,第142页。
⑤ 《习近平谈治国理政》第2卷,外文出版社,2017年,第377页。

3.遵循"三因""三规律""三办法"

遵循意指事物变化发展应然遵照的具有决定性意义的指南、依据。高校践行"十大"育人应遵循"三因""三规律""三办法",坚持问题导向、把握教育规律,推动高校育人实践创新发展。习近平总书记指出:"做好高校思想政治工作,要因事而化、因时而进、因势而新。要遵循思想政治工作规律,遵循教书育人规律,遵循学生成长规律,沿用好办法,改进老办法,探索新办法,不断提高工作能力和水平。"[①]这一重要论述明确了高校育人的理念原则,提供了方法论指导。

"三因",即因事而化、因时而进、因势而新,分别指向要善于将生动事实转化为深刻道理,在解疑释惑中达成育人目标;要审时度势、抓住关键时机,在与时俱进中发展前行;要因势而谋、应势而动、顺势而为,在改革创新中提升活力效能。"因事而化、因时而进、因势而新"彰显着习近平新时代中国特色社会主义思想"坚持问题导向"[②]的世界观和方法论,将"事""时""势"视为"化""进""新"的重要缘起和动力条件。高校"十大"育人应遵循"三因",以学生关注的"大事"、时代发展的"大局"、中国和世界面临的"大势"提出的新要求新期待以及教育实践活动在完成"立德树人"根本任务的过程中所遇到的新矛盾新问题为动因导向,在回应现实要求、解决实际问题中实现创新发展。

"三规律",即遵循思想政治工作规律、教书育人规律、学生成长规律。进言之,就是按照人的思想政治素质形成特点和规律开展思想政治教育,促进人的理想信念、价值理念、道德观念的养成和发展;要求高校育人既要教好书,又要育好人,着力提升育人实效;立足学生知识体系构建、价值观念形成、情感心理发展的阶段性特征和个体性差异开展教育引导。总的来说,遵循"三规律"以遵循思想政治工作规律为总体统领,从教师教育教学和学生成长成才两个维度延伸展开,是高校育人实践发展的必然遵

---

① 习近平:《论教育》,中央文献出版社,2024年,第150页。
②《习近平著作选读》第1卷,人民出版社,2023年,第17页。

循。高校"十大"育人遵循"三规律",应在认识并运用这些规律的基础上,结合大学生思想行为特点,合理预见育人实践实际效果和发展态势,下好先手棋、打好主动仗,牢牢把握高校思想政治教育创新发展的着力点和发力处以导向前行之趋势。

"三办法",指沿用好办法、改进老办法、探索新办法,即继承和沿用经过长期实践检验的切实管用、行之有效的方法;将新的时代元素、先进的教育理念等融入习以为常、屡见不鲜的方法中使其焕发新的生命力;适应时代发展的要求和大学生群体的需求,运用新媒体新技术创新创造方式方法。"三办法"对"好办法""老办法""新办法"提出了"沿用""改进""探索"的对应性策略,蕴含着习近平新时代中国特色社会主义思想"坚持守正创新"[①]的立场观点方法。守正是不迷失方向、不犯颠覆性错误的前提,创新是把握时代、引领时代的关键,坚持守正创新意味着既要坚守本质要求,也要紧跟时代步伐。高校"十大"育人遵循"三办法",坚持将中国共产党所倡导的意识形态引导转化为大学生广泛接受并自觉践行的"灌输"本质,大力推动思想政治教育传统优势与现代信息技术相融合,在"漫灌"与"滴灌"相结合的过程中绵绵用力、久久为功,就像盐溶解到各种食物中自然而然地被人吸收那样,力争实现潜移默化、成风化人的育人效果,牵引高校思想政治教育创新发展之方向。

4.培养担当民族复兴大任的时代新人

党的十八大以来,以习近平同志为核心的党中央,要求高校"坚守为党育人、为国育才,努力办好人民满意的教育,在加快推进教育现代化的新征程中培养担当民族复兴大任的时代新人"[②]。培养担当民族复兴大任的时代新人,是高校思想政治教育立足新时代新征程紧密围绕全面推进中国式现代化这一党的重要任务而确立的育人目标,彰显了"为党育人、为国育才"的时代担当。一方面,彰显了"为党育人"的政治担当。列宁指

[①] 《习近平著作选读》第1卷,人民出版社,2023年,第16页。
[②] 《习近平谈治国理政》第4卷,外文出版社,2022年,第339页。

出:"在各方面的教育工作中,我们都不能抱着教育不问政治的旧观点,不能让教育工作不联系政治。"[1]这充分表明教育具有鲜明的政治性,培养国家建设、社会发展所需的人"就是培养社会发展、知识积累、文化传承、国家存续、制度运行所要求的人。所以,古今中外,每个国家都是按照自己的政治要求来培养人的"[2]。无数事实说明,办好中国的事情,关键在党;办成中国的事情,关键在人,尤其是培养无产阶级革命事业接班人,这是事关中国特色社会主义事业兴衰成败的百年大计。高校思想政治教育应将培养"时代新人"与中国共产党的千秋伟业紧密相连,用实际行动抓紧抓好培养接班人这个根本大计,以确保党和国家事业薪火相传、后继有人。另一方面,彰显了"为国育才"的使命要求。党的二十大指出,"教育、科技、人才是全面建设社会主义现代化国家的基础性、战略性支撑"[3],要持续深入实施人才强国战略,培养造就大批德才兼备、全面发展的高素质人才。人才是推动国家发展、赢得历史主动的战略资源和中坚力量。形势越是复杂严峻,越是接近目标,就越需要人才支撑和智力保障。高校思想政治教育应将党和国家事业发展对于人才的需求落实到培养时代新人的目标实现上来,在培养有理想、有本领、有担当的时代新人实践中有力回应着党和国家事业发展赋予高校思想政治教育的使命要求。

高校"十大"育人要培养担当民族复兴大任的时代新人,一是要确保时代新人坚定正确政治方向。正确的政治方向是一个人成长成才的前提和基础。一个人没有正确的政治方向,就如同没有灵魂。邓小平指出:"学校应该永远把坚定正确的政治方向放在第一位。"[4]高校要不断落细、落小、落实社会主义核心价值观教育,持续深化、强化爱国主义、集体主义、社会主义教育,引导大学生树立中国特色社会主义共同理想;坚持不懈传播马克思主义科学理论,抓好马克思主义理论教育,提升大学生理论

---

[1]《列宁选集》第4卷,人民出版社,2012年,第302页。
[2] 习近平:《论教育》,中央文献出版社,2024年,第60页。
[3]《习近平著作选读》第1卷,人民出版社,2023年,第27-28页。
[4]《邓小平文选》第2卷,人民出版社,1994年,第104页。

素养;开展"四史"学习教育、国情世情民情教育等,激发大学生爱党爱国爱社会主义的思想认同和行为践履。二是要涵育时代新人的科学理论素养。"一个民族要想站在科学的最高峰,就一刻也不能没有理论思维。"[1]高校应坚持用习近平新时代中国特色社会主义思想铸魂育人,推进马克思主义中国化时代化最新成果"三进",开好"习近平新时代中国特色社会主义思想概论"课程,引导大学生深入学习贯彻习近平新时代中国特色社会主义思想的历史地位、精神实质和丰富内涵等,深刻感悟领会其中蕴含的科学的世界观和方法论,提升观察时代、解决问题的素养和水平。三是要强化时代新人的本领养成。习近平总书记指出,"学到的东西,不能停留在书本上,不能只装在脑袋里,而应该落实到行动上,做到知行合一、以知促行、以行求知"[2]。高校要不断创新育人形式,健全家庭、学校、政府、社会协同育人机制,构建社会大课堂实践育人体系,进一步强化受教育者为实现民族复兴而矢志奋斗的信仰信念信心。

5.加强党对高校育人工作的全面领导

党的领导是中国特色社会主义大学的鲜明特征和本质要求,是引领新时代高校思想政治教育创新发展的最大政治优势和强大领导力量。党对育人工作全面领导的关键在于"全面",重点在于"领导",从根本上为高校思想政治教育创新发展保驾护航。

具体而言,一是领导内容的全面性。党对高校育人工作的领导,体现在政治、思想、组织等各个方面。所谓政治领导,就是坚持社会主义办学方向,全面贯彻党的教育方针,对高校"培养什么样的人、如何培养人以及为谁培养人"等掌舵把向,全面统领高校育人工作。所谓思想领导,就是坚持习近平新时代中国特色社会主义思想的指导地位,牢牢掌握高校意识形态领域的主导权,牢记高校育人是什么、要干什么这个基本问题,落实好"两个巩固"的根本任务。所谓组织领导,就是健全组织体系,充分发

---

[1]《马克思恩格斯选集》第3卷,人民出版社,2012年,第875页。
[2] 习近平:《在北京大学师生座谈会上的讲话》,人民出版社,2018年,第13页。

挥基层党组织作用,"增强党组织政治功能和组织功能"[1],动员各方力量积极参与,确保高校思想政治教育组织队伍坚强有力、全面过硬。从总体上看,政治领导统领、思想领导铸魂、组织领导夯基,这三个方面相互联系、协同作用,有效地将坚持党的全面领导政治优势转化为"立德树人"的制胜效能,共同铸就高校育人强大的领导力、坚定的执行力和磅礴的创造力。二是领导范围的全体性。党的全面领导既包含对诸如构建思想政治工作体系、打造"三全育人"格局等总体布局的集中领导,也包括对课堂课程、队伍建设、支撑保障等具体工作的全面领导;既注重主渠道主阵地的协同建设,也重视发挥每门课程的育人功能,推进课程有思政、课堂润人心、教师育新人,打通思政教育与专业教育紧密融合的"最后一公里"。三是领导体系的全程性。做好高校育人工作,将思想政治教育贯穿教育教学全链条和学生成长成才全流程,离不开从中央到地方、从高校到社会的共同参与、整体推进。这就要求既要实行党中央集中统一领导、教育工作领导小组牵头抓总、有关方面各司其职的领导体制,也要压实各级党委的主体责任,明确工作职责,将高校育人工作纳入议事日程,常抓不懈,"形成党委统一领导、各部门各方面齐抓共管的工作格局"[2]。

加强党对高校育人工作的全面领导。第一,要引领育人发展方向。方向问题事关全局、影响长远。加强和改进高校育人工作,最重要的就是要在办学方向这一根本问题上站稳政治立场。倘若忽视或弱化社会主义办学方向,高校育人势必会迷失前行航向甚至驶向深渊。高校唯有旗帜鲜明地加强党的领导,把好人才培养、学科建设、课堂教学、科学研究、群团活动等的政治方向,才能确保党的路线方针政策在高校得以有效贯彻落实。第二,要提供创新发展支撑。高校育人是一项系统工程,涉及各个方面多个领域,必须发挥党的全面领导这一政治优势,最大限度调动积极因素,广泛凝聚各方力量,抓住政工队伍主体、教师队伍骨干、管理队伍基

---

[1] 《习近平著作选读》第1卷,人民出版社,2023年,第55页。
[2] 《习近平谈治国理政》第2卷,外文出版社,2017年,第379页。

本,为高校思想政治教育创新发展提供强有力的组织保证和力量支撑。第三,要健全育人发展制度。党对高校的全面领导需要健全制度来保障,确保高校党委把方向、管大局、作决策、保落实,承担起管党治党、办学治校的主体责任。中共中央办公厅印发的《关于坚持和完善普通高等学校党委领导下的校长负责制的实施意见》、中共中央印发的《中国共产党普通高等学校基层组织工作条例》等制度文件,中共中央宣传部、教育部等部门制定的配套措施,为高校育人创新发展提供了制度保证。高校应建强优化学校党委、院(系)党委(党总支、直属党支部)、基层党支部三级组织体系,健全党政联席会议、党组织会议议事机制,延伸落实职责,推动高校育人在改革创新中行稳致远。

第一章

新时代以来高校思想政治工作的变革与成就

高校思想政治工作是我国高等教育的重要组成部分,肩负着"为党育人、为国育才"的重大使命。在培养全面发展的高素质人才、维护社会稳定和推动党和国家事业发展等方面,发挥着不可替代的作用。新时代以来,以习近平同志为核心的党中央高度重视加强和改进高校思想政治工作,把高校思想政治工作置于我们党治国理政全局的战略地位,作为一项重大政治任务和战略工程予以统筹,作出一系列重大部署,探索一系列创新举措,推动高校思想政治工作发生历史性变革、取得历史性成就:高校思想政治工作的特殊重要性进一步彰显,高校思想政治工作内容任务得到强化落实,高校思想政治工作格局持续优化,高校思想政治工作专门力量不断增强。

一、高校思想政治工作的特殊重要性进一步彰显

我国高等教育始终坚持党的领导,是中国特色社会主义事业总体布局的重要组成部分,旨在培养一代又一代拥护党的领导、立志为中国特色社会主义事业奋斗终身的有用人才,这就离不开思想政治工作。2016年12月,中共中央、国务院印发的《关于加强和改进新形势下高校思想政治工作的意见》指出,"加强和改进高校思想政治工作,事关办什么样的大学、怎样办大学的根本问题,事关党对高校的领导,事关中国特色社会主义事业后继有人,是一项重大的政治任务和战略工程"[1],用"三个事关"凸显了高校思想政治工作的特殊重要性。

(一)事关办什么样的大学、怎样办大学的根本问题

习近平总书记指出:"我国有独特的历史、独特的文化、独特的国情,决定了我国必须走自己的高等教育发展道路,扎实办好中国特色社会主义高校。"[2]就是说,我国要办的高校是中国特色社会主义高校,办好我国

---

[1] 中共中央党史和文献研究院编:《十八大以来重要文献选编》(下),中央文献出版社,2018年,第478页。
[2] 《习近平谈治国理政》第2卷,外文出版社,2017年,第376页。

的高校,必须扎根中国、融通中外、立足时代、面向未来,坚定不移走自己的路;坚持以马克思主义为指导,全面贯彻党的教育方针,帮助青年学生掌握科学的世界观和方法论,用社会主义核心价值观教育青年学生,为他们的一生成长奠定良好的思想基础。要把高等教育发展方向自觉同我国发展的现实目标和未来方向紧密联系在一起,自觉为人民服务,为中国共产党治国理政服务,为巩固和发展中国特色社会主义制度服务,为改革开放和社会主义现代化建设服务,这须臾离不开思想政治工作。加强和改进高校思想政治工作是办好中国特色社会主义大学的根本保障,最重要的是在事关办学方向的问题上站稳立场。

党的十八大以来,以习近平同志为核心的党中央把高校思想政治工作摆在突出位置,作出一系列重大决策部署,各地区各有关部门各高校采取有力有效措施,不断推进教育领域综合改革,将思想政治工作贯穿教育教学全过程,通过加强和改进高校思想政治工作坚持社会主义办学方向,坚持走中国特色社会主义教育发展道路。2012年2月,中共中央宣传部、教育部印发《全国大学生思想政治教育工作测评体系(试行)》(以下简称《测评体系》),指出"高校版主要用于测试高校加强和改进大学生思想政治教育工作的进展及成效"[1]。为推进《测评体系》贯彻执行,提高大学生思想政治教育工作规范化、科学化水平,提升大学生思想政治教育质量,中央宣传部、教育部又于2013年10月至2014年4月在各地各高校开展《测评体系》贯彻执行情况自测自评工作。[2] 2016年12月7日,习近平总书记出席全国高校思想政治工作会议并发表重要讲话,科学回答了高校思想政治工作一系列方向性、根本性问题。2016年12月,中共中央、国务院印发《关于加强和改进新形势下高校思想政治工作的意见》,提出高校思想政治工作要"坚持社会主义办学方向。坚持马克思主义指导地位,坚

---

[1] 教育部思想政治工作司组编:《加强和改进大学生思想政治教育重要文献选编(1978—2014)》,知识产权出版社,2015年,第507页。

[2] 教育部思想政治工作司组编:《加强和改进大学生思想政治教育重要文献选编(1978—2014)》,知识产权出版社,2015年,第618页。

持以人民为中心的发展思想,更好为改革开放和社会主义现代化建设服务、为人民服务"[1]。2017年12月,中共教育部党组印发《高校思想政治工作质量提升工程实施纲要》(以下简称《实施纲要》),提出"充分发挥课程、科研、实践、文化、网络、心理、管理、服务、资助、组织等方面工作的育人功能"[2],"充分发挥中国特色社会主义教育的育人优势"[3]。2020年4月,教育部等八部门印发《关于加快构建高校思想政治工作体系的意见》,提出"加快构建目标明确、内容完善、标准健全、运行科学、保障有力、成效显著的高校思想政治工作体系"[4],"把坚持以马克思主义为指导落实到教育教学各方面"[5]。这些政策的颁布及实施表明,高校已经在实践中从教学、管理、科研、文化等多个维度协同发力,以思想政治工作为引领打造全方位育人的良好环境和高效运行机制,保障大学办学根本方向。

(二)事关党对高校的领导

"党政军民学,东西南北中,党是领导一切的。"[6]我国高校是中国共产党领导下的社会主义高校,"办好我国高等教育,必须坚持党的领导,牢牢掌握党对高校工作的领导权"[7]。中国共产党历来高度重视高校思想政治

---

[1] 中共中央党史和文献研究院编:《十八大以来重要文献选编》(下),中央文献出版社,2018年,第480页。
[2] 中华人民共和国教育部:《中共教育部党组关于印发〈高校思想政治工作质量提升工程实施纲要〉的通知》[EB/OL].(2017-12-05)[2024-10-10].http://www.moe.gov.cn/srcsite/A12/s7060/201712/t20171206_320698.html.
[3] 中华人民共和国教育部:《中共教育部党组关于印发〈高校思想政治工作质量提升工程实施纲要〉的通知》[EB/OL].(2017-12-05)[2024-10-10].http://www.moe.gov.cn/srcsite/A12/s7060/201712/t20171206_320698.html.
[4] 中华人民共和国中央人民政府:《教育部等八部门关于加快构建高校思想政治工作体系的意见》[EB/OL].(2020-04-22)[2024-10-10].https://www.gov.cn/zhengce/zhengceku/2020-05/15/content_5511831.htm.
[5] 中华人民共和国中央人民政府:《教育部等八部门关于加快构建高校思想政治工作体系的意见》[EB/OL].(2020-04-22)[2024-10-10].https://www.gov.cn/zhengce/zhengceku/2020-05/15/content_5511831.htm.
[6] 《习近平著作选读》第2卷,人民出版社,2023年,第131页。
[7] 《习近平谈治国理政》第2卷,外文出版社,2017年,第379页。

工作,将高校思想政治工作置于重要地位。毛泽东说过,"要加强学校政治思想教育","党委应当指导青年的思想,指导教师的思想"[1]。邓小平强调,"十年最大的失误是教育,这里我主要是讲思想政治教育"[2]。江泽民指出,"思想政治教育,在各级各类学校都要摆在重要地位,任何时候都不能放松和削弱"[3]。胡锦涛指出,要"切实加强和改进大学生思想政治教育工作,培养造就千千万万具有高尚思想品质和良好道德修养、掌握现代化建设所需要的丰富知识和扎实本领的优秀人才"[4]。以习近平同志为核心的党中央殷殷嘱咐:"各级党委要把高校思想政治工作摆在重要位置,加强领导和指导,形成党委统一领导、各部门各方面齐抓共管的工作格局。"[5]由此可见,高校思想政治工作事关党对高校的领导,党对高校思想政治工作的领导只能加强,不能削弱。

党的十八大以来,在党中央坚强领导下,高校牢牢掌握党对高校工作的领导权,成为坚持党的领导的坚强阵地。习近平总书记在全国高校思想政治工作会议上指出:"党委要抓好政治领导和思想领导。政治领导,就是要保证高校正确办学方向,保证党的领导在高校工作中全面发挥作用;思想领导,就是要掌握高校思想政治工作主导权,巩固马克思主义在高校意识形态的主导地位,用科学理论培养人,用正确思想引导人,保证高校始终成为培养社会主义事业建设者和接班人的坚强阵地。"[6]以此为遵循,高校党委不断强化政治责任和领导责任,把思想政治工作纳入重要议事日程,定期进行专题研究,细化党委抓思想政治工作的责任清单,做到任务项目化、项目清单化、清单标准化,将推进落实情况作为各级党的领导班子和领导干部目标管理、实绩考核的重要内容,确保责任层层落

---

[1] 《毛泽东文集》第7卷,人民出版社,1999年,第247页。
[2] 《邓小平文选》第3卷,人民出版社,1993年,第306页。
[3] 《江泽民文选》第2卷,人民出版社,2006年,第332页。
[4] 中共中央文献研究室编:《十六大以来重要文献选编》(中),中央文献出版社,2011年,第633页。
[5] 《习近平谈治国理政》第2卷,外文出版社,2017年,第379页。
[6] 中共中央党史和文献研究院编:《习近平关于社会主义精神文明建设论述摘编》,中央文献出版社,2022年,第81页。

实。同时注重发挥院(系)党委(党总支)政治核心作用。高校普遍按照政治强、作风正、认可度高的要求选配院(系)党委(党总支)书记、院长(系主任),贯彻执行民主集中制、院(系)党政联席会议制度,健全院(系)集体领导、党政分工合作的工作机制,促进院(系)党委领导工作科学化、民主化、规范化,进一步提升院(系)领导班子的贯彻执行、议事决策水平,夯实组织基础。据统计,近年来,中央组织部、教育部先后开展四批新时代高校党建示范创建和质量创优工作,培育创建全国党建示范高校39个、标杆院系396个、样板支部3539个,举办59期高校党组织示范微党课。[①]截至2024年12月,全国高校"双带头人"教师党支部书记配备比例超过97%,学生党支部数由2012年的8.68万个增至9.01万个,高校3.2万名高层次人才队伍中党员占比超过60%。[②]这为推动高校思想政治工作改革创新提供了坚实保障,高校思想政治工作重要性得到进一步彰显,破除了对于高校思想政治工作"说起来重要,做起来次要,忙起来不要"的认识误区。

(三)事关中国特色社会主义事业后继有人

青年兴则国家兴,青年强则国家强。高校的立身之本在于"立德树人"。培养什么人是高校面临的首要问题,它关系到高等教育的性质和方向、国家和民族的未来、社会发展的需求、学生的全面发展以及文化的传承和创新。高校必须高度重视人才培养工作,明确培养目标,创新培养模式,提高培养质量,为实现中华民族伟大复兴的中国梦培养德才兼备的高素质人才。高校思想政治工作实质上是做学生思想政治教育工作,影响着一代青年的思想观点、价值取向、精神风貌。广大青年学生正处于人生成长的"灌浆"关键期,无论是人生价值观的塑造还是科学知识体系的构建,都离不开思想政治工作的"阳光水分"。高校思想政治工作要始终围

[①]《思想引领 铸魂育人——高校党的建设与思想政治工作开创新局面》,《人民日报》2024年12月19日。

[②]《思想引领 铸魂育人——高校党的建设与思想政治工作开创新局面》,《人民日报》2024年12月19日。

绕聚人才、育人才、出人才来展开,立足国家民族前途命运的高度培养人才,引导广大青年学生积极投身坚持和发展中国特色社会主义伟大实践,勇做走在时代前列的奋进者、开拓者、奉献者,努力在实现中国梦的生动实践中放飞青春梦想。只有培养出一批又一批具有坚定政治信仰的青年人才,中国特色社会主义事业才能沿着正确的方向不断前进。高校思想政治工作开展得如何直接关系到中国特色社会主义事业能否后继有人、薪火相传。

党的十八大以来,高校思想政治工作育人成效显著。中央组织部、中央宣传部、教育部等部门指导各地各高校实施"导航·强基·铸魂"攻坚行动,党和国家连续开展教师中的"时代楷模"以及全国教书育人楷模、最美教师、模范教师、优秀教师评选表彰,充分发挥典型引领带动作用。各高校着力打造宣传阐释党的创新理论"名师示范课堂",举办"学习新思想千万师生同上一堂课"活动,积极开展迎接建党百年"学习·诊断·建设"行动,组织师生开展"网上重走长征路"等系列主题活动,注重强化开学典礼、毕业典礼育人功能。有关调查结果显示,"99.4%的学生认为中国共产党具有无比坚强的领导力,是中国人民最可靠的主心骨"[1],"99%的受访者为国家发展进步、国际地位提高感到自豪,94%的受访者表示热爱祖国、具有强烈的爱国主义意识"[2]。2022年4月,国务院新闻办公室发布的《新时代的中国青年》白皮书指出,"新时代中国青年刚健自信、胸怀天下、担当有为,衷心拥护党的领导,奋力走在时代前列,展现出前所未有的昂扬风貌:追求远大理想,心中铭刻着对马克思主义的崇高信仰、对共产主义和中国特色社会主义的坚定信念;深植家国情怀,与国家同呼吸、与人

---

[1] 中华人民共和国教育部:《介绍5年来贯彻落实全国高校思政会精神工作进展成效》[EB/OL].(2021-12-07)[2024-10-10].http://www.moe.gov.cn/fbh/live/2021/53878/mtbd/202112/t20211208_585680.html.
[2] 中华人民共和国教育部:《坚守为党育人为国育才——党的十八大以来高校党的建设和思想政治工作综述》[EB/OL].(2021-06-25)[2024-10-10].http://www.moe.gov.cn/jyb_xwfb/xw_zt/moe_357/2021/2021_zt15/fjl/fjl_zongshu/202106/t20210625_540333.html.

民共命运,时刻彰显着鲜明的爱国主义精神气质;传承奋斗担当,先天下之忧而忧、后天下之乐而乐,勇做走在时代前列的奋进者、开拓者、奉献者"[1]。

二、高校思想政治工作内容任务得到强化落实

一般而言,内容任务指事物发展所承担的重大责任。高校思想政治工作的内容任务是高校思想政治工作担负的责任。对于高校思想政治工作而言,内容任务是基础性、核心性的组成部分,若缺少内容或任务,高校思想政治工作将难以顺利开展。新时代以来,高校思想政治工作内容任务得到进一步强化落实,取得了一系列突出成效,主要表现在加强理想信念教育、用社会主义核心价值观铸魂育人、弘扬"三大文化"、办好思政课等方面。

(一)加强理想信念教育

习近平总书记指出,"中国特色社会主义是我们党带领人民历经千辛万苦找到的实现中国梦的正确道路,也是广大青年应该牢固确立的人生信念。广大青年要坚持用邓小平理论、'三个代表'重要思想、科学发展观武装头脑,把理想信念建立在对科学理论的理性认同上,建立在对历史规律的正确认识上,建立在对基本国情的准确把握上"[2]。青年作为推动社会发展进步的有生力量,其理想信念、价值追求、精神状态,是一个国家发展活力的重要体现,也是一个国家核心竞争力的重要因素。广大青年只有树立正确的世界观、人生观和价值观,形成科学的信仰,明确前进的方向,才能在实践中自觉校正自己思想和行为的偏差,使之符合社会规范和行为准则,成为健康向上、追求进步、全面发展、有益于社会的人。若缺乏理想信念,青年就难以找准人生的航向,犹如失去方向的船只,在大海上

---

[1] 中华人民共和国国务院新闻办公室:《新时代的中国青年》,人民出版社,2022年,第2—3页。
[2] 习近平:《论党的青年工作》,中央文献出版社,2022年,第19页。

漫无目的地漂泊。坚定青年理想信念,能够打牢广大青年矢志奋斗的思想基础,不断激励广大青年朝着既定目标勇往直前。因此,"正确的理想、坚定的信念必须从青年抓起"①,加强理想信念教育是高校思想政治工作的重要内容与任务。

党的十八大以来,习近平总书记先后深入北京大学、中国政法大学、南开大学、西安交通大学等高校调研指导,并与青年学生亲切座谈,多次给青年学生寄语、回信,教育引导广大青年学生树立远大理想。2016年至2019年,中共中央、国务院相继印发《关于加强和改进新形势下高校思想政治工作的意见》《新时代公民道德建设实施纲要》《新时代爱国主义教育实施纲要》等纲领性文件,为新时代高校加强理想信念教育指明了前进方向。全国高校不断强化思想引领,通过举办"全国大学生同上一堂思政大课",组建优秀师生理论宣讲团,常态化开展"网络巡礼"和"校园巡讲"活动,开展"一省一策思政课"集体行动、"小我融入大我,青春献给祖国"主题社会实践等举措,为学生点亮了理想的灯、照亮了前行的路。"新时代中国青年把树立正确的理想、坚定的信念作为立身之本,努力成长为党、国家和人民所期盼的有志青年","理想信念更为坚定"②,这突出表现在能够通过历史对比、国际比较、社会观察、亲身实践,深刻领悟党的领导、领袖领航、制度优势、人民力量的关键作用,主动"扣好人生第一粒扣子",从英雄模范和时代楷模中感受道德风范,不断从中华优秀传统文化、革命文化、社会主义先进文化中汲取养分,特别注重从源远流长的中华文明中获取力量。

(二)用社会主义核心价值观铸魂育人

党的十八大将社会主义核心价值观概括为"富强、民主、文明、和谐""自由、平等、公正、法治""爱国、敬业、诚信、友善"③12个词、24个字,要求

---

① 习近平:《论党的青年工作》,中央文献出版社,2022年,第30页。
② 中华人民共和国国务院新闻办公室:《新时代的中国青年》,人民出版社,2022年,第16页。
③ 中共中央文献研究室编:《十八大以来重要文献选编》(上),中央文献出版社,2014年,第578页。

"积极培育和践行社会主义核心价值观"①。为此,2013年12月,中共中央办公厅印发《关于培育和践行社会主义核心价值观的意见》,对全社会培育和践行社会主义核心价值观作出统一部署。党的十九大明确提出"把社会主义核心价值观融入社会发展各方面"②,将社会主义核心价值观转化为人们的情感认同和行为习惯。党的二十大提出"用社会主义核心价值观铸魂育人"③,进一步表明了广泛践行社会主义核心价值观的战略要求。社会主义核心价值观是新时代我国社会主义现代化建设事业的重要精神支撑,是以中国式现代化全面推进强国建设、民族复兴的重要精神力量之源。坚持用社会主义核心价值观铸魂育人,有效引导广大青年学生对标社会主义核心价值观的基本要求,契合国家层面要求推进社会主义现代化建设实践,贴合社会层面要求构建和谐的社会关系,遵照个人层面标准提升自我内在素养,进而成为现代化建设的高素质人才,是高校思想政治工作的又一重要内容和任务。

党的十八大以来,高校坚持贯穿结合融入、落细落小落实,社会主义核心价值观教育引导效果突出,爱党爱国爱社会主义的思想基础得到持续夯实。习近平总书记指出,"青年的价值取向决定了未来整个社会的价值取向,而青年又处在价值观形成和确立的时期,抓好这一时期的价值观养成十分重要"④。2021年7月,中共中央、国务院印发《关于新时代加强和改进思想政治工作的意见》,明确指出要"加强教育引导、实践养成、制度保障,推动社会主义核心价值观融入社会发展和百姓生活"⑤。在教育引导方面,高校坚持以理想信念教育为核心、以培养时代新人为着力

---

① 中共中央文献研究室编:《十八大以来重要文献选编》(上),中央文献出版社,2014年,第578页。
② 《习近平著作选读》第2卷,人民出版社,2023年,第35页。
③ 《习近平著作选读》第1卷,人民出版社,2023年,第36页。
④ 习近平:《论党的青年工作》,中央文献出版社,2022年,第76页。
⑤ 中华人民共和国中央人民政府:《中共中央 国务院印发〈关于新时代加强和改进思想政治工作的意见〉》[EB/OL].(2021-07-12)[2024-10-10].https://www.gov.cn/zhengce/2021/07/12/content_5624392.html.

点,紧握世界观、人生观、价值观"总开关",加强爱国主义、集体主义、社会主义教育,强化对精神文明创建、精神文化产品创作、精神生活富裕的引领作用,有效提升了广大青年学生的思想觉悟和道德素养,有力凝聚广大青年学生的价值共识和精神旨趣。在实践养成方面,高校采取系列举措,在进入课程、嵌入活动、融入日常的过程中,依托课程实习、理论宣讲、社会实践、艺术展演、典礼仪式、知识竞赛等丰富多彩的形式,借助线上线下平台载体,结合中华人民共和国成立70周年、中国共产党成立100周年等重大节庆活动和重要现实主题,开展系列实践活动,积极主动把社会主义核心价值观融入人才培养、科学研究、社会服务等各方面,并卓有成效地转化为大学生群体的情感认同和行为习惯,推动社会主义核心价值观的培育和践行落到实处。在制度保障方面,高校深入实施"时代新人铸魂工程",积极构建贴近学生的社会主义核心价值观常态化制度化载体,组织学生参与服务国家重大战略需求的项目,探索解决"卡脖子"难题的项目,实现"有灵魂的工程教育"。

(三)弘扬"三大"文化

文化是人类社会发展进步的重要内容,一个国家和民族的发展须臾不可离开精神文化的支撑。习近平总书记高度重视文化建设,围绕新时代文化建设提出了一系列新思想新观点新论断,形成了习近平文化思想,明确将中华优秀传统文化、革命文化和社会主义先进文化这三个方面作为中国特色社会主义文化的主要内容,为中国特色社会主义文化建设设计了民族的、科学的精神图谱。2016年12月,中共中央、国务院印发《关于加强和改进新形势下高校思想政治工作的意见》,明确要求"弘扬中华优秀传统文化和革命文化、社会主义先进文化"[①],这为加强和改进高校思想政治工作指明了方向。高校要借助思想政治工作大力弘扬"三大"文化,发挥文化的教化涵养作用,让文化的力量深深熔铸在民族的凝聚力、

---

① 中共中央党史和文献研究院编:《十八大以来重要文献选编》(下),中央文献出版社,2018年,第482页。

生命力和创造力之中,引领人才培养的方向。

中华优秀传统文化通常是指中国古代文明的精髓,它有着数千年的历史底蕴,集中体现为中华民族的语言习惯、文化传统、思想观念、情感认同,蕴含着中华民族特有的思维模式、价值理想、伦理观念等,具有恒久的影响力、强劲的变革力、广泛的包容性。中华优秀传统文化是我们国家和民族传承、发展的根本,"如果丢掉了,就割断了精神命脉"[1]。2017年1月,中共中央办公厅、国务院办公厅印发《关于实施中华优秀传统文化传承发展工程的意见》,要求将中华优秀传统文化贯穿国民教育始终作为重点任务,[2]有力推动了各地高校陆续开设中华优秀传统文化必修课,在哲学社会科学及相关学科专业和课程中增加中华优秀传统文化的内容,加强中华优秀传统文化相关学科建设,重视保护和发展具有重要文化价值和传承意义的"绝学"、冷门学科。"教育部支持清华大学等106所高校陆续建设中华优秀传统文化传承基地"[3],各地高校创新搭建"线下+线上""校内+校外"等活动平台,开展与中华优秀传统文化相关的特色文化活动,把中华优秀传统文化全方位地融入课堂、日常生活、社会实践等"三全育人"各环节,以中华优秀传统文化为根基的高校特色育人体系逐渐形成。

革命文化是在中国共产党领导中国人民进行革命斗争的历史过程中形成的独特文化形态,反映了中国共产党和广大人民群众在革命时期的理想信念、精神风貌、价值追求和斗争实践。它以马克思主义为指导,是对中华优秀传统文化的继承和升华,表现为革命价值观、革命理论、革命年代的生活方式等,是党和人民宝贵的精神财富。2021年4月,教育部办公厅印发《关于在思政课中加强以党史教育为重点的"四史"教育的通

---

[1]《习近平著作选读》第1卷,人民出版社,2023年,第281页。
[2]《中共中央办公厅、国务院办公厅印发〈关于实施中华优秀传统文化传承发展工程的意见〉》,《人民日报》2017年1月26日。
[3]《教育部支持106所高校建设中华优秀传统文化传承基地》,《中国教育报》2022年1月20日。

知》①,有力推动了革命文化进课堂。2021年7月,教育部、国家文物局联合印发《关于充分运用革命文物资源加强新时代高校思想政治工作的意见》,要求"推进革命文物资源深度融入高校思想政治教育、日常教育体系、师德师风建设和校园文化塑造"②;并推动开展以革命文物为主题的"大思政课"优质资源建设推广工作。2024年3月,教育部、国家文物局发布《关于公布国家革命文物协同研究中心名单的通知》,遴选产生了20个国家革命文物协同研究中心,③重在打造一批具有创新性、示范性、引领性的红色资源研究高地、革命文物保护利用高端智库、革命文化学术交流重要平台、红色资源共建共享中心,不断推动革命文化转化为激励广大师生奋勇前进的精神力量。

社会主义先进文化是马克思主义同中国具体实际、同中华优秀传统文化相结合的产物,它是以面向现代化、面向世界、面向未来和民族的、科学的、大众的为价值追求,以社会主义核心价值观为灵魂,以实践为基础的与时俱进的精神文化形态,代表着时代进步潮流和发展要求。2020年12月,教育部、财政部、国家发展改革委印发《"双一流"建设成效评价办法(试行)》,将"突出传承与创新中国特色社会主义先进文化"④作为世界一流大学和一流学科建设的具体评价要求。全国各地高校也从学术、学科着力,将发展社会主义先进文化、建设中华民族现代文明融入"大思政

---

① 中华人民共和国教育部:《教育部办公厅关于在思政课中加强以党史教育为重点的"四史"教育的通知》[EB/OL].(2021-04-20)[2024-10-10].http://www.moe.gov.cn/srcsite/A13/moe_772/202105/t20210511_530840.html.

② 中华人民共和国教育部:《教育部 国家文物局关于充分运用革命文物资源加强新时代高校思想政治工作的意见》[EB/OL].(2021-07-27)[2024-10-10].http://www.moe.gov.cn/jyb_xxgk/moe_1777/moe_1779/202108/t20210816_551494.html.

③ 中华人民共和国教育部:《教育部 国家文物局关于公布国家革命文物协同研究中心名单的通知》[EB/OL].(2024-03-11)[2024-10-10].http://www.moe.gov.cn/jyb_xxgk/moe_1777/moe_1779/202403/t20240319_1121140.html.

④ 中华人民共和国教育部:《教育部 财政部 国家发展改革委关于印发〈"双一流"建设成效评价办法(试行)〉的通知》[EB/OL].(2021-03-23)[2024-10-10].http://www.moe.gov.cn/srcsite/A22/moe_843/202103/t20210323_521951.html.

课"体系设计中,充分发挥智力、人才和学术优势,深入研究社会主义先进文化的概念范畴、思想体系、逻辑框架,不断深化对文化传承发展的规律性认识,打造易于为国际社会所理解和接受的中国文化新概念、新范畴、新表述。同时注重利用我国改革发展的伟大成就、重大历史事件纪念活动、爱国主义教育基地、国家公祭仪式等组织开展主题教育,弘扬以爱国主义为核心的民族精神和以改革创新为核心的时代精神;积极通过第二课堂、社会调查、实地考察等方式开展社会主义先进文化教育的实践教学。"新时代中国青年顺应社会发展潮流,适应国家治理体系和治理能力现代化要求,在社会文明建设中引领时代新风,争当正能量的倡导者、新风尚的践行者。"[1]

(四)办好思政课

思政课是大学生思想政治教育的主渠道,是用马克思主义理论教育武装大学生,引导他们树立正确世界观、人生观、价值观,坚定理想信念的重要途径。2013年底,习近平总书记作出"高校思想政治理论课必须办好,关键是把教材编好,队伍建设好,把课讲好"的重要批示。2019年3月18日,习近平总书记在学校思想政治理论课教师座谈会上强调:"思政课是落实立德树人根本任务的关键课程,思政课作用不可替代。"[2]我国社会主义制度的性质决定了教育培养德智体美劳全面发展的社会主义建设者和接班人,必须充分利用思政课这一主渠道,不断推进思政课改革创新,办好这门"关键课程"、落实好"立德树人"根本任务。高度重视高校思政课、紧紧抓住立德树人这一根本任务,既是中国特色社会主义高校办学育人的宝贵经验与优良传统,也是中国共产党开展思想政治工作的制度优势和鲜明特色。

党的十八大以来,为深入贯彻落实习近平总书记关于教育的重要论述、关于学校思想政治理论课的重要论述、指示精神,坚持不懈用习近平

---

[1] 中华人民共和国国务院新闻办公室:《新时代的中国青年》,人民出版社,2022年,第32页。
[2] 习近平:《思政课是落实立德树人根本任务的关键课程》,人民出版社,2020年,第2页。

新时代中国特色社会主义思想铸魂育人，2019年8月，中共中央办公厅、国务院办公厅印发《关于深化新时代学校思想政治理论课改革创新的若干意见》，要求"把加强和改进思政课建设摆在突出位置"，"坚持思政课建设与党的创新理论武装同步推进"，从完善思政课课程教材体系，建设思政课教师队伍，增强思政课的思想性、理论性和亲和力、针对性以及加强党对思政课建设的领导等方面对新时代思政课建设进行科学部署。[①] 2020年12月，中共中央宣传部、教育部印发《新时代学校思想政治理论课改革创新实施方案》，就充分发挥思政课在立德树人中的关键课程作用、开设好大中小学思政课作出部署。[②] 2022年7月，教育部等十部门印发《全面推进"大思政课"建设的工作方案》，强调充分调动全社会力量和资源，推动思政小课堂与社会大课堂相结合。[③] 2022年12月，教育部办公厅下发《关于开展大中小学思政课一体化共同体建设的通知》，提出在省级层面打造一批理论与实践相结合的创新性研究型工作平台，有效推动全国高校思政课改革创新。"2018年起，教育部将马克思主义理论学科列入'国家关键领域紧缺高层次人才培养专项招生计划'，专门增拨'高校思政课教师后备人才培养专项支持计划'，累计增加近9000个博士、硕士研究生招生指标，大大提升了高校对思政课后备教师的培养能力。"[④] 此外，各地高校不断创新思政课课程体系，加强以习近平新时代中国特色社会主义思想为核心内容的思政课课程群建设。2019年全国重点马院所在高

[①]《中办国办印发〈关于深化新时代学校思想政治理论课改革创新的若干意见〉》，《光明日报》2019年8月15日。

[②] 中华人民共和国教育部：《中共中央宣传部 教育部关于印发〈新时代学校思想政治理论课改革创新实施方案〉的通知》[EB/OL].(2020-12-22)[2024-10-10].http://www.moe.gov.cn/srcsite/A26/jcj_kcjcgh/202012/t20201231_508361.html.

[③] 中华人民共和国教育部：《教育部等十部门关于印发〈全面推进"大思政课"建设的工作方案〉的通知》[EB/OL].(2022-08-10)[2024-10-10].http://www.moe.gov.cn/srcsite/A13/moe_772/202208/t20220818_653672.html.

[④] 中华人民共和国教育部:在改进中加强 在创新中提高——全国高校思想政治工作会议召开五年来高校思政课建设进展成效.[EB/OL].(2021-12-07)[2024-10-10].http://www.moe.gov.cn/fbh/live/2021/53878/sfcl/202112/t20211207_585339.html.

校率先开设"习近平新时代中国特色社会主义思想概论"课程(以下简称"概论"课程);2022年秋季在全国其他高校全面开设"概论"课程;2023年8月,中宣部会同教育部组织编写了《习近平新时代中国特色社会主义思想概论》教材并在全国范围内发行,有力推动党的创新理论进教材、进课堂、进学生头脑。总体来看,"思政课教育乐教善教、潜心育人的底气更足,教学效果显著提升"[1]。

三、高校思想政治工作格局持续优化

党的十八大以来,习近平总书记出席全国高校思想政治工作会议、全国教育大会,主持召开学校思想政治理论课教师座谈会并发表重要讲话,多次深入学校考察、同师生座谈、给师生回信,这些都对高校思想政治工作提出明确要求,高校思想政治工作格局得到持续优化。

(一)推进"三全育人"综合改革

2016年12月,中共中央、国务院印发《关于加强和改进新形势下高校思想政治工作的意见》,提出了坚持全员全过程全方位育人(简称"三全育人")的要求。[2]"三全育人"即全员育人、全过程育人、全方位育人,分别从主体、时间、空间三个维度回答了高校思想政治工作在新时代"怎样培育人"的根本问题,是高校思想政治工作的政策规定与原则遵循。全员,意味着育人的全体性,体现了主体层面的要求;全过程,意味着育人的全程性,着眼于学生成长成才自始至终的过程,体现了时间层面的要求;全方位,意味着育人的全面性,指把思想政治教育渗透进学生学习发展的各个方面、每个环节,最终指向青年学生的全面发展,体现了空间层面的要求。"三全育人"的实质在"人",在于培养时代新人,这是由我国的社会主义制

---

[1] 《不断开辟马克思主义中国化时代化新境界——深入推进马克思主义理论研究和建设工程综述》,《人民日报》2024年11月29日。
[2] 中共中央党史和文献研究院编:《十八大以来重要文献选编》(下),中央文献出版社,2018年,第480页。

度性质决定的。人无德不立,育人的基础和根本在于育德,"三全育人"必须将育德置于首位,将育德视为"三全育人"的根本价值。实施"三全育人"工程,不仅关注育人实践过程中的某个阶段、方面、节点,更聚焦教育教学、人才培养、办学治校的所有领域和环节,使之有序衔接和全面覆盖,更好地助力高校思想政治工作的改革创新。

党的十八大以来,全国高校不断推进"三全育人"综合改革。2018年10月,教育部公布首批"三全育人"综合改革试点单位名单,遴选产生了5个"三全育人"综合改革试点区、10个"三全育人"综合改革试点高校、50个"三全育人"综合改革试点院(系)。[1]2019年1月,教育部公布第二批"三全育人"综合改革试点单位名单,遴选产生了3个"三全育人"综合改革试点区、15个"三全育人"综合改革试点高校、42个"三全育人"综合改革试点院(系)。[2]在教育部有力推动下,全国高校不断探索"三全育人"工作新路径,系统规划、整体推进。着力于"谁来育",既将政治标准作为基本准入门槛,按照不同岗位,有目标有计划地选聘人员并重视日常培训与实践锻炼,抓好党政、共青团干部的理论学习,做好辅导员班主任岗前培训与日常训练,制定好思想政治理论课教师培训轮训规划;又吸纳聘请兼职队伍人员,将不同专业的业务工作和育人工作有机结合,在高校实际工作中注重发掘培育育人骨干力量,为"三全育人"提供强大人力资源保障。着力于"用什么育",大力加强理想信念教育、爱国主义教育、基本道德规范教育、大学生全面发展教育,用心教给学生做人做事做学问的道理,引导大学生真信"中国共产党为什么能、马克思主义为什么行、中国特色社会主义为什么好",真懂"明大德、守公德、严私德",真行"有理想、有本领、

---

[1] 中华人民共和国教育部:《教育部办公厅关于公布首批"三全育人"综合改革试点单位名单的通知》[EB/OL].(2018-10-19)[2024-10-10].http://www.moe.gov.cn/srcsite/A12/moe_1407/s253/201810/t20181026_352849.htm.

[2] 中华人民共和国教育部:《教育部办公厅关于公布第二批"三全育人"综合改革试点单位名单的通知》[EB/OL].(2019-01-23)[2024-10-10].http://www.moe.gov.cn/srcsite/A12/moe_1407/s253/201902/t20190201_368791.htm.

有担当",为"三全育人"构建高质量内容体系。着力于"如何育",沿用实践中行之有效的好办法,改进不合时宜的老办法,探索具有时代特征的新办法,例如,采用主渠道、主阵地、主战场相融合的育人方法;改变单一的"漫灌"法,采用将"漫灌"与"滴灌"相结合的方法;将人工智能运用到育人实践中形成"互联网+"方法体系等,为"三全育人"提供实践保障。

(二)推进大中小学思想政治教育一体化建设

习近平总书记在党的二十大报告中明确提出"推进大中小学思想政治教育一体化建设"[①]的要求。2024年5月,在学校思想政治理论课教师座谈会召开五周年之际,习近平总书记对学校思政课建设作出重要指示,强调要"深入推进大中小学思想政治教育一体化建设"[②]。大中小学思想政治教育一体化建设是指将大学、中学、小学的思想政治教育作为一个有机整体来统筹规划,强调各学段思想政治教育目标的连贯性、内容的递进性、方法的适切性以及资源的整合性,是纵向衔接大中小学各学段,横向贯通学校、家庭与社会各场域的系统工程。推进大中小学思想政治教育一体化建设,有助于构建一个完整的思想政治教育体系,避免各学段之间的教育断层或重复。同时,根据学生不同阶段认知特点和发展需求开展针对性教育,能够更好地使思想政治教育内容入脑入心。高校在百年未有之大变局加速演进、国际国内形势愈发错综复杂、各种社会思潮的涌现给青少年价值观的培育带来诸多挑战的背景下,要充分认识到大中小学思想政治教育一体化建设的重要意义,通过循序渐进、螺旋上升的方式推进大中小学思想政治教育一体化建设,进而加强思想政治教育的纵向衔接、横向贯通、层级联动,更好地在协同联动中集聚行动合力、汇聚发展力量,充分调动各类主体、各种资源、各方力量,落实立德树人根本任务。

党的十八大以来,大中小学思想政治教育一体化建设得到积极推进。

[①] 《习近平著作选读》第1卷,人民出版社,2023年,第36页。
[②] 《习近平对学校思政课建设作出重要指示强调 不断开创新时代思政教育新局面 努力培养更多让党放心爱国奉献担当民族复兴重任的时代新人》,《人民日报》2024年5月12日。

2020年12月,教育部大中小学思政课一体化建设指导委员会正式成立。2021年11月,教育部印发《教育部大中小学思政课一体化建设指导委员会章程》,提出"择优选聘一体化建设专家指导组成员"①。2022年12月,教育部办公厅印发《关于开展大中小学思政课一体化共同体建设的通知》,要求在省级层面打造一批理论与实践相结合的创新性研究型工作平台,为深入推动全国大中小学开展思政课一体化理论研究和实践探索,提供工作平台、实践经验、理论支撑和决策咨询。②以此为依托,全国高校陆续开始形成思政学科共同体平台,通过构建一体化教学观摩平台以及采用一体化培训等方式,实现小学、初中、高中、大学思政课教学"同研同学"。2019年8月,中共中央办公厅、国务院办公厅印发《关于深化新时代学校思想政治理论课改革创新的若干意见》,对大中小学各学段思政课程目标和内容作了明确规定。在课程目标上,小学阶段重在启蒙学生的道德情感,初中阶段重在打牢学生的思想基础,高中阶段重在提升学生的政治素养,大学阶段重在增强学生的使命担当;③在课程内容方面,研究生阶段重在开展探究性学习,本专科阶段重在开展理论性学习,高中阶段重在开展常识性学习,初中阶段重在开展体验性学习,小学阶段重在开展启蒙性学习。④2025年3月,教育部公布了100个大中小学思想政治教育一体化建设工作典型案例,⑤大中小学思想政治教育一体化建设不仅在目标、

---

① 中华人民共和国教育部:《教育部办公厅关于印发〈教育部大中小学思政课一体化建设指导委员会章程〉的通知》[EB/OL].(2021-11-25)[2024-10-10].http://www.moe.gov.cn/srcsite/A13/moe_772/202112/t20211210_586349.html.
② 中华人民共和国教育部:《教育部办公厅关于开展大中小学思政课一体化共同体建设的通知》[EB/OL].(2022-12-29)[2024-10-10].http://www.moe.gov.cn/srcsite/A13/moe_772/202301/t20230109_1038750.html.
③《中办国办印发〈关于深化新时代学校思想政治理论课改革创新的若干意见〉》,《光明日报》2019年8月15日。
④《中办国办印发〈关于深化新时代学校思想政治理论课改革创新的若干意见〉》,《光明日报》2019年8月15日。
⑤ 中华人民共和国教育部:《教育部办公厅关于公布2025年度高校思想政治工作质量提升综合改革与精品建设项目入选名单的通知》[EB/OL].(2025-03-26)[2025-03-30].http://www.moe.gov.cn/srcsite/A12/s7060/202504/t20250407_1186353.html.

内容贯通方面得到强力推进,而且在实践中取得良好发展态势。

(三)夯实网络思想政治工作平台

在当今数字化飞速发展的时代,网络已深度融入人们生活的方方面面,成为人们生活不可或缺的一部分。对于高校思想政治工作而言,网络犹如一把双刃剑,既给传统思想政治工作带来严峻考验,又为思想政治工作提供了新平台和新渠道。在信息传播速度快、承载内容多、接受时间短的新媒体融合发展趋势下,如何将高校学生吸引到学校各新媒体平台周围,用什么样的内容黏住学生群体,增强网络思想政治工作的针对性和实效性,是需要各高校不断深入探索和研究的课题。网络思想政治工作是传统思政工作在互联网上的延伸和发展,是思政工作与信息网络技术相结合的产物,具有联通线上线下、打通课内课外、协同校内校外的育人优势和特点。将新媒体融入高校思想政治教育工作体系之中,夯实网络思想政治工作平台,使互联网这个最大变量成为思想政治工作高质量发展的最大增量,是新时代高校思想政治教育工作实现创新发展和提升成效的重要举措,是高校适应时代发展需求、培育时代新人的关键所在。

党的十八大以来,全国高校有效利用网络拓展教育空间,积极开展生动活泼的网络思想政治教育活动,建设了多样的融思想性、知识性、趣味性、服务性于一体的网络技术平台,形成"键对键"与"面对面"相互叠加增益的思想政治教育合力。"教育部着力推动建设高校思想政治工作网、易班网和中国大学生在线全国共建,遴选出200个重点建设高校思政类公众号,进一步发挥新媒体平台对高校思想政治工作的促进作用。"[1]2022年3月,教育部牵头建设国家智慧教育平台并投入运行,其中包括全球规模最大、门类最全、用户最多的高等教育子平台。截至2024年12月,"智慧高教平台共上线优质在线课程3.1万门,累计参与授课教师7.8万人,超过1682万用户访问,超过9300万人次访问,用户范围覆盖海内外183个

---

[1] 丁雅诵、闫伊乔:《高校思想政治工作成效显著——为中国梦矢志奋斗的青春力量》,《人民日报》2022年1月9日。

国家和地区"。同时"全国建成各类在线课程平台30余个,上线慕课超过9.7万门,学习人数达13.9亿人次,我国慕课数量和学习人数均居世界第一"①。全国各地高校也逐渐构建起以学校官方网站为主导,官方微信公众号、微博、抖音、视频号、客户端等新媒体平台为支撑的立体化网络思政平台矩阵,实现网媒、掌媒、视媒、纸媒的立体化融合,通过开设专题网站、专栏,制作微视频、微党课等多种形式推进理论学习、文化传播。全国各地高校逐渐建成大数据一体化平台、"一站式"服务的智慧学工平台,数据分析模型、成果评价系统,实现数据采集、学生精准画像、校园管理服务信息化。这一系列的网络技术平台全时运转、全息呈现、全员覆盖、全效助力,切实增强了高校思想政治工作建设和发展的时代感与吸引力。

四、高校思想政治工作专门力量不断增强

思想政治工作专门力量是做好高校思想政治工作的组织保证。高校思想政治工作专门力量包括学校党政干部和共青团干部,思想政治理论课和哲学社会科学课教师、辅导员和班主任。党的十八大以来,高校思想政治工作专门力量不断增强,配齐建强思政课教师队伍,选好建优党务工作队伍,着力提升"大思政课"教师素质,业已建成一支数量充沛、素质优良,专职为主、专兼结合的教师队伍和专门力量。

(一)配齐建强思政课教师队伍

习近平总书记在学校思想政治理论课教师座谈会上强调,"思政课是落实立德树人根本任务的关键课程"②,"办好思想政治理论课关键在教师,关键在发挥教师的积极性、主动性、创造性"③。当前,我们比历史上任何时期都更接近实现中华民族伟大复兴的目标,也更加迫切需要培养大学生成为继承社会主义事业的时代新人。高校思想政治理论课发挥着对

---

① 《我国慕课数量和学习人数均居世界第一》,《中国青年报》2024年12月16日。
② 习近平:《思政课是落实立德树人根本任务的关键课程》,人民出版社,2020年,第2页。
③ 习近平:《思政课是落实立德树人根本任务的关键课程》,人民出版社,2020年,第10页。

大学生进行全面思想政治教育的主渠道作用,是高校落实培养什么人、为谁培养人、怎样培养人的关键课程。思政课教师队伍是在各类学校中承担思想政治理论课教学、研究与育人工作的专业教师群体,是办好思政课的关键,必须配齐建强思政课教师队伍。从学生个人成长角度看,青少年阶段是人生的"拔节孕穗期",如果人生的第一粒扣子扣错了,那么后面每一粒都会跟着错。从党和国家的事业全局来看,我们要实现国家富强、民族振兴、人民幸福,离不开一代又一代拥护中国共产党的领导和中国特色社会主义事业的建设者和接班人。这就要求我们办好中国特色社会主义教育,用习近平新时代中国特色社会主义思想铸魂育人。正因为此,思政课作用不可替代,思政课教师责任重大。思政课教师承担着传播知识、塑造灵魂的光荣职责,是促进教育事业高质量发展的基础支撑;具备启迪心智、引导人生的宏大追求,是广大学子成长成才的指路明灯。作为思政课建设的主力军,思政课教师队伍的专业素养直接决定着教育教学的质量和成效。

党的十八大以来,各地区各部门各学校努力配齐建强思政课专职教师队伍,在打造一支"政治强、情怀深、思维新、视野广、自律严、人格正"的思政课教师队伍上下足功夫。2013年6月,教育部印发《普通高等学校思想政治理论课教师队伍培养规划(2013—2017年)》,明确"通过全员培训、骨干研修、在职攻读学位、国内考察、国外研修、以项目选人和选人给项目等多种途径","建设一支'让党放心、让学生满意'的高校思想政治理论课教师队伍"[1]。2018年4月,教育部印发《新时代高校思想政治理论课教学工作基本要求》,提出要"按照师生比不低于1:350的比例设置专职思想政治理论课教师岗位,为每个教研室(组)配足师资"[2]。从"2012年

---

[1] 教育部思想政治工作司组编:《加强和改进大学生思想政治教育重要文献选编(1978-2014)》,知识产权出版社,2015年,第603页。
[2] 中华人民共和国教育部:《教育部关于印发〈新时代高校思想政治理论课教学工作基本要求〉的通知》[EB/OL].(2018-04-13)[2024-10-10].http://www.moe.gov.cn/srcsite/A13/moe_772/201804/t20180424_334099.html.

到2024年,全国高校思政课专职教师从3.7万人增至11.7万人"①。"学校思想政治课教师座谈会召开5年来,全国高校思政课教师增至14.5万人,专职教师超过11万人,综合师生比总体达到国家规定标准,整体结构明显优化"②,"高学历、年轻化已成为思政课教师队伍发展新状态"③。近年来,全国各地高校通过思政课集体备课会、骨干教师研修班、全国高校思政课教学展示等活动,实现思政课教师培训常态化、全覆盖、分众式;中西部地区以赛促教、以赛促改、以赛促建,着力提升思政课教师的业务能力与育人水平。截至2024年,"中共中央宣传部、教育部联合举办高校思政课骨干教师研修班88期、培训8000余人;依托80余个高校思政课教师、辅导员研修基地(中心),培训150万人次,组织海外研修600余人次"④,在系统学习中不断提高思政课教师的政治判断力、政治领悟力、政治执行力。在党中央的坚强领导和亲切关怀下,思政课教师的政治素养明显增强、教学水平普遍提高、学术能力显著提升、道德素质持续进步,"我国思政队伍建设实现了历史性突破,争做'大先生'、教'大学问'、育'大英才'的局面已经形成"⑤。

(二)选好建优党务工作队伍

我们的高校是党领导下的高校,加强党对高校的领导,加强和改进高校党的建设,是办好中国特色社会主义大学的根本保证。高校党委"承担管党治党、办学治校主体责任,把方向、管大局、作决策、保落实"⑥,选好建优党务工作队伍事关党对高校的领导。高校党务工作队伍,主要指专门

---

① 《思想引领 铸魂育人——高校党的建设与思想政治工作开创新局面》,《人民日报》2024年12月19日。
② 《不负重托办好学校思想政治理论课》,《人民日报》2024年3月18日。
③ 中华人民共和国教育部:《高学历、年轻化已成为思政课教师队伍发展新状态》[EB/OL].(2021-12-07)[2024-10-10].http://www.moe.gov.cn/fbh/live/2021/53878/mtbd/202112/t20211208_585704.html.
④ 《大思政课迈入新征程》,《中国青年报》2024年9月30日。
⑤ 《大思政课迈入新征程》,《中国青年报》2024年9月30日。
⑥ 《习近平谈治国理政》第2卷,外文出版社,2017年,第379页。

从事党的建设和党务管理工作的人员群体,他们在高校党组织的领导下,承担着宣传和执行党的路线方针政策、开展党员教育管理、服务师生等重要职责,是高校党建工作的组织者、推动者和实践者,是高校党建工作的中坚力量,也是坚持社会主义办学方向的一支重要力量。选好建优党务工作队伍,对于强化党组织在高校工作中的领导核心地位,提升党对高校的领导力意义重大。

党的十八大以来,高校坚决贯彻落实党中央决策部署和党的教育方针,普遍制定完善了党委全委会、党委常委会、校长办公会等制度,健全党委领导下的校长负责制,将高校党务工作队伍建设纳入了学校人才队伍建设总体规划,完善选拔、培养、激励机制,形成了包括党政干部和共青团干部、辅导员、组织员等在内的党务工作队伍,按总数不低于全校师生人数的1%配置专职思想政治工作人员和党务工作人员,每个院(系)至少配备1至2名专职组织员,按师生比不低于1∶200的比例设置专职辅导员岗位。[①]其中,辅导员承担着思想教育、理论武装和价值引领、党团班级建设、学风建设、日常事务管理、网络思想政治教育、应对校园危机事件、开展心理健康教育与咨询、指导职业规划与就业创业等工作职责,是日常大学生思想政治教育和管理服务工作的组织者、实施者、指导者,亦是高校党务工作队伍的骨干力量。以辅导员为骨干的党务工作队伍是高校开展思想政治工作的重要力量,在推进党的创新理论武装、培养德才兼备的时代新人、汇聚风清气正的校园正能量等方面发挥着不可替代的作用。新时代以来,教育部先后颁布《普通高等学校辅导员培训规划(2013—2017年)》《高等学校辅导员职业能力标准(暂行)》《普通高等学校辅导员队伍建设规定》等重要政策文件,为辅导员队伍建设指明了前行方向,并取得可喜成绩。最新数据显示,全国高校辅导员数量已从2012年的14.2万人

[①]《中国共产党普通高等学校基层组织工作条例》,人民出版社,2021年,第24页。

增至27.9万人,[①]为高校思想政治工作提供了既精又优的党务工作队伍骨干力量。

(三)着力提升"大思政课"教师素质

"大思政课"是党的十八大以来我国教育领域完成的一项重要改革举措和创新行动,是一种全新的思政课堂形态,旨在通过理论与实践相结合的方式,将思政教育与社会实践紧密结合,突破传统思政课堂的局限,构建全时空的思政教育体系,使思政课与时代同行、与现实同频、与实践共进、与学生思想共振,从而进一步加强和改进高校思想政治工作。"大思政课"教师,即在新时代思想政治教育工作中承担着引导学生树立正确的世界观、人生观、价值观,培养学生思想政治素养和道德品质,且具有广阔视野、丰富知识储备和多元教学能力的教育工作者群体。2022年7月,教育部等十部门公布《全面推进"大思政课"建设的工作方案》,提出"坚持开门办思政课,强化问题意识、突出实践导向,充分调动全社会力量和资源"的总体要求,部署"改革创新主渠道教学""善用社会大课堂""搭建大资源平台""构建大师资体系""拓展工作格局""加强组织领导"等方面的具体任务。[②]其中,构建打造"大思政课"大师资体系,要求各地各校严格按照要求配备建强高校专职思政课教师、辅导员队伍,提高中小学专职思政课教师比例,实行思政课特聘教授、兼职教师制度,积极聘请党政领导、科学家、老同志、先进模范等担任思政课兼职教师。提升"大思政课"教师素质成为推动高校思想政治工作发展的重要抓手。

党的十八大以来,各地各高校按照习近平总书记提出的"有理想信念、有道德情操、有扎实学识、有仁爱之心"[③]的"四有"要求,"坚持教书和

[①]《思想引领 铸魂育人——高校党的建设与思想政治工作开创新局面》,《人民日报》2024年12月19日。

[②] 中华人民共和国教育部:《教育部等十部门关于印发〈全面推进"大思政课"建设的工作方案〉的通知》[EB/OL].（2022-08-10）[2024-10-10]. http://www.moe.gov.cn/srcsite/A13/moe_772/202208/t20220818_653672.html.

[③] 习近平:《在北京大学师生座谈会上的讲话》,人民出版社,2018年,第8页。

育人相统一,坚持言传和身教相统一,坚持潜心问道和关注社会相统一,坚持学术自由和学术规范相统一"[1]的"四统一"要求和"政治要强、情怀要深、思维要新、视野要广、自律要严、人格要正"[2]的"六要"标准,不仅通过集中培养培训、委托重大项目、加强实践锻炼、开展国际国内访学等方式,培养一批青年马克思主义理论家;还形成英雄人物、劳动模范、大国工匠等先进代表以及科学家、老同志,革命博物馆、纪念馆、党史馆、烈士陵园等红色基地讲解员、志愿者经常性进高校参与思政课教学的长效机制,并充分发挥国家社科基金规划项目、教育部人文社科研究项目思政课教师研究专项作用,设立马克思主义理论研究和建设工程后期资助项目,组织教师加强马克思主义理论和思政课教学研究。2022年7月,教育部公布首批"大思政课"实践教学基地名单,要求"为思政课实践教学提供机构、人员、经费等有力保障"[3],同时"组织开发和推荐一批科学权威实用的课件、讲义,推动一线教师统一使用"[4]。这些举措逐渐构建打造出一支政治素质过硬、专业知识扎实、育人本领精湛、整体结构合理的"大思政课"大师资体系,确保这支队伍可靠可信、可亲可近、乐为敢为、能为有为,肩负起明道、信道、传道的神圣使命,真正成为中国共产党治国理政的坚定拥护者、马克思主义理论的优秀教育者、中国特色社会主义文化的重要传播者、大学生健康成长的关键引导者。

---

[1]《习近平谈治国理政》第2卷,外文出版社,2017年,第379页。
[2] 中共中央文献研究室:《十九大以来重要文献选编》(中),中央文献出版社,2021年,第317页。
[3] 中华人民共和国教育部:《教育部办公厅等八部门关于公布"大思政课"实践教学基地名单的通知》[EB/OL].(2022-08-18)[2024-10-10].http://www.moe.gov.cn/srcsite/A13/moe_772/202208/t20220826_655615.html.
[4] 中华人民共和国教育部:《教育部等十部门关于印发〈全面推进"大思政课"建设的工作方案〉的通知》[EB/OL].(2022-08-10)[2024-10-10]. http://www.moe.gov.cn/srcsite/A13/moe_772/202208/t20220818_653672.html.

第二章

新时代高校"十大"育人的原则遵循

原则,意为说话、行事所依据的准则,指经过长期经验总结所得出的合理化概括。2017年12月,中共教育部党组印发了《高校思想政治工作质量提升工程实施纲要》(以下简称《实施纲要》),明确提出构建"十大"育人体系的目标原则、基本任务、主要内容和实施保障,为深入推进高校思想政治工作领域综合改革,提升高校思想政治工作质量,着力培养德智体美劳全面发展的社会主义建设者和接班人,提供了思想指引和行动指南。新时代,高校落实"十大"育人基本任务,实施思想政治工作质量提升工程,务必坚持遵循规律与改革创新的统一、育人导向与问题指向的统一、协同联动与分工负责的统一以及普遍要求与分类指导的统一的原则,接续下好功夫、做足功课,不断开创新时代高校思想政治工作新局面。

一、坚持遵循规律与改革创新的统一

"中国特色社会主义进入了新时代,这是我国发展新的历史方位"[①],标志着中国高校教育改革与发展步入了一个全新的历史阶段。在这一新的历史背景下,高校思想政治工作迎来了发展的机遇与潜力,然而也伴随而来一系列新的挑战与问题。针对高校在人才培养过程中涌现的新情况,务必采取创新的思维方式加以应对和解决。习近平总书记指出,"做好高校思想政治工作,要因事而化、因时而进、因势而新。要遵循思想政治工作规律,遵循教书育人规律,遵循学生成长规律"[②]。时代的快速变化和各类思潮的冲击也迫切需要我们根据时代之变、历史之变不断改革创新。因此,新时代高校思想政治工作必须坚持遵循规律并强化教育上的改革创新,不断提升高校育人工作的水平。

(一)遵循"三大规律"

高校思想政治工作是一项复杂而系统的工程,关系着高校"培养什么

---

① 《习近平谈治国理政》第3卷,外文出版社,2020年,第8页。
② 《习近平谈治国理政》第2卷,外文出版社,2017年,第378页。

人、怎样培养人、为谁培养人"这个根本问题。鉴于此,开展高校思想政治工作必须严格遵循既存的客观规律。为了有效推进高校思想政治工作,应当坚定不移地秉持立德树人的核心理念,遵循教书育人规律、遵循学生成长规律、遵循思想政治工作规律,努力构建全员育人、全过程育人、全方位育人的新格局,开创我国高等教育事业发展的新局面。

严格遵循教书育人规律。教书育人指教师在传授科学文化知识、培训技能的同时,亦高度重视学生的思想政治教育,致力于提高学生的道德修养。这一过程构成了一个紧密相连、不可分割的整体,其中教书自然而然地蕴含着育人的要义,教学行为本身就是一个有意识或无意识地对学生进行品德塑造的过程。教师在课堂上的教学、对班级以及学生的管理方式,都会在潜移默化中对学生产生深远的育人影响,彰显出教书育人的深刻内涵与综合效应。为此,必须深入探索把握教书育人规律,并将其与思想政治工作规律及学生成长规律相融合,以确保高校教师教书育人的正确方向。教书育人是高校的核心任务,要遵循内在的教书育人规律,着重加强教学与德育的结合,在教导学生如何为人处世的同时激励学生同步提高人文素养与科学素养。作为人才培养的关键阵地,高校应当将思想理论教育融入日常教学的每一个环节,不断强化育人工作的影响力与渗透力。教书与育人,两个概念紧密相连,互为支撑,不可偏废,需以辩证的视角去理解和实践,共同促进学生的全面发展。教书的最终目的是育人,育人则通过教书体现。遵循教书育人规律的基本要求是完成课堂教学工作。习近平总书记指出:"要用好课堂教学这个主渠道,思想政治理论课要坚持在改进中加强,提升思想政治教育亲和力和针对性,满足学生成长发展需求和期待,其他各门课都要守好一段渠、种好责任田,使各类课程与思想政治理论课同向同行,形成协同效应。"[①]思想政治理论课作为立德树人的关键课程,其办好的关键在教师。拥有深厚教学知识、秉持先进德育观念、精通高效教学法的教师,在这一过程中扮演着至关重要的引

---

① 《习近平谈治国理政》第2卷,外文出版社,2017年,第378页。

领角色。面对当代学生特有的思维特质,激发学生的自主思考潜能,鼓励他们勇于探索创新,不断更新教学策略显得十分关键。必须将知识传授与思想教育有机融合,构建起一个协同作用的德育体系,不断提升教育的实际效果与影响力。

严格遵循学生成长规律。学生成长规律就是学生在成长过程中带有普遍性的客观必然要求。学生的成长遵循着一定的客观规律,这是综合外部环境与内在需求,推动身心健康发展、思想品德与精神境界逐步提升的过程。这一过程是在学校教育系统的引导下,外部因素与内部因素相互协调并达到平衡的矛盾运动过程。为了有效开展高校思想政治工作,必须坚持以学生为中心的原则,关注并服务于学生,满足其正当诉求,不断提升他们的思想境界、政治觉悟、道德品质和文化素养,以培养德才兼备、全面发展的优秀人才。高校教师应引导学生将内在的价值观念转化为外在行为,促成良好品质的形成,这正是德育的最终追求。在学生成长成才的各个阶段,尤其是入学适应期、离校就业期等关键转折点,教师需要全程陪伴。这些时期学生如果缺乏及时有效的教育引导,就容易迷失方向,甚至产生心理压力。因此,高校教师不仅是先进文化的传播者,更是学生健康成长的指导者和引路人,需帮助学生卸下思想包袱,促进其全面发展。新时代高校学生以"00后"大学生为主体,他们成长于特殊的环境之中,深受家庭氛围、社会环境及大众传媒等多重因素的影响,因而他们的价值观念、思维模式及行为举止丰富多样。古语有云:"不谙农时耕事,终致一年辛劳付诸东流。"唯有深刻理解并遵循学生的成长规律,紧密结合学生发展阶段的特点与需求,才能使其在步入社会、成就自我的过程中,有效激发内在的主观能动性。

严格遵循思想政治工作规律。思想政治工作规律深刻揭示了思想政治工作内在的本质关联,它不仅解释了高校思想政治工作在政治导向上的核心作用,还全面考虑了个人思想行为变迁所遵循的客观法则,为高效推进高校思想政治工作提供了坚实的科学依据和理论指导。在马克思主义的科学引领下,遵循思想政治工作规律,旨在推动社会与人的全面发展,通过一系列综合措施——涵盖社会教育的影响、社会环境的熏陶、社会实践活动的锻炼以及个体自我修养的提升——来实现人们思想政治素质的不断提升。这一过程持续且循环进行,既适应人的全面发展需求,又促进其全面成长,是实现个体思想境界与社会文明共同进步的重要途径。随着时代演进,高校思想政治工作展现出多样化的新特征,这要求教育工作更加贴近学生的实际状况,更加强化人文关怀,并加大对心理疏导的重视力度。因此,要有效地开展高校思想政治工作,必须不断深化对思想政治工作内在规律的理解,及时把握高校思想政治工作发展的新动向,不断推进改革创新,确保教育内容与方式既符合教育规律的要求,又贴近学生的实际需求,从而在潜移默化中促进学生的全面发展,实现教育效果的最大化。

(二)勇于改革创新

习近平总书记关于高校思想政治理论课的系列重要讲话、指示与批示,深刻回答了思政课建设的一系列重大理论和实践问题,不仅为新时代高校思政课建设指明了方向,更为构建高校"十大"育人体系提供了根本遵循。高校要全面落实教育改革创新要求,坚持以改革创新为总体方向,不断推进教育体制、机制创新,增强教育的思想性、理论性和亲和力、针对性,推动新时代高校"十大"育人体系建设,切实落实立德树人根本任务。

勇于改革创新,是为适应数字技术的发展潮流,提升教育的时代感和吸引力,推动数字技术赋能思想政治教育的现实诉求。习近平总书记在全国高校思政工作会议上强调:"要运用新媒体新技术使工作活起来,推动思想政治工作传统优势同信息技术高度融合,增强时代感和吸引力。"[①]随着数字技术日新月异的发展,诸如元宇宙、人工智能及虚拟现实等新兴技术的涌现,不仅潜移默化地拓宽了人类生活的边界,还极大地拓展了人

[①]《习近平谈治国理政》第2卷,外文出版社,2017年,第378页。

类的认知范围,促使数字技术深度融入高等学校的思想政治教育课程之中,成为教育革新与课程改革不可阻挡的潮流。一方面,高校思政课的卓越发展,需要丰富多元且紧贴时代前沿的教育资源作为坚实的支撑与保障。数字技术的融入能够强化教学资源的供给能力,丰富和深化思政课程的教学内容。数字化技术可以整合和优化各类教学资源,构建全方位、多元化、立体化的教学资源库,为学生提供更宽广的知识视野和深入的学习体验。另一方面,数字化技术的融入是推动高校教学模式创新的重要驱动力,能够提升育人的实际成效。通过数字化技术的赋能,打破传统教学的界限,开创更加灵活多样、高效互动的教学模式,为培养具有社会责任感、创新精神和实践能力的高素质人才奠定坚实的基础。推动思想政治工作改革创新,需顺应时代发展的潮流,秉持理论与实践并重的原则,借助虚拟技术拓宽思政课程的教学空间。然而,也必须清醒地认识到,数字技术仅是教学的一种辅助工具,教学的核心在于让学生在实践中体悟真理的深邃,激发他们前行的动力。为此,应当通过构建虚实结合的实践平台,拓宽教育实践的领域,坚持将"校园内的微型课堂"与"广阔的社会大课堂"相融合,充分利用数字化技术实现两者的有机结合。

强化"互联网+思政"建设,推动高校思想政治工作的改革创新。"互联网+"时代的到来为高校的教育模式改革与创新开辟了新视角。一方面,信息化技术深度渗透进教育课堂的每一环节,使得教学内容能够以生动活泼的形式展现,极大地提升了学生对课堂学习的热情与参与度。另一方面,鉴于学生对互联网天然的亲和力与探索精神,依托互联网平台的思政教育教学活动,成为推动以学生为主体的教育教学模式变革的重要方式。这不仅能够让学生在互联网的无限空间中充分发挥主观能动性,自主拓宽思想认知的边界,还能够激励他们积极参与到思政实践活动中来。同时,基于互联网的教育活动有效促进了教育与实践的深度结合,打破了传统线下课堂教学与实践活动相割裂的局限,使学生能围绕社会主义核心价值观开展网络社会实践,从而切实提升了高校思想政治工作的成效。高校应紧随时代浪潮,推动教育模式、理念及方法的持续改革和创新,紧密贴合学生对互联网教学的实际需求,不断增强高校思想政治工作的导向性与实效性,为学生的健康成长与全面发展提供科学指引。因此,必须坚持以"互联网+"促进高校"十大"育人体系建设的落实。教师需勇于开拓,积极探索线上线下教学模式的深度融合与实践应用,推动教育改革的深化发展,并致力于教育内容的多元化呈现,使之以动态鲜活、数字化的全新面貌跃然眼前,从而激发学生的强烈求知欲与探索欲。

习近平总书记指出:"思政课的本质是讲道理,要注重方式方法,把道理讲深、讲透、讲活。老师要用心教,学生要用心悟,达到沟通心灵、启智润心、激扬斗志。"[1]基于此,要确保政治性与学理性相辅相成,引导学生运用所学理论知识坚定正确的政治立场。要坚持改革创新,通过教育手段与方法的革新,不断优化课堂与实践教学模式,拓宽并深化学生的知识体系,增强其运用理论解决实际问题的能力,推动学生不断自我完善与发展。

(三)实现遵循规律与改革创新相统一

遵循规律,是高校育人工作的根基性要求。皮亚杰从生物学视角揭示了幼儿思维能力具有阶段性特征,每个阶段都有其独特的认知逻辑;维果茨基从社会学维度说明教育必须锚定学习者现有水平与潜在能力之间的动态区间;中国传统文化中的"因材施教",古希腊苏格拉底的"产婆术",也都强调了教育需顺应人性特质。高校育人工作必须遵循"三大规律",敬畏教育规律的客观性,违背规律开展的教育活动无异于揠苗助长,正如农耕需遵循节气,育人亦需等待思维萌芽的时刻。思想政治工作规律是确保高校教育方向正确,培养具有正确世界观、人生观和价值观的人才的前提条件;教书育人规律不仅要求高校教育要传授专业知识,更强调培养学生的综合素质和能力;学生成长规律是制订教育计划和教学方法

---

[1] 《习近平在中国人民大学考察时强调 坚持党的领导传承红色基因扎根中国大地 走出一条建设中国特色世界一流大学新路》,《人民日报》2022年4月26日。

的重要依据,强调关注学生的个体差异,因材施教,提供个性化的教育服务。

改革创新,是应对时代变革的必然选择,是推动高校育人工作不断发展的重要动力。随着社会的不断发展和科技发展的日新月异,数字化浪潮正不断重塑着知识获取的方式,传统育人模式已显疲态。高校育人工作必须与时俱进,不断创新教育理念和教学方法,推动教育模式的结构性革新,通过技术手段、评估体系、理念方法等各方面的改革创新,提高育人的质量和效率,培养更多具有创新精神和实践能力的高素质人才。同时,改革创新不是简单否定传统,而是既要深化优秀传统文化认知,更要推动其新时代新应用。

实现遵循规律与改革创新相统一,是完成高校育人目标的重要基础,是教育工作不断发展的永恒动力。将遵循规律和改革创新有机结合,一方面,要坚持以客观规律为基础进行顺应时代发展要求的创新,所有有效的创新都必须建立在对规律的透彻把握之上,如慕课(MOOC)平台在遵循学生成长规律的基础上,打破育人的时空壁垒,并通过算法推送适配内容,本质上是对因材施教理念的技术赋能,是尊重受教育者主体性的规律回归。另一方面,要以学生为中心,充分发挥学生的主观能动性;要以技术为动力,使传统育人工作焕发新生;要以质量为根本,推动高校教育的改革和发展。实现遵循规律与改革创新相统一,既顺应了时代发展,又坚守了教育本质,有利于发挥两者的协力作用,推动落实新时代高校"十大"育人体系建设,不断为国家的繁荣富强和民族的伟大复兴培养更多高素质人才和创新型人才。

二、坚持育人导向与问题指向的统一

高校"十大"育人体系是一个具有开放性、复杂性和先进性的综合性系统,对于深入实施立德树人这一根本任务,培育具备高水平应用能力的人才具有深远而重大的意义。在全面建成社会主义现代化强国时期,作为人才聚合地的高校要坚持育人导向与问题指向的统一,促进各要素间的协同配合与高效联动,确保育人体系能够充分发挥综合优势与整体效能,不断提高高校"十大"育人效果,为培养德智体美劳全面发展的新时代好青年注入持久的力量。

(一)坚持育人导向

高校"十大"育人体系是一个由多个子体系要素所构成的统一整体,必须强调各子体系要素之间的协同互动,遵循协同育人理念,坚持育人导向。"十大"育人体系覆盖了学生学习生涯与个人发展的各个维度,这十个精细划分的育人子体系,各自承载着独特的育人使命,它们协同作用,促进了思想政治教育资源的流通、共享与深度融合,这一进程贯穿教育培养流程的各个节点,形成了强大的育人合力。此合力所展现的整体效能,远超单一子体系功能的简单相加,呈现出显著的协同效应。这一体系旨在培育德智体美劳全面发展的社会主义建设者与接班人,推动全国各高校将工作重心精准聚焦于育人成效的提升,确保高校思想政治工作能够敏锐地适应并回应学生个体成长的需求、时代变迁的呼唤以及社会发展的迫切要求。

教育主体要坚持育人导向。高校"十大"育人体系的核心基石在于多元化的育人主体,其显著特点在于主体间主次分明且职责相互融合。高校中存在两大核心育人主体:一是承担思政课程教学的教师,二是从事教辅工作的岗位人员。为了充分发挥这两大主体的职责,构建一支兼具高素质、专业化及创新能力的育人队伍,必须坚定不移秉持育人导向原则。习近平总书记强调:"教师队伍素质直接决定着大学办学能力和水平。"[①]育人工作中需要充分发挥好辅导员的"主力军"作用、班主任的"主心骨"作用、专任教师的"主引擎"作用以及行政管理人员的"主攻手"作用,共同

---

① 习近平:《在北京大学师生座谈会上的讲话》,人民出版社,2018年,第7-8页。

构筑起全员、全过程、全方位育人的崭新格局。因此,要发挥全员主体职责。为了全面提升教师队伍的整体素质及思想政治教育的教学能力,并确保每位教师在育人工作中都能以身作则、树立榜样,必须全面加强党建在育人工作中的引领作用。与此同时,构建一个由特定部门主导协调,多个相关部门积极响应与协同参与的综合育人机制,紧密围绕党委的核心领导,形成各部门间紧密合作、高效联动的育人体系,这将有效解决以往不同育人体系间存在的分散孤立、缺乏整合的问题。唯有始终坚持育人的导向,各育人主体才能根据育人的目标、要求和条件充分发挥其作用与优势,才能共同推动育人工作更加有效地开展。

教育资源要坚持育人导向。资源共享能为育人合力的形成提供基础条件,为全面落实"十大"育人体系要求,高校需深入掌握各育人主体的资源分布,构建资源共享机制,最终实现资源配置与利用的最优化。有效提升育人主体整合各类资源的能力,紧密结合育人工作的实际需求以及促进学生全面发展的长远规划,采取多样化策略与措施,进而根据育人导向力求最大化提升资源利用效率。要不断深化育人主体根据最新的育人导向对各类育人资源的全面认知与有效利用。在广泛交流与实践中深刻认识并充分挖掘各类育人资源的潜在价值。教师在挖掘与利用隐性育人资源的过程中,只有树立"资源无处不在,育人无时不有"的理念,坚持立德树人的根本导向,才能不断提升自身对育人资源的敏锐感知与灵活应用能力,将专业知识传授、实践能力培养与职业素质提升有机融合,进而实现学生综合素养的切实提升。

育人体系要坚持育人导向。能否达成"十大"育人的目标,关键在于各高校内部能否构建起一套有效的联动机制,这一机制须将各育人体系的育人宗旨、目标设定及具体行动整合至一个统一的框架之中,实现目标一致、机制协同的高效运作效果。一方面,各育人体系间的互补协同效应需要充分发挥优势育人体系的引领与带动作用。通过坚定育人导向能够确保所有工作的核心与目标均聚焦于育人,助力弱势育人体系效能提升,以期实现"十大"育人在全面育人方面的均衡与高效。另一方面,育人工作必须始终坚守协同育人的核心理念,以人为本,以育人为主导方向,这样才能在课程、科研、文化、实践、服务等育人体系中精心打造出"十大"育人体系的核心层、次级核心层及辅助核心层。通过促进各要素间的有机联结、深度融合与协同互动,将这些子体系紧密编织成一个相互支撑、紧密相连的网络架构。在这一过程中,逐步形成了一个多元主体共同参与、协同推进的育人新环境,为培养德智体美劳全面发展的社会主义建设者和接班人奠定了坚实基础。

习近平总书记强调:"教育强则国家强。"[1]这就要求必须坚定不移地以育人为导向,促使育人机制的各个要素在更深层次、更广范围内实现良性协同,营造时时、处处、人人育人的浓厚氛围,充分释放协同效应,显著提升育人效果。在新时代的伟大征程上,高校要坚持育人导向,紧密围绕为党培养接班人、为国家培育栋梁之才的崇高使命,全面强化并革新高校思想政治工作。因此,必须充分发挥党的核心引领作用,有效协调各项育人资源与力量,广泛激发和调动校内外的积极因素,凝聚起强大的育人合力,从局部到整体逐步推进育人工作,不断提升育人成效。

(二)坚持问题指向

问题是路径的指向,路径是问题的解决。当下高校思想政治工作面临许多挑战和困境,使高校"十大"育人工作无法真正全部落到实处。坚持问题指向有利于促进高校更精准地定位教育中的薄弱环节,从而制定更有针对性的教育策略和措施。因此,必须坚持问题指向,以问题为切入点解决高校"十大"育人体系存在的痛点和堵点,破解阻碍高校思想政治工作的各类问题,优化育人路径,进一步推进高校"十大"育人体系的落实和发展。

坚持问题指向是解决育人主体协同合力不足问题的基础环节。育人

---

[1] 《习近平谈治国理政》第2卷,外文出版社,2017年,第376页。

工作作为一项庞大而复杂的系统工程,亟须全体成员的积极参与和明确的责任分配,以汇聚成强大的合力。在高校"十大"育人体系的建设中,由于人员众多、涉及部门范围广,育人目标不尽统一,进而影响了育人的实际效果。一方面,当前的育人队伍结构存在着一定的不平衡。尽管各高校积极响应全员育人的号召,努力构建全方位的育人队伍体系,但在实际操作层面,专业教师、教辅人员、后勤服务人员及图书馆工作人员等核心群体的参与度却稍显不足,未能形成全员育人的强大凝聚力,这使得育人平台孤立无援,教育资源分散,难以发挥整体的教育效能。另一方面,育人部门间的权责划分存在模糊地带。根据高校"十大"育人体系所设定的育人目标与功能,各高校设立了十个专门的牵头部门。然而,在实际运作过程中,各职能部门间存在职责重叠、权责界限不清晰的问题。例如,管理育人与服务育人之间的界限往往难以清晰界定,管理行为亦可视为一种服务形式,而服务过程亦蕴含管理要素,这种模糊性可能导致不同体系内的工作人员在职责履行上产生交叉与混淆,表面上看似人人有责,实则在实际操作中各自为政、缺乏协同,影响了育人工作的有序开展与高效推进。

坚持问题指向是优化育人资源整合的重要抓手。在全力推进高校"十大"育人体系建设的过程中,系统整合与高效利用育人资源是构建"大思政"教育体系的必要环节与有力保障。然而,当前高校"十大"育人体系的推进仍面临诸多挑战,其中,育人资源整合利用的不足是重要制约因素。一方面,资源整合意识缺失。在育人实践中,各育人体系间未能建立起有效的协同合作机制,呈现出孤立作战的状态,导致信息共享不畅、经验交流受阻、资源难以有效整合。另一方面,育人资源认知观念相对滞后。部分高校在整合思想政治教育资源时,缺乏前瞻性的管理理念,未能构建起科学、全面的资源体系框架,对其他类型的育人资源也存在认识上的片面性。

坚持问题指向是均衡育人体系协同构建力量的关键条件。《实施纲要》中提出的高校"十大"育人体系就是聚焦育人过程中的短板弱项,把着力解决高校育人过程中不平衡不充分的问题作为目标指向。但目前高校面临着"十大"育人体系整体构建不平衡的现实问题,只有明确构建不平衡的问题指向,才能进一步均衡协同力量。具体而言,课程、管理、服务这"三育人"领域拥有悠久的发展历史和深厚的积淀,在推进构建过程中展现出明显的优势。然而,在心理育人和科学育人等领域,传统的教育方式方法尚未得到根本性突破。例如,心理育人主要依赖于"心理活动月"活动,由学校心理健康部门主导,而在学生资助、教学管理等方面,育人的意识和力量的挖掘尚显不足,各部门和机构之间的整体协同效应未能充分发挥。总体来看,这十个育人方面在发挥作用上存在差异:那些早已明确的领域已经形成了相对成熟的育人机制,而初步明确和最新明确的领域则还需精准定位育人着力点和拓宽育人途径。此外,这两大部分以及十个子体系在育人工作中的相互配合与支撑机制尚待进一步构建和发展完善。

高校"十大"育人体系建设必须坚持问题指向,清醒面对并着力解决育人主体协同合力不足、育人资源整合力度不够、育人体系协同构建力量不均衡等高校在育人工作中的核心问题,实现育人工作的高效推进和质量的稳步提升。

(三)实现育人导向与问题指向相统一

育人导向,是高校育人工作的根本遵循。要"以理想信念教育为核心,深入进行树立正确的世界观、人生观和价值观教育"[①],必须始终贯彻落实立德树人的根本任务。在育人过程中,高校思想政治工作不仅要关注学生的知识积累和能力提升,更要注重他们的素质培养和品德修养,以培养德智体美劳全面发展的社会主义建设者和接班人为核心目标,注重学生综合素质和能力的全面提升。通过优化育人环境、完善育人机制、强

---

① 中共中央文献研究室编:《十六大以来重要文献选编》(中),中央文献出版社,2011年,第649页。

化育人措施等多种方式,可以为学生的全面发展提供有力保障。

问题指向这一理念在高校育人过程中扮演着至关重要的角色,是一种敏锐洞察与积极应对的态度,要求高校教育工作者直面育人过程中的种种挑战与难题,如课程设置的不合理性、科研育人功能的潜在缺失、实践育人平台的局限性等,精准地抓住主要矛盾和矛盾的主要方面。这不仅仅是一种对现状的清醒认识,更是一种对未来发展的深刻洞察。因此,高校必须保持高度的敏感性,及时收集并分析问题,将思想政治教育与学生成长需求紧密结合,确保育人工作的精准性和有效性,真正培养出符合社会需求的高素质人才。

实现育人导向与问题指向相统一,需要采取一系列切实可行的措施。一方面,要坚持育人导向,注重全面发展。在解决问题的过程中,高校要始终坚守育人初心,将立德树人的理念贯穿育人工作的全过程。通过优化育人环境、完善育人机制、强化育人措施等方式,为学生的全面发展提供有力保障。注重培养学生的综合素质和能力,包括思维能力、创新能力、团队协作能力等,使其在未来的社会竞争中立于不败之地。同时,应建立健全育人工作的考核评价机制,确保各项育人措施得到有效落实。另一方面,要直面问题,精准施策。高校要敢于正视育人工作中的不足与短板,通过深入调研、广泛听取师生意见等方式,精准识别问题所在。针对这些问题,要制定切实可行的解决方案,如优化课程体系、强化实践教学、加强科研育人等,确保每一项措施都能直击要害,提升育人效果。实现育人导向与问题指向相统一,不仅有助于高校精准识别并解决育人工作中的问题,还能推动育人工作的持续创新和优化。通过这一过程的不断迭代和完善,高校将能够培养出更多符合社会需求和时代要求的优秀人才。

三、坚持协同联动与分工负责的统一

高校作为思想政治教育的重要场所,始终肩负着培养新时代中国特色社会主义事业建设者和接班人的重任。在教育强国建设的时代号召下,我国对教育的重视程度达到了前所未有的高度,思想政治工作和育人队伍建设在持续的努力下取得了辉煌成效。新时代,党和国家对思政教育队伍的建设提出了更高的要求,既要具有协同思维,坚持协同性原则,又要始终明晰各类育人主体的职责所在,强化分工负责。唯有始终坚持协同联动与分工负责的相互联动,才能破除育人中的各种体制机制障碍,迸发出强大的育人合力。

(一)全面统筹育人资源与育人力量

我们党历来高度重视高校思想政治工作,经过长期艰辛探索,逐渐形成了一系列基本方针和原则遵循,积累了许多宝贵的经验。伴随着思想政治教育的成效的不断凸显,高等教育发展的焦点也逐渐转向育人质量这个关键性问题,如何提升育人实效成为党和国家面临的又一个重要课题。思想政治工作无论是在结构上还是性质上都具有互通性。因此,提高育人实效,就必须在互通性上下功夫,着力打通思想政治教育各领域各环节上的教育壁垒,充分发挥高校思想政治工作队伍的推动作用,全面统筹育人资源和育人力量。

整合优质的育人资源是有力推动育人工作顺利开展的重要前提。所谓育人资源,是指教育提供的人力、物力、财力资源的总称。优质的育人资源是思政教育工作的基础支撑和根本保障,只有充分统筹好各类教育资源,才能够推动育人工作更加高效地开展。在构建"大思政""大教育"和"大宣传"格局的背景下,整合优质的教育资源,是破解教育发展不均衡的关键一招。要开展好优质高效的思想政治工作,就不应仅限于自身的学科领域。只有积极探索"协同"新路径,始终坚持以马克思主义学院为中心,使校内各类课程与思想政治理论课同向同行,才能使校内外各种资源为思政学习与实践搭建平台,推动育人资源的均衡发展,促进育人质量的显著提升。一方面,统筹教育资源是满足不断增长的教育需求的现实之需。随着我国高等教育进入大众化阶段,高校人数不断增加,对教育资源的需求不断增加,如何满足不断增长的教育需求成了教育领域亟待解决的问题。唯有进一步推动育人资源的协同联动,不同地区、院校依托自身教学模式、思想政治教育资源,积极推动高校思政课教师跨地域、跨院校集体备课,才能不断满足教育发展的现实需求,实现育人质量的有效提升。另一方面,统筹教育资源是增强育人的时代性和吸引力的有力举措。育人工作要始终立足时代发展前沿,只有积极运用新媒体技术,融合线上线下育人资源,才能提升综合教育能力。

强化育人队伍建设是推动育人工作高质量开展的关键所在。习近平总书记在学校思想政治理论课教师座谈会上强调:"办好思想政治理论课关键在教师,关键在发挥教师的积极性、主动性、创造性。"[1]推动教育事业的快速发展,不仅要有优质的教育资源作保障,还需要有强大的教育力量作支撑,建设一支政治强、情怀深、思维新、视野广、自律严、人格正的育人队伍对于推动育人事业的发展具有重要的意义。一支覆盖广、素质高的教育队伍,仅凭课堂教育的单打独斗是行不通的,除了需要高校思想政治理论课教师切实发挥教育的中坚力量,其他参与到高校思政教育工作的人员的作用也至关重要。要将目光转向专职教师队伍之外的其他从事教育工作的群体,不断壮大充实思想政治教育队伍。整合育人力量推动思想政治工作形成强大的育人合力。开展思想政治工作涉及高校办学的方方面面,旨在将思政教育各方面的力量整合为一个系统整体,各个领域、各个部门在党委的统一领导下共同发力,齐抓共管,推动育人力量更加强大。习近平总书记指出:"办好教育事业,家庭、学校、政府、社会都有责

---

[1] 习近平:《思政课是落实立德树人根本任务的关键课程》,人民出版社,2020年,第10页。

任,谁都不是旁观者,谁都不能置身事外。"[1]一方面,统筹育人力量有助于充分发挥社会协同作用。社会协同作为高校思政课建设的重要推动力,有利于形成高校思政教育的重大合力。教育的协同保障作用的充分发挥,能够助推学校、家庭和社会教育协同育人机制的形成,不断增强教育合力。另一方面,统筹育人力量能够全方位辅助增进育人实效。育人力量的统筹能够增强校内校外学习的互通性,形成教学共同体,有利于思政教师立足于高校思想政治工作的整体布局,从更加广阔的视野中寻求育人教育的契合点,加强与不同职能部门的育人队伍之间的沟通交流,在人员配置上打通高校思想政治工作在学科与课堂之间的壁垒。因此,统筹育人力量对于推动各方面育人团队的沟通交流以及人才的培养和发展具有重要的意义。高校思想政治课教师通过思政课程的课程思政建设,加强与非思想政治理论课教师之间的交流沟通,能够进一步明确各领域研究的重点,通过对各个专业领域的学科所蕴含的教育元素和教育功能进行深度的挖掘,将优质的育人资源融入育人的全过程,实现思想政治教育和专业知识领域的深度契合,将思想政治教育的育人功能充分贯彻到人才培养的各个领域,实现思政育人和专业学科育人的双向发力。在协同育人的大背景下,形成高效系统的育人队伍十分重要。只有使党委和教学部门、学生管理部门等部门相互配合,实现全员、全过程、全方位育人,不断优化教育的协同思维,切实打通育人的"最后一公里",既推动思想政治工作形成可转化、可推广的一体化育人制度和模式,又推动思想政治工作实现在育人队伍上的自立自强。

(二)强化分工负责

思政教育队伍是思想政治工作的重要推动力量。所谓分工负责,主要是指将思想政治教育工作的各个领域、各个环节进行明确划分,明确各个主体的职责所在,使整个思政教育过程既形成了一个严密的教育整体,

---

[1] 中共中央党史和文献研究院编:《习近平关于注重家庭家教家风建设论述摘编》,中央文献出版社,2021年,第69页。

各个领域又能各司其职、各负其责。

强化分工负责是实施精准教育的需要。以往的高校思政育人队伍主要是由高校辅导人员以及政工人员组成,缺乏鲜明的职责分工,这就造成了由于烦琐的工作而疏忽了对学生的思想政治工作。随着党和国家各项政策的相继出台,思想政治教育领域发展动力显著提升。与此同时,伴随着高校对于思想政治教育工作有效开展的不断探索和完善,高校思政育人队伍的结构也愈发成熟稳定,教育工作的主体责任也越来越明晰。进入新时代以来,基本形成了由"高校行政管理干部和工作人员、思想政治理论课教师、其他各类课程教师、辅导员、班主任、心理咨询教师"等共同组成的育人队伍。人才结构成熟稳定,使得育人队伍分工更加清晰,形成了一种"各司其职、共同育人"的良好局面。成熟稳定的育人结构,明确的职责分工,既为加强和改善大学生的思想政治教育,提供了强有力的保障与支撑,对整个育人工作的统筹规划起到了很好的推动作用;又极大地促进了整个高校的教育责任体系的实施,有效推动了教育工作的多方面开展,对于推动高校学生的全方位发展具有十分重要的作用。

推动育人队伍结构转型升级。教育主体责任的进一步明晰,更好地推进了"专兼结合"政策的落实,将以往普遍采用的"专职为主"的队伍结构,逐渐转变为以精干专业人员为骨干,并与较多的兼职人员相结合的队伍结构。大学生思想政治工作队伍的建设,是一个从量变到质变的发展过程,从量的满足到质的飞跃,达到量和质的统一。思想政治工作队伍建设优化与完善更好地遵循了党和国家对思政教育育人队伍提出的新要求,在质量和数量辩证统一的基础上,更好地完善了教师队伍的职能分工,进一步优化思政教师队伍结构。

随着时代的不断发展,教育越来越呈现出多元化发展,教育群体的多样性特征充分反映了教育队伍责任分工的迫切需要,通过推动实现思想政治工作的分工负责制度,以及时适应新时代党和国家的教育方针和培养目标,推动高校"十大"育人体系的建设和发展,真正使思想政治教育工作更好发挥出"生命线"作用。

(三)实现协同联动与分工负责相统一

协同联动,是构建育人共同体的核心路径,是高校育人工作效能倍增的重要保障。坚持协同联动就是要在高校育人过程中时刻坚持统筹各类资源,联动多元主体,从而打破壁垒,形成目标一致、资源共享、行动协调的育人网络,它并非简单的合作叠加,而是通过制度设计和机制创新,实现教育资源的有机整合。习近平总书记指出:"要完善人才培养机制,遵循社会主义市场经济规律和人才成长规律,以国家发展需要和社会需求为导向,以培养人才创新精神和创新能力为重点,以提高思想道德素质和职业精神为基础,形成协同育人模式。"[1]要在协同联动中统筹各类资源和力量,科学管理教师队伍,优化教师结构,明晰各个主体结构的责任所在,并在党委的统一领导下凝聚起思政教育强大的育人力量;要建立常态化沟通平台,构建资源联动网络,创新协同育人课程,充分发挥教育的贯通性和持续性,从而推动一体化育人体系的构建和教育立德树人根本任务的落实,实现"把思想政治工作贯穿教育教学全过程,实现全程育人、全方位育人"[2]。

分工负责,是开展高校育人工作的基本遵循,要求明晰各类育人主体的权责边界。由高校行政管理干部和工作人员、思想政治理论课教师、其他各类课程教师、辅导员、班主任、心理咨询教师等共同组成的一支庞大的高校思想政治教育队伍,他们虽各有分工、各有侧重,但始终围绕立德树人的教育主线开展育人工作。提高思想政治工作效果,更好地发挥思政教育强大的育人合力,既需要统筹各类教育资源,下好全国一盘棋,更需要时刻提防思政教育工作人员职责不清,以及推诿责任等教育乱象。坚持分工负责,各教育主体必须在协同框架下,依据自身优势与职能定

---

[1] 中共中央党史和文献研究院编:《十九大以来重要文献选编》(上),中央文献出版社,2019年,第567页。
[2]《习近平谈治国理政》第2卷,外文出版社,2017年,第376页。

位,承担专属责任,强化责任意识,避免"越位"和"缺位",避免责任均摊现象,提高育人效能。

实现协同联动与分工负责相统一,是高校育人工作的题中应有之义,是教育生态发展的重要法则。协同是分工的方向引领,分工是协同的效能保障,二者相辅相成、缺一不可。高校育人的过程就是一个坚持协同联动与分工负责相统一的过程。高校育人系统中的各个主体既要明确自身责任,有效应对育人工作中的各方面挑战,激发自身潜在的力量,也要明确各主体间育人目标的一致性以及育人内容的互补性,更要在融合中保持专业、在分工中实现互补,努力凝聚育人共识,加强协同互补,实现协同联动,这对于"大思政"格局以及"十大"育人体系的构建和完善具有十分重要的意义。高校育人工作从来不是独奏曲,而是多元主体的交响乐,坚持协同联动与分工负责相统一,有利于让育人力量从分散走向凝聚,使教育行为从混沌走向精准。

四、坚持普遍要求与分类指导的统一

党的二十大报告强调,"要坚持教育优先发展、科技自立自强、人才引领驱动,加快建设教育强国、科技强国、人才强国,坚持为党育人、为国育才,全面提高人才自主培养质量,着力造就拔尖创新人才,聚天下英才而用之"[①]。在建设教育强国的大背景下,落实立德树人根本任务,只有把立德树人贯彻到教育事业发展的各领域、各方面、各环节,才能更好地贯彻教育对于人才发展的普遍要求。与此同时,又要聚焦于当今世界的多元趋势,准确把握个体发展的多样性特征,实行分类指导,真正推动教育事业更好更快发展。

(一)解决好培养人的根本问题

习近平总书记强调:"办好思政课,最根本的是要全面贯彻党的教育

---
① 《习近平著作选读》第1卷,人民出版社,2023年,第28页。

方针,解决好培养什么人、怎样培养人、为谁培养人这个根本问题。"[1]这一论述深刻揭示了高校思想政治工作的重要地位。"培养什么人、为谁培养人、怎样培养人",三者是内在联系的统一整体,共同发挥思想政治工作的强大育人合力。"培养什么人"关乎思想政治工作的价值方向和目标取向,反映了时代对于教育人才的发展需求。"为谁培养人"是政治考量和原则立场问题,反映了思想政治工作鲜明的政治导向性。"怎样培养人"是在"培养什么人"以及"为谁培养人"的总体框架下做出的具体教育措施。新时代,教育工作的首要任务就是要解决好培养人的问题,这事关教育的成败、民族的安危、社会的安定,稍有不慎就会使教育的路线、方向、目标发生偏差,偏离教育事业发展的正确轨道,导致教育出现不同程度的失误。

培养人是教育的根本问题。解决好培养人的根本问题,涉及教育的方方面面,必须从全局的角度出发加以考量。培养人要以时代发展的需要为基础,要面向未来,抓住现在,站在长远的角度来思考人的培养;正确理解培养人的根本问题能够为社会培养满足时代发展要求的现代化人才,能够形成满足时代需求的完备系统,并且能够支持经济的发展与社会的进步;解决好培养人的根本问题凸显了我国鲜明的政治立场。我们培养的人是会对党和国家事业发展作出一定贡献的人,解决好培养人的根本问题会助推党和国家教育事业朝着正确的方向发展;只有准确地把握好培养的人要达到的目的、承担的责任,才能完成历史和时代赋予的使命。

紧随国家发展需求培养人。为党育才,为国育人,为人民服务,为中国共产党的执政、为中国特色社会主义制度、为改革开放和社会主义现代化建设服务,是教育最根本的政治要求,凸显了教育的政治性质,为解决"培养什么人、怎样培养人、为谁培养人"这个问题提供了政治先决条件。"培养什么人、怎样培养人、为谁培养人",作为关系教育性质的根本问题,与教育的本质属性紧密相关,在教育领域发挥着关键核心作用,关系整个

---

[1] 习近平:《思政课是落实立德树人根本任务的关键课程》,人民出版社,2020年,第9页。

社会发展全局,是一开始就要明确面对的问题。从教育的本质看,教育的本质是始终立足于人的培养,始终围绕"人"开展工作,这是教育发展的根本性要求。这三方面始终坚持面向于人、立足于人,始终坚持把育人工作作为教育的基础性和关键性工作,这与马克思主义关于教育的本质、人的全面发展的观点一致。因此,必须客观准确地处理好培养人的基本问题,抓住教育发展的本质规律,站在时代思维的前沿,基于人的全面发展的切实需要,建设一个有理论自觉、与时代发展相适应的新时代的教育强国。

建设教育强国,是全面建成社会主义现代化强国的战略先导。在党的二十大报告中,将教育、科技、人才单独成章布局,进一步说明了人才在国家教育事业发展中的重要地位,为我国的教育强国建设指明了方向。把握好人才发展的正确方向,掌握好符合教育发展规律的正确育人方法,就掌握了人才发展的话语权,就占领了人才发展的制高点,就能推动我国教育事业不断朝着正确的方向前进。

(二)加强分类指导

世界百年未有之大变局加速演进,对我国教育产生了重要影响。如何为党和国家培养顺应时代发展要求的有用人才,成了高校思想政治工作开展的关键性问题。党的十九大报告提出了"培养担当民族复兴大任的时代新人"的育人目标,实质上是回答了党在新时代应当"树怎样的人"的重要问题,特别是在第一个百年奋斗目标已经实现,向第二个百年奋斗目标奋进的历史时期,中国共产党必须回答清楚"树怎样的人"的重要问题。伴随当前纷繁复杂的国际形势以及文化的多元性发展,对于人才的培养也应该应时代之需,摆脱传统僵化的教育模式,革新教育理念。分类指导,就是要从教育对象的实际出发,坚持"一把钥匙开一把锁",对不同群体的思想政治教育采取不同的方法。这对于提高思想政治教育针对性、实效性具有重要意义。

时代的发展是推动人才分类指导的现实之需。当下教育,不再是千军万马过独木桥,也不再是一考定终身的模式,不能仅仅依赖于单一的课堂教学,而忽视了个体个性的培养与发展。文化发展多样化也促成了大学生成才方式的多样化,让他们能够根据自己的特长和兴趣来为自己的人生发展指明方向,这种发展模式也催生了时代对于人才分类指导的需要。在教育多元化的大背景下,推动对高校学生的分类指导,把学生的个性和禀赋作为重点,引导他们的倾向性发展,并协助他们制订成长计划。这种教育模式使育人工作的开展更具有针对性和多样性,促进育人主客体的高度契合,从而提升教育工作的质量。

加强教育分类指导有助于推动育人工作多元发展。高校思想政治工作始终肩负着时代赋予的立德树人的职责使命,"要用好课堂教学这个主渠道,思想政治理论课要坚持在改进中加强,提升思想政治教育亲和力和针对性,满足学生成长发展需求和期待,其他各门课都要守好一段渠、种好责任田,使各类课程与思想政治理论课同向同行,形成协同效应"[①]。高校应该遵循教育发展的多样性特征,利用多种渠道、多种资源,有针对性地对大学生进行培养,推动高校学生个性化发展,从而提高他们的学习积极性,使他们在严酷的就业形势下能够从容应对、游刃有余,在未来的工作中充分发挥出自己的优势和特长。

加强分类指导是推动教育改革创新的有效举措。教育事业要不断与时俱进,推陈出新,就必须经常性地进行教育改革,通过加强分类指导,更加聚焦各领域发展存在的不足和障碍,进行有针对性的调整和创新。改革创新是教育发展的基本动力,它所涵盖的范围十分广泛,所以必须加强对教育改革的系统性、整体性和协同性的研究,聚焦人民群众关心的急难愁盼问题,聚焦于解决改革发展的重大现实问题,以改革为教育事业发展赋能。

加强分类指导能够根据党和国家的发展需求有针对性地进行改革创新,不断满足国家发展的战略需求,提高育人的时效性和实效性。随着教

---

① 《习近平谈治国理政》第2卷,外文出版社,2017年,第378页。

育事业的不断发展,我国高等教育愈发重视教育专业的划分以及精细化研究,为国家发展进步培养更加专业的技术型人才,切实推动相关专业领域的进步,增强国家专业领域的实力。不求最大、但求最优且适应社会需要的办学理念从侧面反映出对于人才的教育理念要不断更新,要始终把国家发展的战略需要放在第一位,根据社会的需求来进行专业的设置,坚持应用技术型的办学方针,夯实基础。同时,要把产教融合、校企合作作为重点,让人才培养的专业匹配性和社会适应度持续提高。

(三)实现普遍要求与分类指导相统一

普遍要求,指高校育人工作要始终坚持教育的普遍性要求,使学生达到教育的基础性、共性化教育目标,包括核心素养、道德规范、基本知识与技能等,这是确保学生获得全面发展的重要基石。教育的根本是立德,新时代高校要培养的是具有中国特色社会主义共同理想和崇高的共产主义理想以及具有高尚情操的人才,要用具有普遍要求的社会主义爱国教育来增强大学生对中国特色社会主义道路、理论、制度和文化的信心,厚植爱国情怀,引导大学生开阔思维和视野,做兼有中国情怀和世界眼光的时代新人。教育的普遍要求在思想政治教育过程中占基础性的地位,具有必须坚定不移、一以贯之的内容,坚持普遍要求,将社会主义核心价值观、法治意识、科学精神以及信息素养、批判性精神等普适性内容通过统一形式实现代际传递和普及,有利于维护教育公平、传承文明基因,更好应对未来挑战。

分类指导,是确保高校育人工作具有针对性和实效性的密钥,强调根据学生认知水平、兴趣特长、成长环境等差异,提供定制化和精准化的育人方案,反对"一刀切"的教育模式。坚守教育的普遍要求的同时,也要注重学生发展的不同特点,加强分类指导,实现高等教育内涵式发展。坚持分类指导,要对我国各个领域的人才发展趋势和缺口现状进行系统的分析,从科学技术发展和社会实践发展的最新态势出发,动态地调整与优化高校的学科设置,有针对性地培养各专业的高水平的创新人才。坚持分类指导下的育人,尊重个体差异性,有利于释放创新潜能,满足社会对多样化人才的需求,从而推动教育更好支撑经济社会高质量发展。

　　坚持普遍要求与分类指导相统一,是实现高校育人立德树人的有效途径。普遍要求与分类指导相统一,意味着在思想政治工作中,既要强调教育的普遍性原则,也要根据学生的不同情况进行个性化指导。只有统筹好教育发展的普遍规律和学生成长成才的个性化特征,才能更好地贯彻育人的根本宗旨。要在坚持普遍要求的基础上着眼于学生的个性化特征,采取差异化的策略,以满足不同学生的需求。同时,为了更好地把握高校教育的核心问题,我们必须全面贯彻党的教育方针,坚持以人民为中心的发展理念,在坚定不移贯彻落实立德树人根本任务的前提下,着眼于人的全面发展,对不同学生的成长发展特点进行准确的掌握,有针对性地开展育人工作,做到普遍性需求与分类指导相结合,不断提升思想政治工作的质量和效果,培养能够适应新时代发展要求的复合型人才,为推进中华民族伟大复兴提供强有力的人才支撑。

第三章

统筹推进高校课程育人

课程作为学校实现育人目标的重要载体,是受教育者全面发展成长的基础性、系统性支撑。我国教育部门始终高度重视高校课程建设,坚持将课程建设这个关键要素转化为人才培养的核心动力。在《高校思想政治工作质量提升工程实施纲要》(以下简称《实施纲要》)"十大"育人体系中,课程育人被置于"十大"育人体系之首,这既为高校人才培养提出了更大的期望,也为高校课程改革设定了更高的目标。高校课程育人是课程与育人目标深度融合、紧密协作的产物。明确高校课程育人的内涵、重要性以及实践路径,对于统筹推进高校课程育人具有十分重大的意义。

一、高校课程育人的内涵要义

所谓内涵,指的是一个概念所反映事物的本质属性的总和。[1]内涵一般都隐藏在事物的深处。深入地梳理和分析课程的一般含义、课程育人的通常理解以及高校课程育人的特征是把握高校课程育人内涵要义的基本途径。

(一)课程的一般含义

课程一直是教育领域的核心议题。作为教育活动的关键载体,课程的含义会随着社会、历史、文化的发展,教育活动的深入,教育理念的更新而持续演变。

1.古代的课程概念

"课程"一词在我国最早的文献记载可追溯至北魏。佛经《贤愚经·阿难总持品第三十八》中有言"尔时有一比丘,畜一沙弥,恒以严敕,教令诵经,日日课程"。此处的"课程"是指学习诵经的既定时限、分量以及内容。[2]唐朝孔颖达在为《诗经·小雅·巧言》中为"奕奕寝庙,君子作之"一句作注疏时亦提及"课程":"教护课程,必君子监之,乃依法制。"但此处的

---

[1]《思想政治教育原理》编写组:《思想政治教育学原理》,高等教育出版社,2018年,第4页。
[2] 姜国钧:《"课程"与"教学"词源小考——兼与章小谦先生讨论》,《华东师范大学学报(教育科学版)》2006第4期。

"课程"意指国家大业,与今天我们对"课程"的理解存在明显差异。宋代朱熹在《朱子全书·论学》中提到的"宽着期限,紧着课程""小立课程,大作工夫",虽没有明确界定"课程",但已有功课任务及其进度安排的含义。①

尽管"课程"的学理性界定形成历史相对较短,但构建"课程"的思想基础和实践活动却有着古老的渊源。在古代中国,虽未正式出现"课程"这一术语,但关于课程的"思想"或"观念"已经在教育实践活动中产生并发展。古代教育者们也已经认识到教育活动中"教什么""如何教"的问题。通过梳理古代典籍里的论述,古代课程思想大致体现在四个方面。一是课程目标旨在培育未来统治者以及为统治阶层服务的人才,并以儒家思想和理论为主流内容,实现教育的教化功能。二是课程教材主要选用正统经典,《论语》《孟子》《大学》《中庸》等经典一直是封建教育体系中的核心教材。三是课程设置已体现出教育阶段性的特点,在不同教育阶段,学校课程的设置及评价是不同的。例如,《学记》中所描述的"一年视离经辨志,三年视敬业乐群,五年视博习亲师,七年视论学取友,谓之小成。九年知类通达,强立而不返,谓之大成",体现了对教学内容和课程评价的分阶段考量。四是课程实施的原则和要求丰富多元,如因材施教、循序渐进、温故而知新、学以致用、教学相长等。

2.现代课程的多元释义

从古代教育实践到现代教育理念的演进,"课程"这一概念也经历了深刻变革。作为教育学领域的核心基础概念,课程的定义在各类教育学著作中几乎都有讨论。然而,为课程赋予一个普遍认可且精准的定义并非易事。在不同的历史时期和语境下,学者们对课程的理解各不相同,因为每一种课程定义背后都蕴含特定的价值取向、意识形态以及对教育的某种信念。②

施良方学者从不同的关注视角总结了三种影响较大的现代课程理论

---

① 施良方:《课程理论——课程的基础、原理与问题》,教育科学出版社,1996年,第2页。
② 施良方:《课程理论——课程的基础、原理与问题》,教育科学出版社,1996年,第1页。

流派:一是学科结构课程理论,强调知识是课程的核心要素,主张将人类最有学术价值的知识纳入课程内容,注重知识体系的逻辑顺序和结构;二是社会改造课程理论,认为课程的核心不在于帮助学生适应社会,而在于构建一种新的社会秩序和文化;三是人本主义课程理论,强调课程应基于学生的兴趣、爱好、动机、需求、能力和态度,课程的核心不是学科内容或社会问题,而是学生的发展。①按照这三大现代课程理论流派,国内学者对课程的定义可更简洁地归纳为以下三类:第一类是把课程定义为学科,即教学内容;第二类是把课程定义为育人目标或计划,即把课程视为教学过程要达到的目标、教学的计划或社会期待的某种预期结果;第三类是把课程定义为教育性经验,这一定义主要是受到美国著名教育家杜威的影响,强调了课程的过程性和体验性。②

综合以上对课程定义的追溯梳理可知,课程的一般含义可以概括为:课程是学校为实现培养目标而选择的教育内容及其进程的总和。从广义上讲,课程是学生在教育环境中获得的一切知识与经验的总和;从狭义上讲,课程则是每一门学科科目,其中包含课程内容的编制、课程目标的设定、课程实施和课程评价方式等。"课程"是一个动态生成的过程,随着社会和教育的不断进步,"课程"概念也在持续发展。因此,课程的定义应保持广义的、生成式的、融合经验的特点,以契合现代教育发展的需求。③

(二)课程育人的通常理解

通常理解指的是对某一概念、术语或现象在普遍情况下的解释和认识。这种理解建立在常识、经验、文化背景以及广泛认可的知识体系之上,体现了大众的普遍观点和共识。课程育人的通常理解可以从定义、任务、作用以及使命等方面进行分析。

1.课程育人的定义

课程育人由"课程"和"育人"两个部分构成。"课程"涵盖了学校教育

---

① 施良方:《课程理论——课程的基础、原理与问题》,教育科学出版社,1996年,第14页。
② 顾书明:《课程设计与评价》,南京大学出版社,2015年,第4页。
③ 顾书明:《课程设计与评价》,南京大学出版社,2015年,第5页。

中各类别、各层次、各属性的所有课,它们通常体现"国家意志与社会主流价值"[1];"育",包含了德育、智育、体育、美育和劳动等教育内容;"人",特指受教育者,即学生;"育人",一般认为是对学生进行德智体美劳等多方面的教育、培养,促使其实现个人全面发展并成长为符合国家与社会需要的人才。课程育人与学校教育紧密相连。课程是学校教育的核心活动,育人则是学校教育的根本目标。课程自诞生之初便蕴含了育人的属性和价值。"诗书礼乐以造士"便体现了古代教育借助诗书礼乐等"课程"形式到达"造士"的"育人"目标。[2]课程在教育活动中与教育各相关因素的相互作用关系上所表现出的特性和能力就是课程功能。课程对于教育而言是实现其功能的工具,教育的功能自然决定了课程的功能。教育的根本功能是育人,自然现代课程的根本功能也是育人。"课程"是"育人"的内容载体和实践策略,"育人"则是"课程"的功能整合和价值归属。[3]课程和育人二者相互依存,共同达到"课程育人"的目标。

综上分析,所谓课程育人,是指在学校教育背景下,以各种课程形式为载体,通过课程内容满足受教育者的发展需求的全部教学活动。这一教学活动以人的发展为核心。因为人是推动社会进步的根本力量,社会的发展与进步依赖于人的成长。课程的所有价值只有在育人的基础上才能实现。在学校,课程是一个系统化的有机整体,每种类型的课程都拥有其独特的育人价值和优势,它们之间相互联系、紧密协作。[4]不同类型的课程虽然具体的实施方式不同,但课程实施的出发点和落脚点都聚焦于促进学生健康成长、促进社会发展进步。从具体目标导向看,课程育人以课程教学作为主要手段,实现知识传授、能力培养和价值塑造这三个维度的有机融合。

---

[1] 胡守敏、李森:《论课程育人生长点的困境与变革》,《课程·教材·教法》2020年第7期。
[2] 高树仁、郑佳、曹茂甲:《课程育人的历史逻辑、本质属性与教育进路》,《中国大学教学》2022年第Z1期。
[3] 杨修平:《论"课程育人"的本质》,《大学教育科学》2021年第1期。
[4] 宋时春:《论课程育人的三种逻辑与当代选择》,《教育科学研究》2021年第12期。

2.课程育人的任务

"课程育人"的重要任务之一就是知识育人。知识的传授是课程最基础的功能。课程的主要内容都是基于知识。这些知识源于人类认识、改造自然和社会的历史积累,大致可分为自然科学、社会科学和人文科学三大类别。衡量课程内容的重要标准之一就是知识的有用性。在知识传授过程中,课程不只是一个静态的工具,课程本身也是知识再生的过程。作为主体的教师在课程实施时要注重采取灵活的教学方法、建立平等交互的师生关系,最大化地发挥课程的知识育人作用,让学生真正成为具备知识素养的人。

3.课程育人的作用

课程不仅是知识的载体,能力培养也是其关键作用之一。在技术快速更新的当代社会,学生需要的不仅是知识的积累,更重要的是多方面能力的提升。课程通过精心设计的教学内容和教学活动来培养学生的批判思维能力、解决问题能力、创新创造能力以及终身学习能力等。这些能力不仅让学生能够灵活应对当今复杂多变的世界,而且为他们未来的职业道路和个人成长奠定坚实而广泛的基础。所以课程实施过程中要设置多样化的实践活动和评价方式,不仅要关注学生知识的掌握,更要着眼于学生社会参与的能力培养,从而实现教育的长远目标。

4.课程育人的使命

除了知识的传递和能力的培养,课程还肩负着塑造正确的世界观、人生观和价值观的育人使命。价值塑造是课程育人的核心使命。因为价值塑造不仅关乎个人的全面发展,也关乎社会的文明进步。虽然课程的基础在于传授知识,但我们还需要意识到,知识不仅内含有关于客观事物的特性和规律,而且内含有人类的主观能力、思想情感以及价值观等精神力量、品质和态度。[①]因此,在知识传授的同时,课程应利用知识作为载体塑

[①] 王策三:《认真对待"轻视知识"的教育思潮——再评由"应试教育"向素质教育转轨提法的讨论》,《教育发展研究》2004年第10期。

造价值,确保知识中的思想、情感、价值观能够真正深入人心,更有效地发挥课程育人的功能。这要求我们在课程实施过程中引导学生形成正确的世界观、人生观、价值观,培养积极的人生态度,树立正确的道德观念。

(三)高校课程育人的"三力"特征

特征,是指事物在本质上的显著特点,是区别于其他事物的重要标志。高校课程育人的特征不仅体现了教育理念的独特性,还体现了通过课程要素重构实现铸魂育人的实践创新。"高校课程"是高校教育内容最集中、最具体的体现,是高等教育学科体系及其教育活动的综合,是实现培养目标的手段。[1]我国高校课程体系按课程性质主要划分为思想政治理论课、专业课、通识课三大类别。高校课程育人是指通过系统的课程设计与实施,梳理高校三大类课程所蕴含的思想政治教育元素和所承载的思想政治教育功能,将它们融入课堂教学各环节,实现思想政治教育与知识教育的有机统一,促进学生在德智体美劳多方面的全面发展,从而实现立德树人的目标。习近平总书记指出:"尽管经济社会发展赋予高校不少使命和功能,但高校的根本还是培养人才。"[2]高校课程育人意味着高校的各级各类课程要立足于国家建设教育强国的育人蓝图,对"培养什么人、怎样培养人、为谁培养人"这一教育根本问题作出相应的时代和社会回应,实现政治认同、国家意识、文化自信、人格养成等思政教育与各类课程的有机融合。[3]高校课程育人这一教育形态的独特性集中表现为思政引领力、品德塑造力和协同共育力的三维特征。这"三力"相互依存、相互促进,共同构成了"方向引领—价值涵养—系统建构"的育人闭环。"三力"特征是高校课程育人区别于其他教育形式的核心标志,也是其有效落实立德树人根本任务的关键支撑。

---

[1] 李孟辉:《高校课程探究》,上海交通大学出版社,2012年,第5页。
[2] 习近平:《论教育》,中央文献出版社,2024年,第137页。
[3] 宋时春:《论课程育人的三种逻辑与当代选择》,《教育科学研究》2021年第12期。

1.思政引领力:高校课程育人的核心使命

教育具有鲜明的政治属性。我国高等教育发展必须同我国发展的总体目标和未来方向紧密相连。2024年9月,在全国教育大会上习近平总书记强调:"我们要建成的教育强国,是中国特色社会主义教育强国,应当具有强大的思政引领力、人才竞争力、科技支撑力、民生保障力、社会协同力、国际影响力,为以中国式现代化全面推进强国建设、民族复兴伟业提供有力支撑。"[①]思政引领力是中国特色社会主义教育强国政治属性的核心体现,它通过思想政治教育的手段,筑牢教育的意识形态防线,广泛凝聚思想共识,培养社会主义的合格建设者和可靠接班人。

高校课程育人作为育人的重要载体就是要牢牢把握教育的根本目的,充分发挥课程的思想政治育人功效,以强大的思政引领力确保教育事业发展和人才培养的正确方向,努力培育德智体美劳全面发展的人才。思政引领力在高校课程育人中的价值功能主要体现在三个方面:一是确保高校育人的方向与国家战略要求相契合;二是凝聚高校全体师生的价值共识,形成共同的教育目标和理想追求;三是对学生的发展和成才提供必要的精神指引,帮助学生树立正确的世界观、人生观和价值观。

为突出思政引领力,高校各类课程在育人内容的选择上需要做到:首先,要将习近平新时代中国特色社会主义思想融入教材、课堂和学生的头脑中;其次,课程内容应包含社会主义核心价值观、中华优秀传统文化、中国特色社会主义法治、职业道德、人生理想等多个方面;最后,课程应反映新时代以来取得的成就以及未来可能面临的新挑战、新任务、新使命。高校课程育人需要通过这些育人内容引导学生在知识教育中生成价值情感,进而加深政治认同,并将情感价值、政治认同最终转化为挺膺担当民族复兴大任的具体行动。通过这些举措,高校课程育人能够充分发挥思政引领力,为培养时代新人奠定坚实的基础。

[①] 《习近平在全国教育大会上强调 紧紧围绕立德树人根本任务 朝着建成教育强国战略目标扎实迈进》,《人民日报》2024年9月11日。

2.品德塑造力:高校课程育人的重要任务

怀特海在《教育的目的》中写道:"教育只有一个主题,那就是表现为种种形式的生活。"①从个体角度而言,教育是为了个人的幸福生活。而从社会角度而言,教育是为了人类的幸福生活。为了服务新时代的文明建设和满足人民美好生活的需要,新时代高等教育的重要使命是落实立德树人根本任务。②习近平总书记指出:"学生在高校生活,少则三到四年,多则九到十年,正处在人生成长的关键时期,知识体系搭建尚未完成,价值观塑造尚未成型,情感心理尚未成熟,需要加以正确引导。"③品德塑造力是指通过教育手段,系统化培养引导个体形成良好的道德品质、价值观念和行为习惯,使其在复杂的社会情境中能明辨是非、坚守底线、担当责任。品德塑造力对于培养德智体美劳全面发展的社会主义建设者和接班人具有重要意义。

作为品德塑造的重要渠道,高校课程育人主要通过思政课程和课程思政两大课程建设来引导学生树立坚定的理想信念、锤炼高尚的道德品格,从而影响一代青年的思想意识、价值观念和精神风貌,为青年大学生走出校门、融入社会奠定坚实的基础。品德塑造力在高校课程育人的价值功能具体体现在四个维度:一是价值引领,注重道德情操的提升,培养同理心、正义感、责任感等道德情感;二是道德认知,超越表面化的知识而内化为认知判断,使人的道德成长为课程真正的"脊柱"而非"假面";三是情感共鸣,释放学生的内在潜能,促使学生达到更高层次的精神追求;四是外化行动,将道德观念转化为实际行动。

为突出高校课程育人的品德塑造力,首先,各类课程要以社会主义核心价值观为指导来明确课程目标,强调职业道德和社会责任,引导学生树立正确的世界观、人生观和价值观;其次,各类课程要融入中华优秀传统

---

① [英]怀特海:《教育的目的》,周邦宪译,商务印书馆,2023年,第8页。
② 王谦、李红主编:《新时代高校课程育人理论与实践》,江苏大学出版社,2021年,第27页。
③ 习近平:《论教育》,中央文献出版社,2024年,第138页。

文化等课程内容,增强学生的文化自信心和民族自豪感;再次,各类课程要运用理性说服、文化熏陶、情感交流、法治教育和行为引导等教学策略,润物细无声地提升学生的道德情操;最后,要以过程性评价和反思性评价等课程评价方式培养学生的道德行动力,推动道德实践。

3.协同共育力:高校课程育人的关键目标

协同是指两个或两个以上不同资源或个体,一致地完成某一任务的过程或能力,它强调互相配合、协作以实现共同发展。协同共育就是凝聚各种教育资源和教育主体形成育人合力,实现育人的整体效应,促进个人的全面发展和教育的发展。高校课程育人以各类课程之间的联动配合为着力点、以课程主体之间的相互合作为生长点来促进育人功能的有效发挥,真正形成"全员、全过程、全方位育人"的大格局,从而改变思想政治理论课"独自战斗"的状况,解决高校过去育人合力不足的问题。[1]

从"孤立育人"转向"协同共生",协同共育力是高校课程育人在新时代应该遵循的指导方针与教育理念,其价值功能的发挥主要体现在两个方面。一是高校各类课程之间协同共育,即思政课程和课程思政之间的协同共育。思政课程,即思想政治理论课,作为高校思想政治教育的关键渠道,发挥着"显性育人"的作用;课程思政是指把思政元素融入专业课、通识课之中,在传授专业知识的同时,潜移默化地进行思想政治教育,具有"隐性育人"的特点。习近平总书记在2016年全国高校思想政治工作会议上强调:"其他各门课都要完好一段渠、种好责任田。"[2]各类课程的有机结合是实现高校课程育人价值的重要途径。各类课程之间要相互配合,最大程度发挥综合育人、融合育人作用,形成协同效应。二是高校课程主体间的协同共育。各类课程教师需达成育人共识。思政课教师和其他各门课程教师都肩负着育人的责任。思政课教师要主动在课程实施过程中结合不同专业课程所蕴含的多维价值,引导学生将思想政治理论课

---

[1] 侯丹娟:《高校课程思政建设研究》,中国经济出版社,2023年,第99页。
[2] 习近平《论教育》,中央文献出版社,2024年,第151页。

的内容与自己的专业学习以及生命体验所关联,潜移默化地实现育人效果。而其他各类课程教师要深入挖掘课程中潜在的育人信息,积极主动将思政育人元素融入课程实施的各环节,在课程实践中创造性地激发学生主动感知。课程主体在协同实践中达成共享、共识、共进,营造全员育人的教育生态。

高校课程育人的协同共育力强调的是育人于无形之中。各类课程要把思政教育如"盐"一般地融入课堂教学中,实现春风化雨、润物无声的效果。为系统性强化协同共育力,积极发挥"聚力"功能,高校课程育人需以以下方面为抓手:首先,建立课程资源库,整合思政课、专业课和通识课的学科资源,形成案例数据库,方便不同课程的教师根据需要调取资源融入课堂;其次,构建教师协同交流平台,通过此平台,各类课程教师之间形成"目标共定、过程共管、成果共享"的育人共同体,更好地培养适应社会需要的人才;最后,设定协同共育评价办法,推行多元评价体系,将协同共育成效列为课程质量评估指标,从而激励共育主体深度互动,提升育人成效。

二、高校课程育人的重要意义

作为高校育人工作的核心途径和关键领域,高校课程育人对于落实立德树人根本任务、培养时代新人以及维护国家意识形态安全,具有至关重要的意义。高校要坚定不移把立德树人作为教育的根本任务,把培养社会主义建设者和接班人作为教育的根本目标,筑牢具有强大凝聚力和引领力的社会主义意识形态,坚持"为党育人、为国育才"的初心使命,确保党和国家事业后继有人。

(一)落实"立德树人"根本任务的主要渠道

国无德不兴,人无德不立。立德应置于人才培养的首位。习近平总书记在全国高校思想政治工作会议上强调:"要坚持把立德树人作为中心环节,把思想政治工作贯穿教育教学全过程,实现全程育人、全方位育人,努力开创我国高等教育事业发展新局面。"①高校作为教育活动的核心场所以及教育政策实施的主要渠道,落实立德树人根本任务的关键在于牢牢把握课堂教学主渠道,充分发挥课程育人的功能和作用,坚持知识传授与价值引领的有机结合,从而有效落实立德树人根本任务。

1."立德树人"是教育的根本任务

高尚的品德自古以来都备受人们重视和推崇,也始终是教育的首要目标。立德树人不仅体现了对我国传统教育思想的继承与发扬,更凸显了中国特色社会主义教育的本质。它深刻回答了教育的根本问题——"培养什么人、怎样培养人、为谁培养人",从而成为新时代落实党的教育方针的基本遵循。

2007年8月,胡锦涛总书记在全国优秀教师代表座谈会上强调:"要坚持育人为本、德育为先,把立德树人作为教育的根本任务。"②"立德树人"的发展自此成为教育研究领域的一个核心焦点。党的十八大首次将"立德树人"写入党的全国代表大会中。中国特色社会主义进入新时代以来,习近平总书记从全局出发、立足时代,在多个场合强调了"立德树人"的重要性。党的十九大报告指出:"要全面贯彻党的教育方针,落实立德树人根本任务,发展素质教育,推进教育公平,培养德智体美全面发展的社会主义建设者和接班人。"③2018年5月,习近平总书记在北大师生座谈会上谈道:"要把立德树人的成效作为检验学校一切工作的根本标准,真正做到以文化人、以德育人,不断提高学生思想水平、政治觉悟、道德品质、文化素养,做到明大德、守公德、严私德。"④同年,习近平总书记在全国

---

① 《习近平谈治国理政》第2卷,外文出版社,2017年,第376页。
② 中共中央文献研究室编:《十六大以来重要文献选编》(下),中央文献出版社,2008年,第617页。
③ 中共中央党史和文献研究院编:《十九大以来重要文献选编》(上),中央文献出版社,2019年,第32页。
④ 习近平:《在北京大学师生座谈会上的讲话》,人民出版社,2018年,第7页。

教育大会上强调:"坚持把立德树人作为根本任务。立德树人关系党的事业后继有人,关系国家前途命运。"[1]2019年3月,习近平总书记在学校思想政治理论课教师座谈会上指出:"新时代贯彻党的教育方针,要坚持马克思主义指导地位,贯彻新时代中国特色社会主义思想,坚持社会主义办学方向,落实立德树人的根本任务。"[2]2022年10月,习近平总书记在党的二十大报告中强调:"育人的根本在于立德。"[3]2024年9月,在全国教育大会上习近平总书记再次强调:"要坚持不懈用新时代中国特色社会主义思想铸魂育人,实施新时代立德树人工程。"[4]这些关于教育的根本任务是立德树人的论述,为高校课程育人的目标指明了方向。

"立德树人"体现了"立德"与"树人"的辩证统一。要实现这一教育根本任务,关键在于明确两个问题:"立什么德"和"树什么人"。这两个问题相互关联。"立什么德"在内容上涵盖了大德、公德、私德三个层面;在对象上,则涉及教育者与受教育者双方。"树什么人"在内容和目标上包含了三类:一是中国特色社会主义事业的建设者和接班人,这是树人的根本目标;二是德智体美劳全面发展的人,这是树人的素质目标;三是能担当民族复兴大任的时代新人,即新时代的奋进者、开拓者、奉献者,这是树人的价值目标。立德树人,首要在于立德。"立德"构成了树人的前提基础。[5]抛开"立德"谈"树人","树人"就失去了灵魂核心,培养出来的人就缺乏信仰和规束,"树人"的质量得不到保障。而离开了"树人"谈"立德","立德"也就失去了终极意义。简单来说,立德树人就是要培养具有良好道德的人才。立德树人是育德和育才的融合,在教育中"立育人之德"与"树有德

---

[1] 习近平:《论教育》,中央文献出版社,2024年,第3页。
[2] 习近平:《论教育》,中央文献出版社,2024年,第188页。
[3] 习近平:《高举中国特色社会主义伟大旗帜 为全面建设社会主义现代化国家而团结奋斗——在中国共产党第二十次全国代表大会上的报告》,人民出版社,2022年,第34页。
[4] 《习近平在全国教育大会上强调 紧紧围绕立德树人根本任务 朝着建成教育强国战略目标扎实迈进》,《人民日报》2024年9月11日。
[5] 靳诺:《立德树人:高等教育的根本任务和时代使命》,《中国高等教育》2017年第18期。

之人"要有机统一起来。

2.切实用好高校课程育人主渠道

"立德树人"是一个教育引导、信念塑造以及实践养成的过程。[①]高校课程育人在落实立德树人根本任务上具有无可替代的重要作用。一是课程育人是实现这一使命的关键环节。高校课程育人突出了"立德树人"政策语境下,课程育人功能的重要转变——课程不再只是单纯传授知识和技能,更重要的是培养具有高尚的道德情操、深厚的中华文化底蕴和广阔的国际视野的人才,强调了课程的"德育"内涵。通过高校课程育人帮助学生树立正确的世界观、人生观、价值观,从而确保立德树人根本任务的全面落实。二是高校课程育人具有独特的优势。高校课程体系丰富多样,按课程性质可划分为思想政治理论课、专业课、通识课三大类别,每一门课都蕴含独特的育人资源和价值。高校课程育人通过将崇德修身的基本要求贯穿各类课程,深入挖掘并利用每门课的育人资源,引导学生将所学的知识技能转化为内在德行和素养并落实到日常行动中,真正实现铸魂育人。三是课程育人能弥补高校思政教育中仍存在一些缺失、错位甚至矛盾现象的不足。例如,学生在思想政治理论课中学习了个人品德是社会公德的基础,理解了要遵守服务社会的公共道德,知道了要严格自律和自我反省,然而课后学生在生活中却受到个人至上、金钱至上等不良思想的影响,仅靠一周1—2节的思政课来发挥立德树人的作用显得势单力薄。通过课程育人,高校各类课程形成协同效应,增强思政教育的效果,形成全员、全方位、全过程的"立德树人"格局。

切实用好高校课程育人主渠道落实"立德树人"根本任务,需以系统思维统筹设计,抓好课程体系、课堂教学和教师队伍的建设。首先,打造"思政课程+课程思政"协同共生课程体系。高校要充分挖掘不同学科课程的育人功能。作为落实立德树人根本任务的关键课程,思政课程要遵循"八个相统一"的原则,有效提升课程的思想性、理论性及亲和力,以更

[①] 高国希:《着力构建落实立德树人根本任务新生态新格局》,《人民教育》2024年第5期。

好地发挥思政课的道德培养功能,强化大学生思想和行动的自觉性,培育拥护中国共产党领导和社会主义制度、立志为实现共产主义最高理想而奋斗的有为青年。其他各类课程要深挖学科德育资源,凸显课程思政的德育价值,有效地将价值追求、理想信念以及对国家和民族的深厚情感等德育元素在专业知识的讲授中传递给学生。其次,推动情境浸润式的课堂实践,对学生进行"立德"和"树人"的动态化教育。正如习近平总书记所强调的,高校在进行思想政治工作时"要用好课堂教学这个主渠道"[①]。通过课程教学,教育者与受教育者能面对面交流、深度互动,从而使教育者更精准地了解和把握学生道德成长需要。利用虚拟仿真和角色模拟等沉浸式教学方式,帮助学生坚定崇高的理想信念,培养学生深厚的爱国情怀,加强学生的道德修养,激发学生的奋斗精神。最后,要培训教师挖掘德育元素的能力,推行专业课教师和思政课教师联合备课。各科教师要遵循教育规律和学生身心发展的规律,通过充分利用各种资源、深入挖掘课程的育人潜能,增强教育教学活动的针对性和实效性。[②]

用好课程育人主渠道的关键在于以课程为纽带,形成"课程有灵魂、课堂有温度、教师有担当"的育人生态。通过课程体系锚定价值坐标、课堂教学激活德育基因、教师队伍保障长效运行,高校课程育人最终将立德树人从理念转化为可操作、可持续的教育实践,培养明大德、守公德、严私德的社会主义建设栋梁之材。

(二)培养时代新人的具体措施

随着中国特色社会主义进入新时代,党和国家站在新的历史方位上明确提出要培养又红又专、德才兼备、能担当民族复兴大任的时代新人。这是中国特色社会主义教育事业的新使命。高校课程育人的核心聚焦于"人"。高校课程的关键任务就是要回答好新时代"培养什么人"这一核心问题,确保高校课程育人的成效与培养时代新人的要求高度契合,实现二

---

① 《习近平谈治国理政》第2卷,外文出版社,2017年,第378页。
② 靳玉乐:《努力建设中国特色高质量教育体系》,《教师教育学报》2021年第2期。

者的有机统一。

1.培养时代新人的内涵和意义

党的十九大报告首次提出了"培养担当民族复兴大任的时代新人"的战略任务。这是新时代背景下党和国家对青年人才培养提出的目标要求。在不同历史时期，青年人才的培养目标各有侧重。新民主主义革命时期注重培养"为革命战争与阶级斗争服务的革命者"；社会主义建设时期强调培养"又红又专的无产阶级革命事业接班人"；改革开放时期则提出培养"有理想、有道德、有文化、有纪律"的"四有"新人。培养"时代新人"这一目标，继承和发展了不同历史时期青年培养的理念。为了更好地培养适应新时代要求的时代新人，可以从以下三个维度把握其内涵特质。首先，从素质构成角度看，时代新人应具备坚定的理想信念、深厚的爱国情怀、高尚的道德品质、广博的知识见识和顽强的奋斗精神等关键素质。这些素质是时代新人立足社会、服务国家的基础，也是其成长为社会主义建设者和接班人的必备条件。其次，从精神状态层面看，时代新人应展现出自信自强的态度、积极奋进的精神和勇于担当的勇气。他们不仅要具备扎实的专业知识，更要具备面对困难和挑战时坚韧不拔的精神，以及在复杂变化环境中主动作为的开拓进取精神。最后，从使命作用视角看，时代新人需要具有高度的责任感和使命感，肩负起在新时代实现中华民族伟大复兴的历史重任，为祖国的繁荣昌盛和社会的和谐进步贡献自己的力量。[①]

培养时代新人不仅是新时代教育的核心任务，更是实现中华民族伟大复兴的重要保障。一方面，培养时代新人是高等教育适应新时代社会需要的必然要求。培养时代新人是实现"两个一百年"奋斗目标、确保中国特色社会主义事业持续发展的关键使命。中国特色社会主义进入新时代，我国社会主要矛盾发生深刻变化。当代青年大学生多为"00后"，是"互联网原生代"。他们获取知识的途径更加便捷，视野也因此更为广阔，

---

① 刘建军：《论"时代新人"的科学内涵》，《思想理论教育》2019年第2期。

但面对多元的价值选择时,他们往往容易陷入困惑。例如,物质生活水平的显著提升促使他们更加注重工作价值与自我实现,进而出现了"慢就业"现象。高校的人才培养面临着前所未有的挑战。高校课程未能及时顺应当代大学生特征的变化,没有及时回应当代大学生的新需要。长期以来,我国高校在人才培养过程中对创新能力的培养重视不足,众多课程过度侧重理论知识传授,而忽略了实践操作的价值,导致未能实现知识、能力与素质的协调发展。[1]通过课程育人,高校能够在快速变化的社会环境中帮助学生树立正确的世界观、人生观和价值观,提升他们的综合素质和创新能力,使其能更好地适应社会发展的需要,成为德智体美劳全面发展的新时代青年。另一方面,培养时代新人是实现中华民族伟大复兴的力量保障。时代新人是更接近也更有能力实现中华民族伟大复兴的一代。当前国际人才竞争日趋激烈,科技创新和综合国力提升都依赖于人才的培养。培养时代新人是我国应对国际人才竞争、提升科技创新能力和综合国力的战略举措。改革开放以来,我国科技创新取得长足发展。特别是党的十八大以来,我国科技事业发生了历史性、整体性、格局性重大变化。但同时,我们也要看到我国在基础研究、原始创新等方面同世界科技强国仍存在一定差距。因此,作为新时代最活跃、最有创造力的群体,时代新人肩负着推动国家发展、促进社会进步的历史使命。他们的素质和能力直接关系到国家未来的发展。通过高校课程育人要培养一大批"有理想、有本领、有担当"的时代新人,为科技自立自强、民族复兴提供坚实的人才保障。

2.运用高校课程培育时代新人

培育方法是达成既定目标的关键手段。高校各类课程要以培养时代新人的要求作为行动指南,充分用好课堂教学的主渠道,坚持知识传授和价值引领的统一。2018年8月,习近平总书记在全国宣传思想工作会议上指出:"坚持立德树人、以文化人,构建社会主义精神文明,培育和践行

---

[1] 叶剑峰:《高等教育要不辱使命》,《中国人力资源开发》2011年第8期。

社会主义核心价值观,提高人民思想觉悟、道德水准、文明素养,培养能够担当民族复兴大任的时代新人。"[1]高校课程育人肩负着为国家培养时代新人,为学生成长成才提供科学指引的职责使命。因此,高校的各类课程应遵循国家和社会的价值导向,培养出符合国家和社会需要的人才;同时还要关注学生自身的价值诉求,契合个人的成长期待,使个人的价值追求和社会的价值诉求相统一。高校在规划课程时,必须紧密围绕培养"具有理想信念、爱国情怀、道德品质、知识见识、奋斗精神和综合素质"的时代新人来进行。作为培养时代新人的具体措施,高校课程育人对推动学生全面成长有着不可或缺的作用。高校要充分发挥课程育人的功能,为中国特色社会主义事业的发展培育出更多的有用之才。

(三)筑牢意识形态前沿阵地的重要抓手

意识形态工作是构建国家精神支柱、塑造民族精神核心的工作,它关系到民众的凝聚力和向心力,对中国特色社会主义事业的顺利推进起着至关重要的作用。"党的十八大以来,我国意识形态领域形势发生全局性、根本性转变,全党全国各族人民文化自信明显增强,全社会凝聚力和向心力极大提升,为新时代开创党和国家事业提供了坚强思想保证和强大精神力量。"[2]

1.高校是意识形态工作的前沿阵地

前沿阵地是指在斗争中处于最前线、最敏感、最容易受到外部影响和冲击的领域或场所。高校是不同社会思潮、价值观念交流碰撞、角逐较量的主战场,也是各种政治力量、各种意识形态争夺的桥头堡。高校成为意识形态工作的前沿阵地主要基于其独特的功能和特性。

第一,高校具有多元性的特点。来自不同地域、不同背景的师生汇聚于此,不同的思想、观念和文化在此交流碰撞、相互影响,形成了活跃的思

---

[1]《习近平谈治国理政》第3卷,外文出版社,2020年,第312页。
[2]《中共中央关于党的百年奋斗重大成就和历史经验的决议》,人民出版社,2021年,第46页。

想文化交流氛围。高校成为一个多元文化的集散地。一方面,多元文化促进了高校学术交流和文化发展;但另一方面,价值选择的多元性也增加了意识形态工作的复杂性。作为各种意识形态传播和交锋的前沿,高校必须重视意识形态工作以确保社会主义意识形态的思想占据主导地位。

第二,高校的开放程度和国际化程度较高。高校开放的氛围使其更容易受到外部不良思潮的冲击,尤其是西方敌对势力通过各种手段对意识形态的渗透。一直以来,高校大学生都是敌对势力进行意识形态渗透和西化分化的重点对象。正处在"拔节孕穗期"的大学生,思想尚未成熟,更容易受到西方意识形态渗透的影响,这可能对国家的意识形态安全构成威胁。因此,高校必须高度警惕,加强防范,确保意识形态领域的安全。

第三,高校的网络传播便捷快速。在信息时代,高校也是互联网技术普及和应用的前沿区域。大学生们对网络的使用频率高、依赖程度强。网络为大学生提供了获取信息、交流思想的便捷渠道,但同时也带来了意识形态工作的风险挑战。一方面,网络上的信息纷繁复杂,比如随着我国改革步入攻坚区和深水区,各种社会矛盾凸显,网络上存在着一些消极、充满戾气、混淆是非的言论;另一方面,网络传播途径具有隐蔽性,比如当下中西方话语的交融交锋表现得更加突出,有境外势力专门利用网络评论、营销号等方式误导大学生的思想,使其产生对中国的误读、误解。因此,高校必须站稳守好新时代的意识形态阵地,为国家立心、为民族立魂,确保培养出的人才具有坚定的社会主义理想信念,能为实现中华民族伟大复兴的中国梦贡献力量。

第四,高校在人才培养中占据核心地位。高校肩负着培养社会主义建设者和接班人的重大使命,在塑造大学生世界观、人生观和价值观等方面具有不可替代的作用。高校师生群体具有特殊性,他们普遍具备较高的知识水平和较强的思考表达能力,其学术研究、教育活动和社会服务等往往会形成广泛的社会影响力。特别是大学生作为国家未来的建设者,他们的思想观点和价值取向影响着国家未来的发展走向。高校的意识形态不仅影响校园的稳定,还会辐射到整个社会的安定。因此,高校在意识形态领域具有举足轻重的地位,必须切实加强意识形态工作,确保培养出符合国家发展需要的高素质人才。

2.以高校课程育人抓好意识形态工作

"高校能否做好意识形态工作,事关党对高校的领导,事关中国特色社会主义事业后继有人。"[1]因此,坚守好意识形态前沿阵地,确保高校意识形态安全,对坚持高校的社会主义办学方向、实现立德树人的教育目标、回答高校"培养怎样的人"和"为谁培养人"的重大政治问题,具有极其重要的意义。当前"两个大局"虽然给我国意识形态工作带来了很多方面的挑战和考验,但也让我们看到了发展的战略机遇期。深入探讨在当今复杂多变的环境下如何有效讲好中国故事、构建中国精神、展现中国价值,增强我们在意识形态领域的话语权,是当前一项重要课题,而抓好高校课程育人工作无疑成为关键抓手。

高校课程育人的提出正是为了应对高校意识形态工作所面临的严峻挑战。习近平总书记指出,"古今中外,每个国家都是按照自己的政治要求来培养人的"[2]。高校课程育人必须坚守其政治属性,致力于"为党育人、为国育才"。因此,高校课程育人旨在构建一个以马克思主义为指导的社会主义意识形态的主流教育平台,确保社会主义核心价值观得到有效传播。高校以课程为抓手巩固意识形态前沿阵地,既要发挥思想政治理论课的显性教育优势,又要发挥专业课和通识课的隐性教育优势。具体来说,高校需要将思想政治教育融入各类课程教育教学的全过程。每门课程都要理直气壮唱响主旋律,引导学生正确看待各种社会思潮和当代中国发展中遇到的问题,增强学生的道路自信、理论自信、制度自信和文化自信,让学生自觉主动地维护高校的意识形态安全。另外,课程是与学生直接进行沟通交流的一个重要渠道。课程教师要增强忧患意识,及

---

[1] 蓝晓霞:《教育强国新征程提升思政引领力的宣传担当》,《思想教育研究》2024年第11期。
[2] 习近平:《在北京大学师生座谈会上的讲话》,人民出版社,2018年,第6页。

时识别和处理课程实施过程中出现的潜在性和倾向性的问题,积极引导课堂中出来的负面舆情,将解决思想问题与解决实际问题相结合。高校教师和学生一直是意识形态斗争争夺的主要对象,作为高校课程两大主体要增强政治敏锐性和鉴别力,自觉防范敌对势力的渗透、破坏和颠覆活动。

高校课程是研究宣传马克思主义、培养中国特色社会主义事业建设者和接班人的重要平台。利用高校课程育人这一抓手建好守好意识形态阵地,需要加强高校课程教学的管理,防止错误思想的传播,巩固马克思主义在意识形态的指导地位。高校是大学生步入社会前的最后驿站,在这里大学生形成的世界观、人生观和价值观,最终会辐射影响整个社会。所以高校各类课程必须肩负起育人的重任,在防范化解意识形态风险上发挥积极作用。以高校课程育人为抓手,就是需要在复杂的内外部环境中,坚守好校园环境"主阵地"、课程建设"主战场",课堂教学"主渠道",确保高校的意识形态安全,为国家的长远发展提供坚实的思想保障。

三、统筹推进高校课程育人的实践路径

实践路径是指从理论转化为实际操作的具体实施策略和方法。高校课程育人的实践路径旨在构建一个以思想政治理论课为核心、以通识课和专业课为支撑的"一体两翼"课程体系,[1]通过系统的课程设计和教学活动,将思想政治教育贯穿各类课程,形成协同育人机制。统筹推进高校课程育人的实践路径,是为了确保各类课程能够协同作用,共同承担思想政治教育功能,以更好地培养出德智体美劳全面发展的中国特色社会主义合格建设者和可靠接班人。为此,统筹推进的具体实践路径包括深入推动新思想"三进"、健全课程育人管理运行机制、发挥教师课程育人主体作用。高校课程育人通过这三个维度的措施,确保课程育人目标的有效实现。

---

[1] 王瑞:《构建全课程育人的高校思想政治教育大格局》,《思想理论教育导刊》2019年第3期。

（一）深入推动新思想"三进"

《教育强国建设规划纲要（2024—2035年）》中强调要"坚持不懈用习近平新时代中国特色社会主义思想铸魂育人。"[1]深入推动习近平新时代中国特色社会主义思想"三进"工作，即"进教材、进课堂、进头脑"，是高校课程育人的首要实践路径。"进教材"是要构建以习近平新时代中国特色社会主义思想为核心内容的课程教材体系，"进课堂"是要将习近平新时代中国特色社会主义思想的核心要求和主要内容融入各类学科的课堂中，"进头脑"是要用习近平新时代中国特色社会主义思想来引导学生坚定理想信念、增强"四个自信"。这一路径旨在将党的创新理论成果全面系统地融入高校教育教学全过程，确保青年大学生能够深入学习和掌握"新思想"，从而武装自己头脑并指导实践，成为德智体美劳全面发展的社会主义建设者和接班人。

1.深刻理解"新思想"

新思想特指"习近平新时代中国特色社会主义思想"，它是马克思主义中国化时代化的最新理论成果。党的十九大报告首次提出"新时代中国特色社会主义思想"，并对这一思想的时代背景、精神实质和丰富内涵等做了阐述。新思想提出了一系列具有划时代意义的新理念、新战略、新举措，构建了一个系统完整、逻辑严密、相互贯通的科学体系。深刻理解新思想要着重注意以下几个方面。一是正确认识新思想的时代背景。中国特色社会主义进入了新时代，这是我国发展新的历史方位。新时代呼唤新理论、新理论引领新实践。二是深刻领会新思想的核心内容和创新观点。党的十九大、党的十九届六中全会提出的"十个明确""十四个坚持""十三个方面成就"概括了习近平新时代中国特色社会主义思想的主

---

[1] 中华人民共和国中央人民政府：《中共中央 国务院印发〈教育强国建设规划纲要（2024—2035年）〉》[EB/OL].（2025-01-19）[2025-01-17].https://www.gov.cn/zhengce/202501/content_6999913.htm.

要内容。①新思想以全新的视野深化了对共产党执政规律、对社会主义建设规律以及对人类社会发展规律的认识,实现了马克思主义中国化时代化新的飞跃。②三是要深入把握新思想的世界观和方法论。党的二十大提出的"六个必须坚持",是习近平新时代中国特色社会主义思想的世界观、方法论和贯穿其中的立场观点方法的重要体现。③"六个必须坚持"体现了理论与实践相统一。四是深刻认识新思想的伟大意义。习近平新时代中国特色社会主义思想具有重大的理论意义、实践意义和世界意义。习近平新时代中国特色社会主义思想把马克思主义基本原理同中国具体实际相结合、同中华优秀传统文化相结合,丰富和发展了马克思主义,是中华文化和中国精神的时代精华。习近平新时代中国特色社会主义思想还为新时代中国特色社会主义事业提供了行动指南,推动了中国在经济、政治、文化、社会、生态文明等各领域的全面发展。习近平新时代中国特色社会主义思想不仅是中国共产党和中国人民的宝贵精神财富,也为世界和平与发展贡献了中国智慧和中国方案。

2.深入推动"三进"

习近平总书记明确指出:"要坚持不懈用新时代中国特色社会主义思想铸魂育人,着力加强社会主义核心价值观教育,引导学生树立坚定的理想信念,永远听党话、跟党走,矢志奉献国家和人民。"④高校课程肩负着对青年大学生进行马克思主义理论和党的方针政策教育的重任。高校课程要用习近平新时代中国特色社会主义思想启迪心智、塑造灵魂,让学生从学习理解到认同实践,逐渐培养起大学生对美好事物的不懈追求与创造,对事物价值的正确判断,对社会责任的认同担当,对生态环境的爱护保

---

① 《习近平新时代中国特色社会主义思想概论》编写组编:《习近平新时代中国特色社会主义思想概论》,高等教育出版社,2023年,第6页。
② 《习近平新时代中国特色社会主义思想概论》编写组编:《习近平新时代中国特色社会主义思想概论》,高等教育出版社,2023年,第9页。
③ 《习近平新时代中国特色社会主义思想概论》编写组编:《习近平新时代中国特色社会主义思想概论》,高等教育出版社,2023年,第6页。
④ 习近平:《扎实推动教育强国建设》,《求是》2023年第18期。

护,对国家法律的尊重敬畏,对文化的理解包容等,助力大学生的成长和发展。

第一,推进新思想"进教材"。课程教材是教学之本,集中体现了党和国家意志。"进教材"是新思想"三进"工作的基础环节。加强教材建设,实现理论体系向教材体系的转化,就是要根据高校学生认识发展规律构建以习近平新时代中国特色社会主义思想为核心的课程教材体系,使其贯穿各学科体系、教学体系、教材体系和管理体系。

落实习近平新时代中国特色社会主义思想进入思政课教材,这是新思想进教材的主要途径。思政课课程教材内容要集中阐述新思想,特别是要配合高校思政课教材建设及时修订教育部马工程重点教材。2022年2月,教育部印发的《新时代马克思主义理论研究和建设工程教育部重点教材建设推进方案》中重点任务的第一条就是深入推进习近平新时代中国特色社会主义思想进教材。[1]在大学阶段,除了"习近平新时代中国特色社会主义思想概论"集中系统阐释新思想外,还需要突出其他几门思政课程("思想道德与法治""毛泽东思想和中国特色社会主义理论体系概论""中国近现代史纲要""马克思主义基本原理"以及"形势与政策")与新思想的深度结合。

落实习近平新时代中国特色社会主义思想进专业课和通识课的课程教材,这是新思想进教材的重要途径。其他各类课程要充分结合学科特色把新思想各有侧重地融入专业教材。例如,把习近平法治思想有机融入高校法学类教材。在构建中国特色法学教材体系时,必须充分体现习近平法治思想的核心要义、丰富内涵和实践要求等。[2]在编写、选用专业课和通识课教材时,要将新思想"基因式"融入专业课程和通识课程的

---

[1] 中华人民共和国教育部:《教育部关于印发〈新时代马克思主义理论研究和建设工程教育部重点教材建设推进方案〉的通知》[EB/OL].(2022-2-22)[2025-01-17].http://www.moe.gov.cn/srcsite/A26/moe_714/202203/t20220308_605562.html.

[2] 马怀德:《全面推进习近平法治思想进教材、进课堂、进头脑》,《中国大学教学》2023年第9期。

教学大纲、讲义课件中,实现细雨润无声地"隐形嵌入"。①

落实习近平新时代中国特色社会主义思想进入数字化教材资源,这是新思想进教材的创新途径。数字化教材依托数字技术,能够灵活地开发建设教材。数字化教材可以"因事而化""因时而进""因势而新"地随时更新教材内容,并且不受时空因素的限制。开发一批具有针对性和实效性的数字化教材或者配套读物,构建完整有序、螺旋式上升的教材创新体系,以增强教材的吸引力、感染力。推进习近平新时代中国特色社会主义思想进入课程教材,对引导广大青年坚定马克思主义信仰,听党话、跟党走,坚定"四个自信",形成正确的"三观",具有深远影响。推进新思想进教材要注意把抽象的概念与生动案例相结合,注重讲道理与讲故事相结合,在理论思想转化为教材内容的过程中要注意贴近学生生活学习实际,确保课程教材内容可被认知、可被理解。

第二,推进新思想"进课堂"。课堂是育人的主要阵地。"进课堂"是新思想"三进"工作的重要环节。推动新思想"进课堂",要实现教材话语转化为教学话语。各类课程要从课程背景及学科特色出发,在教学设计、实施和反思等环节有机融入新思想。提升课堂的吸引力和针对性。

新思想融入高校思想政治理论课课堂。思政课教师要按照新思想"进课堂"的要求,深入学习和研究习近平新时代中国特色社会主义思想,开好讲好"习近平新时代中国特色社会主义思想概论"课,并合理将新思想的核心要义和主要内容融入其他几门思政课课程的教学中。课堂具体实施过程中要用符合新时代大学生认知特点和思维习惯的教学方法,用学生易于理解接受的表达方式来阐释党的创新理论成果,增强思政课的思想性、理论性和亲和力。

新思想融入高校专业课和通识课的各课堂。其他各类课程的课堂教学要善用习近平新时代中国特色社会主义思想的世界观和方法论。其他

---

① 洪晓楠、张存达:《习近平新时代中国特色社会主义思想"三进"研究评述》,《思想理论教育导刊》2020年第3期。

各类课程的课堂上不仅要增强学生的科学知识和专业技能,还要引导青年大学生坚定理想信念、提升道德情操,成为心怀"国之大者"有用之才。比如,人文社科类课堂上可以有机融入人民至上等理念,自然科学类课堂中可以阐释科学家精神,培养学生爱国精神和严谨治学的态度。

新思想融入高校网络课堂。随着互联网的发展,在线精品课、微课等日益增多。但网络课堂一旦上线,它们往往容易被忽视,导致更新不及时。一些高校的在线公共选修课程可能会连续数年被各个专业的学生反复使用。作为课堂教学的一个重要阵地,网络课堂也需要根据学生学情和学科背景及时融入新思想的内容,推动网络课堂的内涵式发展。

第三,推进新思想"进头脑"。"进头脑"是新思想"三进"工作的最终目的。党的创新理论如何才能真正深入学生的头脑并内化于心?这需要教师引导学生经历从知识吸收、价值形成到行动实践的连续过程,即从真学真懂到真信再到真用的过程。"进头脑"就是要以学生为中心,将教学体系转化为价值体系,促使学生将新思想内化于心、外化于行,能以正确的价值观指导自己的行为实践,从而进一步形成对新思想的情感认同。

思政课教师要全力推进习近平新时代中国特色社会主义思想进学生头脑。要"重视思政课的实践性,把思政小课堂同社会大课堂结合起来"[1]。例如,设计教学活动引导学生进行调查研究,亲身体验新时代中国乡村的发展变化,并运用自己的专业知识和技能助力乡村振兴。

其他课程教师要"隐性"地推进习近平新时代中国特色社会主义思想进学生头脑。非思政课教师也要学习把握新思想的立场、观点、方法,并将这些立场、观点、方法融入专业相关的竞赛、实习、就业创业等指导活动中,引导学生将个人成长成才与实现中华民族伟大复兴结合起来,成为新时代的奋斗者。

互联网要创新性地推进习近平新时代中国特色社会主义思想进学生头脑。新时代要求新媒体避免形式化的说教,同时也要避免泛娱乐化。

---

[1] 《习近平谈治国理政》第3卷,外文出版社,2020年,第331页。

一方面,要利用新媒体平台,如公众号、视频号等,用接地气的话语或活用网络流行语来解读新思想的理论难点,激发学生的积极性,促使学生主动有所思、有所得;另一方面,对于新媒体平台上存在的一些热点问题和错误言论,要面向学生用新思想的立场、观点、方法直接回应,让学生感受到新思想的实际应用价值,从而让学生在网络平台上能利用正确的立场、观点、方法发表或回应言论。

综上,推动习近平新时代中国特色社会主义思想"进教材、进课堂、进头脑"是一项系统性的工程,也是高校课程育人的核心任务。高校要实现新思想的"三进",需要遵循思想政治教育的规律,采取全员参与、全过程覆盖和全方位融入的教育方法。高校课程应更深入地整合党的创新理论,以此激发高校育人的动力和活力。例如,安徽师范大学构建并实施了"1+5+N"的创新实践模式系统推进新思想"三进"。"1"是为学生搭建一个提供掌握新思想的平台,即"习近平新时代中国特色社会主义思想概论"课程,实现全校普及;"5"是将新思想融入其他五门思政课程,促进学生深入理解和内化新思想;"N"是开发N门专业课程,结合专业学科,课程内容要链接习近平法治思想、习近平经济思想、习近平生态文明思想、习近平强军思想、习近平文化思想等多个领域。①

(二)健全课程育人管理运行机制

在探索各类工作高效推进、目标顺利达成的路径中,健全的机制往往起着关键作用。对于高校课程育人而言,健全课程育人管理运行机制是又一重要实践路径。"机制"一词最初用以描述机器的构造与动作原理,后引申为事物依规律运行的动态系统。管理运行机制,是组织或系统在管理运行过程中遵循的一系列规则、流程、方法和手段,旨在保障活动高效、有序,以达成组织目标。课程育人管理运行机制,如同精巧设计的机器一样,能清晰规划育人系统有序运行的全貌。它涵盖了课程从设计到实施

---

① 中国教育网:《安徽师范大学坚持守正创新 推动思政课建设提质增效》[EB/OL].(2024-04-03)[2024-10-17].https://www.eol.cn/sizheng.dongtai/202404/t20240403_2596625.shtml.

整个过程的存在机理和运行形式,由目的、方法、环境、时间和人五大要素构成,这些要素内在逻辑紧密,相互依存、影响。机制的完善程度直接关乎工作推进与目标达成的时效。所以,健全课程育人管理运行机制是课程教学有效开展、育人目标最终达成的坚实保障。

1.健全课程育人管理运行机制的重要性

鉴于高校的独特属性及大学生群体的特点,健全课程育人管理运行机制,对确保课程育人实践的科学性、系统性和实效性具有重要意义。

第一,提升课程质量。高校需依托健全的课程育人管理运行机制来落实立德树人这一根本任务。课程作为人才培养的核心要素,健全的机制能保障课程设计合理、内容更新及时、教学方法先进、评估反馈有效,从而全面提升课程质量。同时,该机制还能促使课程教学在传授知识技能的同时,助力教育者及时发现问题并加以改进,有效开展思想教育和价值引领,优化育人效果,培育德智体美劳全面发展的社会主义建设者和接班人。

第二,强化教师责任。高校借助健全的管理运行机制打破部门壁垒,实现多部门、多主体的协同合作。管理主体间能够科学分工,整合校内外资源,形成育人合力,为课程育人提供资源支持。此外,健全的机制明确教师育人责任,提升其意识与能力,通过培训、考核和激励机制,强化教师在育人过程中的主导作用。

第三,促进学生全面发展。高校依靠健全的管理运行机制可以推动思政元素与其他各类课程的深度融合,确保每门课程都能发挥育人作用。同时,该机制紧密结合社会需求,使课程内容和教学方法与时俱进,从而确保学生在知识、能力、素质等方面全面发展,提高学生的社会适应能力和就业竞争力,为社会培养出更多适应时代发展的优秀人才。

2.健全高校课程育人管理运行具体机制

健全课程育人管理运行机制有利于统筹推进高校育人实践的发展。该机制着力破解传统育人实践中存在的资源分散、评价模糊、协同不足等矛盾,具体而言,需要重点完善协同育人、教学评价和质量反馈三大机制。

第一,课程协同育人管理机制。课程协同育人需要通过教师来协同来完成。高校的三类课程都具有各自独特的育人优势。课程建设管理要充分发挥各课程的育人优势,同时注重加强各课程之间,特别是跨学科和交叉学科课程的相互配合与协作。一是强化思想政治理论课育人的主导作用。作为高校思想政治教育的主渠道、主阵地,思想政治理论课是落实立德树人根本任务的关键课程。思想政治理论课可以鼓励学生在课堂上进行"专业表现",也就是让学生以各自的专业特点参与教学,或开展将思想政治理论课内容与专业知识点相结合的"热点研讨""专题演讲",或注重结合与学生专业相关的案例开展教学等,激发学生对思想政治理论课的学习热情,提升他们学习掌握理论的积极性。思想政治理论课可以邀请专业课程的专家学者对市场经济、依法治国、生态环境等议题进行深入讲解。例如,上海大学的"项链模式"便成功实现了思想政治理论课教师与专业课教师之间的协同教学。二是增进专业课育人的支撑作用。专业课在立足提升学生专业本领的同时,要着力增进不同类别的专业课特定的思想政治教育功能,培养学生的科学思维、职业道德等,对思想政治教育起到支撑作用。专业课也可以邀请思政课专任教师在专业课程涉及价值引导和社会实践等育人环节中共同参与指导。三是拓展通识课育人的渗透作用。通识课是面向全体学生开设、培养学生德智体美劳综合素质的课程,具有独特的思想政治教育的渗透作用。一方面,要明确原有通识课程的价值目标,在马克思主义的指导下,结合通识课程内容挖掘思政元素和思想政治教育功能;另一方面,要利用通识课程平台,结合当今世界和当代中国的发展、学校的办学特色以及学生关注的热点等,再打造一系列新的品牌通识课程,通过这些通识课程培养学生的家国情怀、创新能力和国际视野。高校应积极探索和创新其他各类课程与思想政治理论课的协同育人模式,以提升教育的实效性和协同效应。例如,文科类课程可以组织与思想政治理论课内容直接相关的专题研讨;理工类课程则可以聚焦科技创新、生态文明等思政主题开展专业竞赛等,以强化学生的社会责任感;艺术类课程可以举办有关实现中国梦、培育和践行社会主义核心价值观、文化自信等的汇报演出。

第二,课堂教学效果评价机制。课堂教学效果评价是对某一课程具体实施的效果进行评价,特别是对思政教育效果的评价,这是促进高校课程育人质量提升的关键环节。一是从教学内容的维度评价课堂教学效果。主要关注教师是否把思政育人元素融入教学内容,以及是否合理地融入。当前也经常出现专业课、通识课教师将育人元素生搬硬套、为了育人而育人的状况,以为课程中只要讲了思政内容就是实施了课程育人。二是从教学方法的维度评价课堂教学效果。主要是看教师是否注重教学过程和方法的创新,一方面是思政元素融入方式的创新,关注教师是否在师生的交互中促进学生"知、情、意、行"的渐进生成;另一方面是教学技术手段的创新,关注教师是否运用数字化赋能育人场景,让学生在更身临其境的情境中深入思考、内化、认同。三是从教学收获的维度评价课堂教学效果。分别从师生在同一堂课上完之后的获得感来进行评价。一方面,学生获得感的评价应关注学生是否真正理解与课程相关的思政育人内容并对此形成政治认同、文化认同、思想认同、情感认同和价值认同,最终转化为自己的行动和精神追求;学生是否对与课程相关的思政元素产生学习的兴趣并生成深入持久了解的学习动力。另一方面,课堂教学效果评价也应该包含教师获得感的自我评价,关注教师结束一堂课后是否觉得自己这一堂是值得的,而不只是感觉自己完成了一个传声筒的工作;是否因自己这一堂课主动创造性地融入育人元素获得了学生的正向反馈而有内心的满足感。

第三,课程育人质量反馈机制。高校课程育人的效果需要及时地评价反馈才能进一步地总结提高。过去我们的评价机制比较注重的是结果导向,这使得课程育人很多时候只看到了一时的结果,而且更多地是偏向智育的结果。当前高质量人才的培养需要要求必须开发更加多元的评价方式并且要注重过程性评价,甚至跟踪反馈要贯穿学生大学几年的学习生活过程乃至毕业后5年的状况。这就需要高校教育教学管理部门设置专门的团队来建立相关机制:一是需要建立科学可测的评价指标,比如政治认同、国情认同、价值塑造、能力提升等发展方面;二是构建合理且具有可操作性的评价方式,将社会评价与学生自我评价相结合,以及师生互评与学生间互评相结合,例如广州大学通过整合学校、同行、学生、教师以及行业企业等多元评价主体,对公共课和专业课进行分类整合,创建既符合统一要求又能够体现学科特色的育人反馈体系,反馈的方式包括自我评价、小组互评、教师点评等,强调过程性评价的重要性;①三是需要建立长效常态化的网络反馈平台收集育人效果反馈信息,通过对育人质量的跟踪评价及反馈,深入探索高校课程育人的规律,以便更好地服务高校人才培养,例如广州大学还设置了课下言论、阅读报告、研究报告等持续追踪的形式,实现高校育人质量的可持续发展。

(三)发挥教师课程育人主体作用

在高校课程育人的实践中,发挥教师课程育人主体作用是又一关键路径。习近平总书记指出:"办好我国高校,办出世界一流大学,必须牢牢抓住全面提高人才培养能力这个核心点。"②而人才培养,教师是关键。2018年1月,中共中央、国务院《关于全面深化新时代教师队伍建设改革的意见》强调:"教师承担着传播知识、传播思想、传播真理的历史使命,肩负着塑造灵魂、塑造生命、塑造人的时代重任,是教育发展的第一资源,是国家富强、民族振兴、人民幸福的重要基石。"③教师作为教育工作的中坚力量,在高校课程育人中扮演着重要角色,承担着育人的主体责任。教师的主体作用是指他们作为教育者,通过参与教育活动在教育全过程发挥

---

① 罗三桂、刘莉莉:《地方高校"三位一体"教学运行机制探索》,《高等建筑教育》2014年第5期。
② 《习近平谈治国理政》第2卷,外文出版社,2017年,第377页。
③ 中华人民共和国中央人民政府:《中共中央 国务院关于全面深化新时代教师队伍建设改革的意见》[EB/OL].(2018-01-20)[2024-10-17].https://www.gov.cn/xinwen/2018/01/31/content_5262659.htm.

主导、建议和规范的作用。①发挥教师课程育人主体作用体现在教师作为教育教学过程的主导者,通过教学设计与实施,在知识传授、能力培养、品德塑造等方面发挥核心作用和影响力,确保教育教学质量,实现立德树人根本任务。

1.发挥教师课程育人主体作用的意义

2024年8月,中共中央、国务院《关于弘扬教育家精神加强新时代高素质专业化教师队伍建设的意见》中强调:"教师是立教之本、兴教之源,强国必先强教,强教必先强师。"②加强高校教师队伍建设,充分发挥教师在课程育人中的主体作用,是实现课程育人目标、推动教育强国建设的基础和保障。发挥教师课程育人主体作用具有重要意义,它关系到学生的全面成长、思政工作的质量提升和教育事业的整体发展三方面。只有充分发挥教师在课程育人方面的主体作用,才能将党和国家对教育以及对教师队伍的重视落到实处,更好地实现教育的使命。

第一,有助于引导学生健康成长。"传道授业解惑"是教师的天然使命。教师不仅要精于"授业解惑",更要以"传道"为首要职责。习近平总书记指出:"人才培养一定是育人和育才相统一的过程,而育人是本。人无德不立,育人的根本在于立德。"③教师是落实立德树人根本任务的重要力量。2016年12月,习近平总书记在全国高校思想政治工作会议上指出:"教师是人类灵魂的工程师,承担着神圣使命。传道者自己首先要明道、信道。"④2017年12月,教育部发布的《实施纲要》中明确提到要建强工作队伍,"把思想政治表现和育人功能发挥作为首要目标,引导广大教师

---

① 宋岳波:《简论教师主体》,《河北师范大学学报(教育科学版)》2001年第1期。
② 中华人民共和国教育部:《中共中央 国务院关于弘扬教育家精神加强新时代高素质专业化教师队伍建设的意见》[EB/OL].(2024-08-06)[2024-10-17].http://www.moe.gov.cn/jyb_xxgk/moe_1777/moe_1778/202408/t20240826_1147269.html.
③ 习近平:《在北京大学师生座谈会上的讲话》,人民出版社,2018年,第7页。
④ 《习近平谈治国理政》第2卷,外文出版社,2017年,第379页。

不忘立德树人初心,牢记人才培养使命"①。在教育教学过程中,教师发挥课程育人主体作用就是要坚持教书与育人相统一,既做"经师",又做"人师",在遵循人才培养客观规律的基础上,传授知识、培养能力,同时还要进行价值引领。教师要引导学生在大是大非面前保持清醒的头脑,在善恶问题、利益得失问题上作出正确判断。2019年3月,在学校思想政治理论课教师座谈会上习近平总书记又深情嘱托:"要给学生心灵埋下真善美的种子,引导学生扣好人生的第一粒扣子。"②教师要在各类课程中深入学生内心,塑造价值、塑造生命,真正发挥铸魂育人的作用。另外,教师发挥课程育人主体作用还要在教育教学的日常中做好榜样示范。习近平总书记还指出,"广大教师要做学生锤炼品格的引路人,做学生学习知识的引路人,做学生思维的引路人,做学生奉献祖国的引路人"③。教师的道德情操对学生价值观的形成影响深远,这种影响不仅体现在课堂上,也体现在课堂之外。学生会潜移默化地受到教师的人格熏陶。因此,教师必须坚持言传和身教相统一,"学高为师,身正为范",要修身立德、严格自律、以德施教,成为学生做人的一面镜子,用高尚的品格感染学生,帮助学生养成良好的道德素养。广大教师应以政治强、情怀深、思维新、视野广、自律严、人格正为目标要求,时刻提醒自己端正言行,切实提升自己的思想政治教育素养,形成良好的师德师风。

第二,有助于提升新时代高校思想政治工作质量。教师是提升新时代思想政治工作质量的重要保障。课程育人质量很大程度上取决于高校教师的育人意识和育人能力。高校课程育人功能有效彰显的重点在于教师如何在教学过程中挖掘课程的育人功能。要加大培养培训力度,全面

---

① 中华人民共和国教育部:《中共教育部党组关于印发〈高校思想政治工作质量提升工程实施纲要〉的通知》[EB/OL].(2017-12-05)[2024-10-17].http://www.moe.gov.cn/srcsite/A12/s7060/201712/t20171206_320698.html.
② 习近平:《论教育》,中央文献出版社,2024年,第190页。
③ 中共中央文献研究室编:《习近平关于社会主义建设论述摘编》,中央文献出版社,2017年,第57页。

提升教师的素质,强化教师的担当意识,增强教师的育人能力,才能保障高校思想政治工作的质量。课堂是课程的核心,教师是课堂的核心。教师的政治素养、道德品质、理论水平、教学理念、人格魅力等都影响着课程的教学实效和育人成果。教师作为课堂教学的主导者、组织者和实施者,必须充分发挥自身的积极性、主动性、创造性,激发调动学生的学习热情和兴趣,提升课程实效和育人水平,这对教师自身政治素养、业务水平和教学能力是重大考验。教师要深入挖掘各类课程中蕴含的思想政治教育元素,将其有机融入教学内容,实现知识传授与价值引领的有机统一。教师要不断创新教学方法和手段,提高课程的吸引力和感染力,使学生在学习过程中不仅掌握专业知识,还能受到思想政治教育的熏陶,形成正确的世界观、人生观和价值观。

第三,有助于推动教育的改革创新。教师作为教育实践的直接参与者,对教育教学过程有深刻的理解和体验。发挥教师的主体作用是教育改革创新的核心驱动力。通过激发教师的创新意识和改革热情,推动教学内容、教学方法和育人生态的系统性突破。在教学内容上,教师能够根据时代发展和学生需求,主动融入时代元素,将前沿议题嵌入课程中,引导学生正确认识百年未有之大变局,辩证思考中国的机遇和挑战,坚定实现中华民族伟大复兴的中国梦的信心;在教学方法上,教师在日常教育教学中积极探索各种新的教学手段和育人模式,为教育改革提供实践经验和理论支持,特别是利用数字化技术赋能互动和评价维度的创新,推动教育事业的持续发展。在育人生态上,教师不断优化教学过程,通过协同育人机制,形成立体化育人网络,培养出更多适应时代需求的创新型人才,从而推动教育事业改革的良性循环。

2.发挥教师课程育人主体作用的具体举措

在新时代背景下,教师的素质和能力直接关系到育人的质量和水平。为了充分发挥教师课程育人主体作用,高校必须采取一系列具体措施切实提升教师的育人能力和教学水平,打造一支高水平的师资队伍,从而为培养德智体美劳全面发展的社会主义建设者和接班人提供坚实的保障。

第一,完善师德师风建设长效机制。师德是教师的灵魂。"教师要成为大先生,做学生为学、为事、为人的示范,促进学生成长为全面发展的人。"① 高校课程育人是否能落实立德树人根本任务,师德水平是前提基础。习近平总书记多次指出,教师的职责不仅是要授业解惑,更重要的是要传道,"传道"要求教师在道德修养上身体力行、树立榜样。作为课程育人的主体,教师要以德为本、以德治学、以德施教,成为品德的楷模,才能正确引领学生思想品德的发展。在具体的教育实践中,教师要始终坚持言传身教和教书育人相统一。高校要深刻领会并践行习近平总书记关于师德师风的重要讲话精神,加强学校师德师风建设,努力创造一个崇尚师德的文化氛围。首先,应完善师德师风考核制度,将师德师风作为考核教师的首要标准,并将其纳入教师年度考核、职称评审、岗位聘任等关键环节,对于违反师德师风规定的教师,应依法依规进行严肃处理。通过加强顶层设计,从制度层面确保师德师风建设取得实效。比如设置专门的师德档案并纳入教师职业管理。其次,应建立师德师风教育培训方案。因为考核制度只是一种设置底线的管理办法,更重要的是把引导教师形成高尚师德和良好师风贯穿教师成长发展的全过程。面对当前纷繁复杂的社会,教师也会面临各种诱惑,通过构建丰富的教育渠道和培训方式,随时为教师敲响警钟,引导教师树立正确的职业观、价值观和道德观,提升师德教育的实际效果。最后,应强化对师德师风的宣传报道以及表彰奖励,营造尊师重教的良好社会风尚,从而提高教师的社会地位和职业荣誉感。

第二,提升高校教师的思政育人能力。高校课程是否能够达成育人的目标,关键在于教师的思政素养。高校课程育人所需的能力素养,不仅仅是专业性的知识和技能,更关键的是在课程中融入思政教育的相关理论和技能,这包括了马克思主义理论知识、政治素养,以及思政教学的方

---

① 习近平:《论教育》,中央文献出版社,2024年,第213页。

法和技巧。首先,要建立思政素养培训机制。针对不同课程教师在思政育人能力上的不足,开展专题培训,以提高教师在思政育人方面的素养和能力。一方面,在教师正式入职前的岗前培训中纳入"课程思政"建设,让高校青年教师一入职就具有在课程中挖掘思政元素的主动意识,以及创造性设计课程思政的能力;另一方面,面向高校全课程教师开展思政教学能力专题培训,针对"思政育人"建设中的重点、难点问题,加强系统研究,建立课程思政集体教研制度。例如西南大学打造了一个立体多维、互联互通的培训网络,使课程思政的培训与交流能够覆盖所有层面,形成全面的支持系统,确保课程思政理念深入人心。[1]其次,要建立互利共赢的交流平台。通过为思政课教师和其他课程教师提供定期互动交流的机会来提升协同育人的效能。思政课程教师与课程思政教师之间应打破传统学科间的思维限制,相互学习,相互借鉴,共同推动教学理念和方法的创新与进步,以提高教学能力,进而增强育人效果。例如西南大学就非常注重激发每位教师对课程思政的教学改革的动力,确保每位教师都能深刻理解并积极参与到课程思政的建设工作中,从而提高教学质量和成效。[2]因为每门课程的教师都承担着培养学生的重大责任,思政课程与专业课程的协同要求思政课教师与专业课教师之间的紧密合作。一方面,思政课教师作为高校思想政治教育体系中的引领者和支持者,对其他课程思政元素的开发、设计能给予专业指导,为其他各类课程的教师提供思想政治教育的理论支持和实践帮助;另一方面,思政课教师对学生不同的学科背景知识了解并不充分,其他课程的教师可以给思政课教师提供专业领域的案例、技术或数据支撑,以及学生分享的在专业学习、职业等方面具体

---

[1] 中华人民共和国教育部:《西南大学着力构建课程育人"三三三"工作体系》[EB/OL].(2021-9-10)[2024-10-17].http://www.moe.gov.cn/jyb_xwfb/s6192/s133/s214/202109/t20210910_561718.html.

[2] 中华人民共和国教育部:《西南大学着力构建课程育人"三三三"工作体系》[EB/OL].(2021-9-10)[2024-10-17].http://www.moe.gov.cn/jyb_xwfb/s6192/s133/s214/202109/t20210910_561718.html.

的困惑及应对策略,这样可以让思政课走出同质化的灌输,更贴近学生成长需要,把思政内容讲深讲透讲活。最后,要建立完善的考核评价体系。推行"思政育人贡献度"量化评估,将思政育人成效与教师考核评价直接挂钩,通过具体的量化指标促进教师提升自己的思政育人能力。

第三,改进高校教师课堂教学的方式方法。课堂是课程发挥其育人功能、实施人才培养的核心场所,如何有效地开展和组织一堂课对于课程的育人效果来说至关重要。教学可以最直观地体现高校教师的综合素质。课堂教学的质量同样会对人才培养的质量产生影响。所以教师要随着时代发展的变化和学生需求的变化来不断改进教学的方式方法,提升课程教学的实效。首先,要做好学生的学情分析。教师要充分利用数字化的手段来分析学生的学科专业特点、已有知识储备、情感体验需求以及生存发展困惑等,结合学生的实际需要来开展育人实践,以期与学生能"同频共振"。其次,要调动教师的主动性。一方面,教师要根据受教育者的学科背景、当前"00后"学生的特点以及课程育人的核心目标来积极主动采用灵活的教学手段;另一方面,教师要依托现代化手段,整合线上线下相关资源,通过现场观摩、教学竞赛、名师讲座等,主动参与到课程育人能力的提升中。最后,要加强师生课堂的深入互动。课堂上应注重同师生的交往互动、促进学生"知、情、意、行"的渐进生成。[1]教师要积极运用数字技术并与课程教学中深度融合,创设了多样化、智能化、立体化的教学场景,通过师生深度互动,引导学生在虚拟化、数字化的教学情境中进行深入思考,为课程育人效果保驾护航。[2]

---

[1] 高树仁等:《课程育人的历史逻辑、本质属性与教育进路》,《中国大学教学》2022年第Z1期。
[2] 吴能表、石定芳:《高校课程育人:本真、理路与评价》,《重庆师范大学学报(社会科学版)》2024第2期。

第四章

着力加强高校科研育人

党的二十大报告指出，"教育、科技、人才是全面建设社会主义现代化国家的基础性、战略性支撑"[①]，要努力"建成教育强国、科技强国、人才强国"[②]。在新的历史条件下，高等教育的发展应置于中国式现代化建设的大背景下进行审视，将"立德树人"作为发展的根本任务，以高度的责任感与使命感，紧扣高质量发展主题，充分发挥高等教育在知识生产、科技创新及人才培养中的关键作用，为中华民族伟大复兴提供强有力支撑。教育部印发的《高校思想政治工作质量提升工程实施纲要》将"着力加强科研育人"放置到"十大"育人体系的第二位，可见其作用重大、意义非凡。作为高等教育的核心职能之一，科研育人自现代大学制度创立之初便内蕴着知识生产与教育培养人的双重使命。在建设创新型国家战略背景下，系统阐释何为高校科研育人、高校科研育人有何必要以及如何加强这三个方面的基本问题，有助于完善中国特色高等教育体系，推动科研育人从"自觉行动"到"自主实践"，构建"理念—制度—实践"有机联动的育人体系，从而形成全员参与的育人体系、全过程贯通的育人体制以及多维度协同的创新性育人平台，最终达成知识传授、能力培养和价值观塑造的有机统一。

一、高校科研育人的理论概述

科研育人作为高校"十大"育人体系的重要组成部分，是适应时代发展需求的必然选择，直接关系到"如何培养人"这一根本问题。在知识经济纵深推进与全球经济科技竞争日益激烈的时代背景下，高等教育机构作为培养创新人才的战略高地，其肩负的人才培养使命愈发凸显。高校不仅承担着传授知识的重任，更要着力培养学生的创新精神和实践能力。在此背景下，科研育人作为一种重要的人才培养模式，日益受到教育界的

---

① 习近平:《高举中国特色社会主义伟大旗帜 为全面建设社会主义现代化国家而团结奋斗——在中国共产党第二十次全国代表大会上的报告》，人民出版社，2022年，第33页。
② 习近平:《高举中国特色社会主义伟大旗帜 为全面建设社会主义现代化国家而团结奋斗——在中国共产党第二十次全国代表大会上的报告》，人民出版社，2022年，第24页。

广泛关注与高度重视。为此,深入研究科研育人的核心要义,准确把握其学理依据,系统总结高校科研育人的多维特点,探索构建科学有效的科研育人运行机制,已成为当前高校思想政治工作和高等教育改革发展的重要课题。

(一)高校科研育人的内核要义

开展任何研究,首先应科学界定研究对象的内涵和本质,在充分理解其核心概念的基础上,才能进一步提出有针对性的对策建议。本书按照从一般到特殊的理论逻辑,在理解"科研"的基础上,层层解析何为"高校科研育人"。

1.科研的内涵分析

现代科学活动起源于文艺复兴时期,其研究范围不仅涵盖自然科学领域的探索,还包括对人文社会科学领域的广泛研究。根据《现代汉语规范词典》的定义,"科学"是指运用范畴、定理、定律等思维形式反映现实世界各种现象的本质和规律的知识体系。[1]"科研"则是开展各项科学研究的重要实践活动,其目的在于增进人类对世界的认识和把握,进而更好地促进社会进步。科研既包含了对自然规律的探索与认识,也涵盖了对社会现象及精神层面的深刻洞察。概言之,科研体现了人类对未知世界的积极探索,是追求真理和进行知识生产的一项社会活动,因而,科学研究不仅有助于提升生产力,还能推动社会不断向前发展。

2.科研育人的概念解析

何为"科研育人"?要理解这一概念,首先需要把握"科研"与"育人"间的内在联系,弄清楚"科研何以育人"的深层逻辑。科研作为一种社会实践方式,亦是实现人才培养目标的重要手段。德国教育学家洪堡曾有过深入论述,他特别强调科研与教学并重,并提出大学人才培养应遵循"教学与科研相统一"的原则。美国学者伯顿·克拉克进一步指出"教学"

---

[1] 李行健主编:《现代汉语规范词典》,外语教学与研究出版社、语文出版社,2004年,第741页。

与"科研"的内在契合性,他认为"科研和教学能够整合,而且彼此都有好处"①。卡尔·雅斯贝尔斯认为:"学生在大学里不仅要学习知识,而且要从教师的教诲中学习研究事物的态度,培养影响其一生的科学思维方式。"②从本质上看,科学活动是认识和揭示事物内在本质和规律的过程,主要通过调查研究、实验验证、细致观察、分析收集资料等方式展开。在这一过程中,研究者需要秉持求真务实的态度和持之以恒的钻研精神;同时,遵循一定的规则规范,在合理合规的范围内进行探索和实践。因此,科研活动过程蕴含着诸多积极健康的精神品质和价值取向。从人类自身发展和社会进步的角度来看,科学研究对促进个人成长和社会发展都具有重要意义。正如刘建军教授所指出的那样,"科研活动是一种特殊的认识和实践活动,它对于正在学习从事这一活动的人来说,具有培育良好的思想品德的特殊功能"③。科研与育人之间存在着天然的联系。一方面,科学研究活动能够有效育人,激发学生好奇心和探索欲,帮助他们树立正确的价值取向;另一方面,良好的教育活动又能培养出更多具备创新能力的人才,从而反哺科学研究的发展。因此,"科研育人"不仅体现了科研与教学的深度融合,也揭示了科学研究在人才培养中的独特价值和重要作用。

"科研"与"教育"具有内在契合性,但需要注意的是,"科研育人"与"科研教育"存在显著区别。根据《社会科学新辞典》的定义,科学教育是指专门探讨科学教育的规律和特点,研究科学教育的理论和方法。④由此可见,科研教育偏重知识教育。而我国所提出的"科研育人"不仅包含了知识教育,还特别强调思想道德层面的引领,在实践活动过程中融入核心价值观。综上分析,"科研育人"可界定为:通过组织学生参与科研项目、

---

① [美]伯顿·克拉克:《探究的场所——现代大学的科研和研究生教育》,王承绪译,浙江教育出版社,2001年,第288页。
② [德]卡尔·雅斯贝尔斯:《什么是教育》,邹进译,生活·读书·新知三联书店,1991年,第139页。
③ 刘建军:《进一步重视科研在高校育人中的地位和作用》,《中国高等教育》2015年第6期。
④ 中国社会科学院文献情报中心、重庆出版社合编:《社会科学新辞典》,重庆出版社,1988年,505页。

课程教学、科研竞赛等实践活动,激发学生的兴趣与潜能,塑造其思想品德,培养其科学精神,提升其创新创造能力,最终实现综合素质全面提升的一项教育实践活动。

根据科研育人的内涵,可以进一步解析其主要功能。科研育人通过组织学生参加科研实践活动,直接作用于人的全面发展,具体体现在如下三个方面。一是激发学生创造力,培养学生创新精神。科学研究鼓励人们勇于探索,敢于尝试,通过采用新方法、新技术,在实践中发现并解决问题,从而锻炼其独立思考的能力。二是增强学生求真务实的本领和能力。在科研活动中,学生能够习得辨别真伪的能力,并培养良好的学习习惯。通过亲身参与,学生深刻体会到科学研究需要脚踏实地、严谨治学,任何创造性成果的取得都离不开深入地探索和思考。三是奠定学生未来发展基础,健全完善人格。从知识获得的角度来看,掌握科学文化知识本身就是一个由易到难、由浅入深、循序渐进、长期积累的过程,必须有刻苦钻研和吃苦耐劳的精神品质。学生在参加科学研究活动过程中,可以培养其科学精神,提升道德感和认知能力,为其未来发展提供坚实的素质支撑。综上所述,科研育人通过科研实践活动的开展,能够培育学生科学精神,激励学生勇于探索、敢于创新,同时塑造严谨求实的科研态度,从而有效遏制学术不端行为的发生,为当代大学生更好面向未来奠定坚实基础。

3.对高校科研育人的理解

高校科研育人从根本上回答了"如何培养人"这一战略问题,其时代内涵在于依托高校科学研究活动,培养青年学生至诚报国的理想追求、开拓创新的进取意识、严谨求实的思维观念和诚信敬业的人生态度。[1]高校科研育人有重要的战略价值和鲜明的实践要求,可从如下理论方位进行理解。

第一,高校科研育人具有重要战略意义,是实现教育强国和科技强国的重要途径。2019年2月,中共中央、国务院印发的《中国教育现代化

---

[1] 阮一帆、徐欢:《高校科研育人探析》,《思想理论教育导刊》2019年第8期。

2035》,确定了"到2035年,总体实现教育现代化,迈入教育强国行列"的目标。对高校科研育人的理解,应站在党和国家事业发展的全局高度,以宏阔视野和战略眼光来审视。高校科研育人是筑牢思想政治工作"生命线"的重要举措,是办好社会主义性质大学的内在要求。建设中国式现代化,离不开高素质人才资源的支撑;而发展新质生产力,更需要以科学素养与文化素质为核心的人才支持。质言之,高素质的人才是现代化建设的基石,也是推动新质生产力发展的重要力量,这既体现了国家高质量发展的内在要求,也反映了创新驱动发展战略的时代要求。因此,高校科研育人是适应时代发展需求的育人模式,具有深远的战略意义。高校应深刻认识其重要性和紧迫性,通过整合科研与教学资源、强化思想道德教育、构建完善的科研育人体系等举措,培养更多具有创新精神和实践能力的高素质人才,为我国科技进步和社会发展作出更大贡献。

第二,高校科研育人是实现"三全育人"的主渠道之一,应始终围绕这一中心任务来确立实践模式和核心内容。高校科研育人体系的建构应坚持"全员、全过程、全方位"育人理念,从环境氛围营造、教育环节设置到评价机制,构建起完备的科研育人体系。具体而言,一是营造良好的"科研育人"环境。学校应积极营造良好的科研育人氛围,比如从校园文化建设角度发力,在网页开设"学术看板"栏目,及时分享各学科学术前沿动态;科研实验室应向广大学生开放,让学生有机会接触实验过程和操作规范;加强科研精神的宣传,举办相关宣讲活动等。二是聚焦"科研育人"关键环节,包括科研项目、科研平台、科研竞赛等。通过科研项目资助学生参与科研活动;通过举办科技文化节,鼓励学生参加科技竞赛,激发其科研兴趣。三是建立科学的评价指标体系和激励机制。例如,将参与科研活动作为毕业要求之一;对学生参加课题、发表论文的情况给予认可;对科研成果突出的学生给予奖励,如给予提前毕业、硕博连读以及直博等激励。

第三,高校科研育人不同于一般的科研活动,应始终贯穿"立德树人"

这一中心任务。高校科研育人要将思想道德教育贯穿科研活动全过程，通过科研实践活动塑造学生正确的世界观、人生观和价值观，提升其科研道德素养和实践能力。科学研究是一项系统工程，需要在教师指导下进行，学生在参加科学研究和学术讨论过程中，能够培养实事求是的科学态度和团队协作意识，在共同探讨和相互帮助中收获成长。

(二)高校科研育人的学理支撑

高校科研育人的学理支撑，是揭示其何以成立的关键所在，也是精准把握科研育人有力依据的重要前提。着力加强高校科研育人，必须牢牢把握其理论依据和政策支撑，具体而言，主要包括马克思主义经典作家的理论奠基，中国共产党历届领导人相关论述的理论遵循以及党和国家有关部门相关政策的有力支撑。

1.马克思主义经典作家关于科研育人的思想观点

马克思主义经典作家在追求真理和实现人类解放的进程中，提出了丰富的支撑科研育人实践的思想观点，主要体现在以实践为基础的能动反映论、人的教育与发展的理论以及科学技术革命思想。

第一，马克思主义实践观。根据马克思主义观点，人类的实践活动不仅塑造了人脑的发展，也是获得知识与科学理论的基石。实践是检验真理的唯一标准，为人类提供了认识世界、改造世界的方法论；实践是智慧的源泉，人们在无数次具体操作中积累经验，提炼规律，促进了思维能力的提升；实践还是创新的动力，鼓励人们勇于挑战未知领域，敢于突破传统束缚，从而推动社会进步与发展。正是这样一系列丰富而深刻的实践活动，构建了人类对于自然界及社会发展规律的理解框架，并在此基础上形成了系统化的知识体系和理论结构。坚持实践的观点，也就是在学习过程中不能脱离实际，要重视实际问题的研究。因此可以说，要真正地认识事物，揭示事物运动的规律，就必须深入实际，注重实践，善于观察和分析事物的种种现象，从中找到事物的本质。在科学研究的过程中，要以广泛深入的社会实践活动为支撑,在科学实践中发现问题并解决问题,以推动科学技术的不断发展和新知识的不断产生。

第二,马克思主义关于人的自由全面发展的思想。马克思主义关于人的自由全面发展的思想强调人的整体性、全面性发展,以人的素质提升为基础,充分发掘人的潜力,将人培养成才。马克思、恩格斯在《共产党宣言》中指出,"每个人的自由发展是一切人的自由发展的条件"①。人的自由全面发展,包括了劳动能力、需要、社会关系、自由个性等方面。马克思指出,"我们把劳动力或劳动能力,理解为一个人的身体即活的人体中存在的、每当他生产某种使用价值时就运用的体力和智力的总和"②。而一个人的智力,则需要在教育中得到提升。从提升智力的角度来看,学生需要不断完善知识结构,系统接受各方面知识;从提升能力的角度来看,学生通过科研实践培养坚定的意志,塑造良好的品质,养成追求真理、探索真知的良好习惯;从发展创新能力的角度来看,学生通过科研实践提升科技创新能力。这些都是提升大学生智力水平,帮助他们实现全面发展的重要方式。科研探索本身也是一个研究、创作的过程,在这个过程能促进学生的全面发展。在科研实践的过程中,可以培养坚定的意志,塑造良好的品质,帮助学生养成追求真理、探索真知的良好习惯,还可以帮助学生提升科技创新能力,这是一个系统集成的训练机会。

第三,马克思主义科学技术革命思想。科学技术作为先进生产力的表现,对推动社会发展具有非常重要的作用。马克思在《政治经济学批判(1857—1858年草稿)》中指出,"生产力中也包括科学"③,他强调了科学技术是生产力的重要组成部分,能够推动生产工具和生产方式的变革。恩格斯在《反杜林论》中进一步指出,"通过社会化生产,不仅可能保证一切社会成员有富足的和一天比一天充裕的物质生活,而且还可能保证他

---

① 《马克思恩格斯选集》第1卷,人民出版社,2012年,第422页。
② 《马克思恩格斯选集》第2卷,人民出版社,2012年,第164页。
③ 《马克思恩格斯全集》第46卷,人民出版社,1980年,第211页。

们的体力和智力获得充分的自由的发展和运用"①。列宁认为社会主义建设必须依靠科学技术的发展,他在《苏维埃政权的当前任务》中强调,当前"根本任务就是提高劳动生产率"②。斯大林也高度重视科学技术在社会发展中的重要性,提出了"技术决定一切"③的时代口号。科学领域发生的根本性改变也会影响生产领域的变革,从而对人们生产方式、生活方式和行为方式以及思想观念产生广泛而深远的影响。这种影响不仅体现在物质层面的进步,还在于对社会结构、文化形态和价值体系等方面的影响。由此可见,科学技术具有革命性力量,是社会发展的内在动力。马克思主义科学技术革命思想深刻揭示了科学技术在社会发展中的重要作用。这一思想为我们理解科学技术与人类社会发展关系提供了重要的理论框架,同时也为我们为何必须着力加强科研育人提供了坚实的理论遵循。

2.中国共产党历届领导人关于科研育人的重要论述

中国共产党历届领导人都非常重视科研和教育这两个环节,注重将人才培养与科研实践有机结合。这种双轮驱动的发展模式,不仅提高了社会生产力,更为经济社会发展提供了持续的人才保障和智力支持,实现了科研、教育与经济社会的共同发展。

第一,毛泽东关于科研育人的重要论述。毛泽东一贯重视科学技术在经济社会发展中的地位和作用。1953年,我国开始实施第一个五年计划建设时,就提出要学习先进的科学技术来建设我们的国家。1963年12月,他在《不搞科学技术,生产力无法提高》一文中强调,"科学技术这一仗,一定要打,而且必须打好"④。这表明,依靠科学技术发展生产力,推进我国社会主义建设,已成为当时的一个重要的指导思想。在此基础上,毛泽东进一步强调,科学技术的发展,还需要建立一支掌握科学理论和技术的队伍,并且要"使受教育者在德育、智育、体育几方面都得到发展,成

---

① 恩格斯:《反杜林论》,人民出版社,2018年,第305-306页。
② 列宁:《苏维埃政权的当前任务》,人民出版社,1975年,第24页。
③ 《斯大林选集》(下卷),人民出版社,1979年,第275页。
④ 《毛泽东文集》第8卷,人民出版社,1999年,第351页。

为有社会主义觉悟的有文化的劳动者"①。科学技术的发展,可以直接作用于生产力的发展,提高认识能力。他还进一步指出,"科学研究有实用的,还有理论的。要加强理论研究,要有专人搞,不搞理论是不行的。要培养一批懂得理论的人才"②。

第二,邓小平关于科研育人的重要论述。邓小平提出了"科学技术是第一生产力"的论断,特别重视将科学技术发展与教育有机结合起来。邓小平对此作出了系统论述,他指出,"我国科学研究的希望,在于它的队伍有来源。科研是靠教育输送人才的,一定要把教育办好。我们要把从事教育工作的与从事科研工作的放到同等重要的地位"③。"我们国家要赶上世界先进水平,从何着手呢?我想,要从科学和教育着手。"④他还强调,"高等院校,特别是重点高等院校,应当是科研的一个重要方面军"⑤。1978年3月18日,邓小平在全国科学大会开幕式上的讲话对青年肩负的重任以及科学与教育的关系,进行了全面系统的阐述。他强调,"科学的未来在于青年。青年一代的成长,正是我们事业必定要兴旺发达的希望所在"⑥。他还进一步谈到,"科学技术人才的培养,基础在教育"⑦。实践也有力证明,科学技术愈发展,愈是离不开教育;教育,特别是高等教育是培养各种专门人才的重要基础。邓小平还提出了一个科研机构发展成效的衡量标准,即"科学研究机构的基本任务是出成果出人才,要出又多又好的科学技术成果,出又红又专的科学技术人才。衡量一个科学研究机构党委的工作好坏的主要标准,也应当是看它能不能很好地完成这个基

---

① 中央档案馆、中共中央文献研究室编:《中共中央文件选集(1949年10月—1966年5月)》第46册,人民出版社,2013年,第90页。
② 《毛泽东文集》第8卷,人民出版社,1999年,第351页。
③ 《邓小平文选》第2卷,人民出版社,1994年,第50页。
④ 《邓小平文选》第2卷,人民出版社,1994年,第48页。
⑤ 《邓小平文选》第2卷,人民出版社,1994年,第53页。
⑥ 《邓小平文选》第2卷,人民出版社,1994年,第95页。
⑦ 《邓小平文选》第2卷,人民出版社,1994年,第95页。

本任务"[1]。与此同时,邓小平高度赞扬了世界上一些科学家把发现和培养新的人才看作是自己毕生科学工作中最大成就的观点。

第三,江泽民关于科研育人的重要论述。江泽民指出:"为了实现现代化,我国要有若干所具有世界先进水平的一流大学。这样的大学,应该是培养造就高素质的创造性人才的摇篮,应该是认识未知世界、探求客观真理、为人类解决面临的重大课题提供科学依据的前沿,应该是知识创新、推动科学技术成果向现实生产力转化的重要力量,应该是民族优秀文化与世界先进文明成果交流借鉴的桥梁。"[2]这一论述强调了高校应认识到教育和科学的贯通性。实践有力证明,诸多有突出贡献的科研工作者,都接受过系统性的科研训练,形成了良好的科研习惯,为其后续学术或科研发展奠定了基础。因此,无论在自然还是人文社会科学领域,都应系统接受科研教育。

第四,胡锦涛关于科研育人的重要论述。进入新世纪,以胡锦涛同志为总书记的党中央提出社会发展和建设都离不开科学技术文化的支撑。2010年6月,胡锦涛在两院院士大会上指出,"科学技术是经济社会发展中最活跃最具革命性的因素"[3],"科学技术作为人类文明进步的基石和原动力的作用日益凸显,科学技术比历史上任何时期都更加深刻地决定着经济发展、社会进步、人民幸福"[4]。党和国家高度重视科学技术的发展,国务院还印发了《全民科学素质行动计划纲要(2006—2010—2020年)》,在前言中指出,"科学素质是公民素质的重要组成部分。公民具备基本科学素质一般指了解必要的科学技术知识,掌握基本的科学方法,树立科学思想,崇尚科学精神,并具有一定的应用它们处理实际问题、参与公共事务的能力。提高公民科学素质,对于增强公民获取和运用科技知识的能力、改善生活质量、实现全面发展,对于提高国家自主创新能力、建设创新

---

[1] 《邓小平文选》第2卷,人民出版社,1994年,第97页。
[2] 《江泽民文选》第2卷,人民出版社,2006年,第123页。
[3] 《胡锦涛文选》第3卷,人民出版社,2016年,第401页。
[4] 《胡锦涛文选》第3卷,人民出版社,2016年,第401页。

型国家、实现经济社会全面协调可持续发展、构建社会主义和谐社会,都具有十分重要的意义"[①]。

第五,习近平关于科研育人的重要论述。习近平总书记在党的二十大报告中明确指出,教育是国之大计、党之大计。培养什么人、怎样培养人、为谁培养人是教育的根本问题。围绕以上重要问题,习近平总书记进行了系统阐述。他认为:"人才培养一定是育人和育才相统一的过程,而育人是本。人无德不立,育人的根本在于立德。"[②]以上论述指明了培养什么样的人的问题,明确了教育的根本就在于立德树人,培养出德智体美劳全面发展的社会主义建设者和接班人。习近平总书记在全国教育大会上强调:"要把立德树人融入思想道德教育、文化知识教育、社会实践教育各环节。"[③]新时代的教育过程中,不管是基础教育、高等教育还是职业教育,都必须深刻把握教育的根本目的和根本任务。习近平总书记对如何培养人,即如何实现育人育才作出了系统阐述。他认为要通过有效的方式培养人才,即教育这一手段不可或缺,要通过学校系统的教育来提升学生的各方面素质,尤其依托高等教育培养高素质人才。他明确指出:"人才是第一资源,科技是第一生产力,创新是第一动力"[④],"要把三者有机结合起来、一体统筹推进,形成推动高质量发展的倍增效应。要进一步加强科学教育、工程教育,加强拔尖创新人才自主培养,为解决我国关键核心技术'卡脖子'问题提供人才支撑"[⑤]。在三者关系中,教育是手段,目的是培养高素质人才,从而为科技创新和新质生产力的发展提供人才资源,以实现从"人才资源"向"生产力"的转化,从而实现人才培养、教育发展和科技创新的协同发展,提升国家创新体系整体效能。

[①]《全民科学素质行动计划纲要(2006—2010—2020年)》,人民出版社,2006年,第1-2页。
[②] 习近平:《在北京大学师生座谈会上的讲话》,人民出版社,2018年,第7页。
[③]《习近平著作选读》第2卷,人民出版社,2023年,第203页。
[④] 习近平:《论教育》,中央文献出版社,2024年,第231页。
[⑤] 习近平:《论教育》,中央文献出版社,2024年,第231页。

3.党和国家相关部门关于科研育人的重要政策

党和国家历来重视教育和科技的力量,并在不同历史时期通过制定和实施一系列政策来保障其功能作用得到有效发挥。从政策发展的历史脉络来看,高校科研育人作为一项体制机制,是在2015年首次正式提出的。然而,在此之前,已有诸多政策蕴含了丰富的科研育人理念,为这一体制机制的构建奠定了重要基础。

第一,中华人民共和国成立以来有关"高校科研育人"的政策。中华人民共和国成立以来,以毛泽东为代表的中国共产党第一代领导集体积极探索以兴科学、办教育为基础的现代化实践,并在1956年1月召开的关于知识分子问题的会议上,传达和阐述了"向科学进军"的指示。进入改革开放新时期,邓小平在全国科学大会上提出了"科学技术是生产力"的思想,对科学技术的重要性的认识再往前推进一大步。在这个时期,党和国家认真总结发展经验,先后印发多个蕴含丰富科研育人思想的政策。1980年4月,教育部、共青团中央印发《关于加强高等学校学生思想政治工作的意见》,针对当时出现的一些现象和问题,特别强调思想政治工作应该把教学和科研统一起来,二者不能对立甚至割裂开来。[①]1987年5月,中共中央《关于改进和加强高等学校思想政治工作的决定》提出把思想政治教育与业务教学工作结合起来,"引导学生正确认识在校学习与今后工作之间的关系,解决好为谁服务的问题。要努力学习外国先进的科学技术、管理经验和有益的文化,同时要抵制一切消极的东西"[②]。2004年8月,中共中央、国务院《关于进一步加强和改进大学生思想政治教育的意见》明确了加强和改进大学生思想政治教育的主要任务,其中一点就是"加强人文素质和科学精神教育,加强集体主义和团结合作精神教育,

---

① 教育部思想政治工作司组编:《加强和改进大学生思想政治教育重要文献选编(1978—2014)》,知识产权出版社,2015年,第4页。
② 教育部思想政治工作司组编:《加强和改进大学生思想政治教育重要文献选编(1978—2014)》,知识产权出版社,2015年,第71页。

促进大学生思想道德素质、科学文化素质和健康素质协调发展"[1]。2012年3月,教育部印发了《关于全面提高高等教育质量的若干意见》,提出要创新人才培养模式,探索科学基础、实践能力和人文素养融合发展的人才培养模式,并在这一文件中提出了"实施立德树人工程"[2]。

第二,新时代有关"高校科研育人"的政策。进入新时代以来,党和国家有关部门连续下发了多个推动科研育人体制机制落实落细的制度文件,为构建新时代高校科研育人体系提供了强有力的政策支撑。2015年1月,中共中央办公厅、国务院办公厅共同印发的《关于进一步加强和改进新形势下高校宣传思想工作的意见》,立足学生全面发展,提出努力构建全员全过程全方位育人格局,形成教书育人、实践育人、科研育人、管理育人、服务育人长效机制。"科研育人"作为"五大"育人体系之一被正式提出来并写进文件中。2016年12月,中共中央、国务院《关于加强和改进新形势下高校思想政治工作的意见》提出要坚持全员全过程全方位育人,把思想价值引领贯穿教育教学全过程和各环节,形成教书育人、科研育人、实践育人、管理育人、服务育人、文化育人、组织育人长效机制。[3]在这一文件中,"科研育人"放到了整个育人体系中的第二位,其重要性得以彰显。2017年12月,中共教育部党组印发《高校思想政治工作质量提升工程实施纲要》,提出构建"科研育人质量提升体系",并就如何"着力加强科研育人"明确了实践路径。2018年1月,教育部办公厅印发《贯彻落实〈高校思想政治工作质量提升工程实施纲要〉部内分工方案》,对如何"着力加强科研育人"进行了系统化分解。2020年4月,教育部等八部门发布《关于加快构建高校思想政治工作体系的意见》,提出健全立德树人体制机

---

[1] 教育部思想政治工作司组编:《加强和改进大学生思想政治教育重要文献选编(1978—2014)》,知识产权出版社,2015年,第266页。
[2] 教育部思想政治工作司组编:《加强和改进大学生思想政治教育重要文献选编(1978—2014)》,知识产权出版社,2015年,第532-533页。
[3] 中共中央党史和文献研究院编:《十八大以来重要文献选编》(下),中央文献出版社,2018年,第480页。

制,将科研育人放置到"学科教学体系"中,构建集教育、预防、监督、惩治于一体的学术诚信体系。此外,还有2020年12月教育部印发的《关于破除高校哲学社会科学研究评价中"唯论文"不良导向的若干意见》,特别强调了科研育人功能。随着系列政策、规定和办法的相继发布,高校科研育人体制机制日趋完善,科研育人体系得以建立。

(三)高校科研育人的多维特点

高校科研育人工作是一个完整的体系,涵盖实施主体、实施过程和实施结果三个维度,且呈现出鲜明的特点。从实施主体来看,具有组织性与个体性相结合的特点;从实施过程来看,具有探索性与创新性紧密相连的特点;从实施结果来看,表现出奠基性与发展性相互交织的特点。深入剖析这一体系的特点,对于优化高校育人模式、提升育人质量具有重要的理论与实践意义。

1. 从实施主体来看:高校科研育人具有组织性与个体性相结合的特点

高校科研育人的实施主体通常是指具体开展、实施科研育人活动的组织与个体。从组织层面看,高校科研育人工作由学校或科研院所机构在整体层面进行系统规划,具有鲜明的组织性。高校建立了完善的科研育人机制,以党的领导为组织保障,形成了从科研管理机构到院系、系部和中心的严密组织体系。在这一体系中,教学科研岗教师是主体,协同辅导员、科研秘书、实验员等参与到科研活动,形成齐抓共管的局面。从组织层级来看,科研育人活动可分为国家级、省部级和校级几个层面。例如,国家层面通过设置国家实验室、国家工程研究中心、国家级创新创业平台等搭建育人平台;教育部等联合举办的"挑战杯"全国大学生课外学术科技作品竞赛、"互联网+"大学生创新创业大赛以及大学生机械创新设计大赛等,激发大学生科技创新的热情;各省市和高校也设立了丰富的科研竞赛活动,通过有组织的方式引导学生参与科研实践。

从个人层面看,教师和学生作为个体参与科研育人活动。教师是实施科研育人的主导者,承担着设计、组织、指导的关键作用,凭借专业知识和科研经验,为学生提供方向指引、方法传授以及学术规范教育。学生则在教师的指导下,具体开展科研活动,通过参与科研项目,在实践中锻炼创新能力和团队协作能力。高校科研育人活动以导师组、团队等形式构成学术共同体,有组织地开展学术研究活动,但在这个过程中,每个学生都可以根据自身的兴趣爱好和特长,在教师的指导下独立思考,并根据实际情况进行调适。高校科研育人活动实施过程中,通常以组织形式开展,学生和教师以个体身份参与,这种组织性和个体性相结合的特点,既调动了教师和学生个体积极性,又促进了育人合力的形成。

2.从实施过程来看:高校科研育人具有探索性与创新性相结合的特点

高校科研育人的实施过程是指具体开展科研实践活动,并完成研究目标的一个过程,具有探索性与创新性相结合的鲜明特点。高校所开展的科研活动具有显著的探索性,需要在反复实验、理论假设中获取知识。学生在参与科研活动时,尚处于学术训练的初级阶段,所从事的科研活动具有很强的探索性。尽管这种自主探索往往显得稚嫩和不成熟,但正是基于这样的学术训练,学生的知识体系和方法体系得以逐渐完善。例如,在化学实验中,学生需要通过多次实验,调整实验条件和参数,才能得出准确的实验结果;在社会科学研究中,学生需要对大量的数据和文献进行分析,结合理论框架和实践观察,提出具有创新性和可行性的研究假设。这种探索性过程,能够培养学生的理性思维、逻辑思维和抽象思维能力,为他们的成才和全面发展奠定基础。

高校科研育人过程始终将创新性置于核心地位。创新不仅是科研的灵魂,更是高校培养高素质人才的关键所在。在教师的悉心引导下,学生不仅要扎实掌握已有的知识和技能,更要勇于突破传统思维的束缚,敢于提出新观点、新方法和新方案。这种创新性贯穿科研育人的全过程。例如,在前沿科技领域的研究中,学生提出的新想法经过不断探索、实验和完善,往往能够转化为具有重要价值的科研成果。以浙江大学毕业生白云峰的创新创业故事为例,他在校期间参加了学校的"求是强鹰计划",借助团队研发了三维成像技术并获得全国创业大赛金奖,毕业后成功创办了两家科技独角兽企业。[①]这一案例充分体现了高校科研育人对学生创新能力的培养:在科研实践中,学生通过自主探索、团队协作和试错改进,将创新思维转化为实际成果,展现了高校科研育人的显著成效。

3.从实施结果来看:高校科研育人具有奠基性与发展性相结合的特点

高校科研育人的实施结果体现在为学生成长奠定基础的同时,也为学科与科学技术的发展提供支撑,具有奠基性和发展性相结合的特点。从学生个体角度来看,大学阶段是立志、修身,为实现人生价值和梦想打基础的关键时期,科研育人为其未来发展成长奠定了坚实基础。通过参与科研活动,学生不仅掌握了扎实的专业知识和科研技能,还培养了严谨的治学态度和科学的思维方式。例如,许多参与科研项目的学生在毕业后,无论是继续深造还是进入职场,能够凭借科研训练中培养的能力迅速适应新环境并取得优异成绩。

从学科建设与科技发展的角度来看,高校科研育人具有深远的战略意义。高校作为基础研究的主阵地,是推动从"0"到"1"原始创新的关键力量,其科研成果往往为科技革命和产业变革提供源头活水,还能为社会的创新发展注入创新动能。高校科研不仅为夯实基础研究提供了重要支持,更是培养创新型人才的重要途径。基础学科的发展需要大量具有扎实理论功底、创新思维和实践能力的优秀人才,而高校科研育人通过科研与教学的深度融合,为学生提供参与科学研究和探索未知领域的机会,从而培养出具有解决问题能力的高素质人才。综上,通过高校科研育人,不仅为学生个人发展奠定基础,也为学科进步和科技创新提供了源源不断的动力。

---

① 蒋亦丰:《用机器"眼睛"改变世界——浙江大学毕业生白云峰的创新创业故事》,《中国教育报》2024年12月12日。

二、高校科研育人的时代价值

党的二十大报告对教育、科技、人才进行统筹安排、一体部署,提出到2035年建成教育强国,这比全面建成社会主义现代化强国提前了15年,凸显了教育强国建设的战略先导和支撑引领作用。贯彻落实高校科研育人工作,是建设中国特色、世界一流大学的重要抓手,是实现高水平科技自立自强的基础性工程,更是提升国家自主创新能力的关键环节,对培养德才兼备的高素质人才具有重要意义。新时代高校科研育人,既能培养学生的科研精神,又能塑造学生的科研道德,从而为提升全社会科技创新能力提供坚实的人才支撑和智力保障。

(一)培养科研精神

科研精神是科研活动中形成并展现的一种重要精神状态,是科学实践的产物,并在一定程度上影响着科研活动的开展。科研活动的核心目标在于追求科学真理,这一过程本质上是永无止境的探索之旅。在这一过程中,科研人员应立足实际,发现问题并寻找解决方案,以获得真理性知识为目标。通过这一过程,他们不断进行新发现、新创造,推动知识体系的革新与扩展。从本质上讲,科研精神是一种鼓励探索、追求创新的精神,涵盖了对待科学研究活动的态度、思维以及方法。[1]高校科研育人在培养科研精神方面具有直接作用,具体体现在以下三个方面。

1.培养科学求知的精神

科学的本质在于探索未知,而这一过程离不开科学求知精神的支撑。科学精神的基本要求就是要以事实为依据,强调实证和怀疑精神,而不盲从权威。反之,若以极端功利为目的态度开展科学研究,则难以贯彻科学精神。亚里士多德曾提出,最早的科学家是那些充满好奇心,拥有闲暇与自由的人。高校在科研育人过程中,应着重保护和激发学生的好奇心,为学生的求知和探索提供充分的指导和支持,搭建广阔的实践平台和营造

---

[1] 叶福云:《科学精神是什么》,江西高校出版社,2003年,第2-3页。

良好的科研氛围。

2.提升学术研究的思维能力

在科研活动中,大学生能够通过学习与实践,掌握正确的学习研究方法,从而提升其思维能力。毛泽东指出,"社会科学的研究不能完全采用实验的方法。例如政治经济学不能用实验方法,要用抽象法,这是马克思在《资本论》里说的。商品、战争、辩证法等,是观察了千百次现象才能得出理论概括的"[①]。科研实践有助于培养抽象思维能力,而这种能力的提升又能进一步提高其认识问题与解决问题的水平。在科学研究的道路上,往往没有现成的答案,而是需要学生通过不断探究与实验,在精准严谨的实践过程中积累经验与智慧,从而解决各种复杂问题。

3.掌握科学的研究方法

无论是自然科学研究,抑或社会科学研究,都有其基本的研究方法。然而,这些方法并非凭空获得,而是需要通过实践逐步习得。在带领大学生开展科研实践活动的过程中,教师传授有效的科学研究方法,帮助大学生快速掌握开展科学研究的关键技能。比如,高校研究生公共课开设了"马克思主义与社会科学方法论",主要进行马克思主义社会科学方法论教学,通过深入学习马克思主义观察和分析社会历史的立场、观点和方法,为学生进行理论分析与解决实际问题提供方法论基础;又如,"自然辩证法"课程则帮助学生树立正确的自然观和科技观,掌握科学研究的一般方法。

(二)塑造科研道德

党的二十大报告提出"育人的根本在于立德"[②],强调了道德教育在人才培养中的重要性。所谓"科研道德",是指在科学活动中应遵循的道德规范和行为准则。科研道德是科学发展和科研工作者必须遵循的基本准

---

① 《毛泽东文集》第8卷,人民出版社,1999年,第352页。
② 习近平:《高举中国特色社会主义伟大旗帜 为全面建设社会主义现代化国家而团结奋斗——在中国共产党第二十次全国代表大会上的报告》,人民出版社,2022年,第34页。

则,它不仅关乎个人学术生命,更关乎整个社会科技的发展。立足新时代,塑造正确的科研道德,就是要胸怀天下,发扬以国家民族命运为己任的爱国主义精神,具有深厚的家国情怀和强烈的社会责任感;同时,要有探究真理、发现新知的使命感,勇于攀登科学高峰的精神气概;坚守学术道德,践行学术规范,让这些规范意识内化于心、外化于行。

1.培养强烈的社会责任感与使命感

科研活动不仅关乎个人发展,更是推动社会进步和国家发展的重要力量。高校科研育人通过引导学生参与重大科研项目或社会服务类研究,帮助其认识到科研工作的社会价值,从而增强责任感和使命感。例如,西南大学自2012年开始实施的"科技小院"人才培养项目,带领当代大学生扎根田间地头,深入农家庭院,运用专业所长帮助当地解决农业发展中的实际问题。[①]再如,由清华大学和北京理工大学的学生组成的寒假社会实践团,来到江西省赣州市上犹县,通过走访乡镇、考察企业来寻找知识的用武之地。[②]通过这些科研实践,学生深刻体会到科研不仅是为了个人发展,更是为了服务社会、推动社会进步。在科研实践中,学生应从广大人民利益出发,要有一种服务和奉献精神,胸怀为人类幸福服务的意识。正如马克思所说:"科学绝不是一种自私自利的享乐。有幸能够致力于科学研究的人,首先应该拿自己的学识为人类服务。"[③]通过科研实践,学生应明确科研活动的根本价值和目标,不是为了个人的眼下的利益,而是为了发现真理、服务社会。

2.培养学术诚信与规范意识

学术诚信和学术规范是科研道德的基石。高校科研育人通过系统的

---

① 雍黎:《给农学生"搭天线""接地气"——西南大学科技小院培育乡村振兴人才》,《科技日报》2023年6月5日。
② 施剑松:《清华、北理工"老表"下乡 学生找到知识的用武之地》,中国教育新闻网[EB/OL].(2025-01-24)[2025-01-30].http://www.jyb.cn/rmtzcg/xwy/wzxw/202501/t20250124_2111299950.html.
③ [法]保尔·拉法格:《回忆马克思恩格斯》,马集译,人民出版社,1973年,第2页。

学术规范训练,帮助学生树立学术诚信意识,明确科研活动中的道德底线。然而,当前一些大学生群体中依旧存在论文代写、剽窃抄袭等问题,这些学术不端行为严重破坏了学术生态。有学者对高校研究生学术不端行为进行了抽样调查研究,从问卷调查结果来看,按照学术不端行为的普遍程度,排在前五位的分别是"在网上直接下载文章交作业"(21.7%)、"将他人论文拼凑成自己论文"(20.9%)、"引用他人成果未加标注"(15.6%)、"通过中介发稿"(14.7%)、"在未参与研究的论文上署名"(13.6%),以上数据说明学术不端行为在高校大学生群体中较为常见,发生率相对较高。[①]针对这些问题和现象,教育部出版了《高等学校科学技术学术规范指南》,很多高校举办"学风活动建设月",开设"学术道德与论文写作规范"等课程,帮助学生认识到抄袭、剽窃、数据造假等行为的危害。此外,从2010年开始进行论文查重,各高校都执行了严格的查重政策,从技术层面防范学术不端行为的发生。

3.树立正确的科研价值观与求真精神

高校科研育人注重引导学生树立正确的科研价值观,使其认识到科研的本质是探索真理、解决问题,而非追求短期利益或功利性目标。通过批判性思维训练和科研实践,学生能够逐步养成求真务实的科学精神,避免急功近利的倾向。同时,教师通过言传身教和案例教学,能够帮助学生将个人兴趣与社会需求相结合,树立长远的科研目标,从而在科研活动中始终保持道德自觉与学术自律。然而,AI智能时代的到来也带来了新的挑战,该技术的快速发展和广泛使用能够快速提供学习内容,但也可能导致学生在科研活动中投机取巧。在这样的时代背景下,高校更应加强科研道德教育,帮助学生正确使用AI技术,确保科研活动的规范性与正当性。

---

① 叶继红:《高校研究生学术不端行为及与论文发表制度关联性思考》,《研究生教育研究》2018年第5期。

(三)提升科技创新能力

建设中国式现代化,必将是知识不断创新、新事物新业绩不断涌现的时代。高校加强科研育人,有助于系统培养具有创新意识和创新能力的高素质人才,这也是适应时代发展和建设创新型国家的内在要求。具体而言,高校科研育人的重要意义体现在以下两个方面。

1. 树立创新意识

习近平总书记在党的二十大报告中指出,"加强基础研究,突出原创,鼓励自由探索"[①]。这为高校科研育人,树立创新意识指明了方向。《2023年全国教育事业发展统计公报》显示,我国高等教育在学总规模达到4763.19万人,其中在学博士生61.25万人,在学硕士生327.05万人。[②]高校学生成为科研创新的重要力量,应树立"万众创新"的理念,具备敢为人先的创新勇气和坚定信心,学生应积极投身科研实践,充分发挥主观能动性,在研究其中寻求突破,即使是微小的进展,也有重要的学术价值。历史发展亦表明,科学基础雄厚的国家往往成为世界主要科学中心和创新高地,在应对重大挑战和解决科学问题面前具有引领性支撑性作用。例如,美国硅谷的形成离不开周边高校的教育资源和人才培养。因此,在高校科研育人过程中,应鼓励学生勇于探索"无人区",在攻坚克难中追求卓越,努力创造出引领世界潮流的高水平成果。

2021年5月28日,习近平总书记在中国科学院第二十次院士大会上讲话指出,"高水平研究型大学要把发展科技第一生产力、培养人才第一资源、增强创新第一动力更好结合起来,发挥基础研究深厚、学科交叉融合的优势,成为基础研究的主力军和重大科技突破的生力军"[③]。高校应

---

① 习近平:《高举中国特色社会主义伟大旗帜 为全面建设社会主义现代化国家而团结奋斗——在中国共产党第二十次全国代表大会上的报告》,人民出版社,2022年,第35页。
② 中华人民共和国教育部:《2023年全国教育事业发展统计公报》[EB/OL].(2024-10-24)[2025-01-30].http://www.moe.gov.cn/jyb_sjzl/sjzl_fztjgb/202410/t20241024_1159002.html.
③ 习近平:《在中国科学院第二十次院士大会、中国工程院第十五次院士大会、中国科协第十次全国代表大会上的讲话》,《人民日报》2021年5月29日。

勇担科研育人使命,加强基础前沿探索,推动关键技术实现突破,为培养更多杰出人才贡献教育力量。通过科研育人,学生不仅能够与迷信、愚昧作斗争,更重要的是能够树立一种创新意识。科研活动是一种创造性的劳动,是探索未知领域,不断求得新发现和新知识的过程。探索和创新是科研活动的两个关键要素,二者缺一不可。简单低水平重复研究都无益于科研活动的开展。科研活动要求研究者具有敏锐发现问题的能力,勇于攻坚克难、攀登高峰。如果遇到困难就逃避,遇到难题就后退,则难以取得真正的突破,更无法收获成功的喜悦。例如,屠呦呦团队在青蒿素的研究过程中,历经无数次失败仍坚持不懈,最终取得了举世瞩目的成就,这正是创新精神的生动体现。

2.培养善于创新的能力

培养善于创新的能力,关键在于掌握科学有效的研究方法,唯有如此,方能攀登科研高峰。在知识经济时代,知识更新速度加快,如果缺乏科研意识和科研能力,很容易被社会淘汰。20世纪90年代,管理大师彼得·F.德鲁克在《后资本主义社会》一书中提出了"知识社会"的理念,他指出"知识的生产力大小会成为国家、产业、企业竞争地位的决定因素"[①]。为迎接知识经济时代的到来,唯有从教育和科技抓起,才能为国家和社会发展奠定坚实基础,实现行稳致远的目标。

马克思指出,人不仅有基本的生存需求和物质享受的需要,更重要的是具有更高层次的精神追求,即通过实践活动表现自己的生命力、发展自身的潜能以及实现自我价值。其中,创新是人类自我实现的最高表现形式,它不仅体现了个体的创造力和潜力,还是推动社会进步和人类文明发展的重要动力。培养和提升人的创新能力必须通过具体的实践活动来实现。在学习知识的过程中,科研实践能够增强学习者的思考能力,促进知识的融会贯通,从而实现创新。发展新质生产力,对劳动者素质要求更高,需要能够开发和利用更多生产要素,培养更多具有创新能力的高素质

[①] [美]彼得·F.德鲁克:《后资本主义社会》,傅振焜译,东方出版社,2009年,第155页。

人才。科研工作本身就是一个复杂的系统工程,需要投入大量精力,唯有长时间专注和精耕细作,才能找准突破点,取得实质性成效。

三、高校科研育人的实践模式

高校科研育人的实践模式是指通过系统组织科研活动,培养学生的创新能力和实践能力,这一模式强调学生在科研实践中获得真知与成长,主要通过科研项目、科研平台、产学研合作以及科教结合这四大实践途径展开。改革开放以来,我国高等教育发展迅速,高等教育毛入学率达到60.2%,[①]高等教育普及化的目标将逐步实现。在此背景下,着力加强科研育人需要充分发挥各实践模式的功能和作用,构建起强大的育人合力,为新时代大学生成长成才提供坚实支撑。

(一)科研项目育人

科研项目,通常指为解决某一科学技术问题而设立,通过系统化和规范化的研究过程实现知识创新和技术突破的科研活动载体,从项目运行过程来看,包括查阅文献、确立选题、开展实验、发表成果等环节,每个环节都从各方面培养研究生的科研能力。[②]所谓科研项目育人,是指依托科研项目指导学生进行专业领域的探究,实现知识传授、能力培养和价值塑造的育人目标。自2005年以来,教育部等部门连续印发《关于实施研究生教育创新计划 加强研究生创新能力培养 进一步提高培养质量的若干意见》《关于深化研究生教育改革的意见》等文件,鼓励大学生自主提出具有创新价值的研究课题,在导师和团队指导下开展项目研究。《教育部科技司2017年工作要点》中强调,要加快前沿科研成果进教材、上课堂,探

[①] 中华人民共和国教育部:《2023年全国教育事业发展统计公报》[EB/OL].(2024-10-24) [2025-01-30].http://www.moe.gov.cn/jyb_sjzl/sjzl_fztjgb/202410/t20241024_1159002.html.
[②] 邱勇:《秉承科教融合理念 培养更多高层次人才》,《人民周刊》2020年第16期。

索用科研计划引领创新人才培养,挖掘科研项目的育人功能。[1]这些政策为如何贯彻落实科研育人工作指明了方向,通过让学生主持或者参与项目的申报、实施和结题的完整过程,系统提升其研究能力。

科研项目对研究生能力培养具有显著的提升作用,有学者对此进行了专门研究。具体而言,研究生通过参与科研项目全流程,能够系统提升其四项核心能力:一是文献资料检索能力,二是获取和分析数据能力,三是书面表达能力,四是与导师沟通交流与口头表达能力。[2]科研项目实施过程中,难免会遇到诸多困难,学生需要以"逢山开路,遇水架桥"的探索精神应对各种挑战,这不仅有助于养成面对问题的一种态度,更有助于培养其解决问题的能力。同时,通过参与面向国家重大需求的科研项目,学生能深入了解民情、社情和国情,培养家国情怀和责任担当。

从我国现有设立的科研项目来看,主要有国家级、省部级和校级三个层级体系的项目。以大学生创新创业训练计划为例,该项目已形成以国家级项目为引领、省部级项目为支撑、校级项目为基础的完整体系。据统计,现有1000余所本科高校的90万名大学生参与国家级"大创",累积22万个国家级项目获得资助。[3]再如,中国科技大学实行了"大学生研究计划",所有研究室向本科生开放,形成了高年级本科生进课题组和实验室,参与教师科研工作的优良传统。[4]此外,一些高校还特别设置了课外科技活动节等形式多样的比赛项目,旨在为学生提供多样化的实践机会,进一步激发学生的科研兴趣和创新潜能。

---

[1] 中华人民共和国教育部:《关于印发〈教育部科技司2017年工作要点〉的通知》[EB/OL].(2017-02-20)[2025-01-30].http://www.moe.gov.cn/s78/A16/tongzhi/201703/t20170307_298471.html.
[2] 唐彪、张学敏、刘羽田:《主持科研项目可以提升研究生科研能力吗?——基于重庆市研究生科研创新项目的实证分析》,《高教探索》2023年第3期。
[3] 姜艳霞、贺婉青、王佳莹:《大学生创新创业计划现状和发展趋势》,《创新创业理论研究与实践》2021年第24期。
[4] 崔明德:《办好大学的思考》,人民出版社,2016年,第178页。

(二)科研平台育人

科研平台是根据科学研究需求,整合优质资源建立的专业化研究载体,按照主管部门可分为国家级、省部级和校级三大类。从功能定位来看,科研平台为开展高水平科学研究和技术创新提供硬件设施、技术支撑和人才团队。所谓科研平台育人,是指依托科研平台中的资源优势和科研团队,通过系统的科研实践培养创新型人才。科研平台是提升高校大学生学术能力和研究能力的主战场与重要阵地。

教育部非常重视科研平台的育人功能。教育部在《高等教育专题规划》中强调,要"加强高等学校重点研究基地与科技创新平台建设,建立横跨高等学校、企业和科研院所的开放型研究平台,鼓励高等学校与海外教育、科研机构、企业建立联合实验室或研究开发中心"[1];在《高等学校基础研究珠峰计划》中提出,"建设以重大科技基础设施为依托的研究平台"[2]。现在设立的高水平科研平台主要有国家重点实验室、国家工程研究中心、教育部重点实验室、教育部工程研究中心、省部共建协同创新中心、教育部人文社会科学重点研究基地、国家大学科技园等,这些高水平科研平台不仅推动了科学研究和技术创新,还通过多种方式培养了创新型人才。以国家革命文化协同研究中心为例,该平台由教育部、国家文物局批准设立,通过整合20所高校的研究力量,打造红色资源研究高地和学术交流平台,在党史学习教育、革命传统教育和爱国主义教育方面发挥了重要作用。

各高校也非常重视科研平台育人功能,比如兰州大学积极培育建设国家重大科研平台,组织实施重大科技任务和重大工程,立足西部独特的资源禀赋,在风沙治理、敦煌学、中亚问题等领域,形成了一批原创性引领

---

[1] 中华人民共和国教育部:《教育部关于印发〈高等教育专题规划〉的通知》[EB/OL].(2012-03-21)[2025-01-30].http://www.moe.gov.cn/srcsite/A08/s7056/201203/t20120321_146660.html.
[2] 中华人民共和国教育部:《教育部关于印发〈高等学校基础研究珠峰计划〉的通知》[EB/OL].(2018-07-19)[2025-01-30]. http://www. moe. gov. cn/srcsite/A16/moe_784/201808/t20180801_344021.html.

性的学术高点。[①]兰州大学立足所处位置，积极服务地方发展，可以帮助学生扎根实际开展科学研究。此外，各高校还积极搭建学术交流平台，如全国研究生暑期学校、全国博士生学术交流论坛，还有各类学科类学术论坛，这些举措不仅提供了优质的学术交流平台，还有效拓展了学生的研究视野，促进了跨学科、跨领域的学术互动和知识共享。

（三）产学研合作育人

产学研合作是又一种实践模式，是整合高校、科研院所和企业资源，实现知识创新、技术创新与产业创新深度融合的协同创新体制。从历史沿革来看，我国产学研合作育人理念可追溯至中华人民共和国成立初期提出的"教学、生产、科研三结合"方针。20世纪70年代末80年代初，在"科学技术必须面向经济建设，经济建设必须依靠科学技术"的方针指引下，我国重点高校的教学、科研"两个中心"的功能得到加强。[②]2025年1月，中共中央、国务院印发的《教育强国建设规划纲要（2024—2035年）》中也特别强调，"促进高水平高校、优势学科与重点行业和头部企业强强联合，以需求定项目、以项目定团队，构建人才培养、科学研究和技术转移为一体的产教融合科教融汇新样本"[③]。所谓产学研合作育人，是指通过产教融合、校企协同，构建起人才培养共同体，实现教育、人才与产业发展创新的有机统一。这一机制是推动高等教育基础研究实现从"0"到"1"突破的关键支撑，也是教育部"产学研合作协同育人项目"的核心目标。

1991年底，由国务院生产办提议，经国家经委、国家教委和中国科学院批准，"产学研联合开发工程"开始实施，其宗旨是构建国营大中型工业企业与高等院校、科研院所之间密切而稳定的交流与合作平台，逐步形成产学研共同发展的运行机制，探索一条适合中国国情的科技与经济密切

---

① 马小洁：《扎根西部大地建设中国特色世界一流大学》，《光明日报》2022年12月20日。
② 陈解放："产学研结合"与"工学结合"解读，《中国高教研究》2006年第12期。
③ 《中共中央国务院印发〈教育强国建设规划纲要（2024—2025年）〉》，《人民日报》2025年01月20日。

结合的道路,加速科技成果转化,在产学研合作协同育人项目中设置"新工科建设专题",以创新人才培养机制、提高人才培养质量。教育部文件明确指出,要支持学生开展创新创业训练,完善国家、地方、高校三级项目资助体系。依托高新技术产业开发区、工业园区和大学科技园等,重点建设一批高校学生科技创业实习基地。[1]产学研合作育人项目,能紧紧围绕国家重大战略和区域经济社会发展需要,主动适应科技革命和产业变革趋势,通过专业教育与实践运用相结合的方式,引导学生参与到重大攻关研究项目中。清华大学智能产业研究院组建了专门的产业合作团队,并在智慧物联、智慧交通、智慧医疗、大数据智能和智能机器人等领域都有深入的产研合作项目,比如与百度联合研发自动驾驶技术,与字节跳动建立可扩展大模型智能技术联合研究中心,与无锡创新中心成立人工智能产业发展促进中心等。[2]在深度合作中,企业派驻了高级研发人员参与课程研发和教学;高校选派专家参与企业研发项目,有效实现了人才培养和产业创新的良性互动。这种深度合作模式不仅提高了人才培养质量,也促进了科研成果的快速应用,为服务国家重大战略需求提供了有力支撑。

(四)科教结合协同育人

科教结合是指将科学研究与教育教学有机融合,通过科研实践促进教育改革,通过教学活动推动科研创新的双向互动机制。科教结合协调育人是一种将知识传授与能力培养相统一的育人模式,旨在通过科研实践深化理论认知,通过知识学习促进科研创新。2012年3月,教育部印发的《关于全面提高高等教育质量的若干意见》中指出:"促进科研与教学互动,及时把科研成果转化为教学内容,重点实验室、研究基地等向学生开

---

[1] 教育部思想政治工作司组编:《加强和改进大学生思想政治教育重要文献选编(1978—2014)》,知识产权出版社,2015年,第533页。
[2] 以上数据源自清华大学智能产业研究院官网信息和其发布的2024年度报告(上、下):https://air.tsinghua.edu.cn/gyair/AIRjj.htm。

放。支持本科生参与科研活动,早进课题、早进实验室、早进团队。"[1]2015年10月,国务院印发的《统筹推进世界一流大学和一流学科建设总体方案》中强调,加快推进人才培养模式改革,推进科教协同育人,完善高水平科研支撑拔尖创新人才培养机制。[2]2020年5月,教育部办公厅印发了《未来技术学院建设指南(试行)》,文件指出,要坚持科教结合,探索高校和科研院所联合培养未来科技创新领军人才的有效模式。引导高校将人才培养与科技创新有机结合,及时把最新科研成果转化为教学内容,推动科研基地和资源更大范围开放共享,为学生接触学科前沿、开展科研实践创造条件。[3]以上系列政策的出台,强化了各高校各职能部门对该问题的重视,为"科教结合协同育人"提供了制度保障和实践指引。

推动科教结合协同育人有形式多样的实践路径,具有代表性的做法有以下几方面。一是从学校组织管理角度,建立拔尖创新人才培养基地。例如,教育部开展的"卓越工程师学院"计划,该计划强调以社会需求导向,通过整合优质资源,构建"教学—科研—实践"一体化人才培养体系。清华大学、哈尔滨工程大学、北京航空航天大学等设立的卓越工程师学院,通过设立"科研导师制",引导学生尽快进入研究领域。二是从教师角度来看,将"科研育人"理念融入教学全过程。教师是学生成长道路上的引路人,其教学方式和态度对学生影响深远。教师在教学过程中,通过加强对学生基本科研方法的训练,培养学生独立研究问题的能力,教师可以引导一大批学生走上科研之路。三是从学生角度来看,鼓励大学生尽早参与科研实践。中国科学技术大学实施的"大学生研究计划"是一个典型

---

[1] 教育部思想政治工作司组编:《加强和改进大学生思想政治教育重要文献选编(1978—2014)》,知识产权出版社,2015年,第533页。
[2] 中华人民共和国教育部:《国务院关于印发统筹推进世界一流大学和一流学科建设总体方案的通知》[EB/OL].(2015-10-24)[2025-01-30].http://www.moe.gov.cn/jyb_xxgk/moe_1777/moe_1778/201511/t20151105_217823.html.
[3] 中华人民共和国教育部:《教育部办公厅关于印发〈未来技术学院建设指南(试行)〉的通知》[EB/OL].(2020-05-15)[2025-01-30].http://www.moe.gov.cn/srcsite/A08/moe_742/s3860/202005/t20200520_456664.html.

范例,该计划要求本科生在导师的指导下开展科研活动,累计参与不少于200小时的工作和研究。该计划已持续实施20余年,培养了一大批优秀的创新人才,如2018年荣登《自然》杂志影响世界十大科学人物榜首的曹原等。[①]这些实践表明,科教结合协同育人需要构建"学校—教师—学生"三位一体的协同机制,通过优化资源配置、强化科研训练,培养具有创新精神和实践能力的高素质人才。

---

① 徐海涛、周畅:《让本科生成为"准科学家"》,《瞭望》2024年第42期。

第五章

扎实推动高校实践育人

高校实践育人作为贯彻落实党的教育方针、深入实施素质教育的必然要求和重点工作,是高校"十大"育人体系之一,是促进高等教育内涵式、高质量发展的重要环节,也是全面提高人才培养质量、切实增强育人工作成效的重要途径。党的十八大以来,习近平总书记就加强高校实践育人工作作出一系列重要指示批示,党和国家制定并印发一系列制度文件,明确将实践育人作为高校人才培养工作和大学生思想政治教育的重要内容,这标志着高校实践育人工作地位得到进一步提升,同时为新时代大学生上好社会实践"必修课"、努力成长为担当民族复兴大任的时代新人提供了根本遵循,指明了前进方向。在以中国式现代化全面推进中华民族伟大复兴的新征程上,应着力深化、扎实推动高校实践育人,教育引导广大青年学生在切身参与社会实践和社会活动中深入认识国情、了解社会,树立对人民的感情、对社会的责任和对国家的忠诚。

一、高校实践育人的主要蕴涵

蕴涵,主要指的是某个事物内部所包含的必不可少的要素或内容,亦可指某个事物所包含的一种深层次的、不显而易见的意义、价值或情感,通常用于描述某种理论、观点或事物的内在结构等。从词源构成来看,"蕴涵"一词由"蕴"和"涵"两个字组合而成,其中"蕴"字常用来指蕴藏、蓄积,有着较浓的积淀和潜在的含义;"涵"字则更多用来表示涵盖、包容,强调的是广泛性和覆盖度。高校实践育人的蕴涵十分丰富,需要在深刻把握其思想渊源和理论由来的前提下,厘清"实践"和"育人"的元概念,进而准确理解这一命题的内涵所指和核心要义,深刻揭示其所具有的本质属性、鲜明特征、独特功能和客观要求,这是开展高校实践育人研究的逻辑起点和逻辑前提。

(一)实践育人的界定

"实践育人"是一个具有特定的含义和厚重的思想文化渊源,同时凝结着中国共产党百余年思想政治工作实践探索的宝贵历史经验和理论创新智慧的概念。梳理这一概念基于实践活动的演变发展历程,对系统界定"实践育人"的理论内涵、准确把握"实践育人"的核心要义具有重要价值。在此基础上回答好"实践育人是什么"的问题,既是解决好"如何开展实践育人"问题的基本前提,又事关实践育人的指导思想、体系和模式的选择。

1."实践育人"概念演变

概念是思维的基本呈现形式之一,通常被用于反映客观事物的一般的、本质的特征。从概念语义出发审视"实践育人",是对实践育人内涵要义的整体性、科学性概述。2004年8月,中共中央、国务院《关于进一步加强和改进大学生思想政治教育的意见》强调,"把理论武装与实践育人结合起来""探索实践育人的长效机制"[①],这标志着"实践育人"概念的首次正式提出。此后,实践育人逐步进入全面深化和提质增效发展阶段。2005年2月,中共中央宣传部等部门联合印发《关于进一步加强和改进大学生社会实践的意见》,指出"理论教育和实践教育相结合是大学生思想政治教育的根本原则"[②]。2009年6月,教育部出台《关于深入推进学生志愿服务活动的意见》,要求高校"深入开展各种形式的志愿服务活动,搭建学生志愿服务平台"[③]。2010年5月和11月,教育部先后出台《关于大力推进高等学校创新创业教育和大学生自主创业工作的意见》《关于进一步加强和改进研究生思想政治教育的若干意见》,要求各高校加强创新创业教育,"广泛开展创新创业实践活动"[④],进一步"强化研究生实践教育环

---

① 教育部思想政治工作司组编:《加强和改进大学生思想政治教育重要文献选编(1978—2014)》,知识产权出版社,2015年,第266-267页。

② 教育部思想政治工作司组编:《加强和改进大学生思想政治教育重要文献选编(1978—2014)》,知识产权出版社,2015年,第290页。

③ 教育部思想政治工作司组编:《加强和改进大学生思想政治教育重要文献选编(1978—2014)》,知识产权出版社,2015年,第385页。

④ 教育部思想政治工作司组编:《加强和改进大学生思想政治教育重要文献选编(1978—2014)》,知识产权出版社,2015年,第389页。

节"①。2012年1月,教育部等七部门联合印发《关于进一步加强高校实践育人工作的若干意见》,要求"充分认识高校实践育人工作的重要性""统筹推进实践育人各项工作"②。同年2月,中共中央宣传部、教育部联合印发《全国大学生思想政治教育工作测评体系(试行)》,明确要求"将实践育人工作纳入学校教学计划,落实规定的学时学分"③。2013年12月,中共中央办公厅印发的《关于培育和践行社会主义核心价值观的意见》就"加强实践育人基地建设"④提出新要求。2014年10月,中共教育部党组、共青团中央联合印发《关于在各级各类学校推动培育和践行社会主义核心价值观长效机制建设的意见》,提出通过实施"实践育人共同体建设计划",推动实现"实践育人规范化管理、常态化服务、品牌化培育、项目化配置、信息化支撑、社会化运作"⑤的目标。2016年12月,中共中央、国务院制定《关于加强和改进新形势下高校思想政治工作的意见》,要求从体制机制层面进一步强化包括实践育人在内的"七大育人"。⑥2017年12月,中共教育部党组印发《高校思想政治工作质量提升工程实施纲要》,明确提出构建"实践育人质量提升体系"⑦。事实证明,通过实践开展的思想政治教育最接地气、最能打动人也最卓有成效。研究我们党的思想政治工

---

① 教育部思想政治工作司组编:《加强和改进大学生思想政治教育重要文献选编(1978—2014)》,知识产权出版社,2015年,第420页。
② 教育部思想政治工作司组编:《加强和改进大学生思想政治教育重要文献选编(1978—2014)》,知识产权出版社,2015年,第496页。
③ 教育部思想政治工作司组编:《加强和改进大学生思想政治教育重要文献选编(1978—2014)》,知识产权出版社,2015年,第511页。
④ 教育部思想政治工作司组编:《加强和改进大学生思想政治教育重要文献选编(1978—2014)》,知识产权出版社,2015年,第645页。
⑤ 教育部思想政治工作司组编:《加强和改进大学生思想政治教育重要文献选编(1978—2014)》,知识产权出版社,2015年,第682页。
⑥ 中共中央党史和文献研究院编:《十八大以来重要文献选编》(下),中央文献出版社,2018年,第480页。
⑦ 中华人民共和国教育部:《中共教育部党组关于印发〈高校思想政治工作质量提升工程实施纲要〉的通知》[EB/OL].(2017-12-05)[2024-12-01].http://www.moe.gov.cn/srcsite/A12/s7060/201712/t20171206_320698.html.

作发展的历史脉络,从中可以清晰地看到其所依循的"实践、认识、再实践、再认识"的发展路线。伴随着这一实践过程,"实践育人"概念的发展得到不断深化。

2.实践育人的理论内涵

实践育人早已作为当代大学的一种制度化教育理念被普遍应用,并且在高校人才培养中的地位日益凸显。就"实践育人"的内涵而言,在不同学科领域和使用场景中有所不同。马克思主义哲学在充分汲取人类哲学史上关于"实践"概念的优秀成果基础上,正确阐明了实践的本质、实践之于认识世界和改造世界的关键作用,历史性地创立了辩证唯物主义的实践观。基于马克思主义理论范畴,立足马克思主义实践观,从核心概念、基本内容维度对"实践育人"概念进行逻辑解构和剖析,有助于深入理解和准确把握"实践育人"的丰富内涵。事实上,"育人"概念由来已久,在我国传统文化中有着深厚的渊源和底蕴。"仁""义""礼""智""信"与"格物""正心""修身"等传统教育思想和做人基本准则,以及基于其发展演化至今的"教育之本,在于育人""育人为本,以德为先"等现代教育理念,也为广大师生所接受并践行。"育人"作为"以人为本"理念在教育领域的具体体现,要求教育的一切出发点和落脚点都是为了学生。"实践育人"作为"实践"和"育人"两大概念的复合体,并非只是二者的简单叠加。换言之,实践育人过程中的实践活动必定有其显著区别于一般性社会实践活动的特殊性。此外,实践育人作为将教或学的方式定义为实践的教育活动,必须同时做到"坚持以教师为主导"和"坚持以学生为主体"。正确把握实践育人的理论内涵,还要避免"把实践育人简单理解为一般教学活动在实践环节的延伸""把实践育人环节和理论学习环节相对立""把实践育人的作用片面化"[1]等认识误区。概言之,实践育人是指遵循教育规律和人才成长规律,通过不断引导专业知识学习、强化理想信念、促进身心健康、塑造良好道德品格、增强社会责任感、提升勇于探索的创新创造精神和解决实

---

[1] 甘霖:《高校实践育人研究》,人民出版社,2015年,第41页。

际问题的能力水平等,提高大学生综合素质,使之成为社会主义建设者和接班人的实践教育教学活动及其过程。

3.实践育人的核心要义

核心要义通常可以理解为某一事物或概念的基本内核、要点或本质。实践育人在平时的表述中深藏着崇高的立意和丰厚的理论意蕴,其关键在于"育人"二字。换言之,实践育人的宗旨是育人,育人是实践的灵魂所在,实践是育人的途径和方式。只有精准把握实践与育人之间的内在逻辑,才能在深刻理解实践育人的核心要义基础上,认识更完整意义上的实践育人。具体而言,应从四个方面加以认识、理解和把握。

第一,尊重学生的主体地位。"人的主体性是人的本质的第三层次,也是最高层次。"[1]人只有具备一定的条件,即充分体现人进行实践活动的能动性、自主性和自为性时,才能称之为主体。若无实践作为基础和载体,人的主体性将不复存在。尊重学生作为"主体的人"的主体地位,是实践育人的本质力量所在。第二,引导学生的价值取向。人生是一个价值判断和价值选择的过程。实践的过程,就是价值经历的过程,自然离不开价值教育。学生在成长过程中充满着各种不确定性,通过价值教育和价值观引领,能够让学生从成长的不确定性中,找到更多有利于培塑其成长勇气的确定性,从而进一步明晰成长方向、人生意义。第三,激发学生的真实情感。知识、能力、态度、情感、价值观交织在一起,共同构成教育的情境。其中,情感所深蕴在中华传统文化里的"情本体"与"乐感文化"[2],当然会充实、体现在实践中,让实践充盈着丰富、生动、满是活力的生活色彩。激发真情实感作为实践育人的动力机制和形成"爱认知"的核心所在,必须将之牢牢贯穿做好教育教学工作、落实立德树人根本任务的全过程。第四,培育学生的创造精神。创造精神或者说创造性是人的主体性的最高表现,人的主体性是通过实践和感性活动体现出来的。创新是发

---

[1] 袁贵仁:《马克思的人学思想》,北京师范大学出版社,1996年,第121页。
[2] 李泽厚:《人类学历史本体论》,青岛出版社,2016年,第58页。

展的第一动力,中华民族伟大复兴归根结底要靠具有创新创造精神和实干实践能力的时代新人去实现。实践育人的核心价值和最高境界就在于此,即将学生教育培养成具有创新意识和创造精神的有理想、敢担当、能吃苦、肯奋斗的新时代好青年。

(二)实践育人的形态

形态,是指事物存在的样貌或在一定条件下的表现形式。实践育人深刻蕴涵着高校人才培养的教育理念、教育目标和教育导向,是高校人才培养的育人途径、育人手段和育人方式。高校实践育人在"'从本源学习''以做为中心'核心理念"[①]的统领下,内容丰富、形态多样。随着时代发展,高校实践育人的类型也得以不断拓展。根据不同类型实践育人方式的不同功能定位,可将其划分为专业教学类实践、主题教育类实践、素质拓展类实践,这是高校实践育人的三种基本形态。

1.专业教学类实践

专业教学类实践,是指高校依托专业课程教学和日常课堂教育方式,由老师向学生传递专业知识的授教活动过程。实践教学作为基本的教学内容之一,是学校教学工作的重要组成部分,也是学生获取、掌握知识和进一步强化、巩固专业知识学习乃至成长成才的有效手段和重要途径。实践教学活动通常会结合学科专业特点分类开展,具体包括课程实践、科研实验、专业实训、毕业设计、生产实习等与教学相关的实践内容,如师范类学生会到各地中小学进行专业见习或实习,学习为人师表所需的专业知识和技能;新闻与传播类学生会担任校报记者、编辑和播音主持,参与新闻采写、报文刊发、校园广播等活动,在丰富校园文化生活的同时,有效实践自己所学专业知识和提升专业实践能力;理学和工科类学生会到工厂车间、工程一线进行生产实习,强化专业技能,积累实操经验;等等。尽管不同层次和不同类型的高校对实践教学活动的设置有所不同,不同类

---

① 成尚荣:《实践育人的理论基础、核心要义与基本形态》,《中国教育学刊》2022年第10期。

别的专业课程对实践教学环节的体现也有所不同,但都应遵循教育教学规律和人才成长规律,合理安排。切实抓好实践教学活动、有效强化实践教学环节,是实现高等教育人才培养目标的重要保证。大学生通过参与实践教学活动,既能加深对自己所学专业的理解和体验,有效地巩固理论知识、强化专业技能和提升专业素质,从而进一步激发对专业知识的学习兴趣和热情,调动自己对科学研究的积极性;又能激发自己的创新意识、创新思维和创新精神,锻炼自己善于发现问题、懂得分析问题、能够解决问题的实践能力。

2.主题教育类实践

主题教育类实践,是指围绕某一特定教育主题,"通过灌输和影响其蕴含的思想性、引领性理念"[1],进而将思想政治教育的目标和任务加以贯彻、强化的教育活动。主题教育类实践注重强调活动的教育价值、育人目标和思想引领作用,要求有明确的工作目标和鲜明的内容导向,贴近学生学习和生活实际。针对性强作为主题教育的基本特征,是主题教育在具体的实践育人工作中的优势所在。主题教育能根据特定的教育任务和教育对象选取特定的教育手段和教育途径,并通过有针对性的情景设计和工作谋划,最大程度地提升实际育人成效。在高校人才培养工作和大学生思想政治教育实践中,开展主题教育是常规内容,也是重要手段,如围绕毛泽东思想、邓小平理论、"三个代表"重要思想、科学发展观、习近平新时代中国特色社会主义思想等重要思想或聚焦党的十八大、党的十九大、党的二十大等重大会议精神开展主题学习与研讨活动,举办以各种英雄模范人物的先进事迹为内容的主题宣讲报告会、专题讲座,开展以庆祝中国共产党成立100周年、庆祝中国共产主义青年团成立100周年、纪念中国人民志愿军抗美援朝出国作战70周年等重大节日和重大事件为契机的主题征文比赛、主题演讲比赛、主题知识竞赛,等等。通过开展这些实现理论与实践相结合的主题教育,能够让作为受教育者的大学生在深度

---

[1] 张永红:《高校思想政治工作育人体系创新发展研究》,重庆大学出版社,2022年,第56页。

参与中加深对各种理论的深刻体悟,引导其在积极投身实践锻炼中实现自我、提升自我、完善自我、发展自我。总的来说,主题教育是实践育人的主要方式,组织大学生参与系列主题教育能够对开展大学生思想政治教育起到重要作用,从而实现对其教育引导和塑造熏陶的目的。

3.素质拓展类实践

素质拓展类实践,是指通过引导受训者参加各种社会实践,实现其素质的拓展,培养其社会公民意识和勇于探索的创新精神,提高其适应社会和发现问题、研究问题、解决问题的本领,促进其实践能力和综合素质提升的教育实训活动。素质拓展实践即素质拓展训练,是一种以主题活动为依托、以系统培训为方式、以激发感悟为结果的,旨在提高受训者的心理素质,同时兼具体能训练和实践锻炼的综合素质教育。素质拓展实践是学校课堂教学的重要补充,在高校育人体系中的作用也越发凸显。通过素质拓展实践,既能够丰富大学生的业余生活,拓宽大学生的知识视野;又有助于增强大学生的身体素质,强健其体魄,磨砺其耐力、意志力,释放其学习压力;还能够让大学生在实景体验中学习素质拓展的组织要领,体会到团队合作与竞争的艰辛,培养良性竞争意识和互助合作意识,增强集体荣誉感和社会责任感,挖掘自身潜能,提高自身组织管理能力、交流合作能力、沟通协调能力、创新创造能力、随机应变能力以及问题解决能力。素质拓展实践的类型较为广泛,具体包括:志愿服务,即不以获得报酬为目的,主动服务社会、奉献他人或为促进经济社会发展进步献策出力的活动;社会调查,即运用特定的方法和手段,从现实社会收集有关社会事实的信息资料,并对之做出描述和解释的活动;[1]创新创业,即本质在于通过发挥人的主观能动性,突破旧的思维定式,从而进行新创造、完成新发明、实现新突破的活动;勤工俭学,即在校大学生利用课余时间参加,达至获得经济报酬、积累社会经验、培养综合素质、提升实践能力等目的的活动。

---

[1] 黄奇杰、蔡罕编著:《社会调查方法概论》,浙江大学出版社,2007年,第3页。

(三)高校实践育人的特点

特点指人或事物所具有的特别或特殊之处。实践育人作为科学教育理念,广泛渗透于高校人才培养工作的全过程、各环节。在高校人才培养活动中,实践育人与课程育人等其他"九大育人"互为补充、互相促进,共同构成系统完备的高校育人工作体系。高校实践育人形式多样且内容丰富,大学生是其必不可少的参与主体,主观见之于客观的实践活动亦是其不可或缺的主要载体。高校实践育人所内蕴的本质属性,决定了其具有其他育人方式所不具有的特点。

1. 突出思想引领导向

导向,是指所引导的方向或使事情向某个方面发展。实践育人是有目的的、针对性很强的教育培养活动,这决定了其必然要突出思想引领导向。导向性作为实践育人区别于一般性实践活动的主要特征,主要体现为实践育人工作有自身的发展方向,其以实践活动为载体设计各项环节和具体内容,且其任务要求和工作安排均强调提升大学生的思想政治素质、培养大学生的实践创新能力。思想引领是指先进的执政党用先进的思想理论引导其他社会成员的思想朝着期望的方向去发展,从而打牢团结奋斗的共同思想基础,其核心点在于引领力。突出思想引领导向,作为新时代实践育人必须牢牢坚守的明确立场和重要价值追求,要求不断推进实践基础上的理论创新,并用之武装头脑、指导实践、推动工作、抵御不良思潮、纠正错误观念。党的二十届三中全会提出,要"推进大中小学思政课一体化改革创新"[①],"完善学生实习实践制度"[②]。习近平总书记在2024年9月召开的全国教育大会上强调"不断加强和改进新时代学校思

---

① 《中共中央关于进一步全面深化改革 推进中国式现代化的决定》,人民出版社,2024年,第13页。
② 《中共中央关于进一步全面深化改革 推进中国式现代化的决定》,人民出版社,2024年,第14页。

想政治教育""不断拓展实践育人和网络育人的空间和阵地"[1],将实践育人思想提到了新高度。这要求一方面,始终围绕教育"培养什么样的人"的首要目标。高校开展实践育人工作的最终目的,在于提升大学生的综合素质,促进大学生的全面发展。另一方面,重点突出高校"立德树人"的根本任务。实践育人必须把握好、坚守住"育人的根本在于立德"[2]的正确方向,牢记并践行"为党育人、为国育才"的使命,减少甚至尽可能规避育人仅停留在知识层面、因忽略身体力行而造成"立德树人"虚化的不良现象发生。

2. 注重切身体验参与

参与,意指介入、参加,是一个基本的社会概念。人作为实践活动的主体,"是通过他自身的实践活动来参与和接受客观的影响,从而获得主体自身的发展"[3],即通过切身体会和经历,在实践中认识事物,在深度参与实践中完善自我。换言之,在个体参加社会集体或特定组织团体行动、决策或活动的过程中,深刻体现着个体与社会或集体的互动关系。在高校这一特定场域中,大学生是实践育人的对象,也是开展实践活动的主体。作为高校实践育人受众主体的大学生的切身体验参与感,是实践育人活动与理论知识学习等其他形式的教育活动的最大不同之处。"促进自我教育的教育才是真正的教育"[4],实践育人通过组织、引导大学生参与形式多样且丰富的实践,经由生动活泼的情感体验和鞭辟入里的感悟升华,在更为深刻地认识和改造客观世界与自己的主观世界的过程中,锻炼提升自身的各种能力和综合素质,从而实现其自我教育和自我成长。具体来看,这首先体现为大学生是实践活动的实在参与者。大学生是实践育

---

[1] 《习近平在全国教育大会上强调 紧紧围绕立德树人根本任务 朝着建成教育强国战略目标扎实迈进》,《人民日报》2024年9月11日。
[2] 《习近平著作选读》第1卷,人民出版社,2023年,第28页。
[3] 黄济:《教育哲学通论》,山西教育出版社,1998年,第385页。
[4] [苏]瓦·阿·苏霍姆林斯基:《少年的教育和自我教育》,姜励群等译,北京出版社,1984年,第100页。

人活动的参与主体,会参与实践育人的全过程。其次,体现为大学生参与对实践育人工作安排产生的积极影响。一方面,学校或者教师应充分尊重大学生在实践活动参与中的主体地位,立足他们的实际有针对性地开展实践育人相关工作。另一方面,大学生要根据自身特点,发挥自己的主观能动性,积极主动地参与实践育人工作的谋划设计和实施开展。最后,体现为大学生参与实践活动过程中的自主选择。在实践活动中,大学生完全可以根据自己的实际情况和兴趣爱好等,选择适合自己的实践内容、实践方式和实践项目。

3.集成多元系统要素

系统,即若干部分相互联系、相互作用,形成的具有某些功能和清晰逻辑关系的有序整体。要素,即构成一个客观事物的必要的最小单位或组成系统的基本单元。实践育人是一项系统性工程,理解由多元要素共同构成的实践育人整体系统,可从课程内容的综合性、工作开展的综合性和育人效果的综合性三个层次加以展开。从课程内容上来看,实践育人课程的综合性渗透着统整理念,这使得其能够较为有效地解决学科课程存在的局限性,从而加强知识的结构化。教育部于2022年4月印发的《义务教育课程方案(2022年版)》十分注重义务教育课程内容综合性特征的凸显,提出"加强课程内容与学生经验、社会生活的联系……开展跨学科主题教学,强化课程协同育人功能"[1]。这种课程内容的综合性体现在以学习逻辑为纽带整合了学科逻辑与心理逻辑,实现了学科世界、学生经验、社会生活三者间的有机整合与辩证统一。[2]从工作开展来看,加强高校实践育人工作是"全面落实党的教育方针,把社会主义核心价值体系贯

---

[1] 中华人民共和国教育部:《教育部关于印发义务教育课程方案和课程标准(2022年版)的通知》[EB/OL].(2022-04-08)[2024-12-01]. http://www.moe.gov.cn/srcsite/A26/s8001/202204/t20220420_619921.html.

[2] 刘莹、王鉴:《中国基础教育实践育人的内涵、特征与路径》,《学术探索》2023年第6期。

穿于国民教育全过程"①的必然要求,对大学生、高校乃至整个国家而言都具有重要意义。实践育人涉及多个方面的具体工作,既需要政府特别是教育行政管理部门、企事业单位以及社会的大力支持与相互配合,又需要各高校的积极努力,不断为实践育人出谋划策、搭建平台、提供支持。概言之,充分调动各方的积极性,形成强大合力,是确保实践育人工作得以顺利开展的重要保证。从育人效果来看,实践育人同样具有鲜明的综合性。注重教育与生产劳动相结合的实践"是培养理论与实际结合、学用一致、全面发展的新人的根本途径"②,有助于巩固提升大学生的专业知识、专业素质与专业技能,锻炼大学生的实践能力和创新意识,促进大学生的身心健康,坚定大学生的理想信念,增强大学生的社会责任感。

二、高校实践育人的重要意义

实践育人作为思想政治教育体系的一个关键环节和重要组成部分,是高校落实立德树人根本任务的重要抓手。党的十八大以来,以习近平同志为核心的党中央亲自谋划、系统部署、督促推进高校思想政治工作,实践育人也随之取得显著成效。从总体上讲,实践育人有效引领了大学生坚定地坚持中国共产党领导,走中国特色社会主义道路,争做中国特色社会主义事业的建设者和接班人,勇担全面推进中华民族伟大复兴的历史重任。具体来看,实践育人对于推动大学生避免理论知识与自身成长的脱节,帮助大学生深入了解基本国情社情民情,以及增强大学生"服务国家服务人民的社会责任感、勇于探索的创新精神、善于解决问题的实践能力"③等方面都具有十分重要的意义。

---

① 教育部思想政治工作司组编:《加强和改进大学生思想政治教育重要文献选编(1978—2014)》,知识产权出版社,2015年,第496页。
②《邓小平文选》第2卷,人民出版社,1994年,第107页。
③ 教育部思想政治工作司组编:《加强和改进大学生思想政治教育重要文献选编(1978—2014)》,知识产权出版社,2015年,第496页。

(一)避免理论知识与学生成长的脱节

理论知识与学生成长脱节现象的发生,其实质是理论与实践脱节的宏观大问题的具体投射和深度聚焦。实践能力对于学生成长成才的重要性不言而喻,过分强调理论知识的学习,而选择性忽视实践环节,不重视实践能力的培养,会造成学生理论与实践脱节,不能把所学理论知识很好地运用到实践中。有鉴于此,通过实践环节的串联,将理论知识有机融入教与学的授受活动、教师与学生的双向互动全过程,让实践育人从理念层面下移、深入到实践层面,让大学生走进现实世界里,在注重由外到内的"通感"体验、投身由小到大的"整体"行动、领悟由知到行的"意蕴"价值中,对实践育人加以深化认知、切实感受和系统把握,并在活学化用理论知识中促进自身成长成才。

1.充分激发学生的创新精神

创新精神,是指能够以遵循客观规律为前提,综合运用已有的知识、信息、技能和方法,敢于摒弃旧事物、旧思想,提出新方法、新观点,进行发明创造、改革、革新的思维能力、可贵勇气和坚定意志。创新精神始终是一个国家、一个民族发展前进的重要力量,要想走在时代潮流和世界发展的前列,就必须花大气力、下真功夫推进创新工作。党的二十届三中全会强调,"在新的起点上推进理论创新、实践创新、制度创新、文化创新以及其他各方面创新"[1]。具有创新精神,就是要树立创新意识,拥有破除迷信、超越陈规以及善于因时制宜、知难而进、开拓创新的思维方式和思维能力,更要有敢为人先的勇气和锐气,打破迷信经验、迷信本本的惯性思维,敢于说新话、干新事,切实提高创新思维能力。强化实践育人,坚持把实践教学作为基于实践培养学生创新精神的重要手段,是培养更多优秀的适应社会需要的高素质人才的重要一环,对促进大学生成长成才具有重要意义。一方面,通过抓好课堂上的实践理论教学,丰富大学生的创新

---

[1]《中共中央关于进一步全面深化改革 推进中国式现代化的决定》,人民出版社,2024年,第6页。

知识。另一方面,通过引导大学生积极参与社会实践,在实践中检验自己所学并发现自身不足,进而唤醒自身的好奇心和求知欲,激发其潜在的创新意识,培养其坚韧的创新品格。例如,福州大学高度重视研究生实践教育,把社会实践作为加强和改进研究生思想政治教育工作的有力抓手,通过强化党建与思政"两个引领",建好研究生导师与辅导员"两支队伍",聚力产教融合、科教融合和创教融合"三个阵地",实施"弘扬科学精神"工程、"丰富学术视野"工程、"创新实践锻炼"工程"三项工程",构筑起"四位一体"研究生实践育人体系,为激发学生的创新精神、把学生培养成为拔尖创新人才积极蓄势赋能。[1]

2.有效提升学生的实践能力

实践能力,是指个体或团体在具体实践活动中,通过反复实践、积累经验和不断总结,逐渐掌握并运用各种知识、技能、方法、策略的才能和本领。实践能力作为人类智能结构的重要组成部分,是人的素质形成的基础,其培养不仅关乎理论知识的获取,还需关注如何将理论知识转化为实践行动,如何在实际操作中展现出对理论知识的理解和运用。纸上得来终觉浅,绝知此事要躬行。实践作为一个复杂且广泛的概念,涵盖了通过实际行动、操作或经验来获取知识、技能和理解的全过程、各环节,是实现知识向能力转化的关键载体。促进实践能力的有效提升,能够确保通过开展实践育人落实立德树人根本任务,也有利于做到学以致用、用以促学、学用相长。毛泽东曾用"你要有知识,你就得参加变革现实的实践。你要知道梨子的滋味,你就得变革梨子,亲口吃一吃"[2]的比喻非常生动形象地强调实践的作用,习近平总书记在多种重要场合反复强调"要提升实践能力"[3]。毛泽东的经典比喻和习近平总书记的着重强调,都深刻昭示

---

[1] 全国高校思想政治工作网:《福州大学:"四位一体"构筑研究生实践育人体系》[EB/OL].(2024-11-14)[2024-12-01].https://www.sizhengwang.cn/a/dxjy_sxjy/241114/1876811.shtml.

[2] 《毛泽东选集》第1卷,人民出版社,1991年,第287页。

[3] 《习近平在听取陕西省委和省政府工作汇报时强调 着眼全国大局发挥自身优势明确主攻方向 奋力谱写中国式现代化建设的陕西篇章》,《人民日报》2023年5月18日。

出理论知识学习的目的全在于运用,以及通过加强理论知识学习做到理论联系实际、坚持学以致用的深刻价值。显见,"实践的过程就是探索客观规律的过程,也是学习经验的过程,实践是最好的老师,实践能力是在实践中逐步提升的"[①]。实践的观点是马克思主义哲学的首要观点和基本观点,通过培养大学生的实践意识,引导大学生积极参与实践活动,加强对大学生实践过程的经验总结和跨学科交流等,能够使大学生更深入地理解和掌握知识,实现理论知识与实际应用的有机融合,进而将所学理论知识转化为实际操作技能,不断提升实践能力和问题解决能力,真正做到知行合一。

3.切实提高学生的综合素养

综合素养,通常指作为个体的学生在受教育过程中形成的跨越学科的价值观、必备品格和关键能力的个性化有机融合,是一个开放性的、统合性的有机概念体系,包括了思想道德素养、政治法律素养、科学文化素养等。综合素养的重要性不言而喻,它不仅是学生综合能力的全面展现,还是促进学生持续发展、终身发展的重要保证。坚持在以实践为导向的教育理念或教学观念指引下,强化在实践中育人,是高校培育学生综合素养的有效途径,更是培养社会所需优秀人才的重要策略。只有广泛参与社会实践,大学生才能更好地了解社会、认知社会、融入社会,并充分运用自己所学所掌握的理论知识,增强解决实际问题的能力,积极面对和克服各种困难。一方面,相较于枯燥的课堂理论教学,实践教学显得更加生动有趣,更能吸引学生的注意力,既能够让大学生在实践中亲身体验到理论知识的魅力,从而激发出对学习的无限热爱和追求,又能够让大学生在实践中进一步深化对理论知识的理解,并强化对理论知识的运用。另一方面,开展多样化的实践教学活动,其实质是践行促进学生全面发展的教育理念,不仅能够锻炼大学生的团队合作能力、沟通能力和创新能力等,还能无形中促进大学生的综合素养提升,使其能够在各个领域展现出自己

---

① 黄建军:《中国共产党思想领导能力建设研究》,人民出版社,2018年,第374页。

的才华。更为重要地,通过实践教学活动的开展,能够让大学生更全面、更深入、更精准地了解社会和企业的真实需求,从而有针对性地提升自身能力,变为更好更优秀的自己,这也是在为推动社会高质量发展培养所必需的高素质人才队伍。

(二)帮助学生了解基本国情社情民情

社会实践是大学生受教育、增知识、长才干、练本领、砺品格、做贡献的重要载体,既符合教育教学发展规律和大学生成长成才规律的内在要求,又适应经济社会发展的客观需要。党的十八大以来,习近平总书记始终十分重视青年工作,关心青年成长成才,通过座谈、演讲、回信、节日祝福等多种形式,寄语并勉励广大青年学生要"扎根中国大地了解国情民情"[1],"用脚步丈量祖国大地,用眼睛发现中国精神,用耳朵倾听人民呼声,用内心感应时代脉搏"[2],将对祖国的真挚热爱、与人民同呼吸共命运的深厚情感融汇、贯穿在学习学业和理想追求的全过程之中。习近平总书记的殷切寄语,深刻阐明了上好社会实践"必修课"对于引导新时代大学生努力成长为担当民族复兴大任的时代新人的重要价值。在国情考察、社会观察、调查研究、学习体验中扎实推进实践育人,无疑是帮助大学生更深入、更全面地了解国情社情民情的有效途径。

1.丈量中国大地知国情

所谓国情,是指一个国家的历史文化传统、自然地理环境、社会经济发展状况以及国际关系等各个方面的总和。"凡益之道,与时偕行。"通过深入分析国家发展新的历史方位和历史阶段,全面认识、系统把握和准确判断基本国情,是合理制定各方面路线方针政策、科学谋划和有效推进党和国家各项工作的最大前提。只有站在中国现实的土地上,才能看清时代的航向和经济社会发展的中心坐标。青年大学生是祖国的希望和民族的未来,通过强化实践育人,引导他们在用脚步切身丈量中国大地中感知

---

[1] 《习近平书信选集》第1卷,中央文献出版社,2022年,第128页。
[2] 习近平:《论党的青年工作》,中央文献出版社,2022年,第242页。

基本国情,在深深扎根中国大地上丰富见识、增长才干,并勇敢地肩负起自己的历史使命和社会责任,在某种程度上具有重要的风向标意义。强国建设、民族复兴伟业的推进,伟大中国梦的实现,固然离不开物质文明的发展进步,但同样需要以强大精神力量的汇聚作为重要支撑。为此,聚焦新时代以来党和国家事业取得的历史性成就、发生的历史性变革,以中国大地为课堂,以打赢脱贫攻坚战、全面建成小康社会、生动实践全过程人民民主等为现实教材,引导大学生在深入了解基本国情、广泛参与社会实践活动中,深刻领悟党的领导、领袖领航、制度优势、人民力量的关键作用和"两个确立"的决定性意义,愈发增强"四个意识"、始终坚定"四个自信"、自觉做到"两个维护",不断厚植家国情怀、激发挺膺担当,真心感党恩、永远跟党走、奋进新征程、建功新时代。

2.深入基层一线察社情

所谓社情,是指社会上的一切现象和事件,不仅包括政治、经济、文化等方面的变化,还包括社会风气、公共道德、民心向背等方面的表现。社情的变化是反映社会问题和社会发展的重要标志,对真实社情的了解和掌握是洞悉、把握社会未来发展趋势和发展方向的重要保证。马克思指出:"人的本质不是单个人所固有的抽象物,在其现实性上,它是一切社会关系的总和。"[1]在马克思看来,人的存在和发展是在社会关系中实现的,人的思想、行为和价值观也都同样是在社会交往和互动中形成的。从中便可窥见,社会关系对于社会个体的形成和发展的重要性,以及社会整体结构对作为个体的人的行为和命运的决定性作用。大学生从作为个体的人的意义上讲,来自社会,最终又将走向社会,这是社会历史发展的必然结果。基于此,在落实并强化实践育人中,鼓励和引导大学生在努力学好专业知识的同时,更加积极主动地走出校园"象牙塔",走向社会大课堂,走进社会基层一线,具有相当重要的意义。也就是说,要让社会实践成为促进大学生在社会大气候和大环境中不断成长成才的"助推器"。一方

---

[1]《马克思恩格斯选集》第1卷,人民出版社,2012年,第135页。

面,大学生能够在实践过程中自然而然地将从书本中学到的理论知识有机融入现实社会的情境中,真正做到"坚持理论性和实践性相统一"[1],全面提升综合素质,尤其是锻造吃苦耐劳、勇于奉献的优良品质。另一方面,社会实践会成为对大学生开展思想政治教育的重要途径之一,能够引导其在切身体验经济社会建设和发展成就,实地实景感知中华优秀传统文化的魅力中,增强民族自豪感,树立正确的思想观念,主动融入社会、自觉奉献社会,为助推经济社会发展和国家繁荣昌盛注入青春力量。

3.走近群众身边访民情

所谓民情,是指对人民群众在社会、政治、经济等方面的态度和感受的综合反映,常用于描述人民群众的共同心情和情感状态。民情是党执政、政府治理的晴雨表,也是党和国家各项政策及改革实施的重要参考。在探访掌握民情中做好群众工作这项根本性、基础性工作,不仅是我们党革命起家的关键所在,也是我们党实现长期执政的重要法宝。社会实践除了是培养和育导学生的方式和途径,也是学生接触社会、了解民情的"窗口"和"桥梁"。强化实践育人,说到底就是要通过各种形式的社会实践活动,"让学生在真实世界中解决真实问题,将学生直接知识与间接知识结合起来"[2],培养学生成为具有实践能力的时代新人。马克思、恩格斯指出:"历史活动是群众的活动,随着历史活动的深入,必将是群众队伍的扩大。"[3]历史唯物主义认为,人民群众是历史的创造者,人民群众的主体实践活动构成了社会生活的基础,一切的社会变革都必须基于此。大学生只有通过社会实践将视野聚焦现实关切和民生关怀,对当下中国现实进行更深刻的调研和了解,才能让自己与时代发展同频共振、与人民群众血脉相连。同时,只有"在深入实际、深入群众的躬身实践中,增进群众感情、把准群众脉搏、精准服务群众,满足人民多层次多样化需求,把工作做

---

[1] 习近平:《思政课是落实立德树人根本任务的关键课程》,人民出版社,2020年,第20页。
[2] 王鉴:《加强实践育人,让学生在现实世界中解决真实问题》,《光明日报》2023年5月16日。
[3] 《马克思恩格斯文集》第1卷,人民出版社,2009年,第287页。

到人民群众心坎上"①,才能确保更全面更准确地掌握真实民情,进而更好地联系服务群众,和群众打成一片,并以此实现自己的目标追求和人生价值。

(三)培养学生的社会责任感

社会责任感,是指作为个体的人对社会整体的义务和责任的感知与认同,是个人在社会环境中感受到自己应该承担的责任,并为之积极主动履行的能力和意识。培养学生的社会责任感是教育的重要目标,也是建设社会主义和谐社会的重要基础。党的十八大报告强调要"培养学生社会责任感、创新精神、实践能力"②。此后,《中华人民共和国国民经济和社会发展第十三个五年规划纲要》和经第十二届全国人民代表大会常务委员会第十八次会议审议修订的《中华人民共和国教育法》也均把培养社会责任感作为国民教育的首项重点任务来抓。高校通过努力探索构建多维实践育人体系,遵循"知、情、意、行"的品德形成规律,不断完善培养大学生社会责任感的机制体制,积极引导着大学生走出书本、课堂、校园,在切身投入社会、实践、生活中,自觉树立认知社会责任的意识,培养投身社会责任的情怀,坚定担当社会责任的信念,增强履行社会责任的本领,有效提升自己的社会责任感。

1.强化学生社会责任认知

强化大学生对社会责任的体认和感知,是提升大学生社会责任感的基本前提。大学生作为处于"拔节孕穗期"③的青年人,正处于心理塑造和世界观、人生观、价值观形成的关键时刻,为大学生在其人生成长中扣好"第一粒扣子",引导他们深刻认识自身所肩负的崇高使命,是高校义不容辞的责任。培养大学生的社会责任感,理应遵循"知、情、意、行循序渐进"的品德形成规律,而引导大学生具备相应的认知,当为重要基础和首要前

---

① 习近平:《在纪念毛泽东诞辰130周年座谈会上的讲话》,人民出版社,2023年,第17页。
② 《胡锦涛文选》第3卷,人民出版社,2016年,第641页。
③ 习近平:《论党的青年工作》,中央文献出版社,2022年,第180页。

提。大学生是拥有独特思维方式和独立思考能力的社会实践主体,在培养大学生的社会责任感的实践过程中,对其进行强化社会责任认知的理性引导显得尤为必要。思想政治理论课作为高校落实立德树人根本任务的关键课程,在教育引导大学生树立正确的使命意识、忧患意识、责任意识、担当意识、服务意识、奉献意识,不断增强社会责任感方面发挥了关键作用。一方面,课堂上的理论教学,为大学生强化对社会责任的正确认知提供理性引导。如"中国近现代史纲要"课让学生深入学习历史,特别是中华民族自近代以来所遭受的屈辱史、所经历的艰辛奋斗史,从而使学生在总结历史经验、汲取历史教训中,树立忧患意识,学会担当责任。另一方面,课外的实践教学为大学生强化对社会责任的实感体认提供行为引导。如"思想政治理论综合实践"课通过设置课内实践和寒暑期实践等课程内容和教学环节,教育引导学生在切身实践中增强理论联系实际的能力,提升思想品质,增强社会责任意识。

2.坚定学生社会责任担当

坚定大学生对担当社会责任的信念,是提升大学生社会责任感的关键一环。培养大学生的社会责任感,少不了、离不开校园文化的熏陶和身边人身边事的感染。一方面,高校坚持用社会主义核心价值观统领校园文化建设,通过打造倡导正确认知社会责任、积极担当社会责任的校园文化墙与张贴相关宣传栏等方式,充分发挥校园文化的隐性教育功能,将社会责任感的培养尽可能渗透到校园文化建设的每一个角落,并且使这种社会责任感教育活动"常态化",营造了培养大学生社会责任感的良好环境和氛围,让大学生自觉或不自觉地受到感染教育。另一方面,高校各个层面的教职员工作为主导实践育人的主体,也应在身体力行地宣传倡导并带头践行社会责任感方面有所作为。例如,高校党政管理部门要本着"以学生为本"的理念规范管理和服务,坚持对学生高度负责,带头严格履行职责和践行义务,以实际行动强化教育引导大学生在实践中自觉增强、不断提升自身社会责任感的责任意识,真正实现管理育人、服务育人;辅导员、班主任要落实好把思想政治教育抓在日常、抓在经常的责任,切实履行好自己在大学生社会责任感培养中的重要作用,教育引导其积极履行社会义务;教师作为既传授给学生专业知识又教育学生学会做人的引导者,要率先发挥好示范带头作用,主动保持对大学生的责任心和关爱之心,同时以高度的责任感、使命感带动和感染大学生正确认知社会责任,树立强烈的社会责任感。

3.促进学生践履社会责任

促进大学生积极主动践履社会责任,是提升大学生社会责任感的重中之重。强化实践育人的独特作用,对促进大学生全面认识自我、正确感知社会、深入了解国情、积极奉献社会,不断增长才干、锻炼能力、培养品质、塑造人格、增强社会责任感意义非凡、影响深远。习近平总书记多次强调实践在促进青年成长成才中的重要作用,勉励大学生"既要向书本学习,也要向实践学习"[1]。参与社会实践活动,是培养大学生具备社会责任感的重要途径,能够为促进大学生树立社会责任意识、锻造承担得起社会责任的能力以及实现对社会责任感由知到行的转化提供必要载体和基础条件。只有积极主动"到社会中与群众打成一片、扭到一起后,产生了社会责任感,才能获得真知灼见"[2]。高校充分利用好"第二课堂"和社会实践活动平台加强实践育人,引导大学生积极主动地融入社会、开展社会实践,对让学生从深度参与社会大课堂的实践学习中,深化社会责任意识、勇敢担当社会责任、积极践履社会责任具有重要意义。具体而言,通过引导大学生积极投身社会实践,能够让其夯实责任意识,培养团队精神和责任心;树立服务意识和奉献精神,主动承担社会责任,热忱关爱他人,多做扶贫济困、扶弱助残的实事好事;树立公民意识和法治思维,自觉践行正确的权利义务观念,正确履行作为一个社会公民应尽的责任和义务;坚持

---

[1] 《习近平谈治国理政》第1卷,外文出版社,2018年,第404页。
[2] 《习近平与大学生朋友们》编写组:《习近平与大学生朋友们》,中国青年出版社,2020年,第102页。

历史唯物主义的基本立场、观点、方法，建立起对人民群众的深切感知和深厚情感，坚定地与人民群众站在一起。

三、扎实推动高校实践育人的实施进路

进路，概指一个人前进或事物发展演进的道路、方向或途径，可以是物理上的行进路径，也可以是在思想层面上的发展方向，具有形而下的具体实在性和可操作性。实施进路，通常指的是实现某个目标、计划或项目等所采取的具体途径、方式、方法或步骤等，是为了达成特定目的而规划的行动路线或操作流程。高校思想政治理论课是大学生思想政治教育的主渠道，承担着对大学生进行系统的马克思主义理论教育与培养社会主义建设者和接班人的双重使命任务。实践教学作为思想政治理论课教学的两大基本环节之一，既是大学生思想政治教育的本质体现和高校落实立德树人根本任务的有效途径，又是实践育人的重要抓手和组成部分，与理论教学共同构成实践育人的主体内容。要全面实施并不断完善新的实践育人体系，扎实推动高校实践育人，必须紧扣思想政治理论课实践教学关键环节，有效解决好准确把握实践教学原则、全面深化实践教学改革、着力建强实践教学师资队伍等实施进路问题。

（一）准确把握实践教学原则

原则常指指导人们行事为人的一种准则或规范，是在长期的实践和经验中被验证和发展的，同时为人们在思考和行动时所遵循的道德约束、法律限制、行为要求等基本规则的总和，具有相对的稳定性。遵循"三大规律"即"遵循思想政治工作规律，遵循教书育人规律，遵循学生成长规律"[1]，是不断提高高校思想政治理论课教育教学能力和水平，做好思想政治工作，确保立德树人根本任务真正得以贯彻落实的重要前提。在此基础上深入推进实践教学，扎实推动实践育人，需要不折不扣地把握好坚持

---

[1] 《习近平谈治国理政》第2卷，外文出版社，2017年，第378页。

锚定正确方向与立足客观实际相统一、坚持教师主导作用与学生主体地位相统一、坚持目标切实可行与知行合一相统一三大原则。

1.坚持锚定正确方向与立足客观实际相统一

坚持锚定正确方向与立足客观实际相统一原则,是做好高校思想政治理论课实践教学工作的首要保证。锚定正确方向为实践育人提供指引,避免盲目性;立足客观实际则是确保方向正确的基础,使目标具有可行性和可操作性。坚持此二者的统一,是以做好实践教学工作切实提高实践育人质量,培养出具有正确价值观且实践能力强的人才的基本前提和首要保证。

第一,要坚持锚定正确方向。方向本义是指东、西、南、北四个方位,常在生活中被用作人生理想和目标追求的代表。"既要低头拉车,又要抬头看路"这句俗话,说的就是方向的重要性。方向一旦出现偏离甚至是出错,就不可避免地会对一个人的人生发展产生重大负面影响。高校思想政治教育的重要性不言而喻,事关"培养什么样的人、如何培养人以及为谁培养人"这一教育根本问题的回答。高校思想政治理论课实践教学首先要突出方向的正确性,强化政治意识、责任意识、阵地意识和底线意识,紧扣国家重大战略需求,立足党和国家事业发展后继有人的高度,守好主阵地、弘扬主旋律、传递正能量,注重思想政治素质和社会主义核心价值观取向的培养,将立德树人根本任务落实在教育引导大学生深刻认识人类社会历史发展规律、准确把握先进文化发展方向以及树立正确"三观"的实际行动中,确保大学生在积极投身实践中坚定理想信念,厚植家国情怀,争做担当民族复兴大任的时代新人。第二,要坚持立足客观实际。习近平总书记强调:"做好高校思想政治工作,要因事而化、因时而进、因势而新。"[1]实践育人作为高校思想政治工作体系的重要组成部分,是确保立德树人根本任务能够走深走实、落地落细的关键环节。只有既充分结合学校自身条件,依据学校的学科特色、师资力量、实践基地等资源,又关

---

[1]《习近平谈治国理政》第2卷,外文出版社,2017年,第378页。

注大学生的专业背景、兴趣爱好、能力水平等个体差异,提供多样化实践项目,才能切实开展真正具有学校自身特色、满足学生发展需要的实践活动,有效培养和提升大学生的实践能力,从而更好对接社会需求。第三,要坚持锚定正确方向与立足客观实际相统一。锚定正确方向和立足客观实际就如同两大核心动力装置一样,是助推思想政治理论课实践教学巨轮行稳致远的必要条件。开展实践教学,必须坚持以锚定正确政治方向为前提,紧跟时代步伐和社会现实,紧密联系中国式现代化建设的客观实际和大学生的思想实际,切实"把传授知识与思想教育结合起来,把系统教学与专题教育结合起来,把理论武装与实践育人结合起来"[1],适时将符合教育教学目的的正确价值观念,传递到大学生脑中心中,并促之转化为他们的政治信念和道德修养,同时积极引导大学生在深度参与教学实践活动中,充分接触社会、深入了解社会、全面融入社会。例如,海南大学自2022年3月以来,采取"一步到位、全员书院"的创新做法推进书院制改革,积极构建有效推进"一站式"学生社区综合管理的实践育人新模式:一方面,立足自身学科专业特色,结合学校"三大改革"创新,统筹校内校外资源优势,将社会实践作为培养学生实践能力、创新能力、社会责任感和团队合作精神的重要途径,答好实践育人"行字卷";另一方面,聚焦国家重大战略和地方发展需求,围绕制度创新、生态文明、文化旅游、南繁与热带高效农业、海洋科技、安全健康、信息技术等七大协同创新中心学科领域,引导学生广泛开展社会实践,自觉服务海南自贸港建设,答好实践育人"当字卷"。[2]

2.坚持教师主导作用与学生主体地位相统一

坚持教师主导作用与学生主体地位相统一原则,是做好高校思想政

---

[1] 教育部思想政治工作司组编:《加强和改进大学生思想政治教育重要文献选编(1978—2014)》,知识产权出版社,2015年,第266页。
[2] 全国高校思想政治工作网:《海南大学:扎根海南自贸港沃土,"书院制改革"构建"三维体系",打造实践育人新模式》[EB/OL].(2024-09-12)[2024-12-01].https://www.sizhengwang.cn/a/dxjy_sxjy/240912/1913739.shtml.

治理论课实践教学工作的关键保证。开展实践教学活动,离不开作为组织者、引导者的教师的指导,也离不开作为落实者、行动者的学生的参与,因而既要积极发挥教师的主导作用,又要充分尊重学生的主体地位。

第一,要坚持教师主导作用。教师在实践教学中处于主导地位,具有引导教学方向、组织协调教学活动、指导学生成长成才、帮助学生提升理论水平和实践能力等重要作用。因此,教师在开展实践教学活动时,既要善于"把方向""明核心",又要懂得"找重点""抓落实",如结合大学生身心特点、社会热点话题、时代难点问题等客观实际,围绕增强课程内容的理解认同,确立并不断优化实践教学的目标,分门别类、突出重点、聚焦目标设计实践活动;凭借专业知识和经验,为实践教学设定正确方向,教育引导大学生准确把握党的创新理论的丰富内涵和实践要求,避免大学生在实践中出现理解偏差。第二,要坚持学生主体地位。强调教师的主导作用并非指教师可以包办一切,教师在实践教学活动中发挥组织作用也绝不是外在于学生的行政性命令和强制性安排,而是要充分激发、合理调动学生的参与主动性、活动主体性、行为创新性。学生在实践教学中处于主体地位,是指学生可独立开展调研、组织活动,能够自主获取知识、分析解决问题,从而为终身学习和发展奠定基础等。只有充分发挥大学生作为学习主体的主观能动性,才能更好引导其积极主动地参与实践教学,深入思考问题,将思想政治理论内化为自身的价值观和行为准则。因此,教师要充分尊重大学生作为实践教学活动参与主体的重要地位,与其建立良好师生互动关系,及时了解其需求和困惑,多采用启发式、讨论式等教学方法,充分调动和发挥其参与热情,激发其创新创造活力,使其在投身实践中开拓视野、丰富体验、增长才干。第三,要坚持教师主导作用与学生主体地位相统一。习近平总书记指出:"思政课教学离不开教师的主导,同时要坚持以学生为中心,加大对学生的认知规律和接受特点的研究,发挥学生主体性作用。"[①]因此,在实践教学活动中开展实践教学,既要求发

---

① 习近平:《思政课是落实立德树人根本任务的关键课程》,人民出版社,2020年,第21页。

挥好教师和学生各自的独特作用，又要求发挥好此二者的协同互促作用。坚持发挥教师主导作用与尊重学生主体地位相统一，从价值旨归、生成过程和实践指向上看，分别对应的是"教师育人与学生成人相统一""教师教化与学生内化相统一""教师主动与学生能动相统一"[①]。因此，教师在主导推进实践教学的育人全过程中，必须做到合规律性与合目的性相统一，严格遵循思想政治工作规律、教书育人规律和学生成长规律的内在要求，时刻牢记立德树人的核心使命和工作任务，自觉树立以学生为中心的教学理念，充分尊重学生的主体地位，鼓励大学生积极主动参与实践教学活动，以达到"育人"导"成人"、"教化"促"内化"、"主动"带"能动"的良好效果。

3.坚持目标切实可行与知行合一相统一

坚持目标切实可行与知行合一相统一原则，是做好高校思想政治理论课实践教学工作的重要保证。在高校思想政治理论课实践教学工作的整体中，目标切实可行与知行合一是助力其腾飞必不可少的"两翼"。其中，目标切实可行是知行合一的必要前提，确保实践教学有序有效；知行合一是实现预期目标的根本途径，能让学生在投身实际行动中达成既定目标。

第一，要坚持目标切实可行。清晰、切实可行的目标能为实践教学指明方向，使思想政治理论课教学活动有的放矢。高校思想政治教育从根本上讲是做人的工作，其目标与思想政治理论课教学的总目标具有高度一致性，即牢记"为党育人、为国育才"，把大学生培养成为中国特色社会主义事业的合格建设者和可靠接班人。实践教学作为高校思想政治理论课教学的基本内容之一，理应服从并服务于这个总目标。在实践教学的开展过程中，在不脱离、不背离总目标的前提下，要严格依照课程教学方案和人才培养要求，如制订周详的教学计划、明确的教学目标、多样化的

[①] 柏路：《思想政治理论课主导性和主体性相统一的审思与探索》，《高校马克思主义理论研究》2020年第3期。

教学方式等,有条件地进行具体目标任务的分解,确保更务实有力地实现实践教学目标。也就是说,要结合本学校、本地方的实际,发挥区位优势,通过尽量贴近学生的思想水平和日常学习、工作、生活,根据学生的学科专业方向、文化水平层次、知识接受能力和生理心理特点,遵循大学生成长和教育教学规律,在注重开展政治思想教育的同时,分专业、分层次、分年级,有计划、有步骤、有针对性地积极开展包括身心健康、诚信敦礼、社会责任感等在内的道德修养教育,培养大学生的实践认知和问题解决能力,提升大学生与人相处、沟通、交往和配合、协作的能力,实现教育人与关心人、塑造人与服务人的有机统一,切实增强实践教学的可行性。第二,要坚持知行合一。目标是方向,行动是根本。为此,要坚持以知行合一的原则深入推进实践教学活动,而绝不能只是简单地将实践教学理解为组织几场活动、开展几次调查就行。习近平总书记指出:"要注重启发式教育,引导学生发现问题、分析问题、思考问题,在不断启发中让学生水到渠成得出结论。"[1]思想政治理论课从来都是世界观和方法论、认识论和实践论的双重统一,围绕该课程开展实践教学,要坚持以实践深化对"知"的理解与掌握,在知行并重、知行合一中实现实践教学目标。第三,要坚持目标切实可行与知行合一相统一。坚持此二者的统一,能够确保有效提高思想政治理论课实践教学质量,把学生培养为全面发展的人才。因此,在设计实践教学项目时,要自觉树立将目标细化为切实可行的具体实践任务和要求的理念意识,引导学生在完成相应学习任务中实现知行的统一。例如,通过建立实践教学反馈机制,根据大学生实践情况和实际效果适时调整教学目标,及时更新教学内容,以及利用信息化技术打造线上实践平台等手段,拓展实践教学空间和形式,更好地促进大学生在投身实践中做到知行合一。

---

[1] 习近平:《思政课是落实立德树人根本任务的关键课程》,人民出版社,2020年,第22页。

(二)全面深化实践教学改革

全面深化实践教学改革,是培养高素质创新型人才、推动高等教育高质量发展、建设教育强国的关键举措。实践教学是人才培养过程中连接书本与实际的桥梁、贯通理论与实践的中介,也是顺应教育教学时代潮流的必然选择,全面深化实践教学改革至关重要。在当今这个迅猛发展、快速迭变的时代,传统教学模式往往重理论轻实践,导致部分大学生动手能力不足、创新思维欠缺,明显难以满足社会对创新型、应用型的高素质人才的实际需求。随着现代科技日新月异的进步和发展,新的技术和方法不断涌现,直接影响着实践教学方式方法的改变和革新。唯有积极顺应教育教学发展大趋势,通过完善实践教学机制、丰富实践教学内容、优化实践教学方法等,深化实践教学改革,才能推动思想政治理论课实践教学与时俱进、适应需要,从而让大学生在更优质的实践学习体验中,切实巩固理论知识,不断提升解决实际问题的能力。

1.完善实践教学机制

完善实践教学机制是实践教学改革的关键。实践教学是一项复杂的系统工作,涉及多个教学环节、多样教学环境,每个要素的衔接及功能的发挥程度都会影响教学质量。在今天,传统的单调的实践教学模式显然已无法满足学生的发展需求和社会对于人才的客观需要,唯有以学生实践能力的培养为核心,构建一系列创新型的实践教学机制,才能让学生真正完成从课堂走向社会、由理论学习到实践运用的转化,确保实践育人工作的系统性和实效性。

第一,完善实践教学协同合作机制。从高校内部看,应积极推动建立跨专业、跨学科的实践教学平台,主动打破专业、学科界限,加强不同专业、学科之间的沟通交流,开展多专业、多学科联动的实践活动,让学生在各个专业、各学科融合发展的教学交流平台中进行学习和实践。从校内校外联动看,应注重课堂与社会的链接,加强校企合作,面向市场需求建立产学研一体化的实践教学模式,把企业作为重要的实践教学场所和平台,让学生在感受真实的职业环境和体验实在的实践项目中,接触到甚至是参与到最前沿的技术和生产流程之中,以此提高自身实践能力和就业竞争力。第二,完善实践教学保障机制。如通过制定科学有效的政策和措施,保障实践教学实施过程中的人、财、物等力量支持;设立实践教学专项经费,多渠道增加实践教学经费投入;创新改革实践教学的管理模式,促进实践教学资源的有机整合和优化配置等。第三,完善实践教学评价激励机制。一方面,通过建立实践教学质量评估机制,制定科学合理的实践教学质量标准和评价指标体系,展开对实践教学过程的监控和定期检查、评估,确保实践教学质量不断提高。另一方面,建立健全实践教学的激励机制,通过表彰在实践教学中表现突出的师生,激发他们的积极性和创造力。例如,河北农业大学渤海校区坚持理论教育与实践养成相结合,以"厚基础、宽口径、高素质、强能力"的目标为指引,对人才培养模式、专业培养方案、课程体系、教学内容、教学方法和手段、教学条件、现代教学管理制度等方面进行一系列的探索与改革,打造了基于创新创业的"一贯穿、三保障、学研赛创"实践育人模式,初步形成了以实施"'六个一'工程"即完成一次社会实践活动、通过一项基础课类比赛、坚持英语考核一贯制、通过一次基于本专业的大学生创新创业大赛、参与一项教师的科研项目、掌握一项专业技能为代表的特色人才培养标准;仅从学生参与各类学研赛创取得的成果来看,已有本科生以第一作者发表SCI二区论文2篇、三区及以下论文6篇、中文核心期刊论文70篇,近三年共获得国家级以上竞赛奖励135项、省级以上竞赛奖励1128项,获得社会调研活动奖项12项、各类授权专利73项。[①]

2.丰富实践教学内容

丰富实践教学内容是实践教学改革的核心。实践教学环节作为在校

---

① 全国高校思想政治工作网:《河北农业大学:打造基于创新创业的"一贯穿、三保障、学研赛创"实践育人模式》[EB/OL].(2024-10-10)[2024-12-01].https://www.sizhengwang.cn/a/dxjy_sxjy/241010/1941506.shtml.

学生的必修课,旨在通过社会实践提升学生的教学能力和专业技能,同时是学生逐步融入社会、积极适应社会的重要途径。为此,要大力推进实践教学内容与社会各行业发展需求和学生成长成才特点紧密结合,持续完善实践教学环节,不断丰富实践教学内容,给予学生更多的实践机会,强化对学生创新精神和实践能力的培养。

第一,增添应用场景的内容,即强化丰富实践教学内容的指向性和实用性。在学生的培养过程中要贯彻好因材施教理念,根据不同专业的不同特点和不同发展需求,设置相应的实践教学内容加以丰富。而且要注重理论与实践相结合,在丰富实践教学内容的同时适度强调其实用性,让大学生能够在通过实践式学习达到巩固专业知识基础的同时,进一步立足实践提升个人的专业技能和实践能力。第二,拓新热点前沿的内容,即讲求丰富实践教学内容的前沿性和创新性。实践教学要满足学生个人发展目标追求和所面临的社会实际的变化,必须紧跟行业发展需求和未来趋势,尽可能避免总是照搬既往所讲内容,同时注重实践教学新案例的开发和引入,结合行业的最新技术和发展理念,做到及时更新、丰富发展实践教学内容,确保实践教学内容的前沿性,最大程度地提升大学生对于实践教学的参与度。第三,延展学科融合的内容,即凸显丰富实践教学内容的综合性和跨学科性。实践教学应打破学科壁垒,开展实践教学综合改革研究,探索实践教学创新内容与基础理论知识的有效衔接,编写具有特色优势的实践教学教材,突出有用性、可行性和可操作性,为大学生提供有益学习参考。例如,通过设置综合性实践教学课程和跨学科实践教学项目等好的做法,有效丰富实践教学内容,从而为培养大学生的综合实践能力和跨学科思维能力,助力大学生更好地适应未来社会发展需求提供良好条件。

3.优化实践教学方法

优化实践教学方法是实践教学改革的重点。不断与时俱进地改革、优化实践教学方法,是提高实践教学效果的重要保证。当前,传统的实践教学方式方法和工具手段,往往侧重于演示和验证,而容易忽视学生的主体性、能动性和创造性,难以满足学生的学习需求。如此一来,实践教学方法的改革创新势在必行。高校需要注重实践教学方法的创新,在教学方法、教授手段和过程管理上下功夫,多采用问题导向、项目驱动等方法,激发学生的学习兴趣、学习热情和学习主动性。

第一,采用多样化的实践教学方式。探索将项目驱动教学、案例教学、虚拟模拟教学等多样化教学方式运用到实践教学当中,并结合所教授内容的实际情况和变化,不断适时调整多种教学方式的穿插运用,有效激发大学生的学习兴趣和积极性,提高实践教学效率与质量。例如,运用项目驱动教学方式将实践教学内容设计成具体的项目,使大学生得以在参与项目实施的过程中学习和掌握知识与技能,提高创新解决实际问题的能力。第二,注重科技化的实践教学赋能。在实践教学中适机引入、充分利用虚拟现实、仿真模拟、在线实践教学平台等现代科技,通过线上线下相结合的实践教学活动、虚拟场景的交互式体验、云课堂的构建以及人工智能的精准推送等,有效增强实践教学过程中师生的体验感和互动性,为大学生提供更加直观、生动的学习体验,打造具有较强交互性和科技参与感的实践教学环境,极大激发大学生的学习兴趣和参与度,切实提高实践教学效果和质量。第三,加强过程化的实践教学体验。通过建立师生之间的良好沟通机制,及时了解和解决大学生在实践过程中遇到的问题和困难,注重加强实践教学过程的互动和反馈,严格管理和监督实践教学的各个环节,确保实践教学的质量效果。此外,还要充分调动大学生的主观能动性,多鼓励大学生尝试开展自主实践,引导大学生利用好创新创业项目、学科竞赛等平台和机会,在积极参与实践中不断提升创新创造能力。

(三)着力建强实践教学师资队伍

师资队伍是保障学生实践活动顺利进行的重要条件,也是实践教学建设的重要内容。实践教学师资队伍指的是负责组织、指导和实施实践教学环节的教师群体，通常包括专职教师和兼职教师。高校思想政治理论课实践教学是落实立德树人根本任务的关键环节，是连接理论学习与实践运用的重要桥梁，在人才培养过程中的地位独特重要，作用不可替代。教师作为实践教学的组织者、指导者和示范者，是决定实践教学成效与质量的重要因素，这对教师提出了应在实践教学过程中具有深厚的理论知识、丰富的实践经验、强大的组织协调能力和综合分析能力等多方面要求。师资队伍建设是教学过程的重要组成部分，其专业化程度，直接事关学生实践能力、创新精神的提升水平。因此，必须从提升实践教学师资队伍综合素质、增强实践教学师资队伍业务能力、健全实践教学师资队伍考评体系上着力，建好建强实践教学师资队伍，提升实践教学师资队伍整体素质，为培养适应时代要求和发展需要的创新型高水平人才、推动党的教育事业的持续发展提供坚实保障。

1. 提升实践教学师资队伍综合素质

实践教学的独特价值性、理论运用性等，对师资队伍建设提出了更为严格和苛刻的要求。加强实践教学师资队伍建设，总体的要求是配足配齐实践教学人员，建立一支层次多元、结构合理、综合素质高的高水平实践教学教师队伍。

第一，注重队伍的充实壮大和结构优化。一方面，可以通过引进专职实践教学教师、聘请兼职实践教学教师、返聘确有专长的离退休行业专家或实践教学教师等多种方式，进一步充实壮大实践教学师资队伍。另一方面，要结合教师的实践经验、教学能力、创新意识和能力等实际情况，特别是通过对青年教师群体的分层次、专业化培塑，不断促进师资队伍的结构优化，力争打造更多具有高辨识度的高水平教师团队，更好促进实践教学活动的开展。第二，加强队伍的创新精神与实践能力培养培训。通过开展青年骨干教师实践教学能力提升计划、选派教师到企业进行挂职锻炼等方式，主动加强与企业之间的联动协同发展，为培养更多既有扎实的专业理论知识、又有丰富的实践经验和专业技能的师资力量，以及促进高水平实践教学师资队伍的可持续发展提供坚实保障。第三,完善队伍的选拔、考核与激励。通过建立严格的人才选拔制度规范实践教学师资队伍的选聘任用,既促进校内各学科各专业联合开展内部培养选拔,激励教授、教学名师、学科技术带头人等高级职称人员参与实践教学工作,又在推进不同学科之间的交叉融合中,加强实践教学师资队伍的团结协作。同时,要建立起相应的激励机制,对在实践教学活动中表现突出的教师进行重点培养,为其提供广阔的发展空间和机会,在充分激发其积极性和创造性基础上,提高实践教学师资队伍的综合素质、整体水平和竞争力。

2.增强实践教学师资队伍业务能力

教师作为在一线实践教学过程中与学生直接接触的组织者和主导者,其专业素质与能力水平的高低事关实践教学质量和成效。聚焦专业理论知识、技术操作能力、组织协调能力和综合分析能力等重点内容,全方位提升实践教学师资队伍的业务能力,可以从多方面入手着力。

第一,加强教师的职前培养、入职培训和在职进修。通过组织实践教学教师参加入职培训、系列研修、教学研讨、学术论坛、相互听课等,引导教师尊重、研究教学学术,不断更新其知识结构,开拓其教学与学术研究视野,丰富其实践教学经验,提高其教学水平和实践能力。第二,鼓励教师广泛参与科研项目和企业实践。深度参与企业项目实践、技术研发等活动,有助于实践教学教师提高自身的科研水平和创新能力,积累丰富的实践经验和技能,为实践教学提供更多的教学资源和案例。在此过程中,教师还能基于对行业最新发展趋势和技术动态的了解和掌握,适时地将企业生产中的实际问题引入实践教学,对实践教学内容进行丰富与创新,对新的实践教学方法进行探索与运用,切实提高实践教学的针对性和实用性,推动实践教学体系不断完善和发展。第三,健全教师业务能力考核评价制度。通过设立仅限用于实践教学师资队伍建设的专项经费、把师资队伍建设工作纳入各教学单位年度考核、建立公平合理的奖励机制等方式,持续健全完善考核评价体系,并据此定期对实践教学教师的教学态度、业务能力水平、教学方式方法、实践能力和创新精神等进行全方位考核、评价与反馈,激励教师自主自觉地不断提高自己的专业能力和实践教学水平。例如,华中师范大学依托该校教育学院的学科优势、师资力量、青年志愿者队伍,成立"华教学堂"公益助学组织,坚持以支教服务为有力抓手,以"教学相长"为基点,深植教育学科本色,创新思政教育形式,丰富支教育人内涵,探索构建"滴灌式"立体化实践育人格局,同时,通过实施"深度教学课堂提升行动计划",组织教育学院七名二级教授和十余名教育教学专家组成顾问团,开展多次教学实践技能提升讲座,对志愿者教师队伍实施"试课、磨课、听课、讲课"的全过程培养考核,指导他们结合助学实践开展教育研究,并将实践育人同学科辅导、艺术培养、家庭教育、心理疏导等相结合,通过在支教源头的"精耕细作",实现受援儿童与青年志愿者的双向赋能。[①]

3.健全实践教学师资队伍考评体系

健全的实践教学师资队伍全过程考评体系是保证实践教学质量的重要手段,能够保障实践教学的有效运行和持续发展。加强高校思想政治理论课实践教学师资队伍考评体系建设,有利于在一定程度上解决现有实践教学质量评价体系仍然普遍存在的形式化、单一化、应用效果不显著等问题,推动实践教学规范化、制度化和特色化建设发展。

第一,强调考评的可操作性和可量化性。要明确实践教学达成的具体目标和要求,以及评价的多元标准和各类方法,建立覆盖全过程、全方面的评价指标体系,具体应包括实践教学计划、实践教学过程、实践教学成果以及师资队伍实践教学过程和效果的评估与反馈等方面内容,以达到全面、客观的评价效果。第二,注重方法的多样性和全面性。综合运用多种考评方式和方法,如学生评价、教师自评和互评、企业评价等,对实践

[①] 全国高校思想政治工作网:《华中师范大学:"华教学堂"以支教服务为抓手,构建立体化实践育人格局》[EB/OL].(2023-12-19)[2024-12-01].https://www.sizhengwang.cn/a/dxjy_sxjy/231219/1700007.shtml.

教学的多主体、全过程、各环节进行严格考评,加强对教师在教学水平、实践指导能力、创新能力等方面的考核,并健全相应激励机制,鼓励教师不断提高自己的实践教学水平和质量。第三,体现考评的公平性和公正性。建立完善的考评制度和程序,确保考评结果的客观性和准确性,并加强对考评结果的运用和管理,将其作为实践教学改进与师资队伍调整建设的重要依据,为促进实践教学的高质量发展提供有力的保障和支持。高校也可以进一步通过建立实践教学质量监控体系、建立学生实践教学反馈机制、开展实践教学专项检查等方式,帮助教师更好地了解学生的学习需求和教学效果,及时调整教学内容和方法,提高实践教学质量。

第六章

深入推进高校文化育人

习近平总书记指出:"更加注重以文化人以文育人。文化滋养心灵,文化涵育德行,文化引领风尚。加强高校思想政治工作,要注重文化浸润、感染、熏陶,既要重视显性教育,也要重视潜移默化的隐性教育,实现入芝兰之室久而自芳的效果。"[1]"深入推进文化育人"是《高校思想政治工作质量提升工程实施纲要》规定的主要内容之一,肩负着挖掘高校文化育人资源、发挥高校文化育人功能、提升高校文化育人质量的职责和使命。[2]系统把握深入推进高校文化育人的理论与实践,有必要从学理层面上对高校文化育人这一概念予以阐释,明晰高校文化育人的重要意义,提出深入推进高校文化育人的路径,以期在主体论、价值论、方法论等不同层面上回答清楚"高校文化育人是什么""为什么要开展高校文化育人""如何推进高校文化育人"等基本问题。

一、高校文化育人的学理阐释

高校文化育人蕴含丰富,有必要在准确厘析文化育人概念的基础上,系统探究高校文化育人的丰富内涵,整体把握高校文化育人的鲜明特点,以期在学理层面上回答清楚"高校文化育人是什么"的基本问题。

（一）文化育人的概念厘析

深入厘析"文化育人"的概念,既要从历史的维度梳理清楚"文化育人"的提出过程,又要从理论的维度剖析透彻"文化育人"的丰富蕴含。

古往今来,各个国家在开展专业教育的同时都高度重视自然科学、人文社会科学的教育,以确保学生的全面发展。与古希腊奴隶制城邦制时期"自由教育"理念、欧洲文艺复兴时期"人文主义教育"理念、源于19世纪初的"通识教育"理念不同,我国提出了"文化素质教育"理念,认为"大

---

[1] 习近平:《论教育》,中央文献出版社,2024年,第154页。
[2] 中华人民共和国教育部:《中共教育部党组关于印发〈高校思想政治工作质量提升工程实施纲要〉的通知》[EB/OL].(2017-12-05)[2024-11-20].http://www.moe.gov.cn/srcsite/A12/s7060/201712/t20171206_320698.html.

学生的基本素质包括思想道德素质、文化素质、专业素质和身体心理素质,其中文化素质是基础"[①],之后进一步厘清了"素质教育"与"文化素质教育"的关系,提出"把文化素质教育作为我们整个教育改革、全面贯彻党的教育方针、切实推进素质教育的切入点和突破口"[②]。在此基础上,包括大学精神文化的熏陶、大学物质文化的浸染、大学制度文化的规约等在内的内涵更为丰富、外延更为广泛的"文化育人"日益受到关注。可以说,"文化育人"是"文化素质教育"的进一步发展和功能性拓新,反映出我国高等教育界对育人理念的认识和实践更加全面、更为深刻。

具体来说,关于"文化育人"有以下五种释义:第一,文化育人被置于增强社会主义意识形态凝聚力引领力的语境中,是作为推动理想信念教育常态化制度化的重要一域;第二,文化育人被置于社会活动的语境中,是一种影响人们行为性质和行动取向的重要准则;第三,文化育人被置于社会文化运动的语境中,是现实性上的人在生存、交往的过程中主动从事文化传承、文化生活、文化创造等的社会文化活动过程;第四,文化育人被置于心理活动的语境中,是人们在思维方式形成、价值观培育、意志力锤炼、情感陶冶、人格塑造等方面表现出的文化心理结构图式建构的运行机制;第五,文化育人被置于教育教学的语境中,是各级各类学校所肩负的通过文化参与、文化融入、文化表达等方式来实现教育人引导人目的的重要职能。综上,本书认为,文化育人是指人们遵循以文育人的规律,通过对文化资源的开发、文化方式的运用以期实现对人的教育与引导的社会实践活动。

(二)高校文化育人的丰富内涵

所谓高校文化育人,是指我国高等院校在系统提升高校思想政治工

---

① 中华人民共和国教育部:《关于印发〈关于深化教学改革,培养适应21世纪需要的高质量人才的意见〉等文件的通知》[EB/OL].(1998-04-10)[2024-11-20].http://www.moe.gov.cn/srcsite/A08/s7056/199804/t19980410_162625.html.
② 胡显章主编:《十年探索 十年发展——纪念文化素质教育开展十周年》,高等教育出版社,2006年,第9页。

作质量的过程中,遵循文治教化的教育规律,通过开发人文化成的教育资源、运用以文化人的教育方式培养德智体美劳全面发展的社会主义建设者和接班人的实践活动。系统阐明"高校文化育人"的丰富内涵,应立足开展实施高校思想政治工作的现实语境,整体性地从遵循文治教化的教育规律、开发人文化成的教育资源、运用以文化人的教育方式等方面概括总结"高校文化育人"的丰富内涵。

1.高校遵循文治教化的教育规律,提升育人质态成效

文化作为一种文治教化的教育规律,既是人们认识、改造自然界和社会力量程度的反映,又是相对独立的文化存在,具有扩大人们认识范围、强化人们改造能力的功能,使得人类认识主体由个体扩展为类,在一定程度上巩固人的主体性并使之获得客观社会表现,进而呈现出相异于"生物性遗传"的"获得性遗传"社会现象。这也是为什么文化始终具备潜移默化、成风化人的功能,使不同民族呈现出各不相同的理解力和各具特色的行动力。所以,从这一层意义上来讲,高校文化育人是高等院校遵循文治教化的教育规律,通过创设贯穿全时、融汇全域的文化情景和文化氛围,运用潜移默化、喜闻乐见的文化载体和文化形式,实现着力于感染、熏陶以教化人、塑造人的一种质态成效提升。

2.高校开发人文化成的教育要素,丰富育人资源供给

文化作为一种人文化成的教育要素,是人类社会加工、表达、传递社会信息的重要方式,通过特定的符号系统超越个人范围和时空限制,在广袤的地理空间和悠长的历史时间上传递着"社会遗传密码",成为赓续文脉、传承文明的重要载体。这也是文化从一开始便具备教化的功能,成为古往今来各个国家高度重视的育人资源的原因所在。所以,从这一层意义上来讲,高校文化育人是高等院校注重开发人文化成的教育资源,通过识别文化符号、发扬文化传统、保护文化遗迹、打造文化产品、运营文化产业等方式服务助推育人活动的一种资源供给。

3.高校注重以文化人的教育过程,推进育人手段创新

文化作为一种以文化人的教育过程,既是人们正确认识世界、积极改造世界的重要方式,也是从整体生活方式的角度、在精神生活范畴中、于知识结构体系上进行信念确立、价值判断、情感表达等的特殊渠道,具有认识论和方法论层面上的根本看法意义,反映着人们在开展社会实践、实现自身发展的过程中对诸如理想精神、科学精神、道德精神、人文精神等的特别关注。这也是文化往往既能实际体现着人们精神生活的现状和品质,又能引领规约着人们精神世界的丰富和发展的根本原因。所以,从这一层意义上来讲,高校文化育人是高等院校注重以文化人的教育过程,通过教育引导人们怎样基于文化视野看世界、如何运用文化眼光想问题的方式开展实施育人活动的一种手段创新。

(三)高校文化育人的鲜明特点

全面把握"高校文化育人"的鲜明特点,应综合把握高校思想政治工作深入推进文化育人的理论与实践,从实施主体、具体过程、建设发展等方面探究揭示由高校文化育人本身内在固有关系和运动发展联系所决定的独特性质和显著表征。

1.实施主体:一元主导与多元参与相协同

所谓高校文化育人的实施主体,指的是高等院校在开展文化育人实践活动中以教为职责的承担者。高等教育作为一种社会存在,肩负着人才培养、科学研究、社会服务等职责,其发展水平是一个国家发展水平和发展潜力的重要标志。我国的高等教育是中国共产党领导的社会主义现代化教育,坚持党的全面领导既是我国高等院校的特色也是办好高等教育的优势。习近平总书记强调:"办好我国高等教育,必须坚持党的领导,牢牢掌握党对高校工作的领导权,使高校成为坚持党的领导的坚强阵地。"[1]高校开展实施文化育人实践活动,务必坚持党的全面领导,统筹协

---

[1] 习近平:《论教育》,中央文献出版社,2024年,第160页。

调包括党政干部、共青团干部、思想政治理论课教师、专业课教师、辅导员、班主任等在内的多元主体参与其中,确保党的路线方针政策在高校文化育人的场域中得以全面贯彻落实,共同凝聚起以文化人、以文育人的磅礴力量,呈现出一元主导与多元参与相协同的鲜明特点。

2.具体过程:内容有道与形式无声相统一

所谓高校文化育人的具体过程,指的是高校文化育人实施主体对教育对象进行有目的、有计划、有组织的教育引导以形成和提升其思想政治素质的过程。高校的立身之本在于立德树人,可以说是青年人学习知识、增长才干、放飞梦想的殿堂。习近平总书记强调:"高校只有抓住培养社会主义建设者和接班人这个根本才能办好,才能办出中国特色世界一流大学。"[①]我国高等学校开展思想政治工作是一项释疑解惑、启智润心的实践活动,从宏观上来看是一个回答为谁培育人、培养什么样的人、怎样培养人的过程,从微观上来看是一个为学生解答人生应该在哪用力、对谁用情、如何用心、做什么样的人的过程,旨在不断提升学生思想政治素质,使其成为德才兼备、全面发展的人才。高校开展实施文化育人实践活动,务必在坚定中国特色社会主义教育发展道路、坚信中国化时代化的马克思主义科学道理、坚守中国共产党思想政治工作"生命线"功能和"中心环节"理论有效道法的同时,也注入表达的沉潜、注意方法的浸润、注重境界的融通,在有无相生、刚柔并济、显隐一体的过程中呈现出内容有道与形式无声相统一的鲜明特点。

3.建设发展:坚守本正与创新发展相并进

所谓高校文化育人的建设发展,指的是高校文化育人实践从产生形成、历经变革的前行进程。教育是一项与现实社会的物质生产紧密结合的实践活动,需要有针对性地通过教育引导的方式来消灭体力劳动与脑力劳动之间、观念与实践之间历史形成的差距,进而促进人的全面发展。中国共产党历来高度重视高校思想政治工作,从新民主主义革命时期创

---

① 习近平:《论教育》,中央文献出版社,2024年,第59页。

办抗日军政大学、陕北公学、延安中国女子大学、鲁迅艺术学院等一批高校开始,历经中华人民共和国成立后特别是改革开放以来的跨越式发展,始终围绕学生、关照学生、服务学生,始终因事而化、因时而进、因势而新,确保高校沿着正确的方向阔步前进。习近平总书记指出:"面对新形势新任务,高校思想政治工作只能加强不能削弱,只能前进不能停滞,只能积极作为不能被动应对。"[1]高校开展实施文化育人实践活动,务必在事关坚持社会主义办学方向的问题上站稳立场,遵循思想政治工作规律、教书育人规律、学生成长规律,推动以文化人、以文育人的方式方法、载体依托等因应变革、与时俱进,使文以化人、文以成人的效用像盐溶解在各种食物中被自然而然吸收那般,富有亲和力和有效性,实现总体上的"漫灌"和因人而异的"滴灌"相结合,不断提升文化育人的能力和水平,呈现出坚守本正与创新发展相并进的鲜明特点。

二、高校文化育人的重要意义

高校文化育人作用重大、影响非凡,应综合把握大学生成长成才的实际需要、文明校园创建的现实要求、文化传承创新的职责使命等方面,系统阐析高校文化育人的重要意义,以期在价值论层面上回答清楚"为什么要开展高校文化育人"的基本问题。

(一)促进大学生全面发展

文化作为一种广泛、深厚、磅礴的力量,对人们具有基本、全面、持久的精神驱动力和思想引领力,在激励人们的人生追求、丰富人们的精神生活、培养人们的健康人格等方面具有积极的推动作用。习近平总书记强调:"高校思想政治工作,面上看做的是学生思想政治工作,实际上将影响一代青年的思想观念、价值取向、精神风貌。"[2]高校文化育人作为高校思

---

[1] 习近平:《论教育》,中央文献出版社,2024年,第138页。
[2] 习近平:《论教育》,中央文献出版社,2024年,第138页。

想政治工作的重要一域,旨在通过"人以一种全面的方式,就是说,作为一个完整的人,占有自己的全面的本质"[①],助推学生在智力和体力、才能和本领、个性和主体性、社会关系和自身成长等方面实现充分、自由、多方面、全方位的成长和进步,着力于从思想政治素质、科学文化素质、身心健康素质等方面促进大学生全面发展。

1.促进大学生思想政治素质发展

所谓思想政治素质,是指人们在从事政治生活、社会活动时在世界观、人生观、价值观、政治观、道德观等方面所具备的基本条件和基础品质,主要包括思想观念、政治品质、道德人格和法治意识等。思想政治素质是一个人生存发展、生活成长的政治灵魂和道德根底,也是迈得过重重难关、经受住种种考验的思想滋润和精神支撑。习近平总书记指出:"我们培养的人,必须树立共产主义远大理想和中国特色社会主义共同理想。没有这一条,培养社会主义建设者和接班人就不成立了。"[②]我国高等教育是中国共产党领导的具有中国特色的社会主义现代化高等教育,坚持教育引导广大学生坚定对马克思主义的信仰、对中国特色社会主义的信念和对中华民族伟大复兴的信心,致力于培养出"请党放心、强国有我"的社会主义建设者和接班人。促进思想政治素质发展向来不是一蹴而就、一劳永逸的,而是要在斗争实践中不断砥砺、在风险危机前接受考验,这就必然离不开文化的浸润和涵养,从而让人认知愈发深刻、情感日益深厚、意志更加坚定。高校文化育人实践有助于教育引导学生将中国化时代化的马克思主义理论的世界观、方法论以及贯穿其中的立场观点方法等转化为思想武器,在思想层面上感染涵育内化、行动层面上引领倡导外化,不被任何干扰所惑,立志肩负起民族复兴的时代重任。

2.促进大学生科学文化素质发展

所谓科学文化素质,是指人们学习拥有并掌握运用包括思维科学知

---

① 《马克思恩格斯文集》第1卷,人民出版社,2009年,第189页。
② 习近平:《论教育》,中央文献出版社,2024年,第7页。

识、自然科学知识、社会科学知识等认识问题、分析问题、解决问题的素养和能力。科学文化素质是一个人内在的科学知识积淀和文化品格涵养的综合呈现,关乎人们的科学思维方式、人本思想理念、人文情怀品格、人生理想境界等。对于任何一个人而言,科学文化素质是人们在感观认知和体悟思考等的基础上发挥主观能动性正确认识世界、积极改造世界的根本前提和必要条件。同理,对于任何一个国家、民族、社会而言,人们的科学文化素质无疑是磅礴、深层、持久的力量,承载着这个国家步入富强、民族走向壮大、社会进步发展的禀赋资源和宝贵财富。习近平总书记指出:"非学无以广才,要教育引导学生珍惜学习时光,心无旁骛求知问学,既要重视知识的宽度,也要重视学习的深度,在学习中增长见识,丰富学识,通晓天下道理,掌握事物发展规律,做到敏于求知、勤于学习、敢于创新、勇于实践,沿着求真理、悟道理、明事理的方向前进。"[1]学习知识是学生的本职任务,培养人才是学校的职责使命。我国高校在开展教育实践活动的过程中务必高度重视科学文化素质的培育形成,使其紧密结合国家、民族的文化传统,结合当前进行的社会实践、现代化的知识革新,助推学生习得扎实全面的科学文化素质。高校文化育人实践务必着力将培育科学文化素质置于教书育人工作的重要位置,教育引导大学生在勤学、修德、明辨、笃实上下苦功夫,求得真学问,将科学知识正确运用于推进国家富强、民族复兴、人民幸福的社会实践,夯实文化底蕴、厚植人文素养,在全面建设社会主义现代化国家、实现中华民族伟大复兴的壮阔征程中成长成才、全面发展。

3.促进大学生身心健康素质发展

所谓身心健康素质,是指人们的生理、心理、社会人际适应等都达到完好状态的素养和能力,主要体现为人们在身体活动中的力量、速度、耐力、敏感性、灵活性等以及在心理活动中的性格素质、认知潜力、适应能力、内在动力等。从一定程度上来说,任何个人都是生理与心理的身心统

---

[1] 习近平:《论教育》,中央文献出版社,2024年,第10页。

一体,身心协调、内外兼修古往今来都是人类思想史上各家各宗所秉持和倡导的修为之道。伴随着人类步入现代化社会,包括身体健康和心理健康在内的人的整体素质和文明程度日益成为各个国家、各个社会所共同关注的课题。习近平总书记指出:"要多用人民群众听得到、听得懂、听得进的途径和方法普及健康知识和技能,让健康知识植入人心,引导人们树立健康意识,养成良好的行为和生活方式,以降低或消除影响健康的危险因素。"[①]我国高等教育肩负着人才培养的使命任务,教育引导广大学生养成健康的体魄、形成健康的心理是开展育人育才工作的前提和保障,也是每个家庭最由衷的愿望和期盼,更关乎祖国和民族的未来。高校文化育人实践务必着力教育引导学生形成健康的身心素质,通过以文化人、以文育人的方式加强健康知识的宣传力度,提高学生自主防患意识,坚持健身锻炼,形成积极客观、健康向上的心理品质,促进大学生群体内外兼修、身心俱进,以健康的身心素质有效支撑全面成长成才。

(二)助力文明校园创建

文化作为一种内蕴丰富、结构鲜明的客观存在,能够通过代际相传、广泛交往、潜移默化以及主客体双向建构、相辅相成等方式对人们予以影响和教化,成为人类意向性活动所创造的"第二自然""人工自然"。习近平总书记强调:"高校要走在精神文明建设前列,广泛开展文明校园创建,提升校园文明程度,努力打造良好育人环境。"[②]高校文化育人是中国共产党领导高校思想政治工作的重要内容,旨在围绕立德树人根本任务,通过以文化人、以文育人的方式培养社会主义建设者和接班人,着力在强化思想道德建设、丰富活动阵地平台、推动优美环境营造等方面助力文明校园创建。

1.强化思想道德建设

所谓思想道德建设,是指在意识形态领域方面坚持马克思主义理论

---

① 习近平:《论教育》,中央文献出版社,2024年,第127页。
② 习近平:《论教育》,中央文献出版社,2024年,第154页。

武装,树立正确的思想道德观念,培养良好的思想品德和情操等。思想道德建设之于个人的发展、社会的进步具有基础性意义,既是个人崇德修身的立身之本,又是社会和谐稳定的重要基础。作为社会主义精神文明建设的重要内容,各级各类学校开展思想道德建设务必服务和服从于党的路线方针政策,教育引导学生树立正确的世界观、人生观和价值观,广泛开展理想信念教育,加强爱国主义、集体主义、社会主义教育等,强化社会责任意识、规范意识、奉献意识。习近平总书记强调:"思想活跃是高校的重要特征,各种思想观点在这里交汇,各种价值观念在这里碰撞。"[1]高校思想政治工作是高校意识形态领域的前沿阵地,强化思想道德建设是高校创建文明校园的重要任务,务必牢牢掌握党对意识形态工作的领导权,强化社会主义意识形态的凝聚力和引领力,巩固壮大奋进新时代新征程的主流思想舆论。高校文化育人实践肩负着以文化人、以文育人的职责任务,着力强化提升学生思想觉悟、道德水准、文明素养,真学真懂真信真用中国化时代化的马克思主义,树立共同理想和远大理想,形成强烈深厚的道德意愿和道德情感,培育正确坚定的道德判断和道德责任,在自觉践行的过程中强化思想理论认知、提高道德实践能力、提升全社会文明程度,推动全学校见贤思齐、争做先锋,进而巩固文明校园创建的思想道德基础。

2.丰富活动阵地平台

所谓活动阵地平台,是指在日常思想政治教育领域中开展各式各样实践活动所依托的现实载体和环境条件。人们的思想认知、价值观念、道德品质、行为规范等的形成向来不是虚无缥缈、束之高阁的坐而论道,而是真实可感、触之可及的理实结合,需要在实践中历经风雨强壮筋骨、见识世面增长才干。对于教育而言,教育者在传播真理、传授知识的同时,须注重培养教育对象的实践能力,教育引导其在将理性认知与实际体验相结合的过程中以理论指导实践、用实践检验并发展理论,以强化对科学

---

[1] 习近平:《论教育》,中央文献出版社,2024年,第143页。

真理、文化知识等的深入理解、现实应用和丰富发展等。习近平总书记指出："既要不断拓展学生社会实践的平台和路径,也要办好学生社团、抓好学生创新实践。"①高校思想政治工作在本质上来说是一项教育学生、引导学生的社会实践活动,既要抓好思想政治理论课主渠道建设,也要用好诸如社会实践、社会活动、校内各类学生社团活动等在内的学生第二课堂,帮助学生拓展见识眼界、充实社会体验、丰富现实生活,进而在学以致用、用以促学、学用相长的过程中不断提升思想政治素质和综合能力水平。高校文化育人实践旨在以春风化雨、润物无声的方式服务于立德树人根本任务的完成,着力于坚持思想政治教育与生产劳动、社会实践等相结合,开展学生支教、文化科技卫生"三下乡"、志愿者行动等实践活动,打造创设形式新颖、途径多样的阵地平台,让学生在亲身参与中认识国情、了解社会、增长才干,形成向人民学习、向实践学习的校园学习生活文化氛围,进而丰富文明校园创建的活动阵地平台。

3.推动优美环境营造

所谓优美环境营造,是指推动经营建造集教育教学功能齐备、景观景色环境优美、学习生活体验舒适等于一体的校园,以期借助优美的校园环境于无声中培养学生的审美旨趣等。《荀子·劝学》有云:"蓬生麻中,不扶而直。"②教育是一项全方位、立体式地教育人、引导人的实践活动,相较于纸质的教科书,精心打造的校园环境同样也是一本育人的教科书,以随风潜入、润心无声的方式传递着思想观念的内容、价值理念的标准、道德准则的规约、精神生活的追求等。习近平总书记强调:"高校应该成为使人心静下来的地方,成为消解躁气的文化空间。"③校园是学生学习、生活、成长的重要场所,也是高校思想政治工作开展、实施、推进的重要依托,在一定程度上校园环境的优劣良莠直接影响着学生学习状态、生活质量和成长体验的好坏。高校文化育人实践着力推动优美环境营造,合理规划用

---

① 习近平:《论教育》,中央文献出版社,2024年,第155页。
② 方勇、李波译注:《荀子》,中华书局,2015年,第3页。
③ 习近平:《论教育》,中央文献出版社,2024年,第144页。

地、注重景观美观、挖掘教育元素、提升艺术品位,实现校园内部山、水、园、林、路、馆建设等达到功能性与美观性相结合、教育性与艺术性相并重、实用性与参与性相增益,达到校园内部各楼宇亭阁、道路山水、建筑广场等实现使用、审美、教育功能的和谐统一,进而推动文明校园创建所需的优美环境营造。

(三)推动高校文化传承创新

文化作为人类社会实践的历史性和现实性的产物,势必会伴随社会实践的发展而不断变化。文化关乎国本、国运,能否持续培育和创造熔铸古今、汇通中西、与时代发展相适应的新文化直接关系着国家前景、民族命运。高等教育在教育领域中发挥着龙头引领作用,高等院校肩负着文化传承创新的职责使命。习近平总书记指出:"新时代的文化工作者必须以守正创新的正气和锐气,赓续历史文脉、谱写当代华章。"①高校文化育人从一定程度上说是中国共产党领导宣传思想文化工作在高等院校思想政治教育领域的集中体现,承担着教育引导学生努力创造属于我们这个时代的新文化的职责使命,着力于通过铸牢中华民族共同体意识、坚定文化自信、担负新时代的文化使命等推动文化传承创新。

1.铸牢中华民族共同体意识

所谓中华民族共同体意识,是指在对中华民族形成最高认同的基础之上产生的对中华民族使命感、归属感、荣誉感的统一。中华民族自古以来秉持"六合同风,九州共贯"的理念,在漫长的发展历程中各民族共同开拓了辽阔的疆域,共同缔造了统一的多民族国家,共同创造了源远流长的中华文明,逐渐形成了多元一体、不可分割的命运共同体。可以说,一部中国史,在一定程度上就是一部各民族共同缔造伟大祖国的历史,交融汇聚成多元一体中华民族的历史。中华民族共同体意识源于自古以来推进中华民族共同体建设过程中形成的共同心理意识,是中华民族共同体这

---

① 习近平:《在文化传承发展座谈会上的讲话》,人民出版社,2023年,第11页。

一历史客观存在在人们头脑中的反映,发挥着国家统一之基、民族团结之本、精神力量之魂的重要作用。习近平总书记指出:"要重视加强学校思想政治教育,把爱国主义精神贯穿各级各类学校教育全过程,把爱我中华的种子埋入每个青少年的心灵深处。"[①]高校思想政治工作务必扎根中国、面向未来,在立足我国丰厚的历史和文化积累的基础之上坚定不移地走好具有中国特色的高等教育发展道路,为社会主义现代化建设服务。这就要求高校文化育人实践着力巩固增进学生对伟大祖国、对中华民族、对中国特色社会主义道路的认同,铸牢中华民族共同体意识的精神和文化基础,树立和突出各民族共享的中华文化符号和中华民族形象,构建和运用包括体现中华文化特征、显示中华民族精神、塑造中国国家形象等在内的表达体系,进而形成凝聚人心、汇聚人力的强大精神纽带,推动构筑中华民族共有精神家园建设,使各民族人心归聚、精神相依,像石榴籽一样紧紧抱在一起。

2.坚定文化自信

所谓文化自信,是指一个国家、民族、政党等对自身文化价值的充分肯定和积极践行,并对其文化生命力持有的坚定信心。古往今来,任何一个国家、民族、政党的立身之本在于珍惜自己的思想文化,这是事关国家国运兴衰、民族精神独立性、政党繁荣壮大的重大问题。可以说,文化自信是一个国家、民族、政党发展过程中最基本、最深沉、最持久的力量,坚定文化自信才能立得住、站得稳、行得远。中华民族素有文化自信的气度,中国共产党团结带领中国人民迎来了从站起来、富起来到强起来的历史性飞跃,极大增强了做中国人的自信心和自豪感,所以当今世界中华民族、中华人民共和国、中国共产党是最有理由自信的。习近平总书记强调:"中国有坚定的道路自信、理论自信、制度自信,其本质是建立在5000多年文明传承基础上的文化自信。"[②]高校思想政治工作务必坚定文化自

[①] 习近平:《论教育》,中央文献出版社,2024年,第86页。
[②]《习近平谈治国理政》第4卷,外文出版社,2022年,第312页。

信,致力于教育引导学生实现精神层面上的独立自主,坚持民族自尊心和自信心,善于从中华文化宝库中萃取精华、汲取能量。这就要求高校文化育人实践着力植根于中国特色社会主义文化的沃土之中,教育引导学生赓续其中独一无二的理念、智慧、气度、神韵,坚持和完善认识世界、认识社会、认识人生的文化内涵和精神特质,巩固和发展对自身文化理想、文化价值、文化生命力创造力的深度认同和高度信心,不断增强做中国人的志气、骨气、底气,不忘本来、吸收外来、面向未来,以开放包容的姿态、博大并蓄的胸怀铸就中华文化新辉煌。

3.担负新时代的文化使命

所谓新时代的文化使命,是指在中国特色社会主义进入新时代的时空境遇下赓续历史文脉,推动中华民族最基本的文化基因与当代文化相适应、与现代社会相协调,谱写文化新篇章、铸就文化新辉煌所应担当完成的职责任务。文化是相对于经济、政治而言的人类全部精神活动及其产品的总和,取决于社会生产力发展水平和经济社会基础,具有鲜明的历史传承性和时代发展性。中国共产党自成立以来,始终把建设民族的、科学的、大众的中华民族新文化作为自己的使命,积极引领、躬身践行中国先进文化,是中华优秀传统文化的忠实传承者和坚定弘扬者。伴随着中国特色社会主义进入新时代,中国共产党持续深化对文化建设目标任务的认识,在新的历史起点上继续推动文化繁荣、建设文化强国,致力于团结带领中国人民共同努力创造属于我们这个时代的新文化,充分巩固文化主体性、挺膺激发历史使命感,为强国建设、民族复兴标示了文化坐标、锚定了文明航向。习近平总书记指出:"当代中国共产党人和中国人民应该而且一定能够担负起新的文化使命,在实践创造中进行文化创造,在历史进步中实现文化进步!"[1]高校思想政治工作务必担负起新时代的文化使命,坚定不移走中国特色社会主义文化发展道路,传承中华优秀传统文化、继承革命文化、发展社会主义先进文化,推动文化繁荣、建设文化强

---

[1]《习近平著作选读》第2卷,人民出版社,2023年,第36—37页。

国。这就要求高校文化育人实践着力以科学的态度和正确的方式传承历史文化中蕴含的价值理念和道德规范,按照时代特点和要求赋予其新的内涵和现代表达形式;讲好革命年代英雄和烈士的故事,使红色基因渗进心扉、红色血脉代代相传;以社会主义核心价值观为引领,弘扬中国精神,增强自强不息的精神动力、铸牢凝心聚力的兴国之魂。归结来说,通过文化育人的方式不断增强广大学生的精神力量,教育引导学生坚持马克思主义的根本指导思想,植根博大精深的中华文明,紧跟时代脉搏、顺应科技发展、运用信息手段,不断发展具有强大思想引领力、精神凝聚力、价值感召力、国际影响力的新时代中国特色社会主义文化,勇于担负新时代的文化使命,筑牢强国建设、民族复兴的文化根基。

三、深入推进高校文化育人的路径

高校文化育人路径多元,有必要基于文化性质、层次等的差异,分别着力于"三大"文化、校园文化、大学生群体"亚文化",全面归整高校文化育人的具体路径,以期在方法论层面上回答清楚"如何推进高校文化育人"的基本问题。

(一)加强"三大"文化教育

党的二十大报告指出:"发展社会主义先进文化,弘扬革命文化,传承中华优秀传统文化,满足人民日益增长的精神文化需求,巩固全党全国各族人民团结奋斗的共同思想基础,不断提升国家文化软实力和中华文化影响力。"[1]高校开展文化育人实践,围绕"为党育人、为国育才"的主题,在服务助推以中国式现代化全面推进强国建设、民族复兴的广阔前景中务必持续加强"三大"文化教育,以社会主义先进文化引领文化繁荣发展、以革命文化塑造初心使命、以中华优秀传统文化提供深厚滋养,全面夯实培养社会主义建设者和接班人的文化根基。

---

[1]《习近平著作选读》第1卷,人民出版社,2023年,第35-36页。

1.加强发展社会主义先进文化教育

发展社会主义先进文化,是坚持以马克思主义为指导,坚定中国特色社会主义共同理想和共产主义远大理想,倡导以爱国主义为核心的民族精神和以改革创新为核心的时代精神,广泛践行社会主义核心价值观,发展面向现代化、面向世界、面向未来的,民族的科学的大众的社会主义文化。社会主义先进文化形成于中国共产党团结带领中国人民开展的伟大斗争和社会主义现代化建设的实践之中,引领着时代进步的潮流和社会发展的方向。列宁指出:"应当不断宣传这样一种思想:政治教育务必要能提高文化水平。"①高校思想政治工作开展文化育人实践,务必牢牢把握社会主义先进文化的前进方向,旗帜鲜明地宣扬中国共产党的文化立场与文化追求,有效激发文化创新创造活力,更好地在学生群体中构筑中国精神、中国价值、中国力量。比如,高校不断落细落小落实社会主义核心价值观教育,持续加强爱国主义、集体主义、社会主义教育,将社会主义核心价值观融入师生日常,强化典礼仪式育人功能,结合中华人民共和国成立70周年、建党百年等重要节点和重大主题,唱响"我和我的祖国"主旋律,深入开展"青春告白祖国"等活动。②各级各类高校在开展加强发展社会主义先进文化教育的实践过程中,务必教育引导广大学生坚持以中国化时代化的马克思主义理论武装头脑、指导实践,自觉运用社会主义核心价值观来明是非、辨善恶、知廉耻,与庸俗作别、与低俗划界、与媚俗脱离,科学应对当今世界复杂多元的文化体系、有效抵御外来文化的冲击与侵蚀,成为中国特色社会主义先进文化的积极倡导者、躬身践行者,进而提升社会主义意识形态的凝聚力和引领力,增强中华民族的向心力和团结力,为全面建设社会主义文化强国固本强基、赋能增效。

---

① 《列宁选集》第4卷,人民出版社,2012年,第587页。
② 中华人民共和国教育部:《关于全国高校思想政治工作会议精神贯彻落实情况》[EB/OL].(2021-12-07)[2024-11-20]. http://www.moe.gov.cn/fbh/live/2021/53878/sfcl/202112/t20211207_585342.html.

2.加强弘扬革命文化教育

革命文化是中国共产党团结带领中国人民在实现中华民族伟大复兴中国梦的过程中,历经革命、建设、改革和进入新时代以来的实践洗礼所形成的一种文化形态。革命文化是中国共产党在长期的革命斗争中形成的政治传统、优良作风、精神结晶等的总和,既是中国共产党人精神特质的生动体现,也是中国精神的鲜明标识,体现着中国共产党人的精神谱系和中国精神的核心内蕴。习近平总书记强调:"要抓好青少年学习教育,着力讲好党的故事、革命的故事、英雄的故事,厚植爱党、爱国、爱社会主义的情感,让红色基因、革命薪火代代传承。"[①]高校思想政治工作开展文化育人实践,务必大力弘扬革命文化,着力开展革命文化学习教育,保护和利用革命文物,发展红色文化创意产业,教育引导学生在赓续革命精神、发扬革命作风的过程中将中国共产党团结带领中国人民创造的精神财富代代相传,并将之吸收成为一种可持续的文化烙印和文化力量。比如,陕西省委、省政府不断创新大学生思想政治教育工作,广泛开展延安精神进校园活动,大力加强革命传统教育和党的光辉历史教育,组织大学生到延安、照金、马栏等革命旧址体悟革命传统,在校园文化创建中凸显红色基因,精心打造红色校园文化精品项目。[②]各级各类高校在开展加强弘扬革命文化教育的实践过程中,始终坚持声情并茂地讲好革命故事、英雄人物故事,挖掘保护革命文物、革命遗迹,建好管好革命博物馆、革命纪念馆,通过开发文化产品、发展红色研学等方式组织学生感悟沉浸、参观游览,在学习革命历史知识、重温革命重大事件、崇尚革命英雄人物、接受革命精神教育的过程中补足精神之钙、筑牢信仰之基,积极投身中国共产党团结带领中国人民矢志为中国人民谋幸福、为中华民族谋复兴的历史伟业之中,在实现中国梦的生动实践中放飞青春梦想,在全面建设社会主义现代化国家的壮阔征程中实现人生价值。

[①] 习近平:《论教育》,中央文献出版社,2024年,第114-115页。
[②] 《把思想政治工作贯穿教育教学全过程——全国高校思想政治工作会议交流发言摘编》,《人民日报》2016年12月9日。

3.加强传承中华优秀传统文化教育

中华优秀传统文化是中华民族自古以来在历史长河中积淀形成、集中反映中华民族精神风貌和优秀特质的一种文化形态。中华优秀传统文化塑造了兼具连续性、创新性、统一性、包容性、和平性的中华文明,既是中华民族的精神命脉和文化根脉之所在,也是我们在世界文化激荡中站稳脚跟的坚实根基。毛泽东指出:"我们是马克思主义的历史主义者,我们不应当割断历史。从孔夫子到孙中山,我们应当给以总结,承继这一份珍贵的遗产。"①高校思想政治工作开展文化育人实践,务必传承发展中华优秀传统文化,讲清楚中华优秀传统文化的历史渊源、发展脉络、基本走向,说明白中华优秀传统文化的独特创造、价值理念、鲜明特色,将具有独特内核、典型风格和历史积淀的中华优秀传统文化体系的思想价值予以挖掘,激活其生命力,增强其影响力和感召力,用中华民族自古以来创造的精神财富来以文化人、以文育人。比如,天津市教委确定天津城建大学等10所高校为第一批天津市高等学校中华优秀传统文化艺术传承基地,荣获传承基地称号的高校把传承项目纳入本校公共艺术课程建设,以实践活动为载体、以师资队伍建设为支撑、以成果展示为助推,组织学生开展群体性、体验性、互动性的项目实践活动,提升项目教育教学水平,因地制宜组织学生开展传承项目成果展示活动,增强学生传承中华优秀传统文化的责任感和使命感。②各级各类高校在开展加强传承中华优秀传统文化教育的实践过程中,着力运用互联网等现代科技手段赋予中华优秀传统文化以新的精神内涵和现代表达形式,使之与节日庆典、活动礼仪、校园规定、校风学风等相衔接,与教育教学、文娱体育、社会实践、人文交流等相结合,通过贯穿融入学生日常学习和校园生活的方式使中华优秀传统文化"活"在当下,并在新时代高等教育的壮阔发展中绽放出更加绚丽的姿彩。

---

① 《毛泽东选集》第2卷,人民出版社,1991年,第534页。
② 《天津10所高校设立中华优秀传统文化艺术传承基地》,《人民日报》2022年12月23日。

（二）繁荣校园文化

习近平总书记强调，"一所高校的校风和学风，犹如阳光和空气决定万物生长一样，直接影响着学生学习成长"[1]，"如果校风不好、学风不好，学校管理混乱，教师心神不宁，学生心思不定，教书没有兴致，学习没有精神，歪门邪道的东西大行其道，那思想政治工作也是难以发挥作用的"[2]。所谓校园文化，是指学校在办学治校、教书育人的过程中经过长期发展积淀而形成的一种文化形态，集中体现着这所学校的办学精神、育人理念、环境氛围等。高校思想政治工作依托于高校开展实施，所在高校的校园文化的独特性质、丰富内容、根本价值旨向等直接影响着思想政治工作的水平和育人的成效，开展文化育人实践务必繁荣校园物质文化、精神文化、制度文化，确保以文化人、以文育人做到治理有方、管理到位、风清气正。

1.繁荣校园物质文化

所谓校园物质文化，是指校园当中由人们创造的物质产品以及所运用的技术和艺术等体现出的文化，包括校园设施、基地建设、景观环境、宣传标识等物态部分和社会上可资利用的各种物质条件。具体来说，物质文化是校园文化的外在呈现和表层构成，诸如建筑设计、庭院布置、景观标识、仪式符号等在内的物质风貌体系直观形象地反映着校园文化。习近平总书记指出："高校要走在精神文明建设前列，广泛开展文明校园创建，提升校园文明程度，努力打造良好育人环境。"[3]高校思想政治工作要高度重视校园物质文化的开发，注重利用格调高雅、健康向上的物质文化资源，潜移默化、于无声处地给广大学生以思想引领、智慧启迪和文化涵育。比如，有的学校将废弃多时的煤气罐的部分构件改造为花池、水钵；水塘和沟渠净化疏浚后种植天然植被，与周边山体林地相呼应；亭榭

---

[1] 习近平：《论教育》，中央文献出版社，2024年，第144页。
[2] 习近平：《论教育》，中央文献出版社，2024年，第145页。
[3] 习近平：《论教育》，中央文献出版社，2024年，第154页。

廊桥、山水林石相映成趣;"校训墙"格外醒目,彰显着校训精神,"院士墙"的留白激励莘莘学子,"校友砖读书廊"镌刻着校友寄语;等等。广大高校积极建设优美校园环境,推动实现校园建筑、道路、景观等达到使用、审美、教育功能的和谐统一。①各级各类高校在繁荣校园物质文化的实践过程中,着力结合工作实际,凸显思想观念、展现价值理念、营造学习氛围,聚焦走廊文化、围墙文化、室内文化、设施文化等方面,设计集现代化、人性化和功能化于一体的建筑,用好校史馆、文化墙、纪念碑、校训石以及花坛、雕塑、浮雕、道路等实物,布置花草绿荫、静谧美丽的校园环境,营造典雅温暖、健康向上的教育环境,充分体现校园物质文化的丰富意蕴,展现出感染人、温暖人、启发人的独特魅力,使广大学生在愉悦美丽的环境中陶冶身心、启智润心。

2.繁荣校园精神文化

所谓校园精神文化,是指校园当中由人们在从事物质文化生产基础上产生的一种人类所特有的意识形态,是包括校风、教风、学风等在内的各种意识观念形态的集合。具体来说,校风是指一所学校的校训精神、办学理念等的拓展、延伸和具象化,集中体现着学校的育人方针、学术追求和办学特色,是一所学校治学品位和育人格调的重要标志;教风是指一所学校在教学理念、教学态度、教学方法等方面形成的长期的、稳定的、具有标识性的教育教学风气;学风从狭义上来讲是指学者个人的学术品格和治学风格,从广义上来讲是指一所学校在治学方面体现出的精神、态度、方法、风气等的总和。我国高校是中国共产党领导的社会主义高等院校,包括校风、教风、学风等在内的校园精神文化是由党风所决定和引领的。习近平总书记强调:"高校生活应该是多姿多彩的,校园文化应该是丰富活跃的。"②高校思想政治工作从根本上来说就是做学生的工作,务必加强和改善党对高校的领导,履行好立德树人职责,肩负起教育引导学生掌握

---

① 《创建文明校园——以文化人 以文育人》,《人民日报》2020年11月15日。
② 习近平:《论教育》,中央文献出版社,2024年,第154页。

科学知识、锤炼心志品格、涵养道德品行的任务和使命。比如,武汉大学测绘学院开设"测绘学概论"本科生课程,授课团队由6位院士、4位教授担纲,20多年来潜心教书育人,已经成为别具一格、深受欢迎的思政教育资源。[①]各级各类高校在繁荣校园精神文化的实践过程中,务必始终牢牢掌握党对高校工作的领导权,努力提高办学水平和教育质量,广大教师统筹处理好教书和育人、言传和身教、潜心问道和关注社会、学术自由和学术规范等若干对重要关系,教育引导广大学生在刻苦学习中逐步学会确立合理目标、端正态度观念、恪守纪律要求、掌握有效方法、培养兴趣爱好,为全面推进强国建设、民族复兴历史伟业源源不断地培养出可堪重任的时代新人。

3. 繁荣校园制度文化

所谓校园制度文化,是指校园当中由人们基于自身生存、社会发展的需要而主动创制的规范体系,包括学校章程、校规校纪等制度架构和组织体系。一所学校的制度建设在一定程度上包含于文化建设之中,诸如学校的组织规范、工作准则、纪律要求、运作模式、业务程序等都反映并体现着校园文化。可以说,离开文化涵养的校园制度建设犹如无源之水、无本之木,离开制度支撑的校园文化建设好似空中楼阁、镜花水月,校园制度文化是校园文化不可或缺的重要内容和构成。习近平总书记强调:"很多高校依据高等教育法制定了章程。有了章法,就应该依法依章运行,执行校纪校规,使高校发展做到治理有方、管理到位、风清气正。"[②]高校思想政治工作体现了我国高校坚持社会主义办学方向、办好中国特色社会主义高等院校的优良传统和政治优势,务必高度重视校园制度文化的建设和发展,以建规立制的方式确保全面贯彻党的教育方针,常态化、长效化地培养德才兼备的高素质人才。比如,各高校将思想政治工作纳入学校发展规划,把加强党建体现在大学章程和教育综合改革中,提升高校党建工

---

① 《一门课六院士 一讲二十二年——透视武汉大学"测绘学概论"魅力课堂》,《人民日报》2019年12月6日。
② 习近平:《论教育》,中央文献出版社,2024年,第145页。

作标准化、规范化、科学化水平。[1]各级各类高校在繁荣校园制度文化的实践过程中,着力坚持党的领导,广泛开展"先进基层党组织""党员示范岗"创建活动,严格执行"三会一课"、民主生活会、党员党性定期分析、党员承诺、党务公开、党建工作目标责任制等制度,建立健全各项行政工作制度、教学科研制度、师生管理制度等,将文化的软性约束固化为硬性规范,努力营造积极向上、奋发有为、真抓实干的工作氛围,建立健全创先争优长效机制,为学生学习成长给予人生启迪、智慧光芒和精神力量,让高校成为恪守为党育人初心、践履为国育才使命的坚强阵地和培植沃土。

(三)引导大学生群体"亚文化"

根据文化在一定历史时期、特定社会环境中的性质、地位、影响力等的差异,文化可分为主流文化和亚文化。其中,主流文化是指在社会上占统治地位的生产方式所决定的作为一定阶级、政党或集团所倡导的文化,内蕴着特定时空境遇下具有主导性、统治性的政治要求、价值准则、道德规范、伦理要求、审美旨趣、法律法规等。正如马克思、恩格斯所说,"统治阶级的思想在每一时代都是占统治地位的思想。这就是说,一个阶级是社会上占统治地位的物质力量,同时也是社会上占统治地位的精神力量"[2]。亚文化是指与主流文化相对应的非主流、局部的文化现象,是在主流文化的综合影响下隶属于某一区域或某个集体所特有的思想观念和生活方式等的总和,按照民族性、地域性、宗教性、学派性、阶层性、群体性、代际性等不同特征划分,有着多种多样的文化形态。总的来说,亚文化受主流文化的规约,体现出或多或少的共性相通之处与个性差异之别,是社会文化系统及其变革的重要构成和关键因素。所谓大学生群体亚文化,是指当代大学生群体在社会化、现代化的过程中,源自他们的活动方式以及由此活动所创造的、以独特的价值意识为内核的精神成果与行为模式等为主要呈现的一种文化形态。高校深入推进文化育人实践,务必在深

---

[1]《让青春充满正能量》,《人民日报》2017年10月13日。
[2]《马克思恩格斯选集》第1卷,人民出版社,2012年,第178页。

入剖析其形成发展动因的基础之上,全面把握其缤纷繁杂图景,进而正确引导其演进前行方向,确保大学生群体"亚文化"朝着积极健康、向上向善的方向发展。

1.深入剖析大学生群体"亚文化"形成发展动因

所谓大学生群体"亚文化"形成发展动因,是指助推大学生群体"亚文化"诞育形成的社会历史因素、运行发展动能等的总和。伴随着经济社会的发展、现代化传播媒介的变革以及大学生文化生活的丰富,在大学生所处环境、地位以及自身经验、学识、能力、修养等诸多变量的影响下,大学生群体"亚文化"涌现,呈现出多样性、层次性、动态性、交互性等鲜明特点。习近平总书记指出:"当代青年思想活跃、思维敏捷,观念新颖、兴趣广泛,探索未知劲头足,接受新生事物快,主体意识、参与意识强,对实现人生发展有着强烈渴望。"[1]高校思想政治工作是一项培根铸魂、启智润心的德政工程,务必注重大学生思想状况,深入实际、跟踪调研,正确认识大学生群体的文化活动和文化现象,以期有针对性地予以引导。比如,同济大学在学生社区推行"三进三知"工作法,"岗位职责进驻社区、思想引领进驻社区、成长帮扶进驻社区",做到"学生情况知底""学生特点知情""学生成长知心",着力构建全方位、立体式、浸润式的辅导员社区思政工作微体系。[2]高校文化育人实践务必深入剖析大学生群体"亚文化"形成发展动因,紧跟时代发展潮流、把握传媒交流热点,理解大学生群体的所思、所忧、所盼、所想,关注大学生群体在知识学习、科学研究、毕业求职、创新创业、婚恋交友、成长成才等方面的具体情况,有针对性地深入掌握各类大学生群体"亚文化"现象形成发展的社会条件和动力因素,为正确引导夯实理论前提和实践基础。

2.全面把握大学生群体"亚文化"缤纷繁杂图景

所谓大学生群体"亚文化"缤纷繁杂图景,是指大学生群体创造、认同

---

[1] 习近平:《论党的青年工作》,中央文献出版社,2022年,第214页。
[2] 全国高校思想政治工作网:《同济大学:以"三进三知"做实做细做活社区思政教育》[EB/OL]. (2023-05-23)[2024-11-20].https://yurenhaol.sizhengwang.cn/a/gzal_sqyr/230523/1523273.shtml.

并传播的由观念、价值体系和行为方式等组合而成的亚文化系统。当今时代,大学生群体身处多元文化的社会,有更多的机会在跨越城乡、超越国界的文化交流中横向日益拓宽沟通、纵向不断加强联系,使得文化创造和文化选择有了广阔的前景和各式的可能,诸多相似乃至互相对立的亚文化并存相容、互促影响,呈现出缤纷繁杂的文化图景。习近平总书记指出:"青少年时期是价值观、人生观和祖国观、民族观形成的关键期"[①],"思想活跃是高校的重要特征,各种思想观点在这里交汇,各种价值观念在这里碰撞"[②]。高校思想政治工作是一项围绕学生、关照学生、服务学生,开展思想理念引导、价值观念塑造、道德品质提升、行为规范养成等于一体的教育实践。关心关注大学生群体"亚文化"现象并予以有效引导是加强人文关怀和心理疏导的重要内容,务必在多元中立主导、在多样中谋共识、在多变中定方向,让有益的思想文化的涓涓细流汇入主流意识形态的浩瀚大海,同时增强政治敏锐性和政治鉴别力,对各种错误思潮保持警惕、有效防范。比如,中南财经政法大学探索"1+N"一站式学生社区综合建设模式,形成大社区与小驿站、学校主导与学院主体纵向贯通、横向联合的多维度育人工作格局,建设党建、学习、志愿、共享、发展五型学生社区。[③]高校文化育人实践务必全面把握大学生群体"亚文化"缤纷繁杂图景,及时跟进大学生群体文化生活,尊重大学生特点,经常深入大学生群体,了解他们的思想动态、价值取向、行为习惯、生活方式,全面把握诸如"圈层化""Z世代""躺平""内卷""朋克养生""丧文化""晒文化""吐槽""偷感"等亚文化现象,秉持尊重差异、包容多样的态度,辨析甄别、过滤净化,巩固和壮大社会主义意识形态在大学生亚文化中的凝聚力和引领力。

3.正确引导大学生群体"亚文化"演进前行方向

所谓大学生群体"亚文化"演进前行方向,是指大学生群体"亚文化"

---

① 习近平:《论教育》,中央文献出版社,2024年,第83页。
② 习近平:《论教育》,中央文献出版社,2024年,第143页。
③ 全国高校思想政治工作网:《中南财经政法大学:"五型"学生社区,打造三全育人实践园地》[EB/OL].(2022-12-30).https://www.sizhengwang.cn/a/zyfwpt_gxszzyk_gxyzsxssqgzal_sqyr/221230/1205817.shtml.

自身演进变化及其影响人、感化人的运动态势和行进方向。从本质上来讲,"亚文化"是一种隶属于文化系统,与社会主流文化具有一定偏离率的文化表现形式。这也就意味着任何一种形式的亚文化在受到社会主流文化规定、制约的同时,也在特定方面与其偏离,在一定程度上存在着社会异质性,天然具有挣脱、外扩的离心矢量。习近平总书记指出:"学生在高校生活,少则三到四年,多则九到十年,正处在人生成长的关键时期,知识体系搭建尚未完成,价值观塑造尚未成型,情感心理尚未成熟,需要加以正确引导。"[①]高校思想政治工作是一项教育人、引导人的战略性工程,务必满足大学生群体成才发展需求和期待,在思想与行为、内化与外化、学习与生活等方面进一步提升亲和力和针对性。比如,厦门大学深入推动"一站式"学生社区综合管理模式建设,推进院士、"双带头人"教师党支部书记、全国高校黄大年教师团队成员等专任教师走进学生社区,凝聚校院领导力量、管理力量、教育力量、服务力量,切实践行"一线规则",压实学生社区思想引导、学业辅导、创新创业指导、心理疏导等多元育人工作。[②]高校文化育人实践务必正确引导大学生群体"亚文化"演进前行方向,关心关注大学生所遇到的各种困难和苦恼,把解决思想问题同解决实际问题结合起来,经常与学生面对面交流,充分肯定大学生群体的活力、激情、想象力和创造力,尊重包容多元的文化生活、识别警惕错误的社会思潮,为他们驰骋思想打开浩瀚天空的同时也推动他们脚踏实地走上大有作为的广阔舞台,做好得人心、暖人心、稳人心的工作,在关心人、帮助人的过程中教育人、引导人,积极创造人人努力成才、人人皆可成才、人人尽展其才的发展条件和文化氛围,服务和保证以文化人、以文育人能够润物无声地给学生以思想熏陶、价值观感染、智慧启迪以及精神力量等。

---

① 习近平:《论教育》,中央文献出版社,2024年,第138页。
② 全国高校思想政治工作网:《厦门大学:推动多元育人主体,切实践行"一线规则"》[EB/OL]. (2022-12-29)[2024-11-20]. https://www.sizhengwang.cn/a/zyfwpt_gxszzyk_gxyzsxssqgzal_sqyr/221229/1205802.shtml.

第七章

创新推动高校网络育人

互联网的快速发展,不仅深刻影响着人们的生产方式、生活方式和生存方式,而且为教育事业的变革增添了强劲动力。我们党高度重视互联网的发展和应用,以主动之势着力促使"互联网这个最大变量变成事业发展的最大增量"[1]。作为"十大"育人体系重要组成的"网络篇",如何在网络时代抓住机遇、迎接挑战、实现育人价值的最大化,是高校思想政治工作面临的全新课题。因此,厘清高校网络育人的科学界定、展现高校网络育人的战略意义、明确推动高校网络育人的重要举措,对于夯实高校网络育人的基础理论研究,推动高校网络育人实践纵深发展具有十分重要的意义。

一、高校网络育人的科学界定

界定是指明确事物的本真内涵。事物绝对运动的属性决定了任何事物都是处于不断运动发展之中。科学界定高校网络育人的时代内涵,需要基于不断变化的时代背景,系统梳理网络所指、网络育人的含义以及高校网络育人的定义,从而为开展高校网络育人工作打下坚实的理论基础。

(一)网络所指

"一种技术,只要它的目的不是充当手段,而是充当最终目的,它的要求就是无限的,因为它总想更加接近这个目的。"[2]网络作为先进生产力的代表和前沿科技的应用,一经问世就给人类社会带来了巨大变革,凝结着人类智慧的结晶,具有深层次的含义。

1.网络的界定

《现代汉语词典》对"网络"一词的释义为:由若干元器件或设备等连接成的网状的系统。[3]结合现代信息技术来说,人们对网络的认识和理解聚焦于计算机网络或者互联网。1995年国际联合网络委员会正式采纳

---

[1] 习近平:《论党的宣传思想工作》,中央文献出版社,2020年,第339页。
[2] 马克思:《资本论》(纪念版)第1卷,人民出版社,2018年,第178页。
[3] 中国社会科学院语言研究所词典编辑室编:《现代汉语词典》,商务印书馆,2016年,第1353页。

并通过了一项关于"互联网定义"的权威性决议,该决议明确指出:网络或互联网是指覆盖全球的信息系统。1997年我国科学技术名词审定委员会正式将Internet的中文译名确定为"因特网",Internet在日常语境中也被广泛译作"国际互联网络""国际互联网""互联网络"或简称为"互联网"。①在国内学界,有学者认为"所谓互联网(Intermet),即国际信息互联网络,就是特指集通讯网络、计算机、数据库及日用电子产品于一体的电子信息交换系统,它能使每个人随时随地地将文本、声音、图像、电视信息传递给设有终端设备的任何地方、任何个人"②,这一定义在国内得到广泛认可并加以沿用。更进一步地,有学者聚焦于网络的功能形态,认为网络是由现代通信设备和线路将不同地区的计算机系统连接起来,并通过使用网络软件进行影响,最终实现数据流通、资源共享和协同工作的一种系统。③还有学者将网络与文化紧密结合,认为网络既是文化传播的载体和平台,又是文化交流的渠道和途径,更是资源共享的空间。网络上的多种信息传播形式破除了时空的局限,深刻改变着人们的生产生活方式。④可见,一般意义上的互联网,指的就是技术层面和应用层面的网络。

2.网络的特质

网络诞生之初是作为一种通信和资源共享的技术形式,随着其功能的不断扩展和深化,对整个人类社会的影响渗透至各个方面。第一,作为一种趋势,网络的发展演进预示着在经济全球化背景下,世界各国的计算机、服务器、通信线路、数据传输协议(TCP/IP)等实现相互连接,涵盖局域网(LAN)、城域网(MAN)、广域网(WAN)等,共同交织成全球性的网络格局。这一格局打破了时空和地域的限制,覆盖了更多的网络单元,使得全球用户都能实现信息的即时共享与快速沟通交流。在网络发展趋势的带动下,国家之间、城市之间、人与人之间将会更加紧密相连、命运与共。第

---

① 徐建军:《大学生网络思想政治教育理论与方法》,人民出版社,2010年,第3页。
② 谢海光:《互联网与思想政治工作概论》,复旦大学出版社,2000年,第1页。
③ 檀江林等:《高校网络思想政治教育研究》,合肥工业大学出版社,2007年,第15页。
④ 陈巍:《新时代高校网络育人研究》,浙江大学出版社,2022年,第26页。

二,作为科技手段,网络以其自身依托的技术支撑不断发展创新,对世界各国的经济、政治、文化、军事、安全等方面产生了深远影响,为世界各国人民的生产和生活等方面带来了众多变化。第三,作为虚拟平台,网络为全球范围内数据资源的传输和共享提供了核心支撑,为信息的传递提供了更加便捷的方式,为计算机的外部设备运用(传真机、扫描仪)提供了关键保障,也为应用程序的不断开发提供了源源不断的动力。

与此同时,网络平台还延展了人类的机能,促进了人类思考能力的提升与思维方式的转换,激发了人类的内在潜能,深度融入人们的生活。中国互联网络信息中心(CNNIC)发布的第54次《中国互联网络发展状况统计报告》显示,截至2024年6月,我国网民规模为10.9967亿,互联网普及率达78.0%。手机网民规模达10.96亿人,使用手机上网的比例为99.7%,人均每周上网时长为29小时。[①]因此,当今网络的作用远远超出了简单的技术范畴,而是以其独特的吸引力和无限的能力对世界产生了深远的影响。但是必须明确,网络由人类所设计和控制,可以将其简单理解为一种为人类的工作、学习和生活提供便利的工具。原则上,网络不分"善恶"和"美丑",也不属于资本主义国家或社会主义国家的"专利"。也就是说,问题的根源不是网络本身,而是使用网络的人。[②]只有当网络被具有特定意识形态、价值观和行为的人使用时,才会出现所谓的"双刃剑"影响。

(二)网络育人的含义

习近平总书记指出:"因应信息技术的发展,推动教育变革和创新,构建网络化、数字化、个性化、终身化的教育体系,建设'人人皆学、处处能学、时时可学'的学习型社会,培养大批创新人才,是人类共同面临的重大课题。"[③]网络育人是伴随着互联网信息技术的蓬勃发展而兴起的教育革

[①] 中国互联网络信息中心:《第54次〈中国互联网络发展状况统计报告〉》[EB/OL].(2024-08-29)[2024-12-01].https://www.cnnic.net.cn/n4/2024/0828/c208-11063.html.
[②] 胡成广:《对网络思想政治教育研究热的思考》,《思想教育研究》2006年第2期。
[③] 习近平:《论教育》,中央文献出版社,2024年,第93页。

新,以其深远影响力逐步成为构建现代教育体系的关键要素。

1.何谓网络育人

"育"字有生育、养育、教育的含义,而"育人"通常指教育和培养人。[1]伴随着科技进步引领社会的整体前行,网络作为一种趋势、技术、平台、媒介、现象,已经融会贯通到人们生产、生活、生存的方方面面,尤其是在与教育的结合中,孕育出网络育人的新型教育形态。关于网络育人的含义,学术界的解读各有千秋、亮点纷呈。比较具有代表性的有,从技术层面出发,将网络育人视作利用网络技术对受教育者开展具有一定目的教育活动;[2]从环境层面出发,认为网络育人即在网络环境背景下,将传统育人方式全面创新,进而形成体系化的全新教育模式;[3]从载体层面出发,认为网络育人是教育工作者依托网络平台,基于对教育对象身心发展特性及网络传播规律,运用网络思维与方法,旨在促进网络技术与教育的深度融合的教育模式;[4]等等。这些站在不同视角对网络育人的界定,为后续开展网络育人的理论研究提供了积极有益的引导和深入探讨的方向。

习近平总书记指出:"一定程度上可以说,得网络者得天下。"[5]网络育人不仅标志着传统育人模式在领域、途径及手段上的扩展与深化,更代表着一种崭新的育人范式与理念,成为育人模式探索与创新的重要趋向。故而,对网络育人的界定,不宜局限于单一维度,不能将网络育人简单地等同为"网络思想政治教育"或者"网络教育"等,而应立足于更为全面、多维的视角,以揭示网络育人作为新时代教育发展的必然趋势所蕴含的深层次含义。第一,广义维度的网络育人,是指由相关组织或个人充分利用网络技术的先进性、网络资源的丰富性、网络载体的互动性,通过树立目

---

[1] 中国社会科学院语言研究所词典编辑室编:《现代汉语词典》,商务印书馆,2016年,第1603页。
[2] 朱诚蕾:《网络育人论》,武汉大学出版社,2022年,第73页。
[3] 陈巍:《新时代高校网络育人研究》,浙江大学出版社,2022年,第27页。
[4] 徐世甫:《网络育人:新时代高校思想政治教育新范式》,《中国高等教育》2019年第9期。
[5] 中共中央党史和文献研究院编:《习近平关于网络强国论述摘编》,中央文献出版社,2021年,第41页。

标、明确计划、整体协作,辅以多样化的方式、灵活性的手段,开展面向全体网民的教育实践活动。第二,狭义维度的网络育人,是指在网络环境下,教育者借助相应的平台,通过网络对受教育者的思想观念、政治理念、价值取向、道德规范等方面产生影响,引导其适应现实社会发展需求,并规范自身的网络行为的一种育人方式和手段。总的来说,网络育人的指向是以网络来提供更加优质的学习资源和更加高效的学习途径,制定有针对性的教育策略,提供有实效性的教育方法,形成引导下的教育、"你中有我、我中有你"的互动式教育以及自我教育的格局,营造出在网络时代下风清气正的良好氛围,最终实现教育成效的最大化。

2.网络育人的特点

网络育人作为全新教育范式形成的标志,不仅极大地提升了教育的灵活性,而且强化了教育的实效性,具有多样的特点。第一,深度整合的育人形态。网络育人并非"网络"与"教育"的浅表联结,而是充分利用网络的优势、深度挖掘教育的精髓,在不断结合的过程中积累量变促成质变,实现双方的渗透交融与一体化推进。网络育人凭借互联网全方位传递文字、图片、音频、视频等信息的功能,使教育这一实践活动更为鲜活化、具象化与直观化,极大地提升了网民高效获取信息、充分理解知识的速度和效率,有效地实现育人目的。第二,平等互动的育人方式。网络育人弥补了传统教育中单向灌输的劣势,构建了育人主体与客体平等对话、信息共享以及角色互换的动态平衡机制,提高了网民的积极性和参与度。此外,在网络空间中,育人主体也呈现出多元化的特点,行动者、旁观者、评论者等角色也积极参与教育过程中,主动带来正向反馈、积极营造和谐氛围、进行全方位的互动,实现育人的效果的提质增效。第三,多元创新的育人内容。网络育人突破了传统意义上信息和知识的单一传输,在内容上实现了从"教什么学什么"到"想学什么就学什么"的转变。在科技、信息、网络纵横交织的时代条件下,"内容为王"永不过时。网络信息资源获取的便捷性,实现了与传统教育内容的优势互补,使得广大网民能够根据实际需求,在网络空间中自由检索、选择并学习具有前沿性、即时性、准确性和个性化的教育内容,这极大地提升了教育内容的吸引力和受教育者的学习体验。第四,交融扩大的育人范围。网络育人打破了传统教育模式在地理空间与时间维度的种种限制,挣脱固态单一的育人环境的束缚,重塑教育的面貌,也就是说,无论何时何地,仅需一台便携式移动终端,便能轻松接入开放而多元的教育平台,使教育主体与客体都能够借助网络的力量,实现跨越层级和身份地位差异的高效互动,甚至可以跨越国界、克服文化差异和语言障碍实现沟通交流,为构建更加包容、开放、互动的教育环境奠定了坚实的基础和有力的支撑。

(三)高校网络育人的定义

习近平总书记指出:"政治工作过不了网络关就过不了时代关。"[1]当今社会蕴含鲜明的网络化与信息化的时代特征,催生出"网络育人"这一新兴的理论和实践概念,进一步而言,在"网络育人"的外延下,将其聚焦于高等教育领域时,便衍生出了"高校网络育人"的特定范畴。

1.高校网络育人的界定

马克思认为:"随着新的生产力的获得,人们便改变自己的生产方式,从而改变一切社会关系。"[2]网络作为21世纪"新的生产力",已成为连接人与人、国与国的桥梁纽带,其影响力已经渗透到社会发展的各个方面,对青年大学生的学习生活与发展进步产生了至关重要的影响。关于高校网络育人的界定,有学者进行了整体概括,认为高校网络育人是在高校内发生的网络育人活动,受教育对象是普通高校在校学生,教育者是具有教育资质的高校教师群体。[3]有学者在遵循规律层面进行探讨,认为高校网络育人是指在高校思想政治工作的范畴内,教育主体将网络平台作为媒

---

[1] 中共中央宣传部编:《习近平总书记系列重要讲话读本》,学习出版社、人民出版社,2016年,第252页。
[2] 《马克思恩格斯选集》第4卷,人民出版社,2012年,第6页。
[3] 陈巍:《新时代高校网络育人研究》,浙江大学出版社,2022年,第28页。

介,深入洞察青年大学生的身心发展特性等内在规律,同时紧密结合网络传播独有的特性与规律实施一系列的教育活动。[①]还有学者认为,高校网络育人是高校育人工作者以网络为平台,对受教育者施加影响的活动过程。[②]可见,相较于网络育人的侧重点在于面向全体网民,高校网络育人则是以网民中的青年大学生为靶向,进行有的放矢,其内涵范畴更为聚焦。

本书从以下两方面对高校网络育人的含义进行界定。第一,广义维度的高校网络育人。这是指普通高等学校以立德树人为根本任务,扎根校园阵地,在课堂教学、校园文化、实践活动中,通过系统构建网络文化、推进网络技术平台开发、加强网络工作队伍建设以及强化网络空间治理效能等多元路径,推动思想政治工作传统优势与信息技术深度融合的综合性教育实践。这不仅体现了高校在教育创新方面的积极探索,也是高校构建集价值引领、素养提升、内容创新、空间净化、评价优化于一体的育人体系的重要彰显。第二,狭义维度的高校网络育人。这是指普通高等院校充分利用网络所构建的技术环境、媒介渠道、互动平台及其多样功能,旨在通过课程数字化改革、网络文化产品创作、网络舆情引导等具体实践,在校园网络环境中系统开展思想政治教育的教育形态,其目标在于以网络为抓手,进一步丰富教育内容、拓宽教育渠道、提升教育实效,突出实施育人活动的策略性、精准性与创新性。总的来看,高校网络育人体现了高等教育在网络化发展趋势下,以青年大学生的全面发展为目标宗旨,并为其提供强有力地支撑与保障。

2.高校网络育人的特征

作为在信息化时代背景下的主动适应与创新发展,高校网络育人是实现高校思想政治工作可持续、高质量发展的必由之路,是引导青年大学生树立远大志向、成为拔尖人才的重要方式,在党和国家事业发展中的重

---

① 朱诚蕾:《网络育人论》,武汉大学出版社,2022年,第74页。
② 王玉忠、金丽馥:《新时代高校网络育人理论与实践》,江苏大学出版社,2021年,第5页。

要性愈发显著，有必要整体性把握其深层次特征。

第一，高校网络育人是党的思想政治工作的重要构成。2000年9月，教育部《关于加强高等学校思想政治教育进网络工作的若干意见》提出要根据教育环境和教育对象的变化情况，充分运用网络手段拓展思想政治教育的视野，"用正确、积极、健康的思想文化占领网络阵地"[1]，强调了高校网络思想政治教育工作的重要性。2004年8月，中共中央、国务院《关于进一步加强和改进大学生思想政治教育的意见》中指出"主动占领网络思想政治教育新阵地。要全面加强校园网的建设，使网络成为弘扬主旋律、开展思想政治教育的重要手段"[2]，凸显出新形势下主动占领网络阵地的紧迫性。2017年1月，国务院印发《国家教育事业发展"十三五"规划》提出，"积极发展'互联网+教育'"，"综合利用互联网、大数据、人工智能和虚拟现实技术探索未来教育教学新模式"[3]，指明了高校网络育人的技术支撑和方式方法。2016年12月，中共中央、国务院《关于加强和改进新形势下高校思想政治工作的意见》提出要"加强互联网思想政治工作载体建设"[4]，明确了高校要着力促进思想政治工作与互联网的深度结合。2017年12月，《高校思想政治工作质量提升工程实施纲要》（以下简称《实施纲要》）将网络育人纳入"十大"育人体系，为高校网络育人的开展提供纲领性、系统性指导。2020年4月，教育部思政司发布《教育部等八部门关于加快构建高校思想政治工作体系的意见》，提出要在日常教育体系中加强网络育人，[5]在平台建设、新媒体运用、网络文化产品创作以及激励机

---

[1] 教育部思想政治工作司组编：《加强和改进大学生思想政治教育重要文献选编（1978—2014）》，知识产权出版社，2015年，第213页。

[2] 中共中央文献研究室编：《十六大以来重要文献选编》（中），中央文献出版社，2011年，第184页。

[3] 国家发展和改革委员会编：《"十三五"国家级专项规划汇编》，人民出版社，2017年，第431页。

[4] 中共中央党史和文献研究院编：《十八大以来重要文献选编》（下），中央文献出版社，2018年，第488页。

[5] 中华人民共和国教育部：《教育部等八部门关于加快构建高校思想政治工作体系的意见》[EB/OL].(2020-04-28)[2024-12-01].http://www.moe.gov.cn/srcsite/A12/moe_1407/s253/202005/t20200511_452697.html.

制等方面提出更为具体的要求。

第二,高校网络育人坚定履行"为党育人、为国育才"的使命。教育是功在当代、利在千秋的德政工程,学校是立德树人、培养人才的重要阵地。[1]马克思、恩格斯认为环境对人的发展有着鲜明的导向作用,提出"人创造环境,同样,环境也创造人"[2]。现如今,青年大学生的成长成才无时无刻不浸润在网络环境中,加强在网络环境下对青年大学生的引领成为新时代高校"为党育人、为国育才"的重要任务。2013年8月,习近平总书记在全国宣传思想工作会议上的讲话中指出:"要依法加强网络社会管理,加强网络新技术新应用的管理,确保互联网可管可控,使我们的网络空间清朗起来。做这项工作不容易,但再难也要做。"[3]一直以来,青年大学生都是使用和推广网络的"主力军",网络不仅与青年大学生之间建立了深层次的关联,而且已经成为青年大学生获取信息、学习知识、接受教育、参与培训、社交沟通以及拓展思维的关键渠道,是其日常生活中不可或缺的一部分。虽然网络在本质上是作为一种便捷的现代信息技术供青年大学生所用,但是在网络环境下,依旧会有部分青年大学生自控能力差,沉迷于游戏、网络社交等虚拟世界,不仅面临信息泄露、网络诈骗甚至危害国家安全等风险,还面对着国外意识形态的诱导和渗透等挑战,这些因素会诱发青年大学生自身在生活和学习上、在生理和心理上产生一系列问题。

第三,高校网络育人在顺应时代发展中砥砺前行。一方面,网络环境已经成为青年大学生成长成才的重要影响因素之一,因此,高校网络育人的首位在立德。习近平总书记指出:"立德修身,既要立意高远,又要立足

---

[1] 黄蓉生、史甲庆:《习近平总书记关于"为党育人、为国育才"重要论述的意蕴、贡献与路径》,《中国德育》2024年第7期。
[2] 《马克思恩格斯选集》第1卷,人民出版社,2012年,第172—173页。
[3] 中共中央党史和文献研究院编:《习近平关于网络强国论述摘编》,中央文献出版社,2021年,第52页。

平实。"①在教育过程中,将塑造道德品质置于优先位置,确保大学生在复杂多变的网络环境中能够明确并践行高尚的道德准则,要"明大德",即深刻理解并践行社会主义核心价值观,树立崇高的道德追求;要"守公德",即在网络环境中维护公序良俗,尊重他人权益,展现良好的社会公德心;还要"严私德",即严于律己、宽以待人,保持纯洁性,远离网络不良诱惑,做到言行一致,诚信为本。另一方面,高校网络育人的关键在提质,要发挥网络的正向效应,聚焦教育质量的全面提升,通过创新策略与完善做法,确保所培育的人才具备深厚的学识基础,能够理解并掌握理论前沿动态;通过利用先进的网络技术,提升大学生专业技能的精湛化水平,使其在生活和实践中灵活运用所学知识,解决现实问题,展现良好的实践能力和突出的创新思维;更为关键的是,要在网络格局下构建良好的素质结构,包括社会责任感、团队协作精神、意志品质以及沟通协调能力,等等,从而为社会输送既具备扎实专业功底又拥有全面发展素质的优秀人才。

二、高校网络育人的战略意义

战略意义是指在全局性、长期性和根本性的指导框架下,对组织或个人在变化多端的环境中明确目标定位、合理规划路径、有效整合资源,以应对挑战、抓住机遇,并最终实现长远发展的价值彰显。高校网络育人因网而生、因时而兴,彰显出强化与传统育人的优势互补、有效引导校园网络舆情、推进高校网络空间治理的深远战略意义。

(一)强化与传统育人的优势互补

传统育人通常是指在校园实体的教育环境中,借助物理空间和一定时间范围内的条件支持发生的教育活动。教师是发动、组织、实施教育活动的主体,学生是接受教育的客体,二者为教育活动的基本构成要素。②

---

① 《习近平著作选读》第2卷,人民出版社,2023年,第198页。
② 《思想政治教育学原理》编写组:《思想政治教育学原理》,高等教育出版社,2018年,第183页。

传统育人模式下,教学的进度和教学的内容呈现出体系化的特质,便于学校对教师的管理,也便于教师组织教学。教师与学生可以实现即时有效的交流和互动,建立情感联系和信任关系,这有助于教师跟进学生的整体情况,发现和跟进学习和生活中的问题,并给予针对性的指导和帮助。高校网络育人则是通过运用人工智能、大数据、云计算等前沿科技,为思想政治工作提供更为丰富的教育资源和更为便捷的互动平台,这极大地拓宽了教育的广度与深度,是促进教育高质量发展的重要手段。与此同时,传统育人凭借其在实践中长期积累并总结的教育经验和成熟的教学方法,在高校教育实践中依然占据着至关重要的位置。高校网络育人以其先进的技术支撑实现与传统育人的有机结合、优势互补,为高校网络育人工作内涵式发展凝聚重要力量。

1.创造新的发展空间

传统育人的物理空间范围相对固定,往往集中于教室、图书馆、实验室等较为封闭的场所。马克思认为:"空间是一切生产和一切人类活动的要素。"[1]网络技术为教育空间的拓展提供强有力的支撑,特别是互联网经历了从"固定"到"移动"这一具有划时代意义的跨越。而空间的拓展进一步扩大与提升了教育的覆盖范围与深度。高校网络育人正是通过利用信息通信技术以及互联网平台,与传统育人进行深度融合,优势互补,创造出新的发展空间。[2]一方面,面对庞大的青年大学生群体,在保证传统育人在现实教育空间内接受知识传授、思想引领、行为引导的同时,高校网络育人凭借对网络虚拟空间的开发利用,实现与现实空间的巧妙联结,为育人铺设了一条宽广的道路,极大地拓展了育人的空间维度。另一方面,高校网络育人与青年大学生的心理特征及内在需求实现对接,充分尊重他们在网络空间中的自由表达意愿,显著增强他们在网络信息交织环境

---

[1]《马克思恩格斯选集》第2卷,人民出版社,2012年,第639页。
[2]《新理念 新思想 新战略80词》编写组编:《新理念 新思想 新战略80词》,人民出版社,2016年,第168页。

下的信息筛选能力,提升了教育的实效性与灵活性。

2.实现课下同步学习

在传统育人的框架下,教育活动的开展在教学计划的安排下基于特定的时间,即所谓的"课时"。习近平总书记指出:"保障时间就是保护创新能力!"①在实现课上学习的同时,高校网络育人的开展可以实现课下同步学习,使得课上课下有机衔接,学生有效学习的时间得到充分保障。一方面,学生能够依照自身实际情况灵活调整学习进度,着重针对知识和技能的薄弱环节进行强化,在自由时间段的任意时刻进行学习与充实,时间规划的自主权得到了极大拓展,学习的目的性与自由度得到了显著提升。另一方面,网络的便捷性使得学生可以根据个人兴趣爱好搜集信息、接受教育、参与交流,激发了青年大学生的求知热情。更为重要的是,高校网络育人的即时性也使得学生在课堂外也可以及时提出疑问、获得反馈和寻求帮助。教师也可以利用网络平台实时跟进学生的学习情况,对其进行客观、科学地评估,精准地把握学生的学习成效,进而提供针对性的指导。同时也有助于教师及时调整教学策略,优化教学内容,进一步提高教学质量,充分提升学生的获得感。

3.整合拓展教学资源

传统育人的教学资源主要包括教材、课件、视频、案例等,并以此为支撑。习近平总书记指出:"努力以信息化为手段扩大优质教育资源覆盖面。"②在传统育人所提供的能够奠定学生基础性和保障性教学资源的同时,高校网络育人借助互联网技术和平台的优势,对教学资源进行深挖、整合和拓展,使其具备多元、开放和共享的特征。具体体现在:高校网络育人平台的搭建和功能的应用,可以使全国优质教育资源突破时空场域的限制实现共享,缩小了因学校自身发展水平和不同地域下经济实力等因素的差异,不仅降低了学习成本,还使教育资源分配不均的情况得到进

---

① 《习近平著作选读》第2卷,人民出版社,2023年,第475页。
② 习近平:《论教育》,中央文献出版社,2024年,第93页。

一步缓解,学生仅凭移动终端便能以图文、声音、视频等多媒体形式进行学习,极大地丰富了学生的学习体验;通过提供在线课程、虚拟实验室、数字图书馆等更为丰富多样的资源,使得学习资源的即时获取得以实现,学生在学习基础课程后的延伸学习得到重要补充,让学习更加便捷高效;通过个性化配套学习资源,高校能够精准匹配学生的学习进度、个人兴趣和整体能力,实现因材施教。此外,高校对网络平台上贴近生活的媒体资讯、贴近原则的时政要闻、贴近实际的研究案例以及丰富多样的专家讲座等进行及时推送,也为传统育人提供了有益补充,使教学内容更加生动直观,更易于学生理解和吸收。

4.形成互动学习模式

传统育人主要采取"一对多"的形式,在教师讲授和学生提问、听讲和问答中实现师生的交流。在传统育人充分保障知识传授和学生吸收的基础上,高校依托网络所形成的互动学习模式促使学生更为积极主动地学习。[①]一方面,高校网络育人利用线上论坛、在线讨论小组、即时通信工具等多样化的互动平台,通过语音交流、文字沟通、视频连线等形式实现"多对多"和"一对一"的交流,学生可以更加便捷地表达观点和提出疑惑,而教师也可以更加灵活地给予指导和解答,提高了互动的效率和针对性。另一方面,大数据分析技术的应用,既能收集并分析学生在学习过程中产生的各类数据,还能准确捕捉学生的学习行为和兴趣偏好,教师基于数据的评估与反馈,为个性化教学提供支撑,进一步加深师生间的互动与理解。最后,互动不仅限于师生之间,还包括学生之间。通过教师的引导,开展学生间的互相交流、协作学习和资源共享,促进学生对知识的深度理解,激发学生的创新思维,进一步培养学生的团队协作精神和沟通能力。

(二)有效引导校园网络舆情

网络舆情是指以互联网为载体所表达的公众情绪,其本质是社会情

[①] 孟东方等:《"四个全面"战略布局的理论与实践研究》,人民出版社,2017年,第280页。

绪在互联网这个可见载体上的公共表达。[①]校园网络舆情,是学生通过互联网对现实生活中某些突发事件、热点问题等表达出具有明显主观性和倾向性的言论和观点。这些观点通常以学生共同关注的微博、微信公众号、抖音、贴吧、小红书等网络平台为载体,集合了广大学生立场的展现、言论的传播、评论的互动,在学生间具有深远的影响力。习近平总书记指出:"做好网上舆论工作是一项长期任务,要创新改进网上宣传,运用网络传播规律,弘扬主旋律,激发正能量,大力培育和践行社会主义核心价值观,把握好网上舆论引导的时、度、效,使网络空间清朗起来。"[②]网络凭借其开放面向、匿名传播、即时反馈等特性,为大学生构筑了一个自由、迅速且无限延展的表达舞台,在特定环境下,通过言论散播和宣传造势,每个学生都有可能成为"意见领袖",在舆情事件中扮演着引领舆论导向的关键角色。[③]高校网络育人作为维护健康的网络生态、引领学生全面成长的重要一环,其在增强舆情引导的整体时效、掌控舆情引导的合适力度、提升舆情引导的效能的意义愈发凸显。

1.切实强化舆情引导的时效

时效一般指的是信息或事件在不同时间内产生的不同价值。在信息传播迅速的网络时代,高校网络育人作用的发挥,使得高校在应对网络舆情时可以充分把握时间窗口迅速响应,抢占舆论先机,强化育人的时效性。第一,及时监测。面对突发事件或敏感问题时,高校依托先进的网络技术建立的舆情监测平台,可以有效提取网络舆情发展动态,提供支持网络舆情管理的决策依据。[④]第二,及时处理。在监测到舆情事件后,能够迅速启动应急预案,组建职责分工明确的专项工作组进行紧急处置。以官方网站、社交媒体平台等权威渠道迅速发布准确信息,澄清事实真相,

---

① 周蔚华、徐发波:《网络舆情概论》,中国人民大学出版社,2015年,第9页。
② 中共中央党史和文献研究院编:《习近平关于网络强国论述摘编》,中央文献出版社,2021年,第63页。
③ 柯宁:《加强高校网络舆情治理》,《中国高等教育》2016年第Z3期。
④ 王学俭、刘强:《当前高校校园网络舆情的逻辑分析》,《中国高等教育》2010年第10期。

避免信息错乱导致的谣言扩散,有效化解矛盾冲突,防止舆情事件进一步升级,从而体现高校的管理效率和责任感,增强了学生对学校的信任和归属感。第三,及时回应。在舆情事件发生后,高校通过积极地回应社会关切,保持信息的透明度和公开性,确保广大学生能够知悉相关事件的最新进展和官方采取的态度立场,从而有效遏制负面舆论的滋生,进一步维护学校的良好形象和声誉。通过主动回应,高校可以进一步打消学生的疑虑和误解,提升学校的公信力和形象,还能够促进学校与社会、学生与家长之间的沟通与理解,增强彼此之间的信任与合作,构建良好的校园网络环境。

2.有效把控舆情引导的力度

力度一般指的是在处理问题时的分寸和火候。正所谓过犹不及,物极必反。青年大学生在面对舆情时逆反心理的形成与网络舆情管理的不当紧密相关。因此,把握适度性是高校网络育人开展的意义彰显。第一,确保信息的真实性和全面性。合理利用网络平台避免了对事件真实性和全面性的偏离,尊重了学生的知情权、表达权和监督权,这不仅是对学生等受众权益的保护,也是对高校自身公信力的提升,从根本上强化了管理者与受众之间的信任基石。第二,避免信息的过度渲染。在面对网络舆情时,过度渲染或极端表达往往是引发学生逆反心理的导火索。高校网络育人为采取潜移默化、客观公正的传播方式提供了科学的方式和手段。通过实事求是地衡量舆情管理的整体成效,在充分研判学生内在需求、自主能力和判断能力的基础上进行舆情引导,有效地弱化学生的逆反情绪,确保了校园秩序的稳定和正常运行。第三,提供必要的信息选择空间。互联网不仅为学生接触到足够数量的信息提供支持,还在信息来源、内容和传播方式上具有多样性。适度的校园网络舆情引导、创新的宣传方式,有助于激发学生的参与热情,增强主流意识形态的吸引力和感染力。总而言之,高校不会强制代替学生做出选择,而是在提供丰富选择的同时,巧妙地引导学生做出明智的判断。①

3.全面提升舆情引导的效能

效能强调的是方法、策略的适用性和产生的效果。习近平总书记指出，"我们必须科学认识网络传播规律，准确把握网上舆情生成演化机理"②。高校在引导网络舆情时以科学的方法和有针对性的策略，确保了引导措施能够真正起到作用。第一，重点了解学生的思想动态与关注焦点。通过微博、微信、校园论坛等学校官方注册的社交媒体，高校可以实现与学生的实时互动，及时了解他们的诉求、关切和疑虑，这有助于高校收集第一手舆情信息，为决策提供科学依据，还能够及时回应学生，提供必要的解释和安抚，增强舆论引导的针对性和有效性，搭建起高校与学生之间的信任桥梁，促进校园和谐稳定。第二，迅速调动公信力强的网络媒介资源。高校以权威网络媒介有效传递信息，引导网络舆论走向，借助及时、高效、精确的深度评论解读，有效提升了大学生网民的网络信息甄别能力。第三，引导学生主动关注热点问题。高校通过组织线上讲座、学术论坛、问卷调查等设置议题的方式，主动作为，深入了解社会事件，通过持续性的意识形态网络宣传教育活动，以启智润心、深入人心的方式，将国家的政治理念、主流的价值观念以及社会伦理道德内化为大学生的内在意识与自觉行动，帮助他们提高认识，形成正确的舆论导向，提升高校在社会舆论场中的影响力。

（三）推进高校网络空间治理

推进高校网络空间治理是高校网络育人的又一战略意义。网络空间是依托互联网基础设施与底层代码的数字化模式，不仅包括了虚拟空间与现实空间，还涵盖人类生存的时间性和空间性，承担历史与现实、结构

---

① 邵华泽：《马克思主义新闻观及其在当代中国的运用和发展》，人民出版社，2009年，第426页。
② 中共中央党史和文献研究院编：《习近平关于网络强国论述摘编》，中央文献出版社，2021年，第13页。

与功能、思维与实体的叠加和碰撞,最终实现相互共存。[1]高校网络空间是指在高校内部及外部以网络基础设施构建出的网络环境,是高校内部的虚拟平台(如在线教学系统、数字图书馆、虚拟实验室等)与现实物理空间(如教室、图书馆、实验室等)的融合,进一步扩展了师生学习、生活、社交的空间范围。习近平总书记指出,"我们要本着对社会负责、对人民负责的态度,依法加强网络空间治理"[2]。随着智能移动终端的迅速发展与普及,除了校内论坛、贴吧等平台,学生更倾向于通过微博、微信、QQ等流行的社交平台与外界交流,这些平台打破了传统校园网络平台的时空限制,成为监管的难点,为高校网络空间增添了诸多不稳定因素。[3]高校网络育人工作是顺应新时代背景下坚持"以人为本"推进高校网络空间治理的必然要求,其战略意义深度体现在强化网络空间中的价值引领、扩大网络空间中的主流意识形态影响以及优化网络空间中的生态环境等方面。

1.强化网络空间中的价值引领

理念是行动的先导,高校大学生如何在网络社会中主动作为、奋发有为,对高校网络空间治理而言是一个关键性问题。马克思认为:"理论一经掌握群众,也会变成物质力量。"[4]高校网络育人将知识的传授视为大学生培育的核心任务,在积极引导大学生深入系统地学习科学文化知识的基础上,促进大学生成长为高层次专业人才,从而有效推动其全面发展。更重要的是,任何形式的知识均蕴含着特定的价值取向,这些取向直接或间接地塑造着大学生的成长路径,尤其影响着学生在网络社会中的个人选择。因此,在知识传授过程中融合价值引领是高校网络育人的目标导向。[5]一方面,高校网络育人充分利用现代信息技术搭建了便捷高效的育人平台,如在线学习平台、网络思政课堂等,通过平台发布相关内容,组织

---

[1] 李良荣、万师师:《网络空间导论》,复旦大学出版社,2018年,第2页。
[2] 《习近平著作选读》第1卷,人民出版社,2023年,第473页。
[3] 兰颖、邓淑华:《高校网络空间风险及其治理》,《学校党建与思想教育》2017年第20期。
[4] 《马克思恩格斯选集》第1卷,人民出版社,2012年,第9页。
[5] 冯刚:《探索思想政治教育发展的内生动力》,人民出版社,2017年,第84—85页。

学生在线学习、交流和讨论,进而引导学生在面对网络空间中纷繁复杂的信息和舆论中坚定立场。另一方面,高校开展的形式多样的网络价值观主题教育,如网络知识竞赛、网络文化节、网络公益活动等,在更大程度上激发了学生的参与热情,提升了教育效果,促进学生将其牢记于心、内化于心、外化于行。扎实的知识基础、科学的价值观念,指引着学生正确理解和辩证看待个人与网络的关系,在推进网络空间治理中积极作为,贡献自身的应有力量、履行作为公民的应尽义务。

2.扩大网络空间中的主流意识形态影响

习近平总书记指出:"网络意识形态安全风险问题值得高度重视。网络已是当前意识形态斗争的最前沿。掌控网络意识形态主导权,就是守护国家的主权和政权。"[1]在新时代背景下,随着经济全球化趋势的不断加深以及网络信息技术的不断发展,国际思想文化的交融与碰撞的日益加深,部分西方资本主义国家借机进行大规模的思想文化渗透,使我国主流意识形态的主导地位遭遇了前所未有的严峻考验。因此,必须高度重视并有效应对高校网络空间中意识形态领域所面临的各种风险。[2]高校网络育人工作以更加高远的站位、更为强大的能力,充分利用网络平台的广泛覆盖面,充分发挥网络新媒体的主流意识形态传播功能,以更为全面的网络维护能力、网络宣传能力与网络监管能力,有效抵御敌对势力渗透;以科学掌握运用微信、微博等新媒体的能力,壮大主流思想舆论,扩大主流意识形态在高校网络空间的影响力。[3]同时,高校结合当代大学生的思想特点和行为习惯,以更为生动、形象、立体的方式引导他们树立正确的世界观、人生观和价值观,营造出积极向上的网络氛围,牢牢把握网络空间的话语权,进一步增强大学生的国家认同感、文化自信心和民族自豪感,从而在网络空间中构建起主流意识形态的坚固阵地。

---

[1] 中共中央党史和文献研究院编:《习近平关于防范风险挑战、应对突发事件论述摘编》,中央文献出版社,2020年,第40页。

[2] 冯刚:《新时代高校辅导员培训教程》,人民出版社,2022年,第197页。

[3] 黄蓉生:《大学生思想政治教育若干论题研究》,人民出版社,2016年,第744页。

3.优化网络空间中的生态环境

2016年12月,国家互联网信息办公室发布的《国家网络空间安全战略》提出:"依法构建良好网络秩序,保护网络空间信息依法有序自由流动,保护个人隐私,保护知识产权。任何组织和个人在网络空间享有自由、行使权利的同时,须遵守法律,尊重他人权利,对自己在网络上的言行负责。"[1]高校网络育人工作的开展显著加强了网络伦理规范教育与网络文明建设的结合,进一步提升了大学生在网络空间中的道德自律和社会责任感,优化了网络空间的生态环境。一方面,通过专门的网络伦理课程,系统地传授网络道德的基本原理、网络行为规范以及网络法律法规,帮助大学生建立起对网络伦理的深刻理解和全面认识。同时,通过举办丰富多彩的活动,如网络道德辩论赛、网络素养提升主题活动等,增强大学生对网络文明建设的参与感和归属感,以实践的方式,让学生亲身体验到网络行为对他人和社会的影响,从而更加自觉地遵守网络伦理规范。另一方面,在积极倡导下建立网络自律公约和有效的监督反馈机制,明确了网络行为的基本准则,鼓励大学生在网络空间中加强自律、互相监督,形成积极向上的网络氛围,推动大学生在网络空间中逐渐形成自律、尊重、友善的良好风气,加强共同抵制网络暴力、谣言传播、侵犯隐私等不良行为的思想自觉和行为自觉。

三、推动高校网络育人的重要举措

举措是针对事物或问题所采取的行动、方法或手段。马克思认为:"全部社会生活在本质上是实践的。"[2]面对网络时代,在实践中统筹建设高校思想政治工作网、引领建设高校网络新媒体矩阵、培育建设素质过硬的网络工作队伍,已成为高校网络育人工作中必不可少的重要举措。

---

[1] 中华人民共和国国家互联网信息办公室:《国家网络空间安全战略》[EB/OL].(2016-12-27)[2024-12-01].https://www.cac.gov.cn/2016-12/27/c_1120195926.htm.
[2] 《马克思恩格斯选集》第1卷,人民出版社,2012年,第135页。

(一)统筹建设高校思想政治工作网

高校思想政治工作网,是指涵盖高校党建与思想政治工作,以思想引领为核心、以服务实践为导向的综合性网络教育平台。2018年以来,在教育部思想政治工作司指导下建设运行的"全国高校思想政治工作网"的引领带动下,全国范围内各大高校不断推进建设具有地方特色或自身特色的思想政治工作网。例如由黑龙江省委高校工委和黑龙江省教育厅主办,全省高校参与共建的黑龙江省高校思想政治工作网;电子科技大学党委宣传部主办的思想政治工作专题网,等等。高校作为培育时代新人的重要场地,要敢于作为,自觉担当起"以网育人"新的历史使命。这不仅关乎知识的传授与技能的培养,还体现在价值观的塑造与精神的引领,确保高校在培养社会主义建设者和接班人的过程中,始终坚持正确的政治方向,培养出既具有扎实的专业技能,又具备高尚道德情操和坚定理想信念的新时代好青年。因此,对高校思想政治工作网的统筹建设,意味着形成一个网络化、系统化的教育体系,尤其要在明确目标定位、强化内容供给、创新话语运用以及夯实管理保障等方面着力。

1.明确目标定位

2016年12月,中共中央、国务院《关于加强和改进新形势下高校思想政治工作的意见》指出:"高校肩负着人才培养、科学研究、社会服务、文化传承创新、国际交流合作的重要使命,是巩固马克思主义指导地位、发展社会主义意识形态的重要阵地。加强和改进高校思想政治工作,事关办什么样的大学、怎样办大学的根本问题,事关党对高校的领导,事关中国特色社会主义事业后继有人,是一项重大的政治任务和战略工程。"[①]其中,在高校肩负的五大使命中,人才培养居于首位,科学研究、社会服务、文化传承创新、国际交流合作都是为了人才培养。因此,在高校思想政治工作网的建设过程中,在以人为核心、为人才培养深度赋能的核心目标定

---

① 中共中央党史和文献研究院编:《十八大以来重要文献选编》(下),中央文献出版社,2018年,第478页。

位下,高校要坚定不移地推进全方位的网络思想政治工作体系建设,打造涵盖"信息发布、工作交流和数据分析"的多维网络平台,加强高校在信息管理方面以及系统共建方面的资源互享与合力并举,[①]以持续性建设充分展现锐意进取的精神风貌和守正创新的发展原则。同时,高校思想政治工作网的建设要在发挥典型模范的示范效应、项目的系统运行和科学管理、数据服务的精准提供以及教育资源统筹建设的全面深化等多个方面不断实现发展进步与突破创新。整体而言,高校不仅要在实践探索中蹄疾步稳,构建出具备强大宣传效能和高效整合资源的综合性平台阵地,还需在理论引领上强基固本,促进学术研究与实践创新深度融合,以此充分发挥网络在高校思想政治工作中的关键性支撑和整体性保障作用,为新时代高校思想政治工作质量的全面提升贡献重要力量。

2.强化内容供给

高校网络育人,不是简单地将育人内容利用网络数字技术提供给学生,而是要根据建设社会主义和谐社会的需要,根据学生思想实际,在深刻研判、严格选定的基础上,秉持明确的目标导向,并遵循有序的步骤来输送给学生具有"正能量"和"主旋律"的网络内容,与各类学生组织、社团的微信、微博,师生个人的微信公众号及社会上一些做得比较好的思政网络平台关联协同,达到一种多方联动的效应。[②]习近平总书记强调:"加强网络内容建设,做强网上正面宣传,培育积极健康、向上向善的网络文化,用社会主义核心价值观和人类优秀文明成果滋养人心、滋养社会,做到正能量充沛、主旋律高昂,为广大网民特别是青少年营造一个风清气正的网络空间。"[③]具体而言,在理想信念方面,高校要明确教育方向,利用网络平台,如微信公众号、官方微博等,定期向学生推送理想信念教育的相关内容,有效传播时代声音,向学生展现一个真实、立体、全面的中国形象,充

[①] 曾兰:《当代大学生精神生活现状及其优化研究》,人民出版社,2021年,第237页。
[②] 骆郁廷、付玉璋:《论高校网络育人协同机制构建的时代价值》,《思想政治教育研究》2018年第4期。
[③] 《习近平著作选读》第1卷,人民出版社,2023年,第473页。

分体现对习近平新时代中国特色社会主义思想深切的政治认同、全面的理论把握和坚定的理想追随,强化"四个意识"、巩固"四个自信"、践行"两个维护",在学生中真正地深入人心、稳固扎根。在爱国情怀方面,高校要整合网络资源,通过各种网络形式向学生推送相关内容,包括国家的历史、地理、文化等,使学生加深对祖国的认识,深刻理解爱国主义的内涵,并且应该统筹力量资源建立网络红色资源数据库,为爱国情怀的培育持续提供最鲜活、最有价值的教育内容,促进学生把爱党和爱社会主义与爱国情怀融会贯通,统一于报国之行、强国之志。[①]在道德情操方面,高校要加强对网络道德规范相关知识的传授,涉及社会公德、职业道德、家庭美德、个人品德等。同时,高校要加强伦理教育,特别是科技伦理教育,全面提升学生在网络环境下对道德规范的深入理解和吸收掌握,将个人道德情操在实践中充分展现。

3.创新话语运用

话语是思想和文化的载体,也是人们认识与改造世界的至关重要的载体。随着互联网技术的飞速发展与广泛应用,网络话语以其独具特色的表达方式以及简洁生动、易于传播及碎片化的特性,塑造着人们的认知框架与行为模式,融入了高校师生的日常工作和生活。在新时代背景下,创新与引导网络话语,成为对高校网络育人工作客观且迫切的要求;相应地,掌握并灵活运用网络话语,则成为网络育人工作者所必须具备的技能之一。高校在创新运用网络话语的过程中,通过明确区分政治话语、学术话语与生活话语之间的界限,结合网络话语生成与表达的内在属性,实现不同话语类型在网络空间中的有效整合与灵活转换;坚持以习近平新时代中国特色社会主义思想为指引,不断巩固和增强其在网络空间中的引领力,确保网络话语所传递的内容与方向始终符合正确的价值导向;充分利用网络话语传播速度快、覆盖面广的优势,紧密结合青年大学生的生活方式与思想特点,通过创新的话语表达方式与传播手段,实现社会主义意

[①] 朱诚蕾:《网络育人论》,武汉大学出版社,2022年,第167页。

识形态的广泛传播与深入渗透,从而不断扩大高校思想政治工作话语在网络空间中的影响力与感召力;[1]紧密关注网络热点、深入分析学生兴趣点,将网络流行语、网络热梗等巧妙融入课堂教学和日常管理,有效激发学生的学习兴趣,提高教育的针对性和实效性,构建师生之间的共同语言,拉近彼此的距离;通过更加生动、形象的方式传递信息,如图片、动画、短视频等多媒体手段,结合网络流行话语,创作积极向上的网络作品,在潜移默化中传递正能量。

4.夯实管理保障

管理保障,是高校网络布局和网络应用的关键性支撑,发挥着重要的"兜底"作用。高校的网络管理应在完善现有体系的基础上,创新建设适合本单位的体制机制,实现网络管理保障工作与新建系统和新兴业务整体规划、同步建设和协调发展,确保校园网络体系的可靠性、安全性和生存能力,同时明确网络管理工作的目标策略、组织架构、人员要求、培训计划、管理制度、措施要求、实施细则及资源保障等,为网络的科学有效管理提供关键的内在动力。[2]例如,江苏大学高度重视并致力于不断优化和完善其校园网络管理制度与运作流程,按照"谁主管、谁负责""谁主办、谁负责"的原则,构建并巩固意识形态工作责任制,不仅制定了《江苏大学校园新媒体建设与管理办法(试行)》《江苏大学网站建设与管理办法》,还发布了《关于做好全校新媒体平台信息登记备案工作的通知》,实现了责任的明确划分,严格规定并强化了校园内各级、各类网络平台从建设管理、内容审核到信息发布、运行监控及安全保障的全方位、高标准要求,积极落实二级网站、微信公众号、微博账号等网络平台的登记备案流程,严格执行"审批前置、发布审核"的双重把关机制。同时,江苏大学加大对包括官方网站、媒体平台、校园电视台、广播站在内的各类校园网络媒体的监管

---

[1] 马福运:《新时代高校宣传思想工作创新论》,人民出版社,2020年,第264页。
[2] 王秀军主编,中国网络空间安全协会编:《关键信息基础设施安全保护通识》,人民出版社,2023年,第13页。

力度,构建出包含多层次、多渠道的反馈机制。学校定期巡查并审查各单位的网站及新媒体平台,综合评判其运维状况,对发现的问题予以及时反馈,并以此为契机,推动各单位网站与新媒体平台在建设与运营层面的全面升级,确保信息传播的准确性和时效性,进一步提升了校园网络的综合管理水平,[1]为校园网络的管理奠定系统性、体系化的全面保障。

(二)引领建设高校网络新媒体矩阵

网络新媒体矩阵,指的是依托互联网技术,通过计算机、智能手机、平板电脑等智能移动终端设备,以网络新媒体渠道的多元组合,向目标群体提供信息传播、交流互动、内容创作与分享服务的传播阵地。习近平总书记指出:"运用新媒体新技术,推动思想政治工作传统优势同信息技术高度融合,使思想政治工作联网上线,增强时代感和吸引力。"[2]网络新媒体矩阵打破了单一媒介在时间和空间上的限制,实现了信息的即时、广泛与互动传播。高校网络育人工作的有效开展,离不开网络新媒体的深度赋能,更要重视网络新媒体矩阵具有的广泛覆盖面和深远影响力。高校必须敏锐地洞察当前形势,果断地抓住历史机遇,采取一系列有力措施,致力于整合网络新媒体渠道,将其打造成为教育的一块重要阵地,营造出积极向上、充满正能量的教育环境,为大学生的健康成长提供有力保障。[3]因此,在党的坚强领导下引领建设高校网络新媒体矩阵,不仅是对当前信息传播环境快速变化的积极响应,更是在建设教育强国背景下创新教育理念、拓宽教育渠道、深化教育影响的战略选择,需要在官方网络媒体、网络自媒体以及校园新媒体这三方面下功夫、重落实。

1.以官方网络媒体为核心阵地

官方网络媒体,是指在互联网上具有广泛影响力、公信力和权威性的

---

[1] 王玉忠、金丽馥:《新时代高校网络育人理论与实践》,江苏大学出版社,2021年,第211页。
[2] 习近平:《论教育》,中央文献出版社,2024年,第155页。
[3] 北京教育系统关心下一代工作委员会编:《网络新媒体环境下高校关心下一代工作研究》,人民出版社,2022年,第36页。

官方新闻信息发布平台。在网络信息纷繁复杂的境遇下，网民更加倾向于去寻求令人信服的权威信息源，即官方网络媒体。网民对其权威性和品牌效应的信赖，使其影响力呈现有增无减的态势。高校需要充分依托包括"中央政府及其组成部门的官方网站，中央的网络媒体，如人民网、新华网、官方论坛与微博、客户端、国家主要电视台、通讯社等各大媒体网站，地方的各级政府官方网站和官方主办的网络媒体"①，把这些官方网络媒体的信誉和权威延伸到校园网络空间中，发挥其在引导校园网络舆情中的关键功能，使其真正成为能够传达党和政府声音并深切反映民意的喉舌，积极引导舆论走向真实、可靠，并扩大自身影响力，为其拓展更多的发展空间。②第一，拓宽重要信息和资讯的传播范围。高校通过官方网络媒体提升传播速度，包括官方政策、学术研究动态、科学知识、重大节日活动等信息，使学生能够迅速获取到最新、最权威、最有用的信息。第二，充分利用官方网络媒体来应对危机和维护声誉。高校通过官方网络媒体及时关注社会热点问题，研判其发展演化的趋势，搭建舆情风险预警平台；再通过官方网络媒体的权威解读，有效且及时地回应学生关切，维护学校良好声誉和形象。第三，搭建广泛的沟通平台。高校还可以通过官方网络媒体为教师、学生、校友和社会各界之间的交流和沟通提供平台，收集师生的意见，了解学生的需求，优化教育政策，提高服务能力，促进学生与学校间建立密切联系，加强学生对学校的认同，营造出充满活力、和谐有序的校园氛围，为学生的成长发展创造更有利的环境。

2.以网络自媒体为关键渠道

网络自媒体，是指利用网络技术，运用QQ、微信、微博、抖音、小红书、快手等平台，通过个人或者团队自主创建、编辑、发布内容和传播信息的媒体形式。习近平总书记指出："随着互联网快速发展，包括新媒体从业人员和网络'意见领袖'在内的网络人士大量涌现。在这两个群体中，有

---

① 杨畅：《负面网络舆情视域的政府公信力建设》，《求索》2015年第6期。
② 杨安：《电子政务与社会管理创新》，人民出版社，2015年，第226页。

些经营网络、是'搭台'的,有些网上发声、是'唱戏'的,往往能左右互联网的议题,能量不可小觑。"①可见,网络自媒体深远且广泛的影响力,使其对塑造大学生的思想观念、引导其行为习惯的形成等方面展现出不可忽视的作用与影响。②第一,建立健全自媒体运用的相关规章制度。高校应明确自媒体平台的运营规范、信息发布流程、审核机制等,涵盖自媒体账号的注册、管理、运营等多个环节,为自媒体活动的有序开展提供坚实的制度基础;设立专门的管理机构或团队,及时监测发现并处理不良信息,维护自媒体平台的良好生态,确保自媒体活动的合法合规性。第二,激发学生的创作激情。高校应鼓励学生将其个人学习、专业知识与校园文化相结合,在媒体创作中提供有新意、有趣味和有教育意义的内容,从而传达出积极向上的价值观,使创作的内容提质增效、创新发展,丰富校园文化。第三,加强对媒体内容的监督和限制。高校应增强学生对媒体创作内容规范意识的培养,守牢意识形态红线,建立相应的媒体内容制作标准和规范,明确创作内容真实性、客观性和准确性的要求,确保所发布内容的完整性和一致性。此外,高校应积极邀请新媒体行业的专家学者和知名媒体人为学生授课和培训,进一步提升学生的媒体素养。

3.以校园新媒体为重要场域

校园新媒体,是指随着网络技术、数字技术发展而兴起,由学校创办各种网站、BBS、虚拟社区等用来展示学生的学习、娱乐、工作、社交情况,并由专人负责日常管理和维护的媒体形式。2020年4月,《关于加快构建高校思想政治工作体系的意见》明确指出,"提升校园新媒体网络平台的服务力、吸引力和粘合度"③。运用好校园新媒体是高校建设网络新媒体

---

① 中共中央党史和文献研究院编:《习近平关于网络强国论述摘编》,中央文献出版社,2021年,第65页。
② 冯刚:《新时代高校思想政治教育前沿研究》,人民出版社,2022年,第124页。
③ 中华人民共和国教育部:《教育部等八部门关于加快构建高校思想政治工作体系的意见》[EB/OL].(2020-04-28)[2024-12-01].http://www.moe.gov.cn/srcsite/A12/moe_1407/s253/202005/t20200511_452697.html.

矩阵的重要一环。例如,清华大学于2022年成立上线的校内网络社交平台"1911星球",运用智能审核技术与人工监督策略,实施全天候帖文监管,针对极端类内容,实现了迅速且有效的响应。第一,坚守内容底线。"1911星球"平台适度放宽了对校园议题讨论的约束,有效发挥了社交平台作为"情绪释放口"的积极作用,为院系培养方案、保研政策、后勤服务及师生关系等话题提供了充分的交流空间。第二,强化校园信息公开。"星球站务团队"以亲和且生动的方式发布官方资讯、传达学生需求、调解平台争议,确保学生能够便捷地从论坛获取来自学校或相关部门的可靠信息。第三,加强联动合作。"星球站务团队"积极与校内各部门、各院系建立联动机制,迅速发现并澄清平台上的不良言论,有力维护了校园的和谐氛围。[1]可见,校园新媒体已成为大学校园内不可或缺的信息传播载体,要创新运用校园新媒体,使其可以在舆论引导、信息通道和联系社会等方面发挥重要的作用。校园新媒体作用的发挥,使其不仅可以成为官方信息的"传播者",还能充当"桥梁"的角色,加深学生与学习之间的联系和沟通,有力地推动实现校园网络环境的风清气正。

(三)培育建设素质过硬的网络工作队伍

2014年2月,习近平总书记在主持召开中央网络安全和信息化领导小组第一次会议时强调:"建设网络强国,要把人才资源汇聚起来,建设一支政治强、业务精、作风好的强大队伍。"[2]随着互联网技术的日新月异和新媒体平台的蓬勃兴起,要"保证高校正确办学方向,保证党的领导在高校工作中全面发挥作用","掌握高校思想政治工作主导权,巩固马克思主义在高校意识形态的主导地位,用科学理论培养人,用正确思想引导人,保证高校始终成为培养社会主义事业建设者和接班人的坚强阵地"[3],因

---

[1] 徐冉等:《以校内社交平台建设推动高校网络空间治理的探索》,《学校党建与思想教育》2024年第4期。
[2] 《习近平谈治国理政》第1卷,外文出版社,2018年,第199页。
[3] 习近平:《论教育》,中央文献出版社,2024年,第160页。

而,高校网络育人工作队伍建设就显得尤为重要。培育建设素质过硬的网络工作队伍,不仅有助于高校在引导网络舆论、维护网络安全、促进师生信息交流等方面发挥关键作用,还在提升校园网络环境的治理能力与服务水平、推动教育信息化转型以及促进校园信息化建设与发展等方面具有不可估量的价值,为形成全员参与、全过程渗透、全方位覆盖的育人格局深度赋能。由此,需要针对网络工作队伍不断加强政治引领、强化培养培训、坚持专兼结合以及健全激励机制,为高校网络育人工作提供坚实的支撑和保障。

1. 加强政治引领

网络环境的日益复杂使高校成为意识形态斗争的前沿阵地,网络工作队伍"如果没有敏锐的政治嗅觉和高度的政治觉悟,势必会成为一切敌对势力搅局的工具"[①]。因此,政治引领是培育建设高校网络工作队伍的灵魂所在,是一项长期而艰巨的任务。第一,高校应明确网络工作队伍的政治定位。网络工作队伍不仅是技术操作者,更是思想和理念的传播者,应该具备坚定的政治立场、敏锐的政治洞察力和较高的政治理论水平。高校应定期组织网络工作队伍深入学习习近平总书记关于网络强国、网络空间治理、网络舆论引导等重要论述,通过理论研讨、实践锻炼等多种形式,不断提升网络工作队伍的政治素养和业务能力,使其能够准确理解和把握党的路线方针政策,有效应对网络空间中的各种挑战。第二,高校应加强对网络工作队伍的管理。引导网络工作队伍在网络世界中树立正确的价值观念和政治理念,提高其识别和抵御网络意识形态风险的能力。同时,建立健全对网络工作队伍的选拔、培养、考核、监督、指导,确保网络工作队伍能够始终保持高昂的热情和良好的状态,始终沿着正确的政治方向前进,在网络空间斗争和网络舆论引导中立场坚定、旗帜鲜明,有效提升网络工作队伍的工作效率和工作质量。第三,高校应注重发挥网络工作队伍的示范引领作用。通过定期的工作汇报、民主交流等方式,全面

---

① 周宇豪:《新时代马克思主义新闻观中国化创新发展》,人民出版社,2018年,第200页。

了解网络工作队伍的政治表现,出现问题及时进行调整或教育,确保网络工作队伍整体政治素质过硬,使其成为高校网络育人工作的先锋队。

2.强化培养培训

"要想给学生一杯水,自己必须先有一桶水。"[1]高校网络育人的核心指向是"育人",即教育引导广大学生。顺应网络发展的趋势,高校应按照"正能量是总要求、管得住是硬道理、用得好是真本事"的基本思路,提高网络工作队伍的用网、管网、治网水平,才能实现扎实地育人。第一,高校要培养网络工作队伍熟练运用网络的能力。网络工作队伍应厚植网络素养,在网络世界中敢于发声、有能力发声,唱响主旋律、传播正能量;还要知网懂网,能够引领网络的议题、方向和进程,从而影响学生的思想和行为。第二,高校应对网络工作队伍展开分类指导。构建涵盖网络技术、信息传播、舆论引导、危机管理等多方面的培训体系,将"研究能力和应用能力专题培训纳入在职培训、日常培训,确保在所有教师中,形成基础信息化应用能力和网络育人研究能力培训全覆盖"[2],提高网络工作队伍的专业技能和实战水平。第三,高校应培养网络工作队伍的责任意识。建立完善的工作责任制度,以"责任分解、责任报告、责任考核、责任追究"[3]构建责任导向,明确网络工作队伍在岗位中应当承担什么责任、如何承担责任,促进其在工作中勇于担当、敢于负责,确保工作任务的有效落实。第四,高校应完善网络工作协调机制,在校党委领导下加强各职能部门和各二级学院间的沟通与资源的共享,培养网络工作队伍的团队协作精神,增强团队凝聚力和战斗力,最终为学校的育人工作形成合力。

3.坚持专兼结合

随着网络技术的快速发展,在"有数量、有质量、有平台、有保障"的原

---

[1] 《温家宝谈教育》编辑组编:《温家宝谈教育》,人民出版社,2014年,第170页。
[2] 李羽佳:《教育信息化时代高校网络育人队伍建设研究》,《中国高等教育》2020年第24期。
[3] 马福运:《新时代高校宣传思想工作创新论》,人民出版社,2020年,第148页。

则下,建设一支专职为主、专兼结合、数量充足、素质优良、高效协同,[①]涵盖网络技术、网络管理、网络创作、网络评论、网络研究等方面[②]的网络工作队伍,成为高校网络育人工作纵深开展的题中之义。第一,着力构建专职队伍。专职队伍在网络育人工作中发挥着关键作用。高校应采取对内公开选拔、对外公开招聘等方式引进具有丰富经验和专业技能的信息化人才,充实网络工作队伍的力量。在职责定位上,高校网络工作专职队伍应定位为不仅可以承担着信息化建设、网络安全防护等任务,还能积极参与到教学科研活动中,成为推动网络育人工作的核心力量;在技术支持与资源保障上,高校应为网络工作专职队伍提供先进的技术支持和充足的资源保障,包括建设先进的网络基础设施、配备先进的网络设备和工具、提供丰富的网络资源等,鼎力相助其工作开展。第二,促进兼职队伍发展壮大。由于网络覆盖人们生活的方方面面,专职育人队伍不足以满足现实需要,高校既要建设专职的育人队伍,也要强化兼职人员的吸纳。如与计算机科学、新闻学、传播学、心理学、法学、社会学等学科的专家学者进行交流与合作,将其吸纳进入本校网络工作队伍,组建起一支兼职网络育人队伍,通过覆盖多学科、多专业人员的自由组合,适应不同网络育人场景需求和分工协作,促进各领域育人队伍之间的优势互补,[③]实现资源的共享和经验的交流,共同推动高校网络育人工作的开展。

4.健全激励机制

激励机制是促进网络工作队伍提高工作效率和服务质量最坚实的保障。《实施纲要》明确提出:"推动将优秀网络文化成果纳入高校科研成果

[①]《新时代思想政治工作大课堂》编写组编著:《新时代思想政治工作大课堂》,人民出版社,2021年,第217页。

[②] 中华人民共和国教育部:《教育部思想政治工作司关于培育建设高校思想政治工作精品项目的通知》[EB/OL].(2018-07-23)[2024-12-01].http://www.moe.gov.cn/s78/A12/tongzhi/201807/t20180724_343654.html.

[③] 朱诚蕾:《网络育人论》,武汉大学出版社,2022年,第191页。

统计、列为教师职务职称评聘条件、作为师生评奖评优依据。"[1]因此,高校应围绕激励机制下足功夫,奠定网络工作队伍建设的内驱力。第一,坚持与时俱进完善激励机制。面对网络空间不断涌现的新情况、网络舆论引导出现的新问题,高校要着重健全完善高校网络工作队伍激励评价机制,确保激励机制的方向性和针对性。第二,坚持重品质、重能力、重业绩、重服务的用人导向。高校应完善激励政策,对在网络工作中取得显著成效的创新成果给予表彰和奖励,把网络育人工作作为高校党政领导干部考核评价的重要依据之一,畅通思政课教师职称评定、评优评奖的渠道,落实辅导员"双重身份、双线晋升"和辅导员专业技术职务单列指标、单设标准、单独评审的相关政策,形成吸引优秀人才参与网络工作队伍建设的政策引导。[2]例如,天津师范大学不断完善日常评价激励机制,将优秀网络文化成果纳入教职工科研成果统计、专业技术职务(职称)评定、人才称号评定(推荐)等范围,对有效运用网络平台取得成效的专任教师、思想政治工作者进行表彰和奖励,通过激励措施有力调动了高校全员参与网络育人工作的积极性。[3]显见,在强调公平公正、绩效导向和持续发展等基本原则的导向下,激发网络工作队伍真抓实干的能力,使其在工作中勇于尝试新方法、新技术,不断探索网络工作的新路径、新模式。

---

[1] 中华人民共和国教育部:《中共教育部党组关于印发〈高校思想政治工作质量提升工程实施纲要〉的通知》[EB/OL].(2017-12-05)[2024-12-01].http://www.moe.gov.cn/srcsite/A12/s7060/201712/t20171206_320698.html.
[2] 黄蓉生:《大学生思想政治教育若干论题研究》,人民出版社,2016年,第745页。
[3] 中国政研会秘书处编:《不断提高基层思想政治工作质量和水平——2023年基层思想政治工作优秀案例》下册,人民出版社,2023年,第346页。

第八章

大力促进高校心理育人

20世纪80年代以来,高校心理育人工作不断演进,历经了从"心理咨询"到"心理素质教育",再到"心理健康教育"的逐步深化与拓展过程,最终融入了"三全育人"理念下的"心理育人"综合体系。2017年12月,教育部党组印发的《高校思想政治工作质量提升工程实施纲要》,明确将心理育人纳入"十大"育人体系,强调要"深入构建教育教学、实践活动、咨询服务、预防干预、平台保障'五位一体'的心理健康教育工作格局"[1]。2018年7月,教育部党组又印发了《高等学校心理健康教育指导纲要》(以下简称《指导纲要》),从立德树人的战略角度出发,对新时代高校心理健康教育的指导思想、总体目标、基本原则等方面提出明确要求。贯彻落实立德树人根本任务,培育担当民族复兴大任的时代新人,充分发挥高校心理育人作用已成为必然。因此,系统、深入地解析高校心理育人的科学内涵、重要作用以及开展心理育人的紧迫性,并积极探寻切实可行的策略,对于大力促进高校心理育人,具有极为重要的现实意义与实践价值。

一、高校心理育人概论

"概论"是一种提纲挈领式的综合性呈现范式,其核心在于聚焦特定领域,精准且全面地展开相关内容,构建起对该领域的宏观理解框架。在高校心理育人领域,其概论探究主要包括以下核心要点:科学内涵揭示了高校心理育人的本质属性与内在逻辑;显著特征彰显高校心理育人区别于其他育人途径的独特之处,交织成高校心理育人工作的鲜明标识;核心作用凸显了高校心理育人在落实立德树人根本任务中的关键意义。系统地剖析高校心理育人的科学内涵、显著特征与核心作用,不仅是全方位把握高校心理育人的基础,更是开启高校心理育人理论研究与实践探索的逻辑起点。

---

[1] 中华人民共和国教育部:《中共教育部党组关于印发〈高校思想政治工作质量提升工程实施纲要〉的通知》[EB/OL](2017-12-05)[2024-12-20]. http://www.moe.gov.cn/srcsite/A12/s7060/201712/t20171206_320698.html.

(一)高校心理育人的科学内涵

心理育人作为具有特定内涵的概念范畴,其科学内涵的揭示需要从两方面展开:一是回溯至"心理"与"育人"的本源,厘清心理育人的专属定义;二是通过与心理健康教育的对比,精准洞悉二者的本质差异与内在关联。作为心理健康教育顺应时代发展衍生出的进阶概念,心理育人与心理健康教育既彼此交融、紧密联系,又各具特质、各有侧重。通过比较研究,才能更加深刻把握心理育人的内核本质。

1.高校心理育人的含义

要界定高校心理育人的含义,首先需要弄明白什么叫心理育人。心理育人的定义可以从"心理"和"育人"两个核心概念展开。心理,是指人脑对客观世界的内在映射,囊括了认知、情感、意志及个性等诸多层面,它既是脑的功能体现,也是个体对客观现实的映照呈现。心理在反映客观现实时具备以下显著特征:首先,人的心理现象并非物质实体,而是以观念形态存在的意识活动;其次,这种反映过程具有显著的主观特性,具体表现为认知主体基于独特生命体验形成的个性化解读;最后,人的心理是对客观现实的积极的能动的反映,蕴含着认知主体的价值判断和意义赋予,形成动态的、创造性的反映过程。[1]人的心理状态有健康与不健康之分。参照学界的研究成果,心理健康标准主要包括八个方面:智力正常、学习和工作的主观能动性、情绪稳定乐观、反应适度、人际关系和谐、意志健全、行为协调、社会适应力强。

育人,是指通过教育活动对个体进行正向引导,促进其全面发展的过程。育人的内涵不仅包括知识和技能的传授,还强调思想道德、心理素质、人格品质、身体素质等多方面的综合塑造。育人的本质是通过教育活动,帮助受教育者实现潜能开发、人格完善和社会适应能力的提升,最终

---

[1] 黄希庭:《普通心理学》,西南大学出版社,2021年,第7-8页。

使其成为全面发展的符合社会需要的人。

结合心理和育人的内涵,可将心理育人初步理解为通过心理教育手段,促进个体潜能开发、人格完善与心理品质提升的教育活动。目前,学界对心理育人的定义尚未达成统一。有学者认为,心理育人是指通过多种方式实施心理健康教育,有目的、有计划地对学生进行心理引导,缓解学生的心理困惑,开发学生的心理潜能,提升学生的心理品质,促进人格健全,以实现培育时代新人的教育活动。[1]还有学者提出,心理育人旨在帮助大学生解决心理问题和重建心理平衡,引导学生更好地认识自己和他人、社会、世界之间的关系,树立正确的世界观、人生观和价值观,从更高和更根本意义上收获心理健康。[2]综合以上观点,可将心理育人界定为:依据个体身心发展实际,遵循其成长规律,运用多样化手段,积极引导教育者开发潜能、完善人格、提升自我效能感,培育积极心理品质的教育实践活动。

作为高校思想政治教育质量提升工程"十大"育人体系的组成部分,心理育人特指"高校心理育人"。它是一个多维度、综合性、立体化的育人实践。从目标维度审视,高校心理育人始终锚定"立德树人"这一高等教育的根本使命与核心任务,将之作为一切工作的起始点与落脚点。于内容维度探究,它深度折射新时代大学生思想政治教育的丰富意蕴,同时紧密贴合大学生成长的阶段性特征以及心理需求的动态变化,持续与时俱进,灵活调适教育内容,保障其兼具时代感与针对性。就方法维度而言,它更为注重人文关怀的融入渗透,充分汲取大学生思想政治教育的前沿方法与成功经验,积极探索契合大学生心理特质的崭新方法与创新路径,力求提升教育的实效性与吸引力。从主体维度考量,它对教育者提出了进阶要求,教育者不仅须具备优良的心理品质与高尚的人格魅力,还应掌握扎实的心理专业知识与技能,且教育主体范畴拓展至全体师生员工,乃

---

[1] 马建青、杨肖:《心理育人的内涵、功能与实施》,《思想理论教育》2018年第9期。
[2] 潘莉、董梅昊:《高校心理育人面临的现实难题及其突破》,《思想理论教育》2019年第3期。

至延伸至学生家长及社会各界,营造全员参与、全方位育人的优良生态。作为高校思想政治工作系统的重要组成部分,心理育人具有鲜明的高校特色,强调心理健康教育与思想政治教育的深度融合。

2.高校心理育人与高校心理健康教育的辨析

心理健康教育是指"根据人们心理活动的规律,采取各种方法与措施,调动一切内外积极因素,维护个体的心理健康,培养其良好的心理素质,以促进其整体素质提高的教育"[1]。《指导纲要》指出:"心理健康教育是提高大学生心理素质、促进其身心健康和谐发展的教育,是高校人才培养体系的重要组成部分,也是高校思想政治工作的重要内容。"[2]尽管心理健康教育已纳入高校思想政治工作体系,但心理健康教育与心理育人在内涵上仍存在差异。

首先,从定义上看,心理健康教育侧重依据个体生理与心理发展特性,通过知识传授、技能训练和问题干预,维护心理健康;心理育人则侧重于立足个体身心发展实际状况,运用多样化手段,积极引导个体开发潜能、完善人格、提升心理品质。其次,从目标看,心理健康教育目标较为具体,主要关注心理健康知识的传授以及心理问题应对;心理育人则更具综合性,不仅关注心理问题的识别与干预,还致力于潜能开发与积极品质培育。最后,从方法上看,心理健康教育多依赖课堂教学、讲座、心理辅导等形式;心理育人则综合运用心理咨询、心理辅导、团体活动、社会实践等多元手段,更具多样性与灵活性。

(二)高校心理育人的显著特征

特征是指某一事物在普遍属性中表现出的独特性质、特点或标志性属性,是事物内在本质与外在表现的综合反映,是区别事物与其他事物的

---

[1] 宋辉:《积极心理学视域下大学生健康教育》,北京工业大学出版社,2023年,第50页。
[2] 中华人民共和国教育部:《中共教育部党组关于印发〈高等学校学生心理健康教育指导纲要〉的通知》[EB/OL].(2018-07-06)[2024-12-20]. http://www.moe.gov.cn/srcsite/A12/moe_1407/s3020/201807/t20180713_342992.html。

显著标志。高校心理育人不仅承载着维护学生心理健康的重要使命,还肩负着引导学生正确价值观念的重要责任,这决定了其具有多维度的显著特征,集中体现在心理疏导性与思想引导性的深度融合、系统协同性与精准育人性的有机统一,以及科学性与人文性的内在协调性。这些特征彰显了高校心理育人的独特内涵、实践路径和价值取向。

1. 心理疏导性与思想引导性的深度融合

心理育人是心理健康教育与思想政治教育高度融合的育人形态,因此心理疏导性与思想引导性的深度融合是高校心理育人的本质特征。一方面,心理育人具有心理疏导性。通过专业的心理干预方法,心理育人帮助学生识别、表达和调节情绪,缓解心理压力,增强心理韧性。另一方面,心理育人具有思想引导性。在帮助学生解决心理问题的同时,心理育人还通过价值引领和思想教育,帮助学生树立正确的世界观、人生观和价值观。心理疏导性与思想引导性的深度融合体现在高校心理育人的目标设定上。心理育人以培育德智体美劳全面发展的时代新人为导向,既要关注学生的心理健康,又要重视思想上的价值引导,帮助学生树立正确的思想观念。心理疏导性与思想引导性的深度融合还体现在心理育人的实践路径上。心理育人要求心理咨询师与思想政治教育工作者深度融合,通过课程教学、实践活动、团体辅导等多种形式,引导学生在解决心理困扰的同时,提升价值判断力和社会责任感。例如,部分高校开展的"心理+党建"工作坊、"生涯规划与家国情怀"团体辅导等创新形式,也是这一特征的生动体现。这种融合既突破了传统心理健康教育的局限性,也增强了思想政治教育的亲和力,形成了独特的育人优势。

2. 系统协同性与精准育人性的有机统一

高校心理育人的实践特征体现在系统协调性与精准育人性的有机统一。一方面,高校心理育人具有鲜明的系统协同性,体现为教育主体、环节和资源的充分整合。在教育主体方面,高校突破传统单一主体的局限,构建了以专业心理咨询师为核心,辅导员、班主任、思政课教师、专业教师、管理服务人员、学生骨干、家长等共同参与的心理育人队伍。在教育环节方面,高校心理育人贯穿学生从招生入学到毕业离校的全过程,通过新生适应性教育、学业压力调节、人际关系指导、职业规划指导等不同阶段的心理教育引导,形成了全周期的心理支持体系。在教育资源方面,高校整合了校内外资源,发挥学工、宣传、后勤、医院、共青团、学生组织等的工具性支持和桥梁纽带作用,实现人力、物力、财力的集中配置,为心理育人提供有力支持。另一方面,高校心理育人具有精准育人性,体现在对学生的个性化需求与深层次思想困惑的精准把握。通过大数据分析、心理测评工具和管理平台的综合应用,高校能够精准识别学生的潜在心理问题及其背后的价值困惑,从而制订个性化的教育方案。通过团体辅导与个性咨询相结合的方式,针对学生的不同需求提供个性化的支持服务。系统协同性与精准育人性有机统一于高校心理育人实践中,表现为全过程协同与精准支持的结合,全员协同与精准识别的结合。当然,受种种因素的影响,心理育人的全员、全过程、全方位育人格局尚未充分构建,对学生心理问题的精准把握和应对能力有待提升。

3.科学性与人文性的内在协调

高校心理育人的价值特征体现在科学性与人文性的有机统一。一方面,高校心理育人具有科学性,依托多学科的理论与方法开展专业化的教育和引导。以心理学为核心,高校心理育人融合发展心理学、社会心理学、教育学等多学科理论,深刻把握大学生心理发展的规律和特点,为育人实践提供科学的理论依据。在实践方法上,高校心理育人注重采用科学化、专业化的手段实施育人工作。如通过团体辅导、沙盘治疗、艺术疗法等多样化、科学化的心理育人方法,针对不同学生群体的个性化需求提供精准服务。高校心理育人还充分利用现代信息技术提升心理育人的科学性。依托大数据和人工智能技术,对学生的心理状态进行动态监测和分析,实现对心理问题早发现、早干预,显著提升心理育人的实效性。另一方面,高校心理育人还强调人文性,即尊重学生的个体差异和独特需求,注重情感关怀和人文关怀。在心理教育中,教育者不仅关注学生的心理问题,更注重倾听学生的内心声音,尊重学生的情感体验,帮助他们建立自信、培养积极的情绪调节能力。科学性与人文性的内在协调主要体现在心理育人的方法手段上。高校在心理育人中将科学化的干预手段与人文关怀相结合,在提升学生心理健康水平的同时,注重其情感需求与人格发展。例如,利用大数据对学生心理状态进行动态监测,并在干预过程中注重情感陪伴,帮助学生感受到人文的温暖和支持。

（三）高校心理育人的核心作用

作用是指某一种事物对其他事物或系统产生的影响、效用或功能。在高校思想政治教育体系架构中,心理育人具有不可替代的独特价值,其核心作用体现在心理健康素质培育、思想心理协调发展、人际关系建构支持三个维度,形成有机联动的育人机制,为大学生成长成才提供系统性支撑,为其适应社会复杂环境奠定可持续发展基础。

1.培育大学生良好的心理健康素质

高校心理育人的首要作用在于培育大学生良好的心理健康素质。心理健康素质是指个人在心理活动中表现出的稳定品质,具体包括认知能力、行为控制能力、环境适应能力等多维度的综合表现。这一素质能够帮助大学生在面对学习、生活和人际关系中的压力和挑战时,保持积极乐观的心态,合理调控情绪,作出理性决策,从而有效应对各种复杂情境。2016年,国家卫生计生委等22个部门联合印发的《关于加强心理健康服务的指导意见》明确指出,"心理健康是人在成长和发展过程中,认知合理、情绪稳定、行为适当、人际和谐、适应变化的一种完好状态"[1]。对于大学生而言,良好的心理健康素质不仅是其成长成才的内在基础,也是其全面发展的重要保障。

---

[1] 国家卫生健康委官网 疾病预防控制局:《关于加强心理健康服务的指导意见》[EB/OL].(2017-01-19)[2024-12-20].http://www.nhc.gov.cn/jkj/s5888/201701/6a5193c6a8c544e59735389f31c971d5.shtml.

在当下社会,大学生承受着学业、就业、人际关系等多重压力,其心理健康问题愈发成为社会关注的焦点。为此,高校心理育人通过系统化的心理健康教育、专业化的心理咨询服务以及多样化的实践活动,全面培养大学生的心理健康素质。一是通过心理健康教育课程教学、专题讲座等形式,帮助大学生掌握心理学基础知识和情绪管理技巧。引导学生培养正确的认知,减少因认知偏差导致的心理困扰。同时,通过合理宣泄情绪、调节心理压力等方式,增强学生情绪的自我控制能力,保持心理的平衡与稳定。二是强化行为控制能力与适应能力。心理育人通过心理素质拓展训练、团体辅导等教育实践,帮助大学生建立健康的行为模式,增强行为控制能力。通过模拟现实情境的心理适应训练,提升学生在面对新环境、新挑战时的应对能力,增强其社会适应性。三是培育积极心理品质与健全人格。通过心理健康教育与思想政治教育的深度融合,引导学生树立正确的思想观念,培养如乐观、感恩、坚韧等积极心理品质。这些品质有助于大学生形成健全的人格,还能增强其抵御挫折的能力,为其健康成长与全面发展提供持续的动力。

2.促进大学生思想与心理的协调发展

"思想和心理同属于人的精神现象,心理是思想的基础,没有健康的心理,就无法形成正确的思想;思想又是心理活动的高级形式,体现着较为稳定而持久的心理特征。"[1]二者紧密交织、相互渗透,共同作用于大学生的成长成才过程。大学生实现心理与思想的协调发展,是其成长为全面发展人才的实践要求。"思想与心理的协调发展",是指大学生在成长过程中,心理状态与思想观念实现有机统一、相互促进的动态过程。这一过程强调心理健康为思想发展的基础,思想观念为心理发展的方向。

高校心理育人通过育心与育德的双向互动,推动大学生思想与心理的协调发展。一方面,心理育人以心理健康教育为基石,帮助大学生构筑积极向上、稳健良好的心理状态,提升心理品质。心理健康教育通过培养

---

[1] 刘宏达等:《高校思想政治教育工作前沿问题研究》,人民出版社,2019年,第263页。

学生的认知能力、情绪调节能力和行为控制能力,为其形成正确的思想观念奠定基础。另一方面,心理育人本身蕴含丰富的思想教育元素,借助育德达成育心之效。正确的思想观念为学生指引前行方向,促使他们铸就更为坚毅刚强的心理品质。通过思想教育,大学生能够树立崇高的理想信念,激发内在潜能,增强心理的韧性和毅力。同时,思想教育还能培养学生的社会责任感和历史使命感,使他们在追求个人梦想的同时,不忘回馈社会、服务国家,这种高尚的情操和远大的志向进一步丰富了他们的心理世界,促进了心理的健康成长。这种双向互动促进大学生思想与心理的协调发展,为大学生的全面成长提供强有力的支撑。

3.助力大学生构建融洽和谐的人际关系

高校心理育人的第三个核心作用在于助力大学生构建融洽和谐的人际关系。融洽和谐的人际关系是指大学生在与他人交往过程中能够相互理解、尊重、信任和支持,形成积极、健康、稳定的人际互动模式。高校心理育人通过多维度举措,全面助力大学生构建融洽和谐的人际关系。

首先,心理育人有助于学生增强沟通能力。沟通能力是构建和谐人际关系的核心要素,直接影响人际互动的质量与效果。通过专业的心理辅导与训练,学生能够学会倾听、理解与尊重他人,提升自我表达能力,从而建立起积极、正向的人际互动模式。良好的沟通能力还能帮助学生在日常学习和生活中化解人际冲突,增强团队合作的协作能力。其次,心理育人有助于学生培养团队合作精神与集体归属感。通过团队活动与集体项目,学生能够在实践中学会与他人协同合作,共同攻克难题,进而加深彼此间的理解与信任,增强集体的凝聚力与向心力。团队合作精神与集体归属感的培养不仅为学生的学业进步提供了助力,还能为其未来的职业发展和社会融入打下坚实基础。再次,心理育人还通过心理咨询与辅导服务,为学生处理人际关系中的困扰与障碍提供专业支持。针对学生在人际交往中遇到的难题,如性格差异导致的疏离感或因情感问题引发的人际冲突,专业的心理咨询师能够提供精准的建议与帮助。通过个性化的心理疏导,学生能够学会换位思考、化解矛盾,逐步构建起健康、和谐的人际关系。

二、高校心理育人的紧迫性

紧迫性是指在特定时代背景和社会需求下,某一领域或工作所面临的重要任务和迫切需要。它强调时间的重要性、问题的突出性以及解决问题的迫切性,要求相关主体采取积极有效措施。当前,高校心理育人的紧迫性日益凸显,这不仅是大学生群体心理健康问题的普遍存在对个体成长构成的直接挑战,更与大学生全面发展的时代诉求紧密相连,同时深刻体现了高校立德树人这一根本任务的内在要求。从大学生个体层面审视,复杂多变的身心发展阶段特性与外界环境压力交织,使得心理危机暗流涌动,亟须高校心理育人工作精准发力;着眼于大学生全面发展这一宏观维度,时代发展急需复合型人才,但部分大学生却深陷知识、能力短板泥沼,亟须高校心理育人工作有效施策;立足于高校肩负的历史重任,高校作为培育时代新人的主阵地,立德树人重任在肩,迫切需要开展好心理育人工作,助力培养德才兼备、身心健康的社会主义建设者和接班人。

(一)应对大学生心理健康挑战的迫切需求

大学阶段是大学生个体身心成长、知识储备、技能培养与健康素养提升的关键时期。随着我国高等教育的普及,大学生群体规模持续扩大,其心理健康状况成为社会关注的焦点。然而,受内外多重因素的影响,大学生群体面临着严重的心理健康挑战。应对这些挑战,需要高校心理育人工作精准发力,切实提升大学生的心理健康水平。

1.大学生心理发展特点的内部挑战

大学生正处于心理发展的关键时期,生理发展已趋成熟,但心理发展相对滞后。这一阶段的心理特征集中表现在自我意识、认知水平、情感特点、意志品质和行为模式等方面,这些特点为大学生提供了较强的可塑性,但同时也使其在面对心理压力时容易陷入困境。

在自我意识上,大学生经历显著的自我意识分化过程,逐渐深入思考自我,但这"这一过程往往伴随着主观的'我'和客观的'我'、'理想我'和'现实我'的矛盾等冲突"[①]。这些矛盾容易引发困惑和不安。在认知上,"大学生的智力水平达到高峰,但对问题的看法有着明显差异"[②],部分大学生表现出固执、偏激、简单化等思维倾向,缺乏对复杂问题的全面判断能力。在情感方面,大学生的情绪情感特征复杂多变,冲动性、波动性和两极性明显,面对心理挑战时尤为脆弱。在意识品质方面,大学生的自觉性发展较快,但易受暗示性和顽固性影响,可能导致压力下的决策失误。在行为上,他们的自觉独立性与分辨能力尚待提升,表现出武断性和优柔寡断的现象时有发生,他们的自制力虽然有所提高,但任性和胆怯仍可能干扰判断和行为。这些心理发展特点既是大学生心理问题的潜在诱因,也是高校心理育人工作的重要切入点。

2.外部环境对大学生心理健康的影响

大学生心理健康问题的产生不仅源于个体内部的心理发展特点,还受到外部环境的复杂性和不确定性的深刻影响。当前社会环境节奏快、风险多、竞争强,大学生普遍感受到较大的心理压力,这种压力在网络环境和多元文化的冲击下更加明显,导致他们更易出现孤独、迷茫、焦虑等心理问题。

其一,多元文化价值观的并存使大学生面临选择和认同的困惑。他们需要在多元价值体系中寻找自我定位,但这一过程容易引发心理冲突和困惑。其二,网络信息的海量性和复杂性使大学生难以辨别真伪,网络成瘾问题加剧。沉溺于网络世界不仅影响实际人际交往,还削弱社会适应能力,进而引发心理问题。其三,现实压力加剧大学生心理问题的产

---

① 邓军等:《高校思想政治工作质量提升理论与实践·心理育人卷》,广西师范大学出版社,2019年,第51页。
② 冀文彦、刘林:《大学生心理困惑归因及高校心理健康教育策略研究》,《中国高等教育》2023年第Z2期。

生。大学生面临着学业、恋爱、求职就业、考研、考公、职业规划等多重压力，这些压力交织叠加使得大学生心理问题更加复杂和严峻。心理脆弱的学生容易陷入心理危机，出现厌学、酗酒、网络成瘾、暴力伤人、自杀等不良行为，严重影响其身心健康和成长发展。

近年来，"空心病""丧文化""佛系""道系"等现象在大学校园中层出不穷，折射出部分大学生消极的心理状态和精神困倦。《2022年中国大学生心理健康状况调查报告》显示，2022年，中国科学院心理研究所国民心理健康评估发展中心对山东、河北等31个省（自治区、直辖市）近8万名15—26岁的大学生开展了心理健康状况调查，近8万名大学生的抑郁和焦虑风险检出率分别高达21.48%和45.28%。[1]这一数据反映大学生心理健康问题的普遍性与严重性，为高校心理育人工作敲响了警钟。面对这些挑战，高校亟须加强心理健康教育和心理辅导，从引导和满足大学生的心理需求入手，尊重其心理特点及活动规律，将解决思想问题、心理问题与解决实际问题有机结合，实现育心与育德的统一。

（二）促进大学生全面发展的现实需要

全面发展是指个体在知识、能力、素质、社会关系、个性等多维度上实现均衡且深入的发展。对于大学生而言，全面发展不仅是个人成长成才的基石，也是中国特色社会主义现代化建设对人才培养的必然要求。然而，现实中大学生在全面发展过程中面临诸多短板与挑战，其中，心理素质的薄弱成为制约其全面发展的重要因素。

1.大学生全面发展是个人与社会的双重呼唤

从个体需求来看，大学生对全面发展的渴望日益强烈。他们不仅希望在大学期间掌握扎实的专业知识，还期望在人文素养、社会实践能力、创新精神等方面全方位发展，以此实现个人价值的最大化。从社会需求来看，在全球化和科技飞速发展的背景下，社会对复合型人才的需求日益

---

[1] 心理中国：《蓝皮书报告 中国大学生心理健康状况调查报告》[EB/OL].(2023-08-11)[2024-12-20].http://psy.china.com.cn/2023-08/11/content_42460957.htm.

迫切。中国式现代化建设不仅需要大学生具备以交叉学科为基础的综合知识体系,还需要大学生在身体素质、思想政治素质、心理素质等诸多素质上实现全面提升。心理素质作为大学生全面发展的重要支撑,其关键作用愈发凸显。

2.大学生全面发展的现实短板与挑战

尽管大学生对全面发展抱有强烈的愿望,但现实中的诸多短板和挑战阻碍了他们在知识、能力、素质等方面实现均衡发展。首先,部分学生在专业学习中存在"专而不博"的现象。他们过度聚焦于技术细节,忽视了人文素养的提升,导致知识结构单一,缺乏跨界思维和综合判断能力,直接影响其对复杂社会问题的理解和解决能力。其次,社会实践与创新能力不足成为制约大学生全面发展的另一重要因素。虽然高校为学生提供了丰富的实践平台和资源支持,但部分学生在主动参与和实际行动中缺乏动力或有效指导,导致其实际操作能力、问题解决能力相对薄弱。再次,社会交际交往能力的欠缺使得一些大学生在团队合作和社会适应中面临困难,影响其综合素质的提升。心理素质的短板也不容忽视,加之学业、就业、人际关系等多种压力的叠加,导致部分大学生出现心理问题,削弱了全面发展的内在动力。

(三)落实高校立德树人根本任务的内在要求

立德树人是高校育人的根本任务,旨在通过知识传授与品德培养的有机结合,培养既具备高尚品德又拥有卓越才能的社会主义建设者和接班人。在教育强国建设、人才强国建设的背景下,高校落实立德树人根本任务的战略意义愈发凸显。心理育人作为提升高校思想政治教育实效、促进学生全面发展的重要路径,亟须在高校育人体系中得到大力推进。

1.立德树人根本任务的战略意义

随着社会的快速发展和深刻变革,国家对人才培养的需求愈加多元化和复杂化。社会不仅需要具有专业知识和技术能力的人才,更需要具备高尚道德品质、强烈社会责任感和良好心理素质的复合型人才。高校作为"为党育人、为国育才"的主阵地，肩负着为党和国家培养德智体美劳全面发展的社会主义建设者和接班人的重大责任，承担着立德树人的根本任务。这一根本任务不仅要求高校关注学生的专业知识与技能培养，更强调学生的思想道德素质、心理素质和社会责任感的全面提升。

2.心理育人之于立德树人的重要意义

心理育人是落实高校立德树人根本任务的重要支撑，能够提升大学生心理素质，为其思想道德发展奠定心理基础。通过与思想政治教育的深度融合，心理育人帮助学生树立正确的人生观和价值观，增强他们对核心价值观的认同感和内化能力；通过引导大学生树立高尚的道德理想和社会责任感，为其心理健康的保持和发展提供了精神指引。这种以学生为中心的教育模式，不仅增强了学生对思想政治教育的认同感，还提高了教育的吸引力和感染力。近些年来，国家为推进高校心理育人工作高质量发展、落实立德树人根本任务，先后出台了《普通高等学校学生心理健康教育工作基本建设标准(试行)》《普通高等学校学生心理健康教育课程教学基本要求》《高校思想政治工作质量提升工程实施纲要》《全面加强和改进新时代学生心理健康工作专项行动计划(2023—2025年)》等系列文件，把心理育人工作摆在更加突出的位置，彰显了心理育人之于立德树人的重要性，也凸显了高校加强心理育人工作的紧迫性。

面对复杂的时代背景和学生日益严峻的心理健康问题，高校亟须加快心理育人步伐，帮助学生提升心理素质，增强综合能力，为培养德才兼备的社会主义建设者和接班人贡献力量。

三、大力促进高校心理育人的策略思考

策略是指为实现某一目标，在特定的背景和条件下，通过系统的规划和科学的决策，采取一系列有序且有效的行动方案。策略的制订和实施

是任何事业取得成功的关键,它不仅能够明确目标和路径,还可以优化资源配置,提升工作效能。当前,高校心理育人工作正迎来新的机遇与挑战。面对复杂的外部环境和大学生的多样化需求,高校亟须统筹规划,采取一系列具有针对性的策略性措施,切实提升心理育人成效。具体而言,需从强化大学生心理健康教育、推进心理健康预防干预、培养心理育人专业队伍、健全"政家校社"心理育人协同育人机制等多方面协同发力,共同推动高校心理育人"育心"与"育德"功能的实现。

(一)强化大学生心理健康教育

强化大学生心理健康教育是大力促进高校心理育人的基础策略。鉴于当前大学生心理问题日益呈现多样化与复杂化的特点,强化心理健康教育工作的重要性愈发突出。这不仅是促进学生健康成长的关键举措,更是提升心理育人工作质量的重要支撑。强化大学生心理健康教育,高校应着重从以下几方面着力。

1.加强心理健康教育课程建设

心理健康教育课程是高校心理育人的重要载体。2011年,教育部办公厅印发的《普通高等学校学生心理健康教育课程教学基本要求》,明确要求在高校内开设大学生心理健康教育必修课程,该课程集知识传授、心理体验与行为训练于一体。2018年,教育部党组印发的《高等学校学生心理健康教育指导纲要》要求"健全心理健康教育课程体系,结合实际,把心理健康教育课程纳入学校整体教学计划……实现大学生心理健康教育全覆盖"[1]。推进高校心理育人工作,首要任务是加强大学生心理健康课程建设,确保学生在校期间能接受到系统、全面的心理健康教育。一是优化课程体系,推动心理健康课程从选修课向必修课的转变,构建以必修课程为核心,选修课程、线上课程为补充的多元化课程体系。根据学生的不

---

[1] 中华人民共和国教育部:《中共教育部党组关于印发〈高等学校学生心理健康教育指导纲要〉的通知》[EB/OL].(2018-07-06)[2024-12-20].http://www.moe.gov.cn/srcsite/A12/moe_1407/s3020/201807/t20180713_342992.html.

同阶段需求,提供分阶段、递进式、有侧重的课程内容。为确保课程的专业性和系统性,应该"组织编写大学生心理健康教育示范教材,科学规范教学内容"①。二是融合课程思政,强化心理健康教育与思想道德教育的结合,注重学生健康心态的培养,实现心理素质与思想道德素质的双重提升。三是突出发展性教育。以学习、交往、择业、情感、自我发展、情绪管理等主题为核心,避免对心理障碍内容的过度强调,注重学生的全面发展和潜能激发。四是创新心理健康教育教学手段。采用线下线上、案例教学、体验活动、行为训练、心理情景剧等多种形式,充分调动学生的学习兴趣,提升教学效果。

2.深入实施分段式与个性化心理健康教育

随着大学生的成长和发展,他们在不同的学习阶段面临不同的心理需求和挑战。高校应根据学生的心理发展规律和成长需求,采取分阶段、个性化的教育策略,确保教育内容与学生实际需求精准对接。首先,注重分阶段教育。高校应根据学生的学业阶段,设计差异化的教育内容。低年级学生侧重适应性教育,如大学生活导航、人际沟通技巧等;中年级学生侧重情绪管理、时间管理和团队协作能力的培养;高年级学生则更关注职业规划、考研深造及就业心理调适等方面,为他们未来的职业发展提供有力的心理支持。其次,注重个性化教育。通过大数据分析、问卷调查、心理测量和统计、班级心理健康教育活动等方式,分析不同时期、不同学段、不同专业、不同类别及特殊群体学生的个性化心理发展需求,制定有针对性的教育方案。

3.拓宽心理健康教育渠道

2021年,教育部办公厅《关于加强学生心理健康管理工作的通知》明确提出要通过积极推广中华传统体育项目,广泛开展普及性体育运动和

---

① 中华人民共和国教育部:《中共教育部党组关于印发〈高等学校学生心理健康教育指导纲要〉的通知》[EB/OL].(2018-07-06)[2024-12-20]. http://www.moe.gov.cn/srcsite/A12/moe_1407/s3020/201807/t20180713_342992.html.

丰富的艺术实践活动等方式拓宽心理健康教育渠道,培育学生积极心理品质。2023年4月,教育部等十七部门印发了《全面加强和改进新时代学生心理健康工作专项行动计划(2023—2025年)》,明确要求"五育并举促进心理健康",要坚持"以德育心""以智慧心""以体强心""以美润心""以劳健心"[1]相统一,丰富和拓展心理健康教育渠道。除了将心理健康教育有机融入德育思政工作全过程外,还需从以下几方面拓展教育渠道。一是建立心理健康教育资源库,包括线上课程、视频讲座、电子书籍等,便于学生自主学习。二是利用社交媒体平台,如微博、抖音等,定期发布心理健康小贴士、成功案例分享,增强心理健康教育的趣味性和互动性。三是依托"师生健康 中国健康"主题教育、"全国大中学生心理健康日""心理健康月"等活动和重要时间节点,通过心理健康讲座、心理健康知识竞赛、心理剧表演、心理健康电影放映等形式,多渠道、多形式开展心理健康教育。四是建立心理健康教育实践基地,如心理咨询室、情绪宣泄室等,为学生提供专业的心理咨询服务和情绪释放空间。

4.健全心理健康教育评估体系

大学生心理健康教育的效果不仅取决于教学内容的设计与实施,更需要通过科学、全面的评估来检验其成效,特别是需要有一个健全的评估体系发挥保障作用。首先,评估体系可以帮助教育主体及时掌握学生心理健康状况,及时发现潜在问题,做到早预防、早干预。其次,评估体系有助于教育主体检验教育内容的科学性和针对性,确保教育目标的达成。最后,评估体系能通过反馈机制不断优化教育方案,形成"评价—改进—提升"的良性循环,从而推动心理健康教育质量的持续提升。建立健全大学生心理健康教育评估体系具体包括以下几方面。一是建立心理健康教育质量监控体系,定期对心理健康教育课程、活动、咨询等进行质量评估,

---

[1] 中华人民共和国教育部:《教育部等十七部门关于印发〈全面加强和改进新时代学生心理健康工作专项行动计划(2023—2025年)〉的通知》[EB/OL].(2023-04-27)[2024-12-20].http://www.moe.gov.cn/srcsite/A17/moe_943/moe_946/202305/t20230511_1059219.html.

确保教育内容的科学性、针对性和实效性。二是实施学生心理健康状况跟踪监测,通过心理普查、定期回访等方式,对学生的心理状况进行跟踪检测。如新生入学时开展心理健康普查,建立学生心理健康档案;定期对重点群体进行回访,了解其心理动态变化。通过跟踪检测,及时发现潜在问题。三是建立心理健康教育反馈机制,鼓励学生、教师及家长参与心理健康教育的评估,广泛收集意见和建议,形成持续改进的良性循环。通过健全评估体系,高校能够动态检测教育成效,从而为学生心理健康发展提供更全面、科学的支持。

(二)推进大学生心理健康预防干预

推进大学生心理健康预防干预是大力促进高校心理育人的关键策略。科学规范的心理健康检测与完善的心理预警干预机制,能更加有效地识别、评估并应对学生的心理健康问题。

1. 规范心理健康测评

心理健康测评是了解学生心理状态、预防心理问题极端事件的重要手段。通过科学的心理测评,高校可以全面掌握学生的心理健康状况,提前发出预警,从而为后续的干预和治疗提供科学依据。同时,心理测评结果还可以为制定个性化的教育方案提供数据支持,进一步增强心理健康教育的针对性和实效性。首先,应完善测评工具与标准。在国家层面,应组织研发符合中国青少年心理特点的心理健康测评工具,并严格规范量表的选用、监测实施以及结果的运用。同时,依托相关单位,成立国家级大学生心理健康教育研究与监测专业机构,构建全面、系统的学生心理健康状况监测体系。此体系需强化数据分析、案例研究,以提升风险预判能力,并确保相应的条件保障。其次,建立常态化测评机制。高校应实施常态化的心理健康动态测评机制,优化量表的选择与应用,为在校学生建立"一生一策"心理成长档案,以科学研判学生心理发展趋势。通过日常测评和特殊时期的筛查(如新生入学、毕业季等),及早发现问题。最后,科学应用测评结果。对测评结果进行科学分析和合理应用,分类制定心理健康教育方案。对于高危学生群体,应及时提供个性化的心理支持和干预措施。还要建立健全测评数据安全保护机制,严防信息泄露,确保学生隐私权益。北京师范大学官网显示,该校心理学院心理健康服务中心面向大学生群体开发了一套体系化的心理健康服务产品,包含心理危机多元评估工具和测评平台、大学生心理健康慕课、心理健康数字干预课程群和大学生心理危机干预工作规范与培训方案,覆盖测评、干预和危机预防全链条。这些产品已部署上线,供有需要的大学生免费使用,也将应用在全国学生心理监测工作中,为更广泛的学生群体提供服务。[1]

2.完善心理预警干预

心理预警干预是预防学生心理危机的关键环节。心理预警干预能够避免学生心理问题进一步恶化,最大化降低心理危机事件的发生率;还能帮助学生树立积极的自我调节意识,提升其应对心理危机的能力。大学生心理预警干预策略,具体包括以下几方面。首先,实现全员覆盖与分类管理。针对全体学生,实施旨在防范群体性情绪和行为问题的"预防计划",广泛开展心理健康宣传教育活动,发放"大学生心理危机应对手册",提升学生的危机防范意识,使其能够识别自身心理状态,并在遇到危机时知道如何自救与求助。针对不同类别情况,实施分级预警管理。根据心理危机的易感程度,将学生分为初级、中级和高级预警管理对象,并按照预警等级匹配给学校、院系的工作队伍。其次,构建多层次预警网络。完善"学校—院系—班级—宿舍/个人"四级预警网络,形成一体化的心理问题甄别与干预体系,实现快速识别、精准干预,切实保障大学生的身心健康和生命安全。学校党委应发挥统领作用,高度关注各类学生群体的思想动态,指导相关部门有效联动。在院系层面,辅导员、班主任应定期走访学生寝室,及时了解学生的思想动态和情绪波动。专业课教师、教辅行

---

[1] 北京师范大学:《学生心理健康学术研讨活动在北京师范大学举办》[EB/OL].(2024-05-28)[2024-12-20].https://psych.bnu.edu.cn/xwzx/xwdt/011a24449ab04ca09969f46faeb394c2.htm.

政人员也应加强对学生的关心和关注。在班级层面,班委特别是心理委员、信息员、寝室长应提升心理健康意识,善于观察同学、主动关心同学,一旦发现异常情况或潜在危机,要第一时间向辅导员、班主任报告。再次,建立智慧化预警系统。运用大数据软件、人工智能软件、智慧网络等技术手段,对大学生日常产生的海量数据进行处理和分析,通过精细化的数据关联分析和严密的逻辑推理,全面掌握每个学生的学习状况、生活状态和情感变化等情况,并提供给相关教育主体。最后,强化心理咨询服务平台建设。高校应完善心理咨询服务平台,提供专业的心理咨询和心理治疗服务以及必要的心理危机干预。有条件的高校可设立心理发展辅导室、积极心理体验中心、团体活动室、综合素质训练室等,创造条件开通24小时阳光心理援助热线、网络预约专线和咨询邮箱,做好常态化心理咨询、心理治疗服务。应建立心理危机干预小组并制定应急预案,以确保在紧急情况下能够迅速、有效地进行干预,切实保障学生的身心健康和生命安全。

(三)培养心理育人专业队伍

培养心理育人专业队伍是高校大力推进心理育人工作的动力策略。构建一支专业、协同的心理育人队伍,对于提升高校心理健康教育水平、实现全员心理育人的目标至关重要。心理育人专业队伍是指由心理健康教育专职老师、辅导员、专业课教师、行政岗教师以及大学生朋辈群体等多元主体构成的,具有较强心理育人专业知识、能力和水平的育人队伍。通过充分发挥育人主体的优势与协同作用,能够有效推动心理育人工作向专业化、科学化方向发展。

1.构建专业化心理育人队伍体系

培养心理育人专业队伍首先需要构建专业化的心理育人队伍体系。一是完善专职教师梯队建设。配齐配强心理育人专职教师,重点引进具有临床心理学、发展心理学专业背景的师资。要求专职教师每年完成规定学时的继续教育,确保掌握CBT、正念疗法等主流干预技术。二是强化兼职队伍能力建设。构建"辅导员+班导师+专任教师+行政人员"四位一体协同网络。实施辅导员心理育人、班导师能力认证制度,将心理危机识别、家校沟通等模块纳入岗前培训必修课。组织行政人员参加职场压力管理、非暴力沟通等专题培训,使其能在日常工作中渗透大学生心理教育。将心理育人内容融入专业课课程思政建设中,提升任课教师的心理育人意识和能力。三是打造学生朋辈互助网络。选拔和培训一批心理健康教育的学生骨干,纵向建立"宿舍心理观察员—班级心理委员—校级朋辈心理咨询师"三级心理育人学生队伍,横向拓展学业帮扶、情感支持、危机预警、心理科普、活动策划等五大功能模块,形成学生自助、互助的心理健康教育网络。

2.加强专业素养培训

心理育人队伍的专业化水平直接决定了心理育人工作的成效。加强专业素养培养能够有效提升心理育人队伍的理论素养和实践能力,从而更好地应对学生的心理需求。针对不同心理育人主体的特点和需求,高校应开展不同的专业素养培训。一是做好专职教师的深度培训。对于心理育人专职教师,应重点加强心理学理论、心理咨询技术、心理危机干预等方面的培训,提升其专业能力和应对复杂情况的能力。二是做好辅导员的普及性培训。对于辅导员,应进行定期的专业培训和督导,培养他们的心理健康教育意识、识别学生心理问题的能力以及基本的心理调适技巧,并规定兼职心理辅导员定期参与案例探讨和督导。三是做好面向全体教师群体的普及型培训。高校应常态化举办心理健康教育相关的学术讲座和专题培训,邀请心理学、精神医学、教育学等领域的专家学者进行主讲。四是做好朋辈群体的实践性培训。针对班级心理委员等朋辈群体,每学期应统一组织培训,开展理论学习、实物操作、团体心理辅导活动等项目,确保他们学习足够的专业知识和技能。

3.建立科学的激励机制

科学的激励机制能够有效激发心理育人队伍的工作热情和积极性,增强其职业认同感和归属感,从而提升队伍的凝聚力和工作效能。高校应从考核评价、职业发展、反馈优化和物质激励等方面入手,构建科学合理的激励机制。首先,建立健全的考核评价体系,将心理育人工作纳入教师职称评审、绩效考核等关键环节,对在心理健康教育工作中表现突出的个人和团队给予表彰和奖励,激励其工作动力。其次,关注心理育人队伍的职业发展,为他们提供广阔的职业晋升空间和学习深造机会,增强其职业认同感和归属感。再次,建立高校心理育人工作的反馈机制,及时收集学生和教师的意见和建议,不断优化工作内容和方法,提高工作的针对性和实效性。最后,设立专项奖励基金,对在心理育人工作中表现突出的个人或团队给予物质和精神上的双重奖励。通过构建科学合理的激励机制,充分调动心理育人队伍的工作热情和创造力,推动高校心理健康教育事业的蓬勃发展。

(四)构建"政家校社"心理育人协同机制

构建"政家校社"心理育人协同机制是大力促进高校心理育人的保障策略。当前大学生心理问题呈现隐蔽化、复杂化的趋势,单一教育主体易出现响应滞后、资源错配等问题,亟须学校构建"政家校社"心理育人协同机制,提升高校心理育人工作的系统性和实效性。在这一机制中,政府发挥政策引领与保障作用,学校承担着主体职责,家庭发挥基础协同作用,社会提供广泛支持。通过多元主体的高效协同,形成全方位、全过程的心理育人新格局,共同助力学生心理健康成长。

1.强化政府的政策引领与保障作用

政府在心理育人中扮演着政策制定者、资源供给者和监督评估者的角色,其主导作用是推动高校心理育人工作高质量发展的重要保障。政府部门应通过制定和完善相关政策法规,明确心理育人的工作目标与职责,为高校心理育人提供坚实的政策基础。同时,政府应增加投入,为高校心理育人工作提供必要的经费和资源支持,推动高校与精神卫生机构建立紧密的合作关系,引入具备专业资质和能力的社会机构参与心理健康教育与咨询服务,提升高校心理育人工作的专业化水平。此外,政府还应建立科学的评估体系,定期对高校心理健康教育工作进行评估和指导,促进其不断深化和完善。如通过设立专项资金,实施心理育人达标评估等举措,进一步强化政府的政策保障作用。

2.突出高校的心理育人主体作用

高校是心理育人的核心场所,承担着心理育人的主要职责。在校内,高校应将心理育人工作纳入思想政治工作体系,明确各部门心理育人工作的内容、方法和实施路径,推进心理育人工作融入教育、管理和服务的全过程,构建全方位、全员参与的心理育人格局。在教职员工职务晋升、职称聘任、学习进修和薪资待遇等方面,充分考虑其参与心理育人工作的程度和效果,以激励教职员工积极参与心理育人工作。在校外,高校应主动搭建家校沟通平台,及时了解学生是否存在早期心理创伤、家庭重大变故、亲子关系紧张等情况,积极寻求学生家庭成员及相关人员的有效支持。高校还要加强与心理咨询机构、心理医院等专业机构的合作,完善日常咨诊协同机制,提升心理健康教育工作人员的危机识别和干预能力。

3.增强家庭教育的协同作用

家庭是大学生心理健康成长的重要基石,家庭教育的质量直接影响学生的心理健康状况,家庭的参与也影响高校心理育人的质量。因此,家庭在高校心理育人中具有不可替代的重要作用。一是要促进家长与学校的沟通与合作,引导家长积极参与学校的心理育人活动,了解孩子的心理健康状况,并与学校共同商讨解决方案。二是引导家长树立正确的教育观念,注重培养孩子的独立思考能力、自我管理能力以及良好的人际交往能力,帮助孩子形成积极向上的生活态度和健康的心理状态。三是引导家长关注自身的心理健康,以身作则,为孩子树立良好的榜样,共同营造一个和谐、温馨的家庭氛围,为孩子的心理健康成长提供有力的支持。

4.深化社会力量的广泛支持

社会力量的积极参与是高校心理育人工作得以有效开展的重要支撑。社会层面应积极营造健康的心理环境,培养理性平和的社会心态,进一步提升心理育人工作的社会参与度和覆盖面。一是要发挥舆论的正面引导作用,充分利用广播、电视、网络媒体等平台和渠道,传播心理健康知识,积极营造有利于学生健康成长成才的社会环境。二是家长学校、社区家长课堂中应将青少年发展心理学知识列为必修内容,提升家庭和社会的心理育人能力。三是建立大学生心理健康服务转介机制,建立大学生心理问题就诊"绿色通道",为学生提供及时、专业的心理援助。

第九章

切实强化高校管理育人

2018年5月,习近平总书记在北京大学师生座谈会上指出,"要把立德树人内化到大学建设和管理各领域、各方面、各环节,做到以树人为核心,以立德为根本"①,强调了高校管理对于落实立德树人根本任务的重要作用。管理育人是高校育人"十大"体系建设中的重要内容,是实现全员、全过程、全方位育人的关键环节。2020年4月,教育部等八部门《关于加快构建高校思想政治工作体系的意见》再次强调管理育人的重要性,并提出深化管理育人工作新要求。②对此,深入分析高校管理育人的内涵、特征和作用,明确加强高校管理育人的重大价值,进一步提出切实强化高校管理育人的实践进路,对于提升高校管理育人实效,实现大学生思想政治教育高质量发展,引导青年大学生健康成长全面发展,具有十分重要的理论意义和实践价值。

一、高校管理育人的基本蕴涵

"基本蕴涵"指的是一个概念、事物或现象所包含的最基础、最核心的内涵蕴义、性质特征及功效作用。高校管理育人早在20世纪80年代就与教书育人、服务育人一并提出,③在2017年12月印发的《高校思想政治工作质量提升工程实施纲要》(以下简称《实施纲要》)④中成为高校"十大"育人体系之一,其内涵不断丰富发展,有着区别于其他"九大"育人的鲜明特征。立足新时代新征程推进高校思想政治教育高质量发展,深刻理解和把握高校管理育人的蕴涵及特征,并进一步探究高校管理育人的重要作

---

① 习近平:《论教育》,中央文献出版社,2024年,第61页。
② 中华人民共和国中央人民政府:《教育部等八部门关于加快构建高校思想政治工作体系的意见》[EB/OL].(2020-04-22)[2025-01-03].https://www.gov.cn/zhengce/zhengceku/2020-05/15/content_5511831.htm.
③ 教育部思想政治工作司组编:《加强和改进大学生思想政治教育重要文献选编(1978—2014)》,知识产权出版社,2015年,第93页。
④ 中华人民共和国教育部:《中共教育部党组关于印发〈高校思想政治工作质量提升工程实施纲要〉的通知》[EB/OL].(2017-12-05)[2025-01-04].http://www.moe.gov.cn/srcsite/A12/s7060/201712/t20171206_320698.html.

用,对于推动高校管理育人工作高质量发展价值重大。

(一)管理育人的界定

对特定概念的本质属性进行精准且清晰的阐述,划定它的核心含义范围,是理论研究的基础性工作。因此,明晰普遍意义上管理的含义和特定的高校管理的含义,并进一步界定清楚高校管理育人的含义,是理解高校管理育人的基本蕴涵的基础前提。

1.管理的含义

管理作为一种在人类社会发展中占据重要地位的活动,与人类社会相伴而生。马克思指出:"一切规模较大的直接社会劳动或共同劳动,都或多或少地需要指挥,以协调个人的活动,并执行生产总体的运动——不同于这一总体的独立器官的运动——所产生的各种一般职能。"[1]在此所提及的"指挥""协调"等行为,实际上就已然涵盖了管理活动的要义。可以说,共同劳动自始至终都离不开管理,管理广泛且深入地存在于现实社会生活的方方面面,它不仅是人类社会走向秩序化的必然产物,更是推动人类社会不断前进和发展的关键力量。

中外众多学者从各自不同的视角出发,对管理的含义进行了深入的界定与阐释。国外的主要代表性观点有:泰罗认为,管理的主要目的就是"使雇主实现最大限度的富裕,也联系着使每个雇员实现最大的富裕"[2],强调了管理的目标导向和效率导向;亨利·法约尔认为,"管理就是计划、组织、指挥、协调以及控制"[3],明晰了管理的过程要素;丹尼尔·A.雷恩认为,管理是"发挥某些职能,以便有效地获取、分配和利用人的努力和物质

---

[1] 《马克思恩格斯选集》第2卷,人民出版社,2012年,第208页。
[2] [美]F.W.泰罗:《科学管理原理》,胡隆昶、冼子恩、曹丽顺译,中国社会科学出版社,1984年,第157页。
[3] [法]亨利·法约尔:《工业管理与一般管理》,胡苏云、吕衍、王莲乔译,四川人民出版社,2017年,第7页。

资源,来实现某个目标"[①]的活动,突出了管理对资源的分配和利用。在国内,部分学者对于管理的定义也提出了颇具代表性的观点。周三多等认为,管理"是社会组织中,为了实现预期目标,以人为中心进行的协调活动"[②],凸显了管理的"人本性"。芮明杰认为,管理"是对组织的资源进行有效整合以达成组织既定目标与责任的动态创造性活动"[③],强调了管理的"动态性"。综合以上国内外管理学领域的经典论述,可以清晰地看到,尽管不同学者对于管理概念的界定各有侧重,但都围绕着一些核心要点展开。本书认为,管理是管理者以组织目标为导向,通过计划、组织、指挥、协调、控制等一系列手段,对组织的资源进行有效整合,从而实现组织目标的一个创造性动态活动过程。

2.高校管理的含义

管理育人的提出与发展都是立足于高校思想政治教育工作的场域,因此,明晰管理育人的含义必须以厘清高校管理的含义为前提。管理活动普遍存在于各类人类组织之中,高校作为社会实践的重要阵地,其管理活动既有着一般管理工作所共有的属性,又有着基于高校自身特质而形成的独特之处。高校从本质上来说,是致力于培养人才的组织。在人才培养过程中,肩负着双重使命:一方面要助力学生扎实掌握各类职业技能,使其具备在未来职场中立足的能力;另一方面,还要对学生深入开展道德教化,培养他们良好的道德品质,为其日后顺利融入社会奠定坚实基础。而这一切的最终指向,便是实现全面的人才培养目标。本书着重从人才培养层面出发,对高校管理的含义进行界定,即高校管理一般指高校围绕人才培养目标,遵循育人规律,对教育资源进行整合与利用的动态系统过程。在此过程中,高校通过预测、计划、组织等管理操作,处理校内各

---

① [美]丹尼尔·A.雷恩:《管理思想的演变》,孙耀君、李柱流、王永逊译,中国社会科学出版社,1986年,第2页。
② 周三多等编著:《管理学——原理与方法》,复旦大学出版社,2003年,第11页。
③ 芮明杰主编:《管理学:现代的观点》,上海人民出版社,2005年,第3页。

类事务,助力学生掌握知识、提升素质、养成良好操守,以达成立德树人的根本目标。

3.高校管理育人的含义

何谓高校管理育人,学界持有不同见解。例如,陈超认为,高校管理育人是指学生管理部门、教学管理部门、相关行政管理部门等管理组织及人员围绕立德树人这一根本任务,通过管理者的特定行为,对被管理者施以影响或带动感染,使之趋向于学校德育目标的过程,[①]凸显管理的过程性。傅江浩认为,管理育人是指高校管理者秉持"以人为本"理念,依托机构、制度,运用多样手段把思政教育融入学校管理,培养学生良好行为习惯与思想品德,达成立德树人目标,[②]强调学生的主体性。刘洁认为,高校管理育人是学校管理部门及人员,借由管理者角色行为,在政治素质、思想观念与道德品质等方面影响被管理者、自身及他人,使其趋近学校德育目标的过程,[③]凸显了高校管理育人中的管理主体。敬坤等人认为,管理育人即高校的管理者围绕育人的根本任务,借助加强管理的方式,对学生施以积极的影响,[④]强调管理的方式方法。

结合学界对于高校管理育人的诸多定义,以及新时代高校管理育人的现实呈现,本书对高校管理育人的概念作出如下界定:高校凭借管理行为,对学生在思想境界、政治素质和道德水平等方面施加影响,促使其不断趋向于高校办学和育人目标。对于上述高校管理育人的概念界定的深入理解,主要包含以下几点。第一,高校管理育人的行为主体是整个高校,而非特定的学生管理部门、教学管理部门、相关行政管理部门等管理组织及人员。高校内部所有能进行管理行为的部门或人员,均可成为高

---

① 陈超:《立德树人视域下管理育人的内涵厘定与实践路径》,《思想理论教育导刊》2016年第3期。
② 傅江浩:《发挥管理育人功能加强大学生思想政治教育浅析》,《思想理论教育导刊》2015年第6期。
③ 刘洁:《高校管理育人的途径探析》,《思想理论教育导刊》2012年第8期。
④ 敬坤、秦丽萍:《大学生日常生活管理育人的内涵分析》,《湖北社会科学》2015年第7期。

校管理育人的主体。这样的主体界定,就将高校管理育人主体范围从狭义上的高校管理人员拓展为高校管理人员、专任教师和大学生等,进而拓宽了管理育人发挥场域。第二,高校管理育人在表现形式上呈现为管理行为,而育人功能则巧妙地融入其中,通过多种维度、多种方式对大学生的思想政治和道德状况产生影响,从而实现育人目的。因此,高校管理育人是以管理为载体所开展的思想政治教育活动,本质上属于一种教育过程。第三,高校管理育人始终坚持以立德树人为根本任务,致力于培养德智体美劳全面发展的社会主义建设者和接班人。这明确了高校管理育人的目标导向,一切高校管理育人的举措都要围绕这一根本任务来实施。

深入理解高校管理育人的含义,还须建立在厘清高校管理与高校育人的基础之上。高校管理和高校育人作为高校管理育人的一体两面,二者既有联系又有区别。从联系来看,二者都以促进学生成长全面发展为根本目标,良好的高校管理能为高校育人创造有利条件,成功的高校育人工作培养出具有高素质、积极向上的大学生,又能促进管理工作的顺利开展。从区别来看,二者侧重点不同。高校管理注重各项工作有序开展,实现资源合理配置与高效利用,高校育人则更侧重教育教学活动,关注学生个体成长与发展。高校管理育人的概念提出有机结合了高校管理与高校育人。高校育人为高校管理提供了价值核心,而高校管理本身就是高校育人的重要载体,是隐性思想政治教育的重要渠道,"只有把教育与管理有机地结合起来,把思想政治教育渗透、贯穿于管理的全过程,才能使各项规章制度的贯彻执行成为人们的自觉行动,并能用管理来巩固思想政治教育的成果"[①]。高校所有管理工作都为"育人"这一核心任务而服务。因此,"高校管理育人"这一概念的提出有机结合了高校管理与高校育人,天然具有科学性与必然性。

[①] 郑永廷主编:《思想政治教育方法论》,高等教育出版社,2010年,第171页。

(二)管理育人的特征

高校管理育人把育人的任务巧妙地贯穿于管理工作之中,进而促使高校管理工作与育人所采用的各种形式、涵盖的内容以及所取得的育人效果相互关联起来。高校管理育人区别于其他育人工作,它同时拥有管理模式的特性以及能产生育人效果的双重特性,综合呈现出目标导向的政治性、管理理念的人本性、过程推进的整体性、育人能效的隐蔽性等四个显著特征。

1.目标导向的政治性

目标导向的政治性是指在特定活动、组织或系统中,以政治层面的意图、要求和价值观为指引,设定并围绕目标展开行动,确保活动或组织的发展符合政治方向与政治需求的特性。高校管理育人目标导向的政治性主要体现在高校开展管理育人工作,必须"始终坚持马克思主义指导地位,把思想政治工作贯穿学校教育管理全过程"[1],切实保证教育内容以及发展方向同国家的政治目标高度一致。在管理育人主体上,高校党委承担着直接领导育人工作的重要职责,必须牢牢把控党对高校管理育人工作的领导权,从而确保管理育人工作能够全面贯彻落实党的教育政策,自始至终坚守"为党育人、为国育才"的方针,从根源上为高校管理育人工作沿着正确发展方向稳步前行提供坚实保障。在管理育人内容上,高校管理育人始终坚持以马克思列宁主义、毛泽东思想、邓小平理论、"三个代表"重要思想、科学发展观以及习近平新时代中国特色社会主义思想为根本指导,将党的创新理论教育贯穿管理全过程,不断强化社会主义意识形态的凝聚力与引领力,实现对大学生政治方向的正确引导。无论是从管理主体还是管理内容来看,高校管理育人都鲜明地呈现出目标导向的政治性这一重要特征。

2.管理理念的人本性

管理理念的人本性是指在管理活动中将人视为核心要素,尊重人的

---

[1] 习近平:《论教育》,中央文献出版社,2024年,第3页。

价值、尊严与个性，追求管理活动与人性需求相契合的特性。高校管理育人的管理理念的人本性主要体现在高校管理工作遵循"以学生为中心"的管理理念，尊重学生的主体地位。传统高校管理理念是以行政权力为主导的单向度管理理念，具有一定"官本位"色彩。习近平总书记指出："学校不是衙门，官本位最要不得。"[①]管理育人突破了传统管理的"官本位"行政化管理理念，向"学生本位"转变，凸显出人本色彩。推进管理育人的过程中，一切管理工作都紧密围绕学生展开，融入人文关怀，达成凝聚、启发、引领、激励学生等育人目标。例如，2017年2月公布的《普通高等学校学生管理规定》，在"学生的权利与义务"条款中，详细规定了学生参与学校管理及相关权利内容。[②]这体现出管理育人不再局限于传统管理模式，而是真正以学生为核心，尊重学生的主体地位，使管理过程成为学生成长的助力，让高校管理育人充满人性温度与教育情怀，在新时代教育体系中凸显以人为本的深刻内涵与积极意义。可见，高校管理育人强化服务供给，依据学生个体需求与全面发展要求，提供多元服务，将解决实际与思想问题结合，在管理服务中开展教育引导，充分展现出强烈的人本性特征。

3.过程推进的整体性

过程推进的整体性是指在项目、任务或活动开展过程中，将各个环节、要素视为一个有机统一的整体，进行全面规划、协同运作与系统把握，以实现整体目标的最优化的特性。高校管理育人过程推进的整体性主要体现在高校管理育人工作内容具体且层次多样，需要完善制度与多部门人员协同配合以形成合力。在制度层面上，制度作为学校长期实践形成的规范体系，涵盖习俗、办学思路等，具备价值性、导向性与权威性，需在法律与大学章程框架内，依法依规不断进行完善。新时代高校管理育人

---

① 习近平：《论教育》，中央文献出版社，2024年，第16页。
② 中华人民共和国教育部：《普通高等学校学生管理规定》[EB/OL].(2017-02-16)[2025-01-03].http://www.moe.gov.cn/srcsite/A02/s5911/moe_621/201702/t20170216_296385.html.

以"制度之治"为基石,要求"健全依法治校、管理育人制度体系"①,凸显完善制度体系在育人中的规范引领作用。同时,高校管理工作的多维度特性决定了管理育人需全员参与。高校管理育人犹如精密运转的机器,制度是框架,人员是零件,只有各部分协同运作,才能使管理育人工作高效且有序地开展,达成整体大于部分之和的育人成效,为高校人才培养奠定坚实的整体化运作基础。有效开展育人工作需要各部门、科室以及广大师生统一认识、目标与行动,统筹协调、齐抓共管,凝聚成有机整体,进而发挥育人的整体效应。可见,高校管理育人工作对制度体系化的构建以及育人全体化的推进,清晰且鲜明地展现出整体性这一关键特征。

4.育人能效的隐蔽性

育人能效的隐蔽性是指在育人过程中,育人所产生的效果和影响力并非总是以直观、显性的方式呈现,而是常常以一种潜在、间接且长期积累的形式存在,需要经过一定时间和特定情境才会逐渐显现出来。高校管理育人能效的隐蔽性主要体现在手段的潜移默化和效果的隐性呈现。习近平总书记指出:"既要有惊涛拍岸的声势,也要有润物无声的效果,这是教育之道。"②构建和完善管理育人质量提升体系要求"把规范管理的严格要求和春风化雨、润物无声的教育方式结合起来"③,二者相辅相成。高校管理育人摒弃单纯依靠制度强制约束的灌输式教育,而以"内敛"式教育将规范管理的严格要求与春风化雨般的教育方式精妙融合,把教育理念融入有计划、有组织的管理活动。高校借助规章制度、环境氛围、榜样示范等介质载体,运用情感、文化、精神等多元手段,在教学、行政、后勤和日常生活管理等多领域发挥育人作用,在潜移默化中塑造着学生的品格

---

① 中华人民共和国教育部:《中共教育部党组关于印发〈高校思想政治工作质量提升工程实施纲要〉的通知》[EB/OL].(2017-12-05)[2025-01-03].http://www.moe.gov.cn/srcsite/A12/s7060/201712/t20171206_320698.html.
② 习近平:《论教育》,中央文献出版社,2024年,第196页。
③ 中华人民共和国教育部:《中共教育部党组关于印发〈高校思想政治工作质量提升工程实施纲要〉的通知》[EB/OL].(2017-12-05)[2025-01-03].http://www.moe.gov.cn/srcsite/A12/s7060/201712/t20171206_320698.html.

与素养,促使学生将高校行为规范要求内化于心、外化于行,不断提升内在道德素质并规范行为举止。这种育人成效并非一目了然,需要通过学生对行为规范的遵守、思维与想法的改变等侧面得以体现。所以,高校管理育人无论是育人的过程还是育人的效果呈现,均体现出育人能效的隐蔽性特征。

(三)高校管理育人的作用

《实施纲要》指出,高校要通过构建现代制度、提升管理和服务能力、运用科学管理模式,构建现代管理育人体系,"强化科学管理对道德涵育的保障功能,大力营造治理有方、管理到位、风清气正的育人环境"[①]。高校管理育人作为一种育人的手段、机制和方式,在实践中承担重要职能并影响育人成效。根据上述要求,高校管理育人的作用可以归纳为规范大学生行为习惯、引导大学生全面发展、提供稳固的多重保障三个方面。

1. 规范大学生行为习惯

规范大学生行为习惯是指高校运用有序化手段加强大学生日常管理,在学习、生活、就业及人际交往等多维度规范大学生行为,极大提升他们的自我管理意识与能力,助力养成优良习惯。管理成效常彰显于管理客体良好行为的培育。高校管理育人规范大学生行为习惯作用的有效发挥,需要学校管理机关制定诸多规章制度与管理举措以提供规范依据并加以严格执行,尤其执行规章制度的过程具有规范育人效能。依据《普通高等学校学生管理规定》,高校学生应遵循宪法、法律法规,依照学籍管理及学校各项制度规定行事,遵守学生行为规范并接受相应奖惩。[②]高校据此借助立章、宣传、教育、约束、惩处等途径对大学生予以规范引导,将育人贯穿管理全程,引导学生主动规范自身行为习性。这种直接作用于大

---

① 中华人民共和国教育部:《中共教育部党组关于印发〈高校思想政治工作质量提升工程实施纲要〉的通知》[EB/OL].(2017-12-05)[2025-01-03].http://www.moe.gov.cn/srcsite/A12/s7060/201712/t20171206_320698.html.
② 中华人民共和国教育部:《普通高等学校学生管理规定》[EB/OL].(2017-02-16)[2025-01-03].http://www.moe.gov.cn/srcsite/A02/s5911/moe_621/201702/t20170216_296385.html.

学生行为的管理规范方式,能够切实引导与作用于大学生世界观、人生观、价值观的塑造,帮助学生自觉遵循规章制度,进而完成人才培养任务,实现高校管理育人的整体目标。

2.引导大学生全面发展

引导大学生全面发展是指高校依据国家教育方针和社会发展需求,通过多样化的教育管理方式与手段,促进大学生在德智体美劳等多个方面协调发展,成长为具备综合素养,能够适应社会并推动社会进步的高素质人才的教育实践过程。恩格斯指出,教育要满足人的需要,"使自己的成员能够全面发挥他们的得到全面发展的才能"[1]。高校肩负着为国家社会培育人才的重任,其核心在于推动思想政治教育高质量发展,助力大学生实现全面发展,达成"立德树人"的最终目标。高校管理育人作为高校"十大"育人体系的重要部分,并非仅着眼于规范学生言行与思想,更致力于促进学生专业知识增长与学业进步,通过科学管理与精心指导,培育大学生良好道德、文明行为与守法意识,全面提升大学生素养能力。具体而言,高校管理育人紧扣"立德树人"核心,强化内部治理,将育人理念融入管理活动,创新管理模式,优化规章制度,营造良好管理生态,实现对大学生在就业创业指导、校园文化管理、社团管理、心理健康管理等多个方面的积极引导。可见,高校管理育人对大学生的全面发展起着极为关键的引导作用。

3.提供稳固的多重保障

提供稳固的多重保障是指高校通过开展一系列相互关联、相辅相成的管理工作,为实现育人目标创造坚实的基础和有利条件,确保育人工作有效开展。高校管理育人不仅使高校管理职能得以完善,更是高校育人工作顺利开展的保障力量。在制度保障方面,高校精心制定并严格执行管理规章,能够培育优良教风、学风、管理作风,提升师生思想素质,从而为高校育人工作提供有力支撑、促进与监督。在环境保障方面,高校管理

---

[1]《马克思恩格斯文集》第1卷,人民出版社,2009年,第689页。

育人能够借助渗透性活动营造良好育人环境。在日常管理活动中，育人主体与载体相互作用，形成良好育人氛围来滋养学生思想品德。在日常保障方面，高校管理育人能够维持大学生学习生活正常秩序。习近平总书记指出，"如果校风不好、学风不好，学校管理混乱"[1]，思想政治工作将难以发挥作用。大学生在有序的管理下能够逐渐树立规则意识，维持自身稳定的日常学习生活秩序，进而保障校园生活平稳运行。可见，高校管理育人从制度、环境、生活等多维度出发，构建起全面且稳固的保障体系，为高校整体育人工作筑牢根基，对高校育人工作全面、高效地推进与落实发挥了重要的保障作用。

二、强化高校管理育人的重大价值

价值通常指客体对于主体的意义和重要性。在高校思想政治工作中，管理育人具有关键地位，它既是高校管理工作的重要职责，也是高校"十大"育人体系的重要构成部分，对实现全员、全过程、全方位育人目标意义重大，是推动教育高质量发展的关键一环。切实强化高校管理育人，无论是在价值认知维度，还是实践行动方面，都充分彰显了高校管理的育人功能，减少了高校内部各部门与各群体协同合作时所面临的障碍，推动了高校齐抓共管强大育人合力的形成，进而有力促进高校治理能力现代化。

（一）凸显高校管理的育人功效

高校管理具备助力个体塑造良好思想品德与行为习惯的育人功效，在高校思想政治教育工作中发挥着不可或缺的作用，深刻影响着高校人才培养的质量与高等教育的长远发展，但长期在思想政治教育工作中不被重视。高校管理育人的提出与推进，无论从价值认知层面还是实践行动层面，都提高了高校管理的重要地位和发挥了高校管理的重要作用，深

---

[1] 习近平：《论教育》，中央文献出版社，2024年，第145页。

刻凸显了高校管理的育人功效。

1.育人功效：高校管理活动的本质体现

"功效"在汉语中的意思是"功能、效率"。它强调的是事物所发挥的有利作用或效能。育人功效是指在教育过程中对人的培养所产生的功能和效果，是教育活动的价值体现，涵盖了从知识传授、技能训练到人格塑造、价值观引导等多个方面对受教育者产生的积极影响。高校管理涵盖对高校各类事务与资源予以计划、组织、领导、控制及协调等一系列活动，尽管"管理"是高校管理的核心概念，但立德树人是其根本使命，具有关键的育人功效。

在高校思想政治教育领域，"管理"与"教育"均为重要构成要素，二者联系紧密。早在1995年11月国家教育委员会试行的《中国普通高等教育德育大纲》中就已将"教育与管理相结合"确立为彼时高校德育的基本原则之一，明确"管理是强化教育的必要手段"[1]。2004年8月，在中共中央、国务院《关于进一步加强和改进大学生思想政治教育的意见》中，教育与管理相结合原则成为加强和改进大学生思想政治教育的基本原则之一。[2]在此情境下，高校管理被赋予育人职责，成为育人的重要途径，而育人亦成为高校管理的核心目标。科学规范的管理能够为高校育人工作营造优良环境，助力个体塑造良好思想品德与行为习惯，"有效的管理是思想政治教育顺利进行的重要基础"[3]。同时，高校管理要进行的组织、领导、控制和协调等一系列活动本身具有隐形育人作用，"在一定的意义上，可以说管理也是教育"[4]。正如列宁所指出，为了"不把我们的学说变成干巴巴的教条，不是光靠书本来教这种学说"，还是要依靠"无产阶级的这些

---

[1] 教育部思想政治工作司组编：《加强和改进大学生思想政治教育重要文献选编（1978—2014）》，知识产权出版社，2015年，第157页。

[2] 教育部思想政治工作司组编：《加强和改进大学生思想政治教育重要文献选编（1978—2014）》，知识产权出版社，2015年，第266页。

[3] 陈万柏、张耀灿主编：《思想政治教育学原理》，高等教育出版社，2007年，第11页。

[4] 郑永廷主编：《思想政治教育方法论》，高等教育出版社，2010年，第235-236页。

最不开化和最不开展的阶层参加日常生活中的斗争","在这一日常活动中是有某种教育因素的"[①]。可见,高校管理具备助力个体塑造良好思想品德与行为习惯的育人功效,在高校思想政治教育工作中发挥着不可或缺的作用,深刻影响着高校人才培养的质量与高等教育的长远发展。

2.凸显育人功效:高校管理活动的根本要求

虽然高校管理具有助力个体塑造良好思想品德与行为习惯的育人功效,但是由于管理作为一种解决问题的手段,其行事总带有解决问题的目的化导向痕迹,易产生片面与短视的弊端,如就事论事、缺乏长远规划等。高校管理主体长期未能正确认识到高校管理的育人功效,进而忽视在管理实践过程中融入育人因素。在高校思想政治教育工作中,高校管理育人的提出与推进,无论从价值认知层面还是实践行动层面,既突出高校管理活动的重要地位又发挥了高校管理的桥梁纽带作用,深刻凸显了高校管理的育人功效。

第一,突出管理在高校思想政治教育工作中的地位。高校管理主体对高校管理的育人功效的认知深度和实践程度,直接影响高校管理的育人功效发挥。然而,高校管理主体虽然明确高校的根本任务是教书育人,但对于高校管理的育人功效,还缺乏统一的认识。在传统教育思想的影响下,部分高校管理人员育人意识淡薄,未能明晰自身"既是管理者也是教育者"的双重身份,管理工作仍以行政事务为核心,对自身岗位育人责任认识淡薄,错误地认为育人仅是任课教师、班主任与辅导员的职责,忽视了管理对学生的教育价值。[②]而从事学生工作的教师与辅导员,工作重心又常置于学生日常事务管理,提升学生思想道德与心理素质的意识有所欠缺,致使学校管理与育人相互脱节。高校管理育人的提出与推进,对高校管理的育人功效的凸显,首先体现在管理在高校思想政治教育工作中地位的提升。不论是在教书育人、管理育人与服务育人三者的关系

[①]《列宁全集》第10卷,人民出版社,2017年,第336页。
[②] 翟建设:《新形势下推进高校管理育人工作的有效途径》,《中国教育学刊》2015年第S1期。

中,①还是在课程育人、文化育人、活动育人、实践育人、管理育人、协同育人六者的关系中,②又或是在如今的高校"十大"育人体系中,高校管理都处于重要地位。随着高校管理育人的不断强化,绝大多数高校已清晰地认识到高校管理育人工作的重要价值,杜绝"管理"与"育人"割裂,摒弃片面、错误观念,从而使高校管理工作的育人功效得以充分彰显。

第二,强化管理在高校思想政治教育工作中的桥梁纽带作用。过去部分高校将学生单纯视作管理客体,管理模式僵化,局限于规章制度的颁布与警示标识的张贴。有学者认为,在高校行政化倾向下,辅导员、班主任忙于行政事务,用于管理学生、发挥育人功能的时间与空间被大幅压缩,制约了管理育人功能的施展。③因此,高校管理活动与育人环节的脱节,影响了高校管理育人功效的发挥。高校管理育人的推进,极大地增强了高校管理与科研、教学之间的协同合作,打通了三者之间的壁垒,将原本相对独立的管理、教学与科研紧密地联结在同一战线,进一步加深了它们的内在联系。而且在强化管理育人的理念引领和政策推动下,高校管理直接肩负着育人重任并全面开展相关工作,这也加深了高校管理人员与学生之间的互动与联系,并在引导学生开展自治管理的进程中,实现了教师与学生的共同成长与发展,真正联结了管理与育人两个环节,凸显并发挥了高校管理的育人功效。

(二)形成高校齐抓共管合力

形成高校齐抓共管合力是全方位提升高校育人质量,促进高校教育体系内部的协调发展与高效运转,培养德智体美劳全面发展的高素质人才的坚实保障与有力支撑,对于高校思想政治教育工作具有重要性与必要性。然而,在高校思想政治教育工作实际的推进过程中,各部门与各群

---

① 刘宏达等:《高校思想政治工作前沿问题研究》,人民出版社,2019年,第317页。
② 《中共中央国务院关于深化教育教学改革 全面提高义务教育质量的意见》,人民出版社,2019年,第2页。
③ 李太平、张怀英:《高校行政化内涵辨析》,《高教发展与评估》2021年第1期。

体之间却频繁陷入"碎片化"以及"各自为政"的困境,难以形成有效的齐抓共管格局。面对形成高校育人齐抓共管合力的"碎片化"阻碍,切实强化高校管理育人成为突破困境的关键之举。

1.形成齐抓共管合力:加强和改进高校思想政治教育工作的必然要求

"齐抓共管"这一表述常见于中国公共政策文本,主要针对行政主体。2004年8月,中共中央、国务院《关于进一步加强和改进大学生思想政治教育的意见》指出:"要建立健全党委统一领导、党政群齐抓共管、有关部门各负其责、全社会大力支持的领导体制和工作机制,形成全党全社会共同关心支持大学生思想政治教育的强大合力。"[1]这一强大合力即"高校齐抓共管合力"。高校齐抓共管合力是指高校不同层级职能部门以及同级职能部门通过整合分散资源,构建协同联动的治理平台,以此处理复杂政策问题,化解不同利益主体间的矛盾,强化部门工作的一致性,进而达成共同目标的协作效力。在高校思想政治教育工作实践中,高校齐抓共管合力多体现于学校对学生教育的统筹规划与全面协同,营造全体教职员工积极关心、参与学生教育工作的良好氛围,也就是达成"全员育人、全过程育人、全方位育人"的"三全育人"格局。[2]早在2005年,教育部《关于整体规划大中小学德育体系的意见》中就提出,全员育人要求"把德育落实到教学、管理、服务的各个方面","学校管理和服务人员要在严格管理和优质服务中体现育人导向,使学生从中受到感染和教育"[3]。包括各个部门以及各院系指导教师在内的高校管理者,全员承担育人职责、明晰自身任务并积极参与学生管理工作,实施全员育人策略以形成齐抓共管合力,这不仅有助于全方位提升高校育人质量,还能促进高校教育体系内部的

---

[1] 教育部思想政治工作司组编:《加强和改进大学生思想政治教育重要文献选编(1978—2014)》,知识产权出版社,2015年,第270页。

[2] 中华人民共和国教育部:《中共教育部党组关于认真学习贯彻全国教育大会精神的通知》[EB/OL].(2018-09-14)[2025-01-04]. http://www.moe.gov.cn/srcsite/A27/zhggs_other/201809/t20180914_348818.html.

[3] 教育部思想政治工作司组编:《加强和改进大学生思想政治教育重要文献选编(1978—2014)》,知识产权出版社,2015年,第318页。

协调发展与高效运转,为培养高素质人才提供坚实保障与有力支撑。由此可见,形成高校齐抓共管合力对于高校思想政治教育工作具有重要性与必要性。

2.形成齐抓共管合力:加强和改进高校管理育人工作的必需举措

高校思想政治教育工作要形成齐抓共管合力绝非易事,这是一项高度复杂的系统工程,其达成需要众多部门之间展开紧密且高效的协调配合。对此,切实强化高校管理育人具有重大价值。

第一,形成高校管理育人牵引动力。从部分高校内部情况来看,有学者认为,各院系与行政部门之间由于目标设定的差异、利益诉求的分歧、价值观念的不同以及研究范式的区别,缺乏一个能够凝聚各方的共同语境,进而引发行政科层组织、教师教学团队与学生群体之间彼此隔离且相互排斥的不良局面。[①]这种各自为政的混乱状态,不可避免地给高校育人工作带来诸多棘手问题。一方面,各部门极易出现责任推诿现象,各方都试图逃避自身应承担的育人责任;另一方面,分工不明晰使得育人工作缺乏条理与规划,目标冲突更是让育人工作难以形成统一方向与合力。对此,高校管理育人的加强和改进形成了凝聚各方的牵引动力。从强化高校管理育人的目标来看,管理育人以"立德树人"为整体目标。在此整体目标统领下,不同院系与职能部门依据自身管理需求,分工确定各自部门的育人目标,在实现管理育人目标整体与部分相得益彰的协调过程中,最终达成合力的形成。从强化高校管理育人的本质来看,高校管理本质上乃是"育人的管理"。人的整体性特质决定了管理育人必须秉持整体性思维。所以,高校管理育人能以育人目标为导向,以整体性思维进行科学管理,集结全体教职员工之力,为形成高校齐抓共管合力提供了整体的牵引动力。

第二,汇聚高校管理育人磅礴伟力。在现代科层管理思想的深刻影响下,高校通常按照不同的职能与学科来划分部门,由此产生了各式各样

---

① 尹浩:《高校内部治理主体结构碎片化的整合机制研究》,《当代教育科学》2016年第19期。

的管理部门以及多层级的管理架构。有学者认为,多层多部门管理架构,容易造成沟通与合作的困难,导致工作效率低下。①对此,高校管理育人的加强与改进,能有效加强不同层级和部门之间的沟通,凝聚高校管理育人的磅礴伟力。从强化高校管理育人的要求来看,《实施纲要》中就如何切实强化高校管理育人明确提出"丰富完善不同岗位、不同群体公约体系"②的路径要求。这深刻体现了强化高校管理育人需凝聚各部门、各群体的力量共同奋进。因此,强化管理育人能够联动各个部门的育人资源,有力整合高校党委与行政部门的力量,促进机关部门与二级学院的紧密联结,能够保障各部门在各司其职的同时实现高效联动、协同发力,进而汇聚高校管理育人的磅礴伟力。

(三)促进高校治理能力现代化

高校作为我国社会主义人才培育的主要阵地,高校治理现代化是国家治理现代化的题中应有之义,高校治理能力现代化是国家治理能力现代化的重要构成部分,是国家达成治理能力现代化的重要支撑,是高校顺应时代变革所作出的主动调适,因此推进高校治理能力现代化具有重要现实意义。面对过去高校催生出的以行政权力为核心的"纯命令式"管理模式,高校管理育人的强化与推进,能够从治理主体和治理制度的层面解决高校治理能力现代化推进进程中的诸多问题。

1.高校治理能力现代化:国家治理能力现代化的重要构成

治理通常指政府、社会组织、企业、公民等多元主体,借助合作、协商、伙伴关系等形式,共同介入公共事务的管理与决策流程,涵盖了具有强制力的正式机构与规章制度,以及各类非正式的安排。基于治理的基本定义,高校治理主要是指高校的各利益相关者凭借特定方式与机制共同参

---

① 唐任伍、赵国钦:《公共服务跨界合作:碎片化服务的整合》,《中国行政管理》2012年第8期。
② 中华人民共和国教育部:《中共教育部党组关于印发〈高校思想政治工作质量提升工程实施纲要〉的通知》[EB/OL].(2017-12-05)[2025-01-04].http://www.moe.gov.cn/srcsite/A12/s7060/201712/t20171206_320698.html.

与学校管理,进而实现决策权与控制权的合理分配,平衡利益冲突的过程。"治理"这一概念的提出,相较于"管理"而言,是对传统科层制自上而下管理模式的创新与超越,本质上是一种在当下时代情境中更为科学的管理理念。治理理念的引入,极大地拓展了高校管理的内涵,特别强调学生在管理中的话语权以及下级对上级的议事权力。国家治理能力"是运用国家制度管理社会各方面事务的能力"①,以此类推,高校的治理能力即运用高校制度妥善管理学校各方面事务的能力。高校治理能力现代化则一般指高校各利益相关者运用科学、民主、创新的制度与机制,对各项事务进行有效管理。在此过程中,治理主体行为素养呈现制度化、科学化特征,实现治理主体与客体、治理手段、体制机制与制度的全面现代化,以提升高校整体管理效能与发展水平。党的二十届三中全会提出了进一步全面深化改革的总目标,即"继续完善和发展中国特色社会主义制度,推进国家治理体系和治理能力现代化"②。高校作为我国社会主义人才培育的主要阵地,高校治理现代化是国家治理现代化中的重要内容,高校治理能力现代化是国家治理能力现代化的重要构成部分,是国家达成治理能力现代化的重要支撑,是高校在治理背景下顺应时代变革所作出的主动调适,因此推进高校治理能力现代化具有重要现实意义。

2.促进高校治理能力现代化:强化高校管理育人的关键引擎

推进现代化,关键在于对传统的革新与对新发展的不懈探索,于变革与创新中开辟前行道路。然而在推进高校治理能力现代化的过程中,却暴露出若干短板。从主体维度审视,长期以来管理只是少数人拥有的权力,高校中亦是如此。在过去高度集权的计划经济体制影响下,高校催生出以行政权力为核心的管理模式,"纯命令式"管理特征显著。长此以往,高校治理易陷入片面,大权集中于个别或少数管理者之手,公正、公开与透明的治理环境难以构建,众多管理人才的积极性与创造力被压抑。高

---

① 《习近平著作选读》第1卷,人民出版社,2023年,第179页。
② 《中共中央关于进一步全面深化改革 推进中国式现代化的决定》,人民出版社,2024年,第4页。

校管理育人的强化与推进,能够从治理主体和治理制度的层面解决高校治理能力现代化推进进程中诸多问题,起到促进高校治理能力现代化的关键引擎作用。

第一,推进高校多元主体共治格局的形成。传统管理模式的根深蒂固,致使高校在推进治理能力现代化的进程中,多元共治与一元分治理念相互冲突,其中学生治理权力的缺失尤为突出。学生参与治理及自我管理、自我发展的程度,本是衡量高校治理能力现代化水平的重要标尺,然而过去学生主体地位并未被重视,自我管理空间逼仄。《中国教育现代化2035》强调,推进教育治理体系与治理能力现代化,要"提高学校自主管理能力,完善学校治理结构"[①]。而提高学校自主管理能力尤其要关注大学生自我管理能力的提升,对大学生话语权的重视程度是衡量一所高校治理能力现代化程度的重要标准。因此,高校治理能力现代化对大学生自治管理的质量与成效提出了更高要求。切实加强高校管理育人,引导师生培育自觉、强化自律,能够突出学生主体地位的管理导向。在强化管理育人进程中,聚焦学生自我管理与自律,有助于扭转高校传统行政管理模式,突显校内师生的权力主体地位,平衡各利益相关方权益,摒弃过往直接、生硬的管理方式,催生多元主体共同参与、协同治理的崭新局面,强力助推高校治理能力现代化。

第二,促进提升高校治理能力制度体系的完善。从制度维度审视,高校治理能力提升的制度体系尚不完善。推进高校治理能力现代化,完善的管理运行机制是基础。教育部于2012年3月印发的《高等教育专题规划》中指出,当时我国教育发展质量同国际水平相比还有待提高,其中一个体现就是"管理体制和运行机制不完善"[②]。近年来,虽然我国高校在推进高等教育现代化的大背景之下,围绕教学科研等多领域出台系列制度,

---

[①] 中华人民共和国中央人民政府:《中共中央、国务院印发〈中国教育现代化2035〉》[EB/OL].(2019-02-23)[2025-01-04].https://www.gov.cn/zhengce/2019/02/23/content_5367987.htm.
[②] 教育部思想政治工作司组编:《加强和改进大学生思想政治教育重要文献选编(1978—2014)》,知识产权出版社,2015年,第538页。

使内部治理有章可循,但部分高校对制度体系规划缺乏重视,应急性、临时性制度泛滥,高校内部制度的系统性与规律性匮乏,随意制定规章现象较多。并且,在制度执行环节仍存在重制定轻落实、重形式轻执行,有规不依、执规不严的现象,削弱了管理制度效能。强化高校管理育人能够推进高校管理育人制度体系形成。习近平总书记在2018年全国教育大会上强调:"坚持依法治教、依法办学、依法治校,完善办学制度,强化从严治校机制,不断健全教育管理制度体系。"[1]高校治理制度体系现代化是治理能力现代化的基础保障,高校所有管理事务均需遵循学校机构设置与规章制度等要求。而强化高校管理育人,健全完善管理育人质量提升体系就是要"完善教育法律法规体系,加快制(修)订教育规章,保障师生员工合法权益。健全依法治校、管理育人制度体系"[2],在加强教育立法,遵守大学章程,完善校规校纪,健全自律公约中"促进教育治理能力和治理体系现代化"[3]。因此,强化高校管理育人,积极构建完备的管理育人制度体系,对于促进高校治理能力现代化具有重要推动作用。

三、强化高校管理育人的实践进路

实践进路通常指针对某个理论、目标、任务或问题时,所采取的实际行动的途径、方法、策略或路线,强调从实际操作、行动实施的角度出发,去探索如何达成某种预期,具有现实指向性和行动导向性。管理育人作为高校"十大"育人体系的重要组成部分,是一个极具现实意义的问题论域。为此,高校管理育人应当从健全依法治校管理育人制度体系、提高全

---

[1] 习近平:《论教育》,中央文献出版社,2024年,第20页。
[2] 中华人民共和国教育部:《中共教育部党组关于印发〈高校思想政治工作质量提升工程实施纲要〉的通知》[EB/OL].(2017-12-05)[2025-01-03].http://www.moe.gov.cn/srcsite/A12/s7060/201712/t20171206_320698.html.
[3] 中华人民共和国教育部:《中共教育部党组关于印发〈高校思想政治工作质量提升工程实施纲要〉的通知》[EB/OL].(2017-12-05)[2025-01-03].http://www.moe.gov.cn/srcsite/A12/s7060/201712/t20171206_320698.html.

体管理人员育人能力和优化管理育人保障条件这三大进路予以强化。

(一)健全依法治校管理育人制度体系

依法治校管理育人制度体系是指学校在办学过程中依据法律法规以及相关政策,构建的一套全面、系统且相互关联具有层次性的制度集合,旨在通过法治手段实现学校管理的规范化、科学化,并将育人目标融入管理的各个环节。习近平总书记指出:"制度问题更带有根本性、全局性、稳定性、长期性。"[1]完备健全的高校管理制度体系是高校推进依法治校和管理育人的具体载体与保障。具体而言,高校管理制度体系一般包含"元制度"(即根本制度)、基本制度和具体制度三个层级。[2]因此,"健全依法治校、管理育人制度体系"[3]应当从根本制度、基本制度和具体制度三大层级着手。

1.夯实依法治校管理育人根本制度

依法治校管理育人根本制度是在整个制度体系中具有统领性地位的制度,对学校的整体运行和发展起着根本的规范与导向作用,为其他制度的制定和实施提供基本依据和指导原则,决定了学校管理和育人工作的基本方向、原则和框架,对学校的长远发展具有根本性影响,是依法治校管理育人制度体系中最具稳定性和权威性的制度。

第一,依法依规制定大学章程。大学章程是高校依法治校的基本依据,其地位至关重要,上承国家法规之要旨,下启学校各项规章制度之细则,是学校构建内部治理体系以及提升治理能力的纲领性文件,为学校管理育人各项具体制度的制定和实施提供了根本遵循。因此,夯实依法治校管理育人根本制度首先就在于遵循《中华人民共和国宪法》《中华人民共和国教育法》《中华人民共和国高等教育法》等法律来制定各大高校的

---

[1] 《习近平谈治国理政》第1卷,外文出版社,2018年,第391页。
[2] 吉文桥:《新时代高校制度建设的实践与思考》,《国家教育行政学院学报》2019年第2期。
[3] 中华人民共和国教育部:《中共教育部党组关于印发〈高校思想政治工作质量提升工程实施纲要〉的通知》[EB/OL].(2017-12-05)[2025-01-03].http://www.moe.gov.cn/srcsite/A12/s7060/201712/t20171206_320698.html.

大学章程,为管理育人提供根本制度规范。第二,制定党委领导下的校长负责制的实施细则。"党委领导下的校长负责制符合我国国情和高等教育发展规律,是中国特色现代大学制度的核心内容,是党对高校领导的根本制度。"[①]各大高校应当结合自身管理实际情况,在中共中央办公厅印发的《关于坚持和完善普通高等学校党委领导下的校长负责制的实施意见》的政治指引下,制定详细的党委领导下的校长负责制的实施细则,这是把准高校管理育人政治方向的根本所在。第三,不断健全并完善制度本身制定的法则。为加强制度体系整体的协调运作,对所有制度如何"废立改"的制度规定,应当也是根本性的上位制度。因此,不断健全和完善制度本身制定的法则也即"立法法",是夯实依法治校管理育人根本制度的重要举措。例如武汉大学制定了《武汉大学规章制度制定办法》,对14项行政管理类规定进行合法性与合规性审查,保障制度的合法性与时代适应性。[②]

2.完善依法治校管理育人基本制度

依法治校管理育人基本制度,通常指指导管理育人具体制度的关键引领,由校级层面统筹制定与发布,既能涵盖学校管理与育人工作各个方面,为各项具体制度奠定基础,引领具体制度的构建与实施,又能对不同领域、不同环节的工作进行针对性规范,还能依据教育规律与管理原则,为具体工作提供专业指引,并具有在一定时期内为学校管理育人工作提供持续且可靠依据的稳定性。依据教育部印发的《全面推进依法治校实施纲要》,学校层面的管理制度一般包含"教学、科研、学生、人事、资产与财务、后勤、安全、对外合作等方面"[③]。完善依法治校管理育人基本制度

---

① 《中组部、教育部负责人解读实施意见 坚持和完善党对高校领导的根本制度》,《人民日报》2014年10月17日。
② 武汉大学新闻网:《【三全育人】守正创新 全力构建管理育人工作体系》[EB/OL].(2021-01-05)[2025-01-04].https://news.whu.edu.cn/info/1711/437447.htm.
③ 中华人民共和国教育部:《教育部关于印发〈全面推进依法治校实施纲要〉的通知》[EB/OL].(2012-12-03)[2025-01-03].http://www.moe.gov.cn/srcsite/A02/s5913/s5933/201212/t20121203_146831.html.

至少应包括以下三类。

第一,完善高校教师教学科研管理基本制度。从管理育人视角出发,加强教师队伍教学科研管理,提升育人能力,是强化管理育人的重要内容,所以完善高校教学科研管理制度是完善依法治校管理育人基本制度的内容之一。例如西南大学制定出台《西南大学学术委员会章程》[①]并不断应时修订,规定了学校学术委员会的机构设置等内容,使学校科研管理有章可循。第二,完善高校学生管理基本制度。管理育人的核心在于培育学生,所以完善高校学生管理制度是完善高校管理育人基本制度的首要内容。具体而言,应当完善包括加强学风建设、学生课堂、学生考勤及请假、学生奖惩及申诉等一系列管理制度。诸如武汉大学制定了《武汉大学学生管理规定》《武汉大学学生纪律处分办法》等一系列规章制度,并落地生根。[②]第三,完善高校民主管理基本制度。随着高校师生民主意识的不断增强,回应师生民主参与意愿,在民主管理的过程中实现育人目标,是高校管理育人制度体系建设的重要内容。因此,必须不断完善高校民主管理制度,例如武汉大学组织制定《中国共产党武汉大学委员会全体会议议事规则》[③],这类基本制度使学校民主管理工作得到全面完善的制度指引。

3.细化依法治校管理育人具体制度

依法治校管理育人具体制度是指在基本制度各大板块之下的具体行动方案、程序规范等,一般表现为便于执行操作的方案、办法、细则等。

第一,细化教学科研管理具体制度。教学科研管理具体制度的细化一般体现为在学术委员会章程下设置的学术管理、学风建设、学术规范等

---

① 西南大学发展规划与学科建设部学术委员会办公室:《关于印发〈西南大学学术委员会章程〉的通知(西校[2022]186号)》[EB/OL].(2022-09-01)[2025-01-04].http://fgb.swu.edu.cn/info/1036/1219.htm.
② 武汉大学新闻网:《【"三全育人"成果巡礼】聚力赋能、提质增效,推进管理育人走深走实》[EB/OL].(2022-01-15)[2025-01-04].https://news.whu.edu.cn/info/1711/437347.htm.
③ 武汉大学新闻网:《【三全育人】守正创新 全力构建管理育人工作体系》[EB/OL].(2021-01-05)[2025-01-04].https://news.whu.edu.cn/info/1711/437447.htm.

方面的具体制度。例如西南大学制定实施了《西南大学学术道德行为规范及管理办法》[1]《西南大学学位评定委员会职责及议事规则》[2]等文件，推动教风学风建设及学术管理的规范化。第二，细化高校学生管理具体制度。高校学生管理具体制度主要从学生奖惩和评优评先的角度细化。例如，西南大学制定了《西南大学助教工作制度实施办法》[3]《西南大学农科类本科生奖助学金管理暂行办法》[4]《西南大学学生国（境）外交流学习专项经费资助管理办法》[5]等一系列办法，为高校依法治校管理育人制度体系的具体落地落实提供了具体细致的操作规范。第三，细化高校民主管理具体制度。高校民主管理具体制度具体细化一般从教师学生的申诉、矛盾调处、集体议事以及民主纪律监督等办法制定展开。例如武汉大学修订实施《中共武汉大学纪律检查委员会党风廉政意见回复暂行办法》，精心编制全面从严治党责任清单。[6]

（二）提高全体管理人员育人能力

"加强干部队伍管理，按照社会主义政治家、教育家要求和好干部标准，选好配强各级领导干部和领导班子，提高各类管理干部育人能力"[7]是

---

[1] 西南大学发展规划与学科建设部学术委员会办公室：《关于修订印发〈西南大学学术道德行为规范及管理办法〉的通知》[EB/OL].(2021-11-10)[2025-01-04].http://fgb.swu.edu.cn/info/1036/1216.htm.

[2] 西南大学研究生院：《西南大学学位评定委员会职责及议事规则》[EB/OL].(2020-12-23)[2025-01-04].http://pgs.swu.edu.cn/info/1017/1026.htm.

[3] 西南大学信息公开网：《西南大学助教工作制度实施办法》[EB/OL].(2024-10-20)[2025-01-03].http://xxgk.swu.edu.cn/info/1092/4413.htm.

[4] 西南大学信息公开网：《西南大学农科类本科生奖助学金管理暂行办法》[EB/OL].(2024-08-01)[2025-01-03].http://xxgk.swu.edu.cn/info/1092/4419.htm.

[5] 西南大学信息公开网：《西南大学学生国（境）外交流学习专项经费资助管理办法》[EB/OL].(2024-05-23)[2025-01-03].http://xxgk.swu.edu.cn/info/1092/4419.htm.

[6] 武汉大学新闻网：《聚力赋能、提质增效，推进管理育人走深走实》[EB/OL].(2022-01-15)[2025-01-03].https://news.whu.edu.cn/info/1711/437347.htm.

[7] 中华人民共和国教育部：《中共教育部党组关于印发〈高校思想政治工作质量提升工程实施纲要〉的通知》[EB/OL].(2017-12-05)[2025-01-03].http://www.moe.gov.cn/srcsite/A12/s7060/201712/t20171206_320698.html.

切实强化高校管理育人的重要路径要求。高校管理人员育人能力通常指引导大学生成长成才的综合能力,一般涵盖思想引导、心理健康教育、职业规划、组织管理与服务能力等多个方面。由于高校管理人员同样兼具高校老师的身份,所以习近平总书记提出的"有理想信念、有道德情操、有扎实知识、有仁爱之心"①这"四有"好老师标准,同样也是对高校管理人员的能力要求。在现代社会,管理活动趋向科学化与技术化,学校管理亦不例外,管理人员的管理育人能力影响职责履行与育人成效,是管理育人的关键。提高全体管理人员育人能力,应当从提升管理人员思想道德修养、培养管理人员专业技能素质、提高管理人员综合服务能力三个方面着手。

1.提升管理人员思想道德修养

管理人员思想道德修养是指管理人员在思想观念、道德品质等方面,通过集体学习和自我学习、实践锻炼与反思提升等,所达到的思想素养水平。"思想是行动的先导"②,管理人员的思想道德素养深刻影响着管理者的行为模式与决策导向。因此,应着眼于提升师生思想政治素质,"把理想信念教育放在首位"③,加强培育管理人员良好的职业道德与行为准则,推动管理育人整体能力的提升。

第一,加强管理人员政治理论学习。可通过深入开展社会主义核心价值观学习宣传,筑牢管理人员信念根基,增强能力,激发创新潜能。在日常生活中,持续强化管理人员政治理论学习,深入学习习近平新时代中国特色社会主义思想,坚持用党的创新理论武装头脑,以社会主义核心价值观作为思想与行动的指引,坚持中国特色社会主义的政治理想与方向。第二,加强管理人员职业道德教育。高校管理人员需强化育人意识,明确自身兼具管理者与教育者的双重身份,将立德树人理念深度融入各项管理事务。习近平总书记在清华大学考察时强调:"教师要成为大先生,做

---

① 习近平:《论教育》,中央文献出版社,2024年,第5页。
② 《江泽民文选》第1卷,人民出版社,2006年,第512页。
③ 《中共中央国务院印发〈关于加强和改进新形势下高校思想政治工作的意见〉》,《人民日报》2017年2月28日。

学生为学、为事、为人的示范,促进学生成长为全面发展的人。"[1]高校管理人员隶属教师队伍,理应通过树立榜样、典型带动,持续深化师德教育。例如西南大学加强师德师风建设,把学习贯彻《高等学校教师职业道德规范》《教育部关于加强学术道德建设的若干意见》等纳入教师技能培训计划,作为岗前培训、在职培训的重要内容。[2]通过引领管理者以身作则,严守"师德为先"准则,为学生树立良好形象,出色完成教学管理,提升育人成效。

2.培养管理人员专业技能素质

管理人员专业技能素质是指管理人员为有效履行管理职责、达成组织目标,所必须具备的一系列特定专业知识、技术与能力的综合体现,它在组织的高效运作与发展中起着关键作用。过去部分高校对管理人员存在重"使用"轻"培养"的误区,并且管理人员自身多凭经验行事,深陷事务性工作,认为管理工作门槛低,误将提升育人水平简单归结为改善工作作风与服务态度,造成管理人员的专业系统培育不足,专业知识与管理技能提升受阻。对此,要依据管理的职责、方法、方式、态度与技巧等要素,针对不同岗位、层级、性质人员开展分层分类培训,提升现代管理技术与水平,营造科学育人环境,促进学生全面发展。诸如辅导员、思政教师、心理教师及二级学院专业服务人员等,均需强化专业培训,增强履职能力。此外,还要构建系统性和经常性的教育培训机制。

第一,充分利用研修培训平台。要充分运用全国21个教育部高校辅导员培训和研修基地资源开展定期研修,[3]还要设置管理学课程、举办讲座、开展交叉挂职,增强高校管理人员法律、道德、沟通及管理能力。通过开设系列全国性的专题培训班,精准提升管理者育人技能。第二,加强高校自身日常培训。例如武汉大学以提升治理能力与思想政治工作能力为

---

[1] 习近平:《论教育》,中央文献出版社,2024年,第213页。
[2] 黄蓉生:《高校制度建设科学化的三个向度》,《中国高等教育》2013年第23期。
[3] 教育部思想政治工作司组编:《加强和改进大学生思想政治教育重要文献选编(1978—2014)》,知识产权出版社,2015年,第445页。

核心,实施分类培训策略,依照不同的岗位职责,精心组织开展分党委书记、新任中层干部、学院分党委副书记、学院教学副院长、学院科研副院长等多达10个类型的培训班。通过这些举措,切实有效地提升了干部队伍的整体素质,全方位强化了管理育人的综合能力。[①]

3.增强管理人员综合服务能力

管理人员综合服务能力,是指管理人员在组织管理活动中,为实现组织目标、满足内外部服务对象需求,所应具备的多种相互关联且协同作用的服务素养与技能的集合。由于高校管理人员的服务直接对接教师学生的日常生活,服务能力的强弱直接影响管理育人的发挥效能,因此必须增强管理人员综合服务能力。

第一,做好日常管理服务工作。例如武汉大学简化流程,梳理并优化管理服务事项,大幅增加线上办理与规划事项数量,"截至2021年11月25日,事项梳理增至814项,线上办理事项增至108项,线上规划事项增至222项",以"零跑趟"为追求,切实增强师生获得感与幸福感;并以问题驱动,构建多渠道反馈机制,通过校领导接待日、联席会等直面师生关切,理顺管理服务事项,彰显育人实效。[②]第二,提供细致法律服务保障。高校管理人员必须提升全体管理人员和学生群体法律意识,为管理育人工作筑牢法治防线,才能实现依法治校。例如武汉大学精心组织校长法律顾问参与会议议题审议,同时扩大常年法律顾问服务覆盖面,聘请驻点顾问,为校内各方提供专业法律咨询,为管理育人工作筑牢法治防线,使管理育人在合法合规、高效有序的轨道上稳步前行,全方位促进管理育人服务能力的提升。[③]

[①] 武汉大学新闻网:《聚力赋能、提质增效,推进管理育人走深走实》[EB/OL].(2022-01-15)[2025-01-04].https://news.whu.edu.cn/info/1711/437347.htm.

[②] 武汉大学新闻网:《聚力赋能、提质增效,推进管理育人走深走实》[EB/OL].(2022-01-15)[2025-01-04].https://news.whu.edu.cn/info/1711/437347.htm.

[③] 武汉大学新闻网:《守正创新 全力构建管理育人工作体系》[EB/OL].(2021-01-05)[2025-01-04].https://news.whu.edu.cn/info/1711/437447.htm.

(三)优化管理育人保障条件

管理育人保障条件通常是指为确保高校管理工作能够有效实现育人目标,在人力、物力、财力、制度等方面所必须具备的支持要素与环境基础。这些条件相互关联、相互影响,共同构建起管理育人工作得以顺利开展的坚实架构。优化保障条件,合理调配人力、物力、财力资源,确保各管理岗位人员充足且专业对口,具备先进办公设备等物资环境与充足经费支持,能避免管理工作混乱与推诿现象,可使管理工作顺利开展,能提升管理决策执行效率,使育人措施更好落地。具体而言,管理育人保障条件应从人、物、财三方面优化。

1.加强人力资源保障

人力资源保障是指组织为确保拥有充足、合适且能够有效发挥作用的人力资源,以达成组织目标、维持组织正常运转并促进其可持续发展,所采取的一系列策略、措施与机制的总和。加强高校管理育人的人力资源保障的关键在于持续长期地对管理育人队伍从"入口"到"管理"的全面把控,加强管理人员队伍建设。

第一,于入口之处严控入职标准。在选用人才时,要对其展开全面深入的考察,优先录用综合素质出众者承担管理育人重任,加大高素质人才的引进力度,实现高校管理育人队伍结构性优化,稳步提升全校管理服务育人的总体水准。例如武汉大学秉持育人为先理念构建管理队伍,修订系列干部选拔任用制度,如中层及二级单位内设机构干部相关办法等。通过选拔37名干部、交流调整61名干部,并安排40名青年学术骨干于学院、机关、科研机构挂职锻炼,多途径践行"事业为上、人岗相适、人事相宜"的用人准则。[①]第二,对在岗人员实行科学有效激励。于在岗人员管理考核层面,构建科学激励机制乃关键之举。要表彰先进、树立典型,激发管理队伍竞争活力,发挥模范引领之效。对后进者要施予积极精神激

[①] 武汉大学新闻网:《聚力赋能、提质增效,推进管理育人走深走实》[EB/OL].(2022-01-15)[2025-01-04].https://news.whu.edu.cn/info/1711/437347.htm.

励,助其对标榜样、砥砺前行。完善激励机制还需深耕"管理育人示范岗"[①]的建设与宣传,提升激励效能。例如武汉大学借校院两级改革之力,制定实施如《武汉大学学院(系)目标管理考核办法(试行)》在内的近20个配套文件,以运行成效与育人目标优化策略,深度融合改革发展与育人实践,形成有效激励机制。[②]通过这些激励机制改革措施,实现对管理育人队伍的科学管理,优化高校管理育人的人力资源保障条件。

2.完善物力资源保障

物力资源保障是指组织为达成自身目标、维持正常运转、应对各类情况,在物资与设施设备等实体资源方面所采取的一系列确保充足、适配且有效利用的策略、措施及机制的统称。管理育人活动总是在特定物质环境中进行,受到环境的影响与制约。完善的物力资源保障是高校管理育人的重要物质基础。

第一,完善校园基础设施。完善的校园基础设施是管理育人的物质基础,包括教学设施、办公场所、学生活动场地等。良好的教学设施能够为教学活动提供有力支持,先进的办公设备有助于提高管理工作效率,丰富多样的学生活动场地则为学生综合素质培养创造条件。例如武汉大学秉持"以生为本"理念,依循"一站式"学生社区建设原则,整合育人空间资源,打造"1+N+互联网""一站式"学生社区育人矩阵。借"百卅校庆"东风,在校友支持下翻新樱顶大学生俱乐部,开设公共阅读空间、展览厅、报告厅、艺术工作室等多功能区域。[③]第二,配备先进技术资源。随着信息技术的发展,高校需要配备先进的技术资源,如校园网络系统、信息化管

---

① 中华人民共和国教育部:《中共教育部党组关于印发〈高校思想政治工作质量提升工程实施纲要〉的通知》[EB/OL].(2017-12-05)[2025-01-03].http://www.moe.gov.cn/srcsite/A12/s7060/201712/t20171206_320698.html.
② 武汉大学新闻网:《聚力赋能、提质增效,推进管理育人走深走实》[EB/OL].(2022-01-15)[2025-01-04].https://news.whu.edu.cn/info/1711/437347.htm.
③ 全国高校思想政治工作网:《武汉大学:"1+N+互联网",打造"一站式"学生社区育人矩阵》[EB/OL].(2024-10-18)[2025-01-04].https://www.sizhengwang.cn/a/dxjy_djtz/241018/1945413.shtml.

理平台等,精心打造集服务与交流于一体的多功能网站模块、APP和小程序,"根据不同网络平台、不同网络社群的特点制定专门的思想政治工作方案"①,以提升管理工作的信息化水平和服务质量。例如武汉大学积极推行"智慧珞珈"APP,大力开展"珞珈E卡"平台建设,并通过扫描二维码出入校园登记等创新举措,在达成高效管理目标的同时,极大地便利了学生的学习与生活。②

3.落实财力资源保障

财力资源保障是指组织或机构为实现自身目标、维持正常运转、应对各类事务及发展需求,在资金方面所采取的一系列确保充足、合理分配与有效使用的策略及措施的统称,是保障组织各项活动顺利开展的关键要素。加强管理育人必须有足够的财力资源保障,如此才能为高校育人工作全局提供有力支撑。

第一,多渠道筹措经费实现"开源"。高校应当通过自主开辟多元收入路径,如设施出租、科研成果转化、校企科研合作等,以此扩充办学资源。又如设立专项经费用于开展学生创新创业活动,支持管理人员组织各类创业培训、项目孵化等工作。第二,加强经费的管理使用实现"节流"。国家投入与政府支持虽为高校重要财政依托,但高校亦需加强经费管理,正如习近平总书记所指出,"学校是办学主体,要尽可能把资源配置、经费使用、考评管理等放给学校"③。因此,必须"加强经费使用管理,科学编制经费预算,确保教育经费投入的育人导向"④,这是落实财力资源保障的关键。例如武汉大学积极出台如《武汉大学关于规范使用研究生

---

① 习近平:《论教育》,中央文献出版社,2024年,第155页。
② 武汉大学新闻网:《守正创新 全力构建管理育人工作体系》[EB/OL].(2021-01-05)[2025-01-04].https://news.whu.edu.cn/info/1711/437447.htm.
③ 习近平:《论教育》,中央文献出版社,2024年,第20页。
④ 中华人民共和国教育部:《中共教育部党组关于印发〈高校思想政治工作质量提升工程实施纲要〉的通知》[EB/OL].(2017-12-05)[2025-01-03].http://www.moe.gov.cn/srcsite/A12/s7060/201712/t20171206_320698.html.

培养补充业务费的通知》《武汉大学实习实训专项经费管理办法(试行)》等在内的系列改革配套文件,强化经费服务保障职能,落实管理育人财力资源保障。[1]

---

[1] 武汉大学新闻网:《守正创新 全力构建管理育人工作体系》[EB/OL].(2021-01-05)[2025-01-04].https://news.whu.edu.cn/info/1711/437447.htm.

第十章

不断深化高校服务育人

高校服务育人作为一项长期且系统的工程,区别于教书育人、管理育人,具有自身独特的优势,是落实立德树人根本任务的重要环节。党的十八大以来,高校服务育人工作格局不断深化,服务育人领域更加精细化,体现在后勤保障、图书资料、医疗卫生、安全保卫等领域,旨在以服务学生成长发展为宗旨,结合学生成长发展需要,通过各种资源供给提供靶向服务。高校服务育人通过发挥价值引导、人文关怀、规范行为等功能,为完成人才培养重要使命营造良好环境,为学生成长成才全面发展提供重要保障,为建设稳定和谐校园创设有利条件。高校坚持服务学生、围绕学生、关照学生,关键在于创新后勤保障服务,满足学生生活服务多元化与个性化相结合的需求;创新图书资料服务,运用AI赋能图书馆服务,加强学术资源库建设,搭建多样式研讨交流平台;创新医疗卫生服务,开展公共卫生与健康教育活动,提升医疗服务智能化水平,优化健康管理数字化途径;创新安全保卫服务,以人防为重点、以物防为辅、以技防为关键构建校园安全大格局,实现服务育人的全面化和精准化。

一、高校服务育人的内涵

高校服务育人是高校"十大"育人体系的重要组成部分,其内涵是多维度的体系化概念,体现在界定、构成要素与功能定位三方面。从概念界定上看,在梳理学界对高校服务育人概念界定的基础上,剖析高校服务育人"是何"的问题。高校服务育人的构成要素包含服务主体、服务客体、服务载体,构成"三位一体"的育人架构。高校服务育人的功能定位体现在价值引导功能、人文关怀功能、行为规范功能,通过人性化服务传递校园治理温度,实现服务效能与育人成效的深度耦合,培养全面发展的时代新人。

(一)服务育人的界定

近年来,随着高校服务育人实践的纵深推进,学界从不同维度对高校

"为何"进行服务育人,"如何"进行服务育人进行了深入研究,但对于高校服务育人"是何"的探讨有待深入。对此,有必要分析"是何"这一问题的研究视域,沿着"服务—服务育人"的逻辑理路来厘清这一核心概念。

1."服务"的一般界定

"服务"概念作为一个语词符号具有久远的历史。在《说文解字》中,对于"服务"的界定是在"服"和"务"相关的解释中推导出"服务"的意义。"服"字在《说文解字》中的解释为"用也","古文服,从人"[1],引申为顺从或服从之意。"务"字在《说文解字》中的解释为"趣也","从力,孜声"[2],引申为从事之意。结合二者字词的分析,"服务"可以理解为为他人或某事履行职责或完成任务的行为。在《辞海》中的"服务"释义是提供满足他人需求的活动,并指代相关的行业和职能领域属于第三产业。[3]

服务是指为他人提供帮助、满足他人需求、创造价值的相关行为和活动。从观念层面看,服务是以他人的需求为出发点,不以实物形式而以提供劳动的形式满足他人的需求。从功能层面看,服务的功能涵盖了从满足基本需求到创造社会价值、从辅助生产到社会责任等多个方面。从本质层面看,服务是无形的、互动的、个性化的,服务的质量和效果体现在服务主体与服务对象之间的互动过程,它的本质是创造价值。

2.马克思主义的"服务"蕴义

马克思主义认为,社会存在决定社会意识,人的生产实践与社会生活方式决定社会价值观念。人民群众是历史的创造者,是社会物质财富和精神财富的创造者,是推动社会发展的决定性力量。这一观点强调了服务对象是广大人民群众,服务的目的是满足人民群众的利益需求,促进人的全面发展。因此,马克思、恩格斯在《共产党宣言》中庄严宣告:"过去的一切运动都是少数人的,或者为少数人谋利益的运动。无产阶级的运动

---

[1] 汤可敬译注:《说文解字》(第三册),中华书局,2018年,第1741页。
[2] 汤可敬译注:《说文解字》(第四册),中华书局,2018年,第2987页。
[3] 陈至立主编:《辞海》,上海辞书出版社,2020年,第1218页。

是绝大多数人的,为绝大多数人谋利益的独立的运动。"①列宁指出:"无产阶级,只有无产阶级,才能保证为大多数人的利益服务"②。毛泽东在《为人民服务》中明确提出:"我们的共产党和共产党所领导的八路军、新四军,是革命的队伍。我们这个队伍完全是为着解放人民的,是彻底地为人民的利益工作的。"③毛泽东在《论联合政府》中强调,"我们共产党人区别于其他任何政党的又一个显著的标志,就是和最广大的人民群众取得最密切的联系。全心全意地为人民服务,一刻也不脱离群众"④,明确了中国共产党服务的对象,指明了党的根本宗旨。邓小平在改革开放时期把服务问题提到世界观和方法论的高度加以强调:"世界观的重要表现是为谁服务。"⑤"什么叫领导?领导就是服务。"⑥中国共产党以人民高兴不高兴,答应不答应,满意不满意作为判断是非得失的标准。江泽民提出:"全心全意为人民服务,立党为公,执政为民,是我们党同一切剥削阶级政党的根本区别。"⑦胡锦涛提出"坚持完成党的各项工作和实现人民利益的一致性,坚持发展为了人民、发展依靠人民、发展成果由人民共享"⑧。习近平总书记指出:"中国共产党是人民的党,是为人民服务的党,共产党当家就是要为老百姓办事,把老百姓的事情办好。"⑨马克思主义经典作家的一系列论述深刻阐明了无产阶级政党的服务观具有"人民性"和"实践性",始终站在人民的立场上,把人民的利益放在首位,坚持立党为公、执政为民。致力于为人民谋幸福,发展人民民主,保障人民的权利,满足人民群众的美好生活需要,促进人的全面发展。

---

① 《马克思恩格斯选集》第1卷,人民出版社,2012年,第411页。
② 《列宁全集》第30卷,人民出版社,2017年,第335页。
③ 《毛泽东选集》第3卷,人民出版社,1991年,第1004页。
④ 《毛泽东选集》第3卷,人民出版社,1991年,第1094页。
⑤ 《邓小平文选》第2卷,人民出版社,1994年,第92页。
⑥ 《邓小平文选》第3卷,人民出版社,1993年,第121页。
⑦ 《江泽民文选》第3卷,人民出版社,2006年,第279页。
⑧ 《胡锦涛文选》第3卷,人民出版社,2016年,第4页。
⑨ 《习近平在陕西延安和河南安阳考察时强调 全面推进乡村振兴 为实现农业农村现代化而不懈奋斗》,《人民日报》2022年10月29日。

3.高校服务育人的含义

服务育人既是一种教育理念,又是一种教育实践,是高校提升思想政治工作质量的重要组成部分。学界对服务育人的内涵进行界定,高斌等人认为,服务育人有广义和狭义之分。[①]刘建军认为,"所谓'服务育人',主要是指通过学校的后勤服务和其他工作中的服务环节,特别是通过增强对学生的服务意识来达到育德育人的目标"[②]。刘晓婷等认为,服务育人的内涵也是随着时代的发展和变化而不断丰富和完善,其内涵发展为整体关心学生学习和生活,涵盖更加广泛且深层次的服务,不仅包括基本物质环境建设,更注重精神内涵的满足和人格养成。[③]通过对文献的梳理,发现高校服务育人的理念不断与时俱进,内涵不断丰富,服务育人体系不断深化。学者们结合时代发展的需要,总结高校服务育人的实践经验,明确服务育人的关键要素和内容,既关注育人目标,又注重育人效果,为本书的研究提供可借鉴的思路。

服务育人是指高校围绕立德树人根本任务,以服务学生成长发展为宗旨,结合学生成长发展的需要提供靶向服务,通过提升服务主体的素质,整合各种供给资源,创新服务方式方法解决学生学习生活中的合理诉求,着力培养德智体美劳全面发展的社会主义建设者和接班人。

第一,服务育人是高校思想政治工作的重要组成部分。围绕"培养什么人、怎样培养人、为谁培养人"的根本问题,党中央出台了一系列关于服务育人的重要政策文件,为高校服务育人工作提供了根本遵循。1987年5月,《中共中央关于改进和加强高等学校思想政治工作的决定》指出:"加强教职工队伍的思想建设,大力提倡教书育人、服务育人。"[④]1994年8

[①] 高斌等:《新时期高校服务育人路径的思考》,《学校党建与思想教育》2009年第28期。
[②] 刘建军:《论高校思想政治工作的育人格局》,《思想理论教育》2017年第3期。
[③] 刘晓婷、王玥:《新时代高校服务育人的内在逻辑与实践路径》,《思想理论教育》2023年第8期。
[④] 教育部思想政治工作司组编:《加强和改进大学生思想政治教育重要文献选编(1978—2014)》,知识产权出版社,2015年,第72页。

月,《中共中央关于进一步加强和改进学校德育工作的若干意见》指出:"学校各项管理工作、服务工作也要明确育人职责,管理育人,服务育人。"①2003年12月,教育部颁布的《教育部办公厅关于进一步加强高校学生管理工作和心理健康教育工作的通知》强调:"强化育人意识,把教书育人、管理育人、服务育人落到实处,形成全员、全方位、全过程育人的合力。"②2017年12月,教育部印发《高校思想政治工作质量提升工程实施纲要》(以下简称《实施纲要》),指出构建服务育人质量提升体系,在关心人、帮助人、服务人中教育人、引导人。③2020年4月,教育部等八部门联合印发《关于加快构建高校思想政治工作体系的意见》,再次强调服务育人的重要性,并提出深化服务育人工作新要求。立足新的历史发展方位,结合时代发展要求,高校服务育人被赋予新的历史使命,服务育人领域更精细化,体现在后勤保障、图书资料、医疗卫生、安全保卫等领域,旨在全面提升高校思想政治工作质量,归根到底服务于高校立德树人的根本任务。

第二,高校服务育人坚持服务与育人相融合。服务与育人是一个动态的、双向互动的过程。服务是育人的手段,高校根据学生的需求不断调整和优化服务内容,把学生放在中心位置,尊重学生主体地位,在服务方向上突出围绕学生,在服务内容上突出关照学生,在服务落脚点上突出服务学生,把解决学生实际问题与解决学生思想问题结合起来,提供精准化、个性化服务。育人是服务的目的,坚持问题导向和目标导向相结合,服务过程传递价值观、道德规范与行为准则,以实现育人的效果。高校实现服务与育人相融合,贯穿学生的整个大学生涯,将育人理念融合在课堂到课后的服务过程,融合在学习到生活的服务过程,融合在入学到毕业的

---

① 教育部思想政治工作司组编:《加强和改进大学生思想政治教育重要文献选编(1978—2014)》,知识产权出版社,2015年,第145—146页。
② 教育部思想政治工作司组编:《加强和改进大学生思想政治教育重要文献选编(1978—2014)》,知识产权出版社,2015年,第256页。
③ 中华人民共和国教育部:《中共教育部党组关于印发〈高校思想政治工作质量提升工程实施纲要〉的通知》[EB/OL].(2017-12-05)[2025-01-30].http://www.moe.gov.cn/srcsite/A12/s7060/201712/t20171206_320698.html.

服务过程,为学生成长成才提供全方位的基本保障,助力学生健康成长与全面发展。

第三,高校服务育人坚持系统观念。高校服务育人是一个各要素相互依存、相互促进的有机整体。在服务育人过程中,高校着眼于解决学生实际问题与解决学生思想问题结合,涉及多元主体共同参与,构建服务育人质量提升体系,明确服务部门职责,整合校内外资源,实现服务育人主体、时间、空间三个维度的有效协同。学校的后勤、图书、医疗、保卫等服务部门明确服务协同机制的目标与原则,建立跨部门协调工作小组,通过信息手段优化流程与精准化管理,打破部门壁垒,优化资源配置,构建服务协同的工作格局。通过"互联网+",完善校园综合信息服务系统,统筹学校的后勤、图书、医疗、保卫等服务部门,形成一个全方位、一体化的服务平台,打造综合融通的一站式服务,为学生提供高效、便捷的服务体验,全方位提升校园生活品质,使高校在服务育人发挥更大作用,推进育人目标的实现。

(二)高校服务育人的构成要素

高校服务育人作为一项系统工程,按照"谁来育人、育什么人、如何育人"的逻辑思路,运用思想政治教育学原理把握其构成要素,可以概括为服务育人主体、服务育人对象、服务育人载体三个组成部分。这三个要素相互关联、相互作用,其中服务主体通过载体满足服务对象的需求,进而提升高校服务育人的质量和效果。

1.服务育人的主体

"谁来育人"明确了高校服务育人过程中的实施主体。高校服务育人的主体是指在高校服务育人中,承担着各种服务行为和活动满足大学生成才成长需要的各类人员或群体。依据《实施纲要》精神,高校服务育人主要由学校的后勤、图书、医疗、保卫等服务部门负责,高校服务育人的主体力量主要是高校的后勤、图书、医疗、保卫等人员,在服务育人过程中扮演着重要角色。他们在日常服务中直接与学生接触,通过服务行为传递关爱与责任感。因此,这是一支不可或缺的队伍,也是一支值得信赖的队伍。要建设好这支队伍,保证这支队伍的高质量、高水准,在服务行为和活动中必须具备较强的政治信念和服务本领、高尚的品德与诚挚的关怀,弘扬劳模精神、工匠精神,以确保在服务育人过程中有效地履行其职责,提升高校服务育人质量。着眼于学生德智体美劳全面发展,高校积极联动社会各界力量,包括校企合作单位、校友、社会志愿者等,邀请他们走进校园参与服务育人。同样学生志愿者也是服务育人的重要力量,学生志愿者在进行自我服务的同时,也服务他人,在服务中增强其社会责任感与成就感。高校、社会、学生志愿者等各方力量汇聚在一起,形成强大的协同育人合力,实现协同服务育人。

2.服务育人的对象

"育什么人"指明了高校服务育人的目标,即高校服务育人的对象是谁,以及高校服务育人的目的是什么。高校服务育人的主要对象是在校大学生,高校服务育人的目的就是要培养中国特色社会主义合格建设者和可靠接班人。从学生生理心理角度看,大学生的年龄阶段一般处于18岁至29岁左右,自我意识增强,追求独立和自主,渴望实现自我价值。从学历层次角度看,在校大学生主要包括专科生、本科生、硕士生、博士生等,他们不仅具有扎实的专业基础知识,还具有良好的道德品质、团队协作能力、创新能力等综合素质。从学生的需求维度看,不同的年级群体、学科群体、特殊群体的服务需求不同。高校服务育人工作需要根据不同类型学生的特点和需求,提供全方位、多层次、个性化的服务。从整个大学生涯周期看,从入学到在校期间再到毕业,高校服务育人工作贯穿大学生成长的全周期,为学生的全面发展提供全方位支持,促进大学生在知识、能力、素质等方面实现全面发展,成为具有创新精神和实践能力的社会主义合格建设者和可靠接班人。

3.服务育人载体

"如何育人"离不开育人载体。高校服务育人载体是指高校在服务育人活动中，用于连接服务与育人的平台、资源、活动或机制，是落实立德树人根本任务的重要抓手，是实现育人目标的桥梁和纽带。随着时代的发展，学生个体的发展需求决定了服务载体不断多元化，根据不同的内容和服务领域具体包括生活服务载体、学习服务载体、实践服务载体、环境服务载体等。生活服务载体是指与学生日常生活密切相关的宿舍管理、食堂饮食、医疗条件等服务设施和活动，能够满足学生日常需求。学习服务载体是指与学生学习密切相关的服务设施和服务平台，为学生提供丰富的图书资源、在线学习平台，促进学生提升自主学习能力和创新能力。实践服务载体是指为学生提供的实践锻炼的活动和平台，能够使学生形成良好的自我教育与自我服务，培养团队精神。环境服务载体是指与学生学习生活密切相关的校园景观、智慧校园平台、校园安全管理系统、运动场设施等，为学生提供舒适、绿色、安全的学习和生活环境。这些载体有其独特的功能，共同作用于学生的成长和发展，帮助学生在整个大学生涯中获得更好的支持和服务，助力培养德智体美劳全面发展的人才。

（三）高校服务育人的功能定位

功能是指特定结构的事物表现出来的特性或能力。高校服务育人本质上是在服务人中教育人、引导人，其核心在于将服务与育人相融合，体现在对学生价值观念、道德品质、生活行为等方面潜移默化的影响。

1.价值引导功能

价值引导是指通过教育、宣传、示范等方式，将特定的价值取向传递给个体或群体，引导其在思想、行为和生活中形成正确的价值观。马克思指出："思想、观念、意识的生产最初是直接与人们的物质活动，与人们的物质交往，与现实生活的语言交织在一起的。"[1]高校服务育人的价值引导

---

[1]《马克思恩格斯选集》第1卷，人民出版社，2012年，第151页。

功能旨在满足学生的实际需求,在为学生提供优质的生活、学习等服务中明确价值导向、塑造价值观念、引导行为选择,促进价值内化。第一,明确价值导向。高校服务育人将立德树人渗透服务工作全过程、全方位,服务学生成长成才。高校服务人员爱岗敬业的工作态度、勤勤恳恳的工作作风、服务奉献的工作精神,促使大学生树立正确的道德观念,培养大学生的社会责任感,使其成为品德高尚的新时代好青年。第二,塑造价值观念。学校通过开展"光盘行动"、食品安全宣传等活动、"节粮节水节电""节能宣传周"等主题教育,引导学生养成勤俭节约、健康饮食的习惯。宿舍管理注重营造和谐、互助的宿舍氛围,培养大学生的团队合作精神和集体荣誉感,增强大学生的归属感。第三,促进价值内化。价值引导通过规范和榜样作用,引导学生在日常生活中将外部传递的价值观内化为自身的准则,作出正确的行为选择并自觉践行。学校志愿者活动促使大学生热爱生活、积极进取、乐于助人,提升学生的社交能力、创新能力,引导大学生调整规范价值认知,提升道德修养,把服务他人、奉献社会与实现个人价值有机结合起来,促进大学生实际生活中达到知行合一。

2.人文关怀功能

人文关怀是一种基于对生命、人格、需求的尊重和关切的行为方式,不仅关注人的物质需求,更重视精神层面的支持和鼓励。高校服务育人的人文关怀功能主要体现在立足于解决学生的实际问题,关注学生的全面发展和个性化需求,帮助学生解决成长过程中遇到的困难和问题,让学生能够深切感受到人文关怀的存在和力量,增强学生的获得感和幸福感。第一,服务学生全面发展。高校服务育人不仅要给予学生生活关怀,还要通过多样化的服务载体,通过真情、贴心、高效的优质服务,营造和谐、绿色、安全的校园氛围,组织学生参与志愿者服务,促进学生的德智体美劳全面发展。第二,尊重学生个性化发展。高校关注学生的个性化需求,提供精准化服务,将提供共性供给服务与个性生活需求相结合。学校根据不同生源提供多样化的餐饮选择,满足不同生源学生的饮食习惯。学校根据不同学历层次、学生生活习惯和需求,打造宿舍功能区,营造舒适的生活环境。学校提供个性化学习支持和个性化文化活动,拓展学生从学习到生活的活动空间和娱乐方式,满足不同文化需求。第三,关注学生情感需求。无论从物质层面还是精神层面,高校服务育人坚持用心、真情、主动把解决学生实际问题与解决学生思想问题结合起来,让学生感受到尊重、理解与关照,增强学生的归属感和幸福感。

3.行为规范功能

行为规范是指通过明确的原则和要求,引导个体的行为习惯朝着符合社会道德的方向发展的一种规则体系。高校服务育人的行为规范功能旨在通过制度约束和榜样引领,规范学生的日常行为,培养学生良好的行为习惯和生活方式。第一,制度约束。学校将规范融入服务流程,制定宿舍管理、激励机制、评价机制、权益保障等,体现了纪律与关怀相结合,引导学生形成正确的价值观和行为习惯。后勤管理要求学生遵守作息时间,食堂服务明确就餐时间,引导学生遵守公共秩序,图书馆制定还书违约扣费相关规则,要求学生遵守借阅规则、爱护图书等,严格要求学生正确引用文献,遵守学术研究的行为准则。第二,道德引导。学校组织学生签订《校园文明公约》,食堂餐桌张贴"光盘行动"提示,为学生的日常行为提供明确指引,增强学生自律能力,提高学生自身文明素养。图书馆设立"学术道德工作坊",使学生深入了解学术道德的重要性,提升学生的学术道德认知,促进学术研究健康发展。自习室安装智能监测分贝提醒,提醒学生"轻声细语",营造良好的学习环境,帮助学生更专注于学习内容,提高学习效率。第三,生态行为。学校开通"绿色账户",开展学生宿舍水电表能耗排名活动,实行低碳行为积分兑换机制,将排名表现纳入奖学金评定,引导学生践行绿色低碳理念。学校实行垃圾分类办法,试行"饮料瓶回收返现",把生态行为与学生日常学习生活深度结合起来,培养具有可持续发展意识的时代新人。

二、高校服务育人的重要意义

党的二十大报告指出："育人的根本在于立德。"[1]高校服务育人是连接教书育人和管理育人的桥梁，承担着独特的育人功能，在立德树人中发挥着重要作用。在以中国式现代化全面推进中华民族伟大复兴的新征程上，高校服务育人的理念和目标随之发生变化，必须将"服务"和"德智体美劳"结合起来，满足中国式现代化对人才的需要，这对于培养担当民族复兴大任的时代新人具有重要意义。

（一）为完成人才培养重要使命营造良好环境

为完成人才培养重要使命营造良好环境，这是高校服务育人的重要意义之一。马克思、恩格斯指出："人创造环境，同样，环境也创造人。"[2]良好环境通常是指在一个社会系统中，有利于个体或群体成长发展的环境，包括物质环境、精神环境和人文环境三个层面。高校服务育人坚持以人才培养为中心，紧跟时代步伐，坚持问题导向与目标导向相结合，充分发挥环境在服务育人过程中的作用。

1.营造良好的校园物质设施环境

校园物质环境是学校进行教学、生活、文化活动的各类基础设施和校园自然环境的总和，包括校园建筑与场地、教学与科研设施、生活与休闲设施、安全与卫生设施等。营造良好校园物质设施环境助力教育教学活动，促进学生全面发展，保障校园安全稳定。

助力教育教学活动开展。营造良好的校园物质设施环境对于助力教育教学活动开展具有重要意义。学校优化教学设施坚持数字化与人性化的融合，利用现代信息技术赋能校园设施建设，实现教学设施智能化、学习资源数字化、校园服务便捷化，既要满足学生学习和生活需求，也要充分考虑学生使用的舒适、便捷以及特殊人群的需求，提升教学互动性和教

---

[1]《习近平著作选读》第1卷，人民出版社，2023年，第28页。
[2]《马克思恩格斯选集》第1卷，人民出版社，2012年，第172-173页。

学实效性。学校完善校园基础设施，坚持多元化与个性化的融合，提供多功能活动空间，建设智慧校园系统，建设教学资源库，搭建国家一流课程平台，深化教育督导信息化，支持学生自主学习。通过优化硬件设施，完善服务管理，提升信息化水平，助力教育教学活动顺利开展。

促进学生全面发展。学校营造良好的校园物质设施环境有利于促进学生德智体美劳全面发展。校园内布置名人雕像、文化长廊等校园景观，激发学生对真善美的追求，传递积极向上的价值观。图书馆依托国家数字教育资源公共服务体系，为学生自主学习和知识拓展提供资源平台，支持学生自主学习和探究式学习。学校完善运动设施场地，为学生提供充足的体育锻炼空间，满足学生多样化的体育锻炼需求，为学生学习和生活提供有力的保障。学校注重校园整体环境的美化设计，通过花草树木、亭台楼阁、池塘、雕塑等美化校园环境，使学生能够感受到自然之美、建筑之美，提升学生的审美体验。学校提供劳动实践的机会，组织学生参与校园清洁、参与垃圾分类和处理、绿化维护、清洗餐具等日常劳动，增强学生的劳动意识，培养学生的劳动精神，养成良好的劳动习惯。

保障校园安全稳定。营造良好的校园物质设施环境是保障校园安全的重要基础。学校完善校园安全基础设施，利用智能预警解决突发事件，支撑平安校园建设；学校完善学校餐饮卫生监督系统，加强对食材供应链和厨房环境的管理，确保学生饮食安全，利用医疗智慧系统建立学生健康档案，支撑健康校园建设。学校加强消防安全管理，确保公共场所的应急疏散通道畅通、标识清晰，定期组织师生开展消防演练，提升师生安全意识。学校成立安全志愿者团队，组织学生参与校园安全巡查，建立安全意见反馈机制，鼓励学生提出校园安全隐患和改进建议，为学生提供一个安全、稳定、和谐的学习生活环境。

2.营造良好的学风校风精神氛围环境

学风是指学校师生在学习、研究、教学活动中形成的风气和氛围，包括学习态度、学习习惯、学术诚信、创新精神等。校风是大学精神的集中体现,是全体师生员工体现出来的精神风貌。营造良好的学风校风精神氛围环境是高校人才培养的重要保障,对学生的人格塑造、创新精神的提升、社会责任感的培养具有深远的影响。

塑造学生健康人格。良好的学风校风精神氛围环境有助于塑造学生健康的人格。2016年12月,习近平总书记在全国高校思想政治工作会议上强调:"好的校风和学风,能够为学生学习成长营造好气候,创造好生态,思想政治工作就能润物无声给学生以人生启迪、智慧光芒、精神力量。"①良好的学风校风有助于学生积极向上,端正正确的学习态度,尊重学术规范,正确引用他人成果,有助于形成诚实守信品质,进而完善学生的人格品质。良好的学风校风能够潜移默化地影响学生的心理品质,学校倡导团结合作,培养学生的团队精神,增强学生应对困难和挫折的能力,帮助学生形成积极向上的心态和健全的人格。

提升学生创新精神。良好的学风校风精神氛围环境有助于提升学生创新精神。创新精神不仅是指学生在学术上的突破,更是研究问题和思考问题具有的批判性思维和思考方式。党的二十大强调"培育创新文化,弘扬科学家精神,涵养优良学风,营造创新氛围。"②良好的学风校风,包含着开放包容的文化氛围,推动学校不断完善教学资源建设,为学生的创新研究提供充足的知识储备,鼓励学生敢于探索前沿阵地,让学生将理论知识与实践相结合,在实践中发现问题、解决问题,培养创新精神,帮助学生在发现问题、解决问题中激发他们的创新潜力,进而推动创新发展。

培养学生社会责任感。良好的学风校风精神氛围环境有助于培养学生社会责任感。2016年12月,习近平总书记在全国高校思想政治工作会议上强调,"坚持不懈培育优良校风和学风","好校风、好学风来自师生共同努力"③。高校后勤、图书、校医院、保卫等工作人员是高校学风校风建

---

① 习近平:《论教育》,中央文献出版社,2024年,第144-145页。
② 《习近平著作选读》第1卷,人民出版社,2023年,第29页。
③ 习近平:《论教育》,中央文献出版社,2024年,第144-145页。

设的重要力量,他们虽然不直接参与教学或科研,但在高校人才培养中做好协调、保障和服务工作,在工作中表现出来的兢兢业业、勤勤恳恳、用心贴心的服务精神,潜移默化地影响学生对社会责任感的认知。学校提供各种社会实践平台和公益活动,组织学生进行社会实践体验,引导学生关注社会问题,让学生明确自己在社会中的角色与责任,从而培养出具有社会责任感的新时代好青年。

3.营造良好的干群师生关系人文环境

马克思指出:"人的本质不是单个人所固有的抽象物,在其现实性上,它是一切社会关系的总和。"① 干群师生关系是高校服务育人活动中最基本的关系之一,干群师生之间的交往互动形成的人文环境氛围,对学生的成长发展有着潜移默化的影响。

促进干群师生之间相互尊重与平等。良好干群师生关系是实现服务育人目标的重要保障。尊重是建立良好干群师生关系的基础,师生之间相互尊重体现在干群人员对学生个性、兴趣、爱好的尊重,还体现在学生尊重干群人员工作的付出和劳动成果。平等体现在干群师生之间的平等对话,学校搭建平等沟通的桥梁,减少冲突和矛盾。高校服务育人体现在服务活动中关照学生的个体差异,解决学生的实际问题,建立多层次的沟通渠道,制定相关政策和制度,鼓励学生反馈服务育人工作存在的不足和改进建议,学校及时给予反馈和改进工作方法,从而促进干群与师生之间的相互尊重、平等对话,为人才培养营造和谐友爱的校园氛围。

促进干群师生之间相互信任与支持。在高校服务育人过程中,信任与支持相结合对于构建良好干群师生关系非常重要。信任是促进师生关系之间良好互动的关键,高校服务部门工作人员通过自己的言行和服务态度赢得学生的信任。支持是指高校服务工作人员在学生学习和活动中提供各种物质资源供给和精神上的肯定、鼓励和专业建议和指导。在高校服务育人工作中,要培养服务工作人员的关怀意识,提升他们支持的能

---

① 《马克思恩格斯选集》第1卷,人民出版社,2012年,第135页。

力,开展各种主题教育,提供全方位、多元化的支持服务,为人才培养创造一个开放、积极、包容的校园环境和条件。

促进干群师生之间相互合作与参与。高校服务育人中的参与与合作是学生提升自身素质,培养社会责任感的重要保障。合作是指两个以上的个体或群体相互配合、协同努力共同的目标的过程。参与指加入或介入某个活动或决策的过程。在高校服务育人工作中,坚持合作与参与相结合,使干群师生关系跳出传统的框架,鼓励学生积极参与各种服务项目活动,参与制定活动项目的策划、流程和活动的宣传、资源筹集、服务管理决策。学生代表们与服务部门进行沟通协商,提出意见和建议,为校园建设贡献自己的智慧,构建合作共赢的人文环境,为人才培养奠定基础。

(二)为学生成长成才全面发展提供重要保障

为学生成长成才全面发展提供重要保障这是高校服务育人的又一重要意义。随着时代的发展,党在育人目标上,从"德智体"到"德智体美",发展到"德智体美劳"全面发展。着眼于学生德智体美劳全面发展,高校服务育人需要调动各方力量全员参与服务,形成全方位服务格局,实现全过程服务,在生活、学习、就业等方面切实为学生成长成才全面发展提供有力保障。

1.提供生活保障

马克思、恩格斯在《德意志意识形态》中指出:"人们为了能够'创造历史',必须能够生活。但是为了生活,首先就需要吃喝住穿以及其他一些东西。"[①]衣、食、住、行是学生在整个大学生涯的基本内容,高校服务育人工作的核心就是为学生成长成才全面发展提供全方位的生活保障。

保障学生基本生活需求。保障学生基本的生活需求意味着学校在这个层次的保障起至关重要的作用,本质在于满足学生的饮食、住宿等"底层需求"。学校打造"智慧食堂",结合营养数据分析提供安全、营养、多样

---

① 《马克思恩格斯选集》第1卷,人民出版社,2012年,第158页。

化、个性化餐饮服务,满足不同学生需求。宿舍管理提供卫生、舒适的住宿环境,配备热水器、洗衣机等设备,提高学生生活质量。高校扩大学生医保覆盖面,简化报销流程,确保学生健康无后顾之忧。[①]校园设立"学生生活园区",通过"智慧校园"系统,打造"一站式"服务平台,提供24小时生活支持。学校设置勤工助学岗位,帮扶经济困难学生,减少学生的后顾之忧,帮助学生专注学习和成长。

促进学生身心健康。身心健康是学生成才成长全面发展的基础,学校提供的生活服务保障直接影响学生的健康理念、心理素质和健康方式。学校提供健康饮食、舒适住宿、完善的医疗服务等基本生活保障解决学生基本需求,使学生感受到学校的关怀,增强学生对校园的归属感和幸福感。学校开展各种丰富多彩的校园文化活动为学生提供精神滋养,定时举办"阳光成长计划""学生社区文化节""健康校园行""节气厨房"(清明制作青团、端午包粽子、中秋作月饼等)活动,定期开展安全急救体验式教育,为学生身心健康创造良好条件。

提升学生独立自主能力。独立自主能力包括自我管理、自我决策、自我约束、解决问题的能力。高校服务育人通过提供生活保障满足学生基本需求,还致力于提升学生独立自主能力,帮助学生更好应对未来挑战。学校开设"生活技能工作坊",设立"学生食堂经理助理岗",培养学生生活技能,助力学生从依赖他人走向独立。学校开发"校园一卡通+移动支付"系统,推行生活费管理制度,引导学生规划和理性消费,驱动学生从被动到主动的成长蜕变。学校设立"服务育人示范岗""独立生活达人"奖项,培养学生独立自主能力,助力学生从适应大学生活到实现自我超越。

2.提供学习保障

高校服务育人为学生全面发展提供坚实的学习保障,不仅包括创造

[①] 国家医疗保障局:《国家发展改革委办公厅等关于进一步提高高校学生医疗保障质量的通知》[EB/OL].(2025-01-26)[2025-01-30].https://www.nhsa.gov.cn/art/2025/1/26/art_14_15578.html.

良好的学习环境、提供多元化的学习资源,还致力于提升学生自主学习能力,帮助学生掌握学习技能和本领,提升综合素质。

创造良好的学习环境。良好的学习环境是学生全面发展的基础,包括完善的教学设备、师生互动、交流合作等多方面的要素。学校打造绿色校园,提供绿化活动空间,为学生提供一个优美的自然环境。高校服务育人提供先进的多媒体教室、自习室、课外活动空间等,为学生提供一个优质、便捷、舒适的物质环境,使学生能够专心致志学习。利用信息技术打造智慧图书馆,提供在线学习平台,支持学生开展学术研究和探讨,为学生学术研究和兴趣探索提供一个良好的学术环境。学校组织文化节、艺术节、美食节、运动会等,为丰富学生课余生活营造多元化的文化氛围,鼓励学生结合自己的兴趣爱好和特长进行深度学习与发展。

提供多元化的学习资源。学习资源是指提供学生学习和发展的教材、教具、技术系统等要素,旨在帮助学生获取知识、掌握技能、提升能力,达到学习目标,促进学生全面发展。高校服务育人提供多元化的学习资源,包括学术资源、学生社团资源、数字化学习资源的整合与应用等,还涉及国际交流资源、社会实践资源。学校图书馆提供丰富的学术资源,包括在线的数据库和纸质图书、期刊等,为学生提供丰富的阅读材料,支持学生自主学习和学术研究。学生社团为学生搭建各种交流与合作的平台,培养学生的组织力和领导能力,提升学生的社会适应能力。数字化学习资源的整合与应用,帮助学生掌握先进学习技术工具,提高学生学习效率,拓宽了学生的学习渠道。学校提供国际交流机会,促进学生跨国文化交流,了解国际前沿的研究动态,拓宽学生国际视野,促使他们成为具有全球视野的国际化人才。

提升学生的自主学习能力。自主学习能力是指个体在学习过程中,端正学习态度,掌握学习方法,主动规划学习策略、完成学习任务的能力。高校服务育人通过优化学习环境,创设适宜的学习空间,支持在线学习平台,提供学习策略指导,学生能够根据自己的兴趣和需求选择合适的学习资源，进行自主学习，延伸知识拓展。学校支持学生充分利用数字化学习资源，培养学生的批判性思维，使学生学会从不同角度去分析问题，培养学生的信息筛选能力。学校提供完善的学习支持服务，宣传榜样示范力量，鼓励学生参与社会实践活动，培养学生终身学习意识和成长型思维，为学生的未来发展奠定坚实基础。

3.提供就业保障

高校服务育人为学生全面发展提供职业发展支持和服务，不仅包括提供就业信息与资源、创新创业支持，还致力于提升学生适应社会的能力，培养学生正确的职业观、指导学生制定发展规划，帮助学生顺利从校园过渡到职场，实现个人价值与社会价值的统一。

助力学生职业发展。高校后勤通过劳动实践与就业技能培训相结合，提供相应的勤工助学岗位，实行"学生食堂CEO"计划，打造"半小时服务圈"，让学生在服务活动实践中提升沟通与管理能力，积累工作经验，提升就业竞争力。图书馆与就业指导中心合作，通过提供就业书籍、举办职业讲座、开设简历制作工作坊、提供职业咨询等方式，帮助学生提前了解自身优势和职业领域。定期组织校友活动和讲座，帮助学生了解就业市场需求，企业人才需求，为学生提供职业发展建议，有助于学生明确职业方向。高校服务育人相关部门组织大学生职业规划比赛，提供创业资金、场地、服务等方面的支持。高校服务育人相关部门为学生解读国家和地方就业政策，提供心理健康辅导，帮助学生缓解就业焦虑、压力等问题，帮助学生确立在未来职场上的竞争优势，进而促进学生的职业成长。

提升学生就业能力。就业能力是指个人在职场中胜任工作任务的综合能力，包括专业技能、职业态度、综合素质和能力等因素。高校服务部门除了提供日常生活保障和学习保障外，还拥有专业的管理团队和丰富的管理经验，能够根据不同生源地、不同年级、不同专业的学生开设相关的技能培训，注重职业个性化支持与辅导，培养学生与他人沟通协作的能力以及跨学科能力与综合素质。高校服务部门提供社会实践机会，培养学生吃苦耐劳、艰苦奋斗的精神,使学生具有强烈的责任感和敬业精神,从而促进学生就业能力的全方位提升。

(三)为建设稳定和谐校园创设有利条件

为建设稳定和谐校园创设有利条件亦是高校服务育人的重要意义。和谐校园是指在校园内师生之间、同学之间以及各方利益群体之间建立良好的互动关系,形成一种积极向上、相互尊重、安全稳定的活动场域。有利条件是指在高校服务育人工作中,能够促进或帮助建设和谐校园的有益因素或条件。高校服务育人通过强化安全教育、加强学生园区文化建设、建立应急服务机制,为学生的成长与发展、建设和谐校园提供有利条件。

1.创设安全教育条件

高校服务育人创设安全教育条件,旨在通过加强安全教育活动和建立安全教育长效机制,建设稳定和谐校园,为学生营造安全、稳定的学习生活环境。

加强安全教育活动。高校服务育人离不开和谐校园的建设,建设和谐校园有利于促进高校服务与育人相统一。从安全角度看,校园安全包括政治安全、人身安全、财产安全、消防安全、食品安全、网络安全、交通安全等。加强安全教育活动对保障师生生命财产安全,营造和谐稳定的校园环境发挥重要作用。高校相关部门通过消防安全教育,结合案例分析、实地演练等多样化方式,向师生传授安全防范技能以及应急能力的掌握。高校开展消防演练,让师生掌握灭火器材使用方法,熟悉火灾逃生流程。高校举办线上线下安全讲座,强化网络安全教育,剖析常见网络诈骗手段,增强师生防范意识,为高校校园安全稳定工作提供有力保障。

建立安全教育长效机制。安全教育机制的建立要把解决问题与教育引导相结合,充分利用安全教育资源,整合高校后勤、保卫、图书馆、校医院等资源,优化安全教育师资力量。构建安全教育体系,优化安全教育内容,涵盖政治安全、人身安全、网络安全、校园暴力防范等多方面内容,因人制宜、因时制宜、因事制宜开展安全教育。建立学生安全教育档案,完善安全教育管理制度,建设校园安全信息平台,加强校内外的安全保卫工作,凝聚安全教育合力,多维度协同推进安全教育,将安全教育贯穿校园生活各环节,有效预防校园安全事故发生,为构建和谐校园创设有利条件。

2.创设学生园区文化建设条件

高校学生园区是在校大学生学习生活的主要场所和活动空间,直接影响学生的生活方式、交往方式和思维方式,也反映一个学校的治理水平和人文关怀。

加强园区管理与服务。当前随着学生人数的增加,宿舍空间紧张,有些宿舍设施陈旧,宿舍管理服务质量不高,影响学生生活质量,不利于校园和谐稳定。因此优化园区硬件设施,加强学生宿舍建设是提升高校内涵式发展的重要环节,高校提供数字化的宿舍设施,推动绿色宿舍建设,为学生提供一个安全、舒适、智能的成长空间。制定园区管理制度,提升园区服务团队水平,设立全区反馈平台,及时解决学生实际问题。组织学生成立园区学生自治委员会,让学生参与园区管理、环境清洁、安全巡查,确保园区秩序井然。

加强多元化学生宿舍建设。2024年1月国家发改委、教育部等7部门联合印发的《国家发展改革委等部门关于加强高校学生宿舍建设的指导意见》指出:"多渠道补齐高校学生宿舍短板,优化高校学生宿舍功能设置,加强学生良好卫生习惯和健康生活方式培养,更好满足学生成长发展需求,营造良好育人环境。"[1]加强学生园区建设是一项系统工程,需要学校各部门协同合作,从基础设施、安全管理、宿舍文化等多个方面入手,推

---

[1] 中华人民共和国中央人民政府:《国家发展改革委等部门关于加强高校学生宿舍建设的指导意见》[EB/OL].(2024-01-08)[2025-01-30].https://www.gov.cn/zhengce/zhengceku/202401/content_6926771.htm.

动和谐校园的建设。高校后勤部门肩负着加强高校学生宿舍建设的重任，针对学生住宿问题提供靶向服务，打造舒适的生活空间，加强宿舍门禁和监控系统建设，构建平安和谐宿舍，保障学生人身安全和财产安全，积极协助学校开展各种宿舍文化活动，丰富大学生校园文化活动，塑造和谐精神家园。

3.创设应急服务条件

高校服务育人创设应急服务条件，旨在应对各类突发事件时，保障学生生命安全、维护校园稳定。各类应急事件包括自然灾害、事故灾难、公共卫生事件、网络与信息安全事件、校园暴力等，因此高校建立应急服务机制是应对突发事件、保障师生生命安全和维护校园稳定的重要措施。

制定应急服务预案。高校应急服务预案根据各类突发事件，明确应对流程和操作指南，包括信息报告与信息采集、信息发布与沟通、人员疏散与安置、医疗急救与心理疏导、后勤保障与物资调配等环节，确保突发事件发生时能够迅速而有效地启动应急预案，调动资源并采取行动，减少损失和伤害。学校通过成立应急领导小组，建立智能分级应急响应，加强应急设施建设，确保在突发事件中师生能够快速疏散和集中，确保储备应急设施设备和物资能够及时使用。

加强应急服务信息宣传和培训。高校加强应急服务信息宣传的目的是提高师生应急意识和强化师生自救能力，这不仅有助于增强校园安全保障，还有助于提高学生的自我保护意识和社会责任感。学校通过服务育人部门的协作进行宣传，建立多元化的宣传渠道，利用学校官网、微信公众号等宣传易懂好操作的应急服务常识，组织学生志愿者团队传播应急信息，发放应急知识宣传手册。高校组织定期的应急演练与培训，确保在突发事件中能够快速、有效应急和自救，提升学校应对突发事件的整体能力，保障师生的生命安全和校园的正常秩序，确保校园的和谐稳定。

三、不断深化高校服务育人的举措创新

党的二十届三中全会通过的《中共中央关于进一步全面深化改革 推进中国式现代化的决定》提出,"加快建设高质量教育体系,统筹推进育人方式、办学模式、管理体制、保障机制改革"①,为实现第二个百年奋斗目标提供全方位的人才支撑、智力支持。高校服务育人贯彻落实立德树人根本任务,坚持"服务学生、围绕学生、关照学生",需要落到实实在在的精准服务措施中,关键在于创新方式方法,实现服务的全面化、实效化和精准化。

(一)创新后勤保障服务

高校后勤保障服务的主要职能是为学生提供教育、学习、生活等物资保障和基本生活保障,不仅关系到高校校园和谐稳定,也直接关系到学生的切身利益。新时代以来,高校学生日益增长的校园美好生活需求和高校后勤服务供给之间不匹配,因此,应切实提高后勤保障水平和服务育人能力,改变服务方式,打造绿色校园,满足学生的生活服务多元化与个性化需求。

1.提升后勤服务能力

后勤服务育人工作是高校坚持"三全育人"的重要环节,在工作中应把"三全育人"理念渗透到后勤服务育人的全过程、全方位。高校后勤队伍学历参差不齐,通过理论学习、参加业务培训等方式强化服务育人的意识,加强后勤队伍建设、提升后勤队伍的育人素质是做好高校后勤育人工作的重要基础,是提升高校后勤服务育人能力的关键所在,是创新后勤服务保障的重要抓手。大力弘扬劳模精神、劳动精神、工匠精神,激励后勤部门工作人员在服务岗位上追求卓越的服务,实现服务育人。实行教育培训常态化机制,通过开展"厨师炒菜比赛""微笑服务评分比赛"等提高

---

① 《中共中央关于进一步全面深化改革 推进中国式现代化的决定》,人民出版社,2024年,第13页。

后勤部门工作人员的综合素质和服务育人能力。推动学生参与后勤服务形成育人合力,通过勤工助学岗位、志愿者活动让学生参与到各个岗位中体验服务过程,如参与大学生伙食管理委员会、宿舍管理委员会等,建立完善的师生反馈机制和渠道,加强信息沟通。

2.改变后勤服务方式

高校后勤服务在高校发展中发挥独特性作用,是一种集合物业、餐饮、住宿、运输等的综合性服务项目。当前高校后勤服务的供给能力与师生多元化需求不匹配,影响学生对美好生活需要的期待。高校后勤服务只有找准学生的需求定位,了解学生的需求和价值目标,才能更好创新后勤服务育人方式,提供靶向服务。高校推动智慧后勤建设,利用智慧餐饮、智慧公寓、智慧物业、智慧能源,提供多元化服务模式,提升生活学生的智能化和便捷性。许多高校后勤服务通过"微后勤"智慧平台、"你扫我办"小程序等渠道,创新后勤服务育人方式,提高学生的满意度。例如,中南大学后勤保障组织全体师生开展"我的宿舍我做主"比赛、"诗韵端午""食味中秋"等传统节日活动、"光盘行动""节水节电宣传"等活动,其中"地球一小时"活动在人民网、央视频等平台播放量超过24.5万,累计阅读量达188.2万次,让育人内容"活"起来。开展缝纫收纳、厨艺、急救等小微课堂20余次,吸引众多学生参与,有效提升学生生活技能,让育人路径"实"起来。[1]经过不断实践和探索,中南大学后勤保障部积极开展服务育人"1234"工作模式,推动后勤育人工作走深走实。

3.推进绿色低碳校园建设

2023年9月,习近平总书记在黑龙江考察调研期间指出:"整合科技创新资源,引领发展战略性新兴产业和未来产业,加快形成新质生产力。"[2]新质生产力的核心在于科技创新,倡导节约资源和保护环境,推动

---

[1] 中南大学:《我校获评全国高校后勤"三全育人"实践优秀案例》[EB/OL].(2023-07-17)[2025-01-30].https://hqbzb.csu.edu.cn/info/1014/5092.htm.
[2] 《习近平在黑龙江考察时强调 牢牢把握在国家发展大局中的战略定位 奋力开创黑龙江高质量发展新局面》,《人民日报》2023年9月9日。

绿色发展,加快形成绿色低碳的生产生活方式。在新质生产力背景下,高校积极落实《绿色低碳发展国民教育体系建设实施方案》精神,推动绿色低碳校园建设。坚持绿色低碳理念融入校园基础设施建设中,使用太阳能光伏发电设施,为校园公共照明提供电力,在教学楼、图书馆等场所采用智能感应照明设备,自动调节亮度和开关,降低校园能耗。在校园建筑规划与维护中,贯彻绿色环保理念,打造绿色建筑校园,大力建设绿色校园,为学生创造健康、低碳的校园环境。开展"节能宣传周"主题教育,引导绿色生活,鼓励学生采用绿色出行方式。加强环保宣传教育,对校园垃圾进行分类回收和处理,提高学生环保意识与垃圾分类回收利用和处理的意识,共同营造绿色校园环境。

(二)创新图书资料服务

高校图书馆作为高校人才培养体系的重要环节,是学生的主要学习和交流场所,承担文化传承和创新任务,在服务育人中发挥重要作用,被誉为高校"第二课堂"。高校图书馆不断与时俱进,坚持改革创新,以独特优势发挥服务育人功能。运用AI赋能、加强学术资源库建设、搭建多样式研讨交流平台成为高校图书馆服务创新的三大内容主题。

1. 运用AI赋能

运用AI赋能主要是指以人工智能技术赋能图书馆服务,提供高效、便捷、个性化的知识查询和获取渠道,助力高校图书馆向智慧图书馆转型升级。党的二十大报告提出"实施国家文化数字化战略"[1]。随着云计算、大数据、人工智能的应用,高校图书馆在技术创新服务方面取得了显著进展,高校图书馆的服务模式正在逐步向智慧化、个性化方向发展。"'智慧图书馆'被写入《中华人民共和国国民经济和社会发展第十四个五年规划和2035年远景目标纲要》,智慧已成为图书馆的驱动力。"[2]国内许多高校引入以DeepSeek为代表的人工智能、大数据分析等技术,推动智慧图书

---

[1] 《习近平著作选读》第1卷,人民出版社,2023年,第37页。
[2] 柯平、彭亮:《图书馆高质量发展的赋能机制》,《中国图书馆学报》2021年第4期。

馆的建设,践行AI技术在智慧图书馆建设中的应用,以创新馆藏资源借阅服务和实现资源共享。运用AI为师生提供个性化资源推荐服务,使师生可以通过手机高效、便捷完成图书查询、预约、在线阅读等服务。利用AI根据师生的借阅历史、浏览记录,精准推送符合其兴趣和研究方向的图书资料,更好地服务于教学和科研工作。

2.加强学术资源库建设

习近平总书记指出:"要加强学术资源库建设,更好发挥学术文献信息传播、搜集、整合、编辑、拓展、共享功能,打造中国特色、世界一流的学术资源信息平台。"[1]高校图书馆作为大学的文献信息资源中心,在资源库建设方面,中国知网、万方、超星、读秀学术搜索资源库、中国共产党思想理论资源数据库等主流数据库,为学生开展基础理论研究提供文献基础。在知识服务环节,高校图书馆利用人工智能技术整合多学科文献资源,对知识资源进行有效的分类,方便学生快速了解跨学科知识,根据学生的学科专业、学习需求、访问的数据库、检索的关键词等推荐学术前沿动态、研究方法和相关文献,提供深度的知识加工产品,优化个性化知识服务。在知识传播上,图书馆是传递知识、传承文明的传播载体,架起中外人才、教育、科技交流桥梁,为讲好中国故事、传播好中国声音、展现好中国形象贡献力量。

3.搭建多样式研讨交流平台

高校图书馆贯彻立德树人根本任务,更直接、更主动、更全面地参与服务育人。高校图书馆通过提供多元文化资源和活动形式,有利于促进大学生对中华文化的理解和认同,培养具有全球视野和民族认同感的高素质人才。以华侨大学图书馆开展阅读推广活动为例,该图书馆通过打造历史认同空间、精选文献资源、培育阅读推广人以及开展立体化活动,依托特藏空间构建多维阅读场景,重视多元合作构建阅读推广共同体,形

---

[1]《习近平在中国人民大学考察时强调 坚持党的领导传承红色基因扎根中国大地 走出一条建设中国特色世界一流大学新路》,《人民日报》2022年4月26日。

成中华文化认同的"多级传播"效果。[1]高校图书馆着眼于学生成长,让"阅读"走进学生心灵,通过阅读培养学生健全人格。以中国矿业大学的阅读推广服务育人实践为例,该校在图书馆设立大学生阅读与素质发展中心,推广"阅读疗法"的阅读工作,开展"师生共话阅读"系列活动,构建分层、分类阅读推广服务育人工作,使图书馆与心理健康合力育人的实践受到同学们的广泛认可和欢迎。[2]图书馆服务业务融合劳动教育,发挥服务融合性和多层次育人功能,以山东大学(威海)图书馆为例,该校在图书馆服务延伸中融入劳动教育,通过图书馆劳动教育项目包括图书馆学科资源利用分析、空间改造设计、阅读与文化服务、学生团队服务创新等,达到了引导大学生践行志愿服务精神,培养大局意识,强化团队协作能力,树立起正确劳动教育观,提高跨学科学习能力的育人效果。[3]

(三)创新医疗卫生服务

高校校医院作为校园健康的第一道防线,承担着为学生提供基本医疗服务的职责,其服务育人功能在于开展传染病预防、安全应急与急救等专题健康教育活动,培养学生公共卫生意识和卫生行为习惯,[4]满足学生的健康需求。

1.开展公共卫生与健康教育活动

根据2021年8月教育部等五部门联合印发的《关于全面加强和改进新时代学校卫生与健康教育工作的意见》要求,高校要"聚焦以健康观念、健康知识、健康方法、健康管理能力等为主要内涵的学生健康素养,促使

---

[1] 瞿辉、林晓欣、刘剑涛、黄丽须、许培源、郭晶:《传承·创新:文化数字化战略下的高校图书馆发展——"第十七届图书馆管理与服务创新论坛"综述》,《大学图书馆学报》2024年第6期。

[2] 蒋敏、徐淑娟、范韶维、郭琪:《基于"阅读疗法"理论的高校图书馆阅读推广服务育人实践探析——以中国矿业大学的阅读推广服务育人实践为例》,《新世纪图书馆》2023第5期。

[3] 师晓青、程蓓:《寓于劳动教育实践活动的服务育人案例解析与思考——以山东大学(威海)图书馆为例》,《图书馆杂志》2023年第7期。

[4] 中华人民共和国教育部:《中共教育部党组关于印发〈高校思想政治工作质量提升工程实施纲要〉的通知》[EB/OL].(2017-12-05)[2025-01-30].http://www.moe.gov.cn/srcsite/A12/s7060/201712/t20171206_320698.html.

学生养成良好卫生行为和习惯,保持文明健康、绿色环保生活方式"[1]。当前,大学生普遍存在缺乏体育锻炼、睡眠不足等问题,影响大学生的身体和心理健康。高校校医院针对学生健康行为问题制订健康教育教学计划,有组织、有计划地实施健康教育活动,开展健康知识竞赛、健康技能展示等活动,培养学生公共卫生意识和卫生行为习惯,引导学生养成良好的健康行为和生活方式,提升学生健康素养。高校校医院协同其他部门通过线上线下开展卫生防疫法律法规教育,加强预防艾滋病教育,宣传公共卫生安全、传染病防治,采取多种形式动员学生共同参与校园防艾抗艾行动,提高学生传染病防控意识和能力。

2.提升医疗服务智能水平

高校校医院具有非营利性属性,因此诊疗设备有待完善,医疗水平有待提升。随着人工智能与医疗的深度融合,校医院提升医疗服务智能化是增强学生就医满意度和获得感的重要抓手。校医院开放线上挂号与预约系统,让学生预约就诊时间和医生,提高医疗卫生服务效率。建设电子病历系统,方便医生快速全面了解患者病史,提高诊断准确性与效率。提供个性化的健康服务,引导学生健康生活,彰显校医院的人文关怀。打破地域限制,实现远程医疗服务,如清华大学校医院实施"健康清华2030计划",打造远程及专科会诊中心,通过远程会诊,提高校医院内整体医疗诊治水平,为师生提供更专业的医疗服务。[2]

3.优化健康管理数字化途径

数字化健康管理是指通过利用大数据、人工智能等技术对个人或群体的健康状况进行数据收集、监测、评估、干预的一种模式,旨在帮助实现预防为主、健康管理的目标,优势在于能够提供个性化、精准的健康服务。

---

[1] 中华人民共和国中央人民政府:《教育部等五部门〈关于全面加强和改进新时代学校卫生与健康教育工作的意见〉》[EB/OL].(2021-08-02)[2025-01-30].https://www.gov.cn/zhengce/zhengceku/2021-09/03/content_5635117.htm.

[2] 清华大学:《【我为群众办实事】校医院:提升医疗服务质量,落实健康清华计划》[EB/OL].(2022-01-04)[2025-01-30].https://www.jiandang100.tsinghua.edu.cn/info/1063/9907.htm.

数字化健康管理的第一步是搭建学生健康管理平台,为学生建立个人健康档案,包括个人信息、生活习惯、家族疾病史、饮食运动、心理健康状况等信息。第二步是利用大数据技术对学生基本数据进行分析和评估,有助于提升学生医疗服务的便捷性,预防潜在的健康问题。第三步是推送体检报告解读、疾病预警及预防方案等,如对于患有慢性疾病的师生,校医院定期提供健康监测、饮食运动指导等服务,形成个性化健康管理。校医院协同医疗机构共享数据,更新档案信息,为健康评估提供多维度数据支持。加强数字化的安全防范,确保个人健康信息的安全性和保密性,避免个人健康数据信息的泄露,使健康管理数字化发挥最大效益。

(四)创新安全保卫服务

高校安全保卫服务育人坚持系统思维,全方位打造以人防为重点、以物防为辅、以技防为关键的校园安全大格局,增强安全治理体系和治理能力,把校园建成最阳光、最安全的地方。

1.以人防为重点优化安全保卫队伍

"人防"即"人力防范"的简称,在校园安全服务体系中,人人为我,我为人人即包括校卫队队员的直接安全保卫工作,也涵盖学生共建共享。高校安全保卫队伍是维护校园安全稳定的主要力量,打造专业水平和素质高的保卫队伍,是创新安全保卫工作服务,提升安全保卫服务育人的关键。当前高校保卫部门队伍普遍存在整体素质参差不齐、思想站位有待提高、服务意识有待加强等问题。打造一支有素质、责任心强、经验丰富的校园保卫队伍,服务意识是保卫部门人员的必备素质。安全保卫服务工作秉承为学生营造安全稳定校园的思想,把服务理念贯穿安全保卫工作之中,加强与师生的交流合作,综合排查各类风险隐患,及时化解矛盾纠纷。开展安全信息技术应用、安全法规、体能训练、应急处理等培训提升师资队伍综合素质,为学校安全稳定提供保障。优化保卫人员结构和完善激励机制,把有担当、肯奋斗的优秀中青年干部选拔到保卫岗位上来,发挥先锋模范作用,为在校学生提供安全可靠的服务。

2.以物防为辅增强校园设施安全

"物防"即"实体防范"的简称,是指用于防范潜在的安全风险和突发事件的实体防范手段,包括设备、屏障、建筑物等。校园物防作为校园安全的基础防线,完善基础设施建设至关重要。配齐补强校园基础设施建设,包括高校智能门禁、校园照明设备、视频监控、消防设施、减速带、充电桩、防雷设备、防盗网等。加强智能门禁和围栏相结合,完善视频监控,实现校园监控全覆盖、无死角,及时发现异常情况,减少安全隐患。校园内明确交通标识、合理规划人行道、非机动车道和停车场,保障师生的交通安全。定期对消防设备进行检查维护保养,认真排查自动报警系统、消防设施,疏散通道和标识,防御火灾。配齐微型消防车、校园警车、头盔、警棍、钢叉、防割手套等专业安保器材,提高综合安保能力。

3.以技防为关键构建智慧安防系统

"技防"即"技术防范"的简称,是指利用人工智能、大数据、云平台等赋能安全服务,优势在于其高效性、精准性、便捷性和实时性。在防范和监控层面,聚焦校园安全服务的短板问题,打通校园视频监控、智慧消防、紧急报警等校园安全防范业务,加强校园全方位、全过程视频监控、电子巡逻,提高技防系统覆盖率。为学生配备紧急求助设备,遇到危险时能迅速向安保中心发送求救信号,确保救援及时到位。在识别层面,学校安全保卫部门收集学生的姓名、身份证号、照片等基本信息,便于校园一卡通的使用,对于外来人员,设立专门的登记系统,防止外来人员扰乱校园秩序。对车牌识别,防止外来车辆进入校园,保障校园交通安全。对物品识别主要是识别校园内的违禁物品如刀具、枪支、毒品、易燃易爆物品等以及贵重物品,以保障校园安全和资产安全。目前全国各高校积极推进智慧安防体系建设,不断优化校内安全软硬件配置,切实解决学校安防体系建设中的薄弱环节,校园安全服务水平显著提高。

第十一章

全面推进高校资助育人

2017年12月，中共教育部党组印发的《高校思想政治工作质量提升工程实施纲要》（以下简称《实施纲要》）强调要充分发挥"课程、科研、实践、文化、网络、心理、管理、服务、资助、组织等方面工作的育人功能……切实构建'十大'育人体系"[1]。正式提出"资助育人质量提升体系"，意味着党和国家对高校思想政治工作认知的进一步深化。构建"资助育人质量提升体系"是高校思想政治工作质量提升工程的基本任务之一，"全面推进资助育人"是构建"十大"育人体系的具体蓝图，系统深入地建构"资助育人质量提升体系"，必须阐析清楚高校资助育人"是什么""为什么""怎么办"等基本问题，系统阐释高校资助育人的基本认识、重大意义和全面推进高校资助育人的实施策略，使高校资助育人在新征程上始终发挥培养担当民族复兴大任的时代新人、培养德智体美劳全面发展的社会主义建设者和接班人的独特作用，不断提升高校思想政治工作质量，对于以中国式现代化全面推进强国建设、民族复兴伟业提供强有力的人才支撑，具有重大的理论意义和实践价值。

一、高校资助育人的基本认识

高校资助育人基本认识是全面推进高校资助育人的前提所在，只有弄清楚高校资助育人是什么，才能更好地在新征程上为全面推进高校资助育人，建构适应时代发展、符合现实情况的实施策略提供基本参考。

（一）资助育人的科学内涵

事物内容的丰富性决定着基于不同维度的总结提炼有助于对事物的内涵形成科学认识，深刻把握资助育人的科学内涵可从资助结构、育人内容和育人机制三个维度展开。

---

[1] 中华人民共和国教育部：《中共教育部党组关于印发〈高校思想政治工作质量提升工程实施纲要〉的通知》[EB/OL].（2017-12-05）[2025-02-01]. http://www.moe.gov.cn/srcsite/A12/s7060/201712/t20171206_320698.html.

1.从资助结构上理解把握

资助育人质量提升体系相较于其他育人体系的独特之处是将育人工作拓展到学生资助工作领域,故而从"资助"本身去理解资助育人内涵是必要的。2017年12月,教育部思想政治工作司负责人就《实施纲要》答记者问时指出,"建立国家资助、学校奖助、社会捐助、学生自助'四位一体'的发展型资助体系"[①]。可见,我国高校资助资金来源可分为国家资助、学校奖助、社会捐助和学生自助四大部分。

2.从育人内容上理解把握

教育内容是教育活动的核心,教育活动是教育内容得以传递和实施的载体,合适的教育活动与教育内容相结合,能有效提升教育的实际效果。立德树人是教育的根本任务,着眼于培养德智体美劳全面发展的社会主义建设者和接班人是坚持社会主义办学方向的必然要求。高校资助工作包括奖学金评选发放、国家助学金申请发放、国家助学贷款办理、勤工助学活动、基层就业、应征入伍学费补偿贷款代偿等环节,为传播教育内容提供载体和形式。基于不同环节特性融入不同教育内容,有助于提升立德树人实际效果。因此,在高校资助工作不同环节,融入励志教育、感恩教育、诚信教育、金融常识教育等内容,培养受助学生的奋斗精神、感恩意识、爱党爱国爱社会主义意识、法律意识、风险防范意识和契约精神,使学生形成自立自强、诚实守信、知恩感恩、勇于担当的良好品质,树立正确的成才观和就业观,在学习成绩、创新发展、社会实践和道德品质等方面得到全面发展,成为未来实现民族复兴和国家富强的中坚力量,从而为全面建成社会主义现代化强国提供源源不断的高质量人才。

3.从育人机制上理解把握

机制是系统各部分之间相互作用的过程和方式,是政策制度得以执

---

① 中华人民共和国教育部:《实施高校思想政治工作质量提升工程 开创新时代高校思想政治工作新局面——教育部思想政治工作司负责人就〈高校思想政治工作质量提升工程实施纲要〉答记者问》[EB/OL].(2017-12-06)[2025-02-01].http://www.moe.gov.cn/jyb_xwfb/s271/201712/t20171206_320712.html.

行的关键所在。改革开放以来,高校育人政策历经从无到有、从有到优的发展变迁,学生资助工作的价值导向也从单一的为困难学生提供物质帮助的"输血"资助转变为提升学生自我发展能力和综合素质的"造血"资助,重视培育学生积极进取、自强自立、艰苦奋斗的优良品质。高校资助工作若只有物质帮扶,不利于引导学生的全面发展;而只有精神激励则忽视人的本质,不利于满足学生基本生活需求。因此,高校资助育人坚持教育和实践、物质与精神相结合,"把'扶困'与'扶智','扶困'与'扶志'结合起来……构建物质帮助、道德浸润、能力拓展、精神激励有效融合的资助育人长效机制"[1],致力于促进受资助学生的全面发展。

综上分析,所谓资助育人是将"立德树人"融入高校学生资助工作全过程,把"扶困"与"扶智","扶困"与"扶志"结合起来,建立国家资助、学校奖助、社会捐助、学生自助"四位一体"的发展型资助体系,并基于资助工作各环节特性融入相关教育内容,构建物质帮助、道德浸润、能力拓展、精神激励有效融合的资助育人长效机制,实现无偿资助与有偿资助、显性资助与隐性资助的有机融合,形成"解困—育人—成才—回馈"的良性循环,着力培养受助学生自立自强、诚实守信、知恩感恩、勇于担当的良好品质[2],将受资助者培养为德智体美劳全面发展的社会主义建设者和接班人的教育实践活动。

(二)改革开放以来高校资助育人的政策变迁

遵循"考察每个问题都要看某种现象在历史上怎样产生、在发展中经

---

[1] 中华人民共和国教育部:《实施高校思想政治工作质量提升工程 开创新时代高校思想政治工作新局面——教育部思想政治工作司负责人就〈高校思想政治工作质量提升工程实施纲要〉答记者问》[EB/OL].(2017-12-06)[2025-02-01].http://www.moe.gov.cn/jyb_xwfb/s271/201712/t20171206_320712.html.

[2] 中华人民共和国教育部:《实施高校思想政治工作质量提升工程 开创新时代高校思想政治工作新局面——教育部思想政治工作司负责人就〈高校思想政治工作质量提升工程实施纲要〉答记者问》[EB/OL].(2017-12-06)[2025-02-01].http://www.moe.gov.cn/jyb_xwfb/s271/201712/t20171206_320712.html.

过了哪些主要阶段"①的方法论,研究基于资助政策类型梳理改革开放以来高校资助育人的政策变迁,为形成高校资助育人的基本认识提供历史定位。

1.人民助学金阶段(1977年—1982年)

1977年—1982年,该阶段高校资助政策实行人民助学金制度。1977年8月,科学与教育工作座谈会召开,邓小平在会上决定恢复中断10年之久的高考。1977年12月,教育部、财政部印发《关于普通高等学校、中等专业学校和技工学校学生实行人民助学金制度的通知》,规定研究生、高等师范、体育和民族学院学生按100%享受人民助学金,其他高等院校学生按75%享受,②人民助学金制度得以恢复。

2.人民助学金和人民奖学金共存阶段(1983年—1986年)

1983年—1986年,该阶段高校资助政策在人民助学金基础上,增设人民奖学金,资助政策分为人民助学金和人民奖学金。1983年7月,教育部和财政部联合印发《普通高等学校本、专科学生人民奖学金试行办法》,在原有人民助学金制度基础上,增设人民奖学金。③1986年7月,基于人民助学金制度的种种弊端,国务院同意国家教育委员会、财政部《关于改革现行普通高等学校人民助学金制度的报告》,决定改革现行普通高等学校人民助学金制度,实行奖学金制度和学生贷款制度并于当年进行试点,④这也宣告实施了34年的人民助学金政策正式退出历史舞台。

3.奖学金和贷学金共存阶段(1987年—1992年)

1987年—1992年,该阶段高校资助政策在废除人民助学金基础上,实施贷款制度,资助政策分为奖学金和贷学金,其中奖学金可分为优秀学

---

① 《列宁选集》第4卷,人民出版社,2012年,第26页。
② 北大法宝:《教育部、财政部关于普通高等学校、中等专业学校和技工学校学生实行人民助学金制度的通知》[EB/OL].[2025-02-01].https://www.pkulaw.com/chl/f6653826e56b42adbdfb.html.
③ 北大法宝:《普通高等学校本、专科学生人民奖学金试行办法》[EB/OL].(1983-07-11)[2025-02-01].https://www.pkulaw.com/chl/b05a5b551820a3c1bdfb.html.
④ 北大法宝:《国务院批转国家教育委员会、财政部关于改革现行普通高等学校人民助学金制度报告的通知》[EB/OL].[2025-02-01].https://www.pkulaw.com/chl/c0d28b1dc5ca3c14bdfb.html.

生奖学金、专业奖学金和定向奖学金。1987年6月,全国普通高等学校助学金改革,实行奖学金和学生贷款工作会议在北京召开,会后国家教委、财政部联合印发《普通高等学校本、专科学生实行奖学金制度的办法》[1]和《普通高等学校本、专科学生实行贷款制度的办法》[2],前者明确奖学金的基本类型、评定标准和等级比例,后者明确申请贷款的条件、贷款限额、申请程序和偿还办法,这是我国首次颁布有关学生贷款的政策文件。1991年12月,为鼓励在校研究生勤奋学习和全面发展,国家教委、财政部印发了《普通高等学校研究生奖学金制度试行办法》,提出设立研究生奖学金,[3]分为普通奖学金和优秀奖学金两种类型。标志着我国高校资助政策进入奖学金和贷学金共存阶段。

4.高校混合资助政策阶段(1993年—2006年)

1993年—2006年,该阶段高校资助政策在奖学金和贷学金的基础上,实施困难补助、勤工助学、研究生奖学金、减免学杂费、绿色通道、国家助学贷款、国家奖学金、国家助学奖学金、毕业生国家助学贷款代偿等多种政策,标志着我国进入"奖、贷、补、助、勤、减、偿"混合资助政策阶段。为适应教育优先发展,更好地为社会主义现代化建设服务的战略任务,1993年2月出台的《中国教育改革和发展纲要》强调"各级政府要加强对集资工作的统筹管理。运用金融、信贷手段,融通教育资金,支持校办产业、高新科技企业以及勤工俭学的发展,开办教育储蓄和贷学金等业务"[4],为继续探索和丰富高校资助政策指明了前进方向。1993年7月,国

---

[1] 北大法宝:《普通高等学校本、专科学生实行奖学金制度的办法》[EB/OL].[2025-02-01]. https://www.pkulaw.com/chl/c42b2e4d1ba09a60bdfb.html.
[2] 北大法宝:《普通高等学校本、专科学生实行贷款制度的办法》[EB/OL].[2025-02-01]. https://www.pkulaw.com/chl/e77842199b167633bdfb.html.
[3] 北大法宝:《国家教委、财政部关于印发〈普通高等学校研究生奖学金制度试行办法〉的通知》[EB/OL].[2025-02-01].https://www.pkulaw.com/chl/7d4da548f7e121afbdfb.html.
[4] 中国教育和科研计算机网:《中国教育改革和发展纲要》[EB/OL].(2010-07-19)[2025-02-01]. https://www. edu. cn/zhong_guo_jiao_yu/zheng_ce_gs_gui/zheng_ce_wen_jian/zong_he/201007/t20100719_497964_5.shtml.

家教委、财政部《关于对高等学校生活特别困难学生进行资助的通知》要求按每人每月2元标准提取困难补助经费,[①]加强对少部分"特困生"的重视和关心。1993年8月,国家教委、财政部印发《关于进一步做好高等学校勤工助学工作意见》,认为高等学校组织学生开展勤工助学活动,有利于学生德、智、体全面发展。[②]1994年5月,国家教委、财政部联合印发《关于在普通高等学校设立勤工助学基金的通知》,要求各高校要设立勤工助学基金,[③]为勤工助学的可持续发展提供了基本的财力保障。

1995年4月,国家教委发布《关于对普通高等学校经济困难学生减免学杂费有关事项的通知》,决定在收取学杂费的普通高等院校中,对经济困难学生实行减免学杂费政策。[④]1998年,清华大学率先开设"绿色通道"。[⑤]1999年6月,经国务院同意,中国人民银行等部门颁布《关于国家助学贷款管理的规定(试行)》,决定在北京等8个城市试点国家助学贷款政策。[⑥]1999年6月,教育部、财政部印发《关于进一步加强高校资助经济困难学生工作的通知》对勤工助学岗位和经费的指标进行细化,对经济特别困难的下岗职工子女酌情减免学费。[⑦]2001年6月,为确保被录取的家庭经济困难学生顺利入学,教育部印发《关于切实做好部属高校2001年

---

① 北大法宝:《国家教委、财政部〈关于对高等学校生活特别困难学生进行资助的通知〉》[EB/OL].[2025-02-01].https://www.pkulaw.com/chl/2b7d58d2a82314efbdfb.html.

② 北大法宝:《国家教委、财政部〈关于进一步做好高等学校勤工助学工作意见的通知〉》[EB/OL].[2025-02-01].https://www.pkulaw.com/chl/f4c7deb996507c0ebdfb.html.

③ 北大法宝:《国家教委、财政部〈关于在普通高等学校设立勤工助学基金的通知〉》[EB/OL].[2025-02-01].https://www.pkulaw.com/chl/d14eaa0066b5c43ebdfb.html.

④ 全国学生资助管理中心:《国家教委〈关于对普通高等学校经济困难学生减免学杂费有关事项的通知〉》[EB/OL].(1995-04-18).https://www.xszz.edu.cn/n39/n54/c6694/content.html.

⑤ 中国青年报:《"绿色通道"为贫困生打开希望之门》[EB/OL].(2007-08-23)[2025-02-01].https://zqb.cyol.com/content/2007-08/23/content_1869231.htm.

⑥ 中华人民共和国教育部:《相关政策:国务院办公厅转发中国人民银行等部门〈关于国家助学贷款管理规定(试行)〉的通知》[EB/OL].(1999-06-17)[2025-02-01].http://www.moe.gov.cn/jyb_xwfb/xw_zt/moe_357/s3579/moe_489/moe_491/tnull_5903.html.

⑦ 中华人民共和国教育部:《关于进一步加强高校资助经济困难学生工作的通知》[EB/OL].(1999-06-18)[2025-02-01].http://www.moe.gov.cn/srcsite/A05/s7052/199906/t19990618_162910.html.

招生收费工作的通知》,要求部属高等学校要进一步做好资助经济困难学生工作,确保"绿色通道"畅通。[1]2002年4月,财政部、教育部印发《国家奖学金管理办法》,决定设立"国家奖学金",[2]丰富了我国高校资助政策种类。2004年6月,教育部等四部门联合印发《关于进一步完善国家助学贷款工作的若干意见的通知》,强调通过改革领导管理体制、实施机制、风险防范与补偿机制等内容,[3]完善国家助学贷款政策。2005年4月,共青团中央、教育部联合印发的《关于进一步做好大学生勤工助学工作的意见》,围绕大学生勤工助学工作重要意义、内容、管理和保障作出明确规定,切实维护参加勤工助学的学生基本权益。[4]2005年7月,财政部、教育部印发《国家助学奖学金管理办法》,决定设立"国家助学奖学金"。[5]2006年9月,教育部、财政部联合颁布《高等学校毕业生国家助学贷款代偿资助暂行办法》,进一步扩大国家助学贷款代偿的适用范围,提出由中央财政代为偿还到西部地区和艰苦地区基层单位就业、服务期3年以上(含3年)的中央部属高校毕业生的助学贷款本金及利息。[6]

---

[1] 北大法宝:《教育部〈关于切实做好部属高校2001年招生收费工作的通知〉》[EB/OL].(2001-06-25)[2025-02-01].http://www.moe.gov.cn/jyb_xxgk/gk_gbgg/moe_0/moe_7/moe_16/tnull_134.html.

[2] 中华人民共和国教育部:《财政部、教育部关于印发〈国家奖学金管理办法〉的通知》[EB/OL].(2004-04-16)[2025-02-01].http://www.moe.gov.cn/jyb_xxgk/moe_1777/moe_1779/201412/t20141211_181378.html.

[3] 中华人民共和国教育部:《国务院办公厅转发教育部 财政部 人民银行 银监会〈关于进一步完善国家助学贷款工作若干意见的通知〉》[EB/OL].(2004-06-12)[2025-02-01].http://www.moe.gov.cn/jyb_xxgk/gk_gbgg/moe_0/moe_1/moe_155/tnull_4080.html.

[4] 北大法宝:《共青团中央、教育部〈关于进一步做好大学生勤工助学工作的意见〉》[EB/OL].(2005-04-08)[2025-02-01].https://www.pkulaw.com/chl/98664cebf9489b03bdfb.html.

[5] 中华人民共和国教育部:《财政部 教育部关于印发〈国家助学奖学金管理办法〉的通知》[EB/OL].(2005-07-06)[2025-02-01].http://www.moe.gov.cn/jyb_xxgk/moe_1777/moe_1779/201410/t20141021_178179.html.

[6] 中华人民共和国教育部:《教育部财政部联合颁布〈高等学校毕业生国家助学贷款代偿资助暂行办法〉》[EB/OL].(2006-09-14)[2025-02-01].http://www.moe.gov.cn/jyb_xwfb/gzdt_gzdt/moe_1485/tnull_17188.html.

5.高校资助政策体系阶段(2007年—2016年)

2007年—2016年,该阶段高校资助政策在原有实行"奖、贷、补、助、勤、减、偿"混合资助政策基础上,实施师范生免费教育政策和提出建立健全家庭经济困难学生资助政策体系,[1]标志着我国进入"奖、贷、助、勤、减、免、补、偿"的高校资助政策体系阶段。2007年5月,国务院印发《关于建立健全普通本科高校高等职业学校和中等职业学校家庭经济困难学生资助政策体系的意见》,决定建立健全高校家庭经济困难学生资助政策体系。[2]2007年5月,国务院办公厅转发教育部等部门《教育部直属师范大学师范生免费教育实施办法(试行)》,提出在六所部属师范大学实行师范生免费教育。[3]2007年6月,教育部、财政部关于印发《高等学校学生勤工助学管理办法》,明确高等学校学生勤工助学适用范围、适用对象和基本内涵。[4]2007年6月,财政部、教育部印发《普通本科高校、高等职业学校国家奖学金管理暂行办法》,提出设立"国家奖学金"。[5]2007年6月,财政部、教育部印发《普通本科高校、高等职业学校国家助学金管理暂行办

---

[1] 中华人民共和国教育部:《国务院〈关于建立健全普通本科高校高等职业学校和中等职业学校家庭经济困难学生资助政策体系的意见〉》[EB/OL].(2007-05-13)[2025-02-01].http://www.moe.gov.cn/jyb_xxgk/moe_1777/moe_1778/tnull_27695.html.

[2] 中华人民共和国教育部:《国务院〈关于建立健全普通本科高校高等职业学校和中等职业学校家庭经济困难学生资助政策体系的意见〉》[EB/OL].(2007-05-13)[2025-02-01].http://www.moe.gov.cn/jyb_xxgk/moe_1777/moe_1778/tnull_27695.html.

[3] 中华人民共和国教育部:《国务院办公厅转发教育部等部门关于教育部直属师范大学师范生免费教育实施办法(试行)的通知》[EB/OL].(2007-05-09)[2025-02-01].http://www.moe.gov.cn/jyb_xxgk/moe_1777/moe_1778/tnull_27694.html.

[4] 中华人民共和国教育部:《教育部 财政部关于印发〈高等学校学生勤工助学管理办法〉的通知》[EB/OL].(2007-06-26)[2025-02-01].http://www.moe.gov.cn/jyb_xxgk/gk_gbgg/moe_0/moe_1443/moe_1581/tnull_25280.html.

[5] 中华人民共和国教育部:《财政部 教育部关于印发〈普通本科高校、高等职业学校国家奖学金管理暂行办法〉的通知》[EB/OL].(2007-06-26)[2025-02-01].http://www.moe.gov.cn/jyb_xxgk/moe_1777/moe_1779/201410/t20141021_178434.html.

法》,提出设立"国家助学金"。①2007年6月,财政部、教育部关于《普通本科高校、高等职业学校国家励志奖学金管理暂行办法》的通知,提出设立"国家励志奖学金",②丰富了家庭经济困难学生资助政策类型。2007年8月,财政部等三部门联合印发《关于在部分地区开展生源地信用助学贷款试点的通知》③,进一步丰富国家助学贷款的基本类型。

2008年9月,财政部、教育部、银监会联合印发《关于大力开展生源地信用助学贷款的通知》,进一步扩大了生源地信用助学贷款覆盖范围。④2009年3月,财政部、教育部印发《高等学校毕业生学费和国家助学贷款代偿暂行办法》,提出由国家代偿到中西部地区和艰苦边远地区基层单位就业、服务期在3年以上(含3年)的高校毕业生的学费,并明确适用对象、岗位和范围。⑤2009年4月,财政部等三部门联合印发《应征入伍服义务兵役高等学校毕业生学费补偿国家助学贷款代偿暂行办法》,提出对应征入伍服义务兵役的高等学校毕业生在校期间缴纳的学费实行补偿和国家助学贷款代偿。⑥2011年10月,财政部等五部门印发《关于实施退役士兵

---

① 中华人民共和国教育部:《财政部 教育部关于印发〈普通本科高校、高等职业学校国家助学金管理暂行办法〉的通知》[EB/OL].(2007-06-27)[2025-02-01].http://www.moe.gov.cn/jyb_xxgk/moe_1777/moe_1779/201410/t20141021_178433.html.
② 中华人民共和国教育部:《财政部 教育部关于印发〈普通本科高校、高等职业学校国家励志奖学金管理暂行办法〉的通知》[EB/OL].(2007-06-27)[2025-02-01].http://www.moe.gov.cn/jyb_xxgk/moe_1777/moe_1779/201410/t20141021_178435.html.
③ 北大法宝:《财政部、教育部、国家开发银行〈关于在部分地区开展生源地信用助学贷款试点的通知〉》[EB/OL].(2007-08-13)[2025-02-01].https://www.pkulaw.com/chl/b5f43ecaf5ba4b92bdfb.html.
④ 中华人民共和国教育部:财政部、教育部、银监会〈关于大力开展生源地信用助学贷款的通知〉》[EB/OL].(2008-09-09)[2025-02-01].http://www.moe.gov.cn/jyb_xwfb/xw_zt/s3639/moe_2871/moe_2872/tnull_49872.html.
⑤ 中华人民共和国教育部:《财政部 教育部关于印发〈高等学校毕业生学费和国家助学贷款代偿暂行办法〉的通知》[EB/OL].(2009-03-31)[2025-02-01].http://www.moe.gov.cn/jyb_xxgk/moe_1777/moe_1779/tnull_46550.html.
⑥ 中华人民共和国教育部:《财政部、教育部、总参谋部关于印发〈应征入伍服义务兵役高等学校毕业生学费补偿和国家助学贷款代偿暂行办法〉的通知》[EB/OL].(2009-04-20)[2025-02-01].http://www.moe.gov.cn/jyb_xwfb/xw_zt/moe_357/s3581/moe_2684/moe_2688/tnull_48300.html.

教育资助政策的意见》，对考入全日制普通高等学校的自主就业退役士兵实施教育资助。[1]同年，将应征入伍服义务兵役的在校大学生列为资助对象，进一步扩大了资助范围。2012年9月，财政部、教育部印发《研究生国家奖学金管理暂行办法》，提出设立研究生国家奖学金。[2]2013年7月，财政部、教育部印发《研究生国家助学金管理暂行办法》，提出设立研究生国家助学金。[3]同月，财政部、教育部印发《研究生学业奖学金管理暂行办法》的通知，提出设立研究生学业奖学金。[4]2013年8月，财政部等三部门联合印发《高等学校学生应征入伍服义务兵役国家资助办法》，进一步扩大应征入伍服义务兵役的适用对象。[5]2014年7月，财政部等四部门联合印发《关于调整完善国家助学贷款相关政策措施的通知》，对国家助学贷款资助标准、资助比例进行调整。[6]2015年7月，教育部等四部门联合印发《关于完善国家助学贷款政策的若干意见》，通过扩大贴息范围、延长还款期限和建立还款救助机制等措施，[7]完善国家助学贷款政策。2015年

---

[1] 中华人民共和国中央人民政府:《关于实施退役士兵教育资助政策的意见》[EB/OL].(2011-10-25)[2025-02-01].https://www.gov.cn/gzdt/2011-10/31/content_1982701.htm.

[2] 中华人民共和国教育部:《关于印发〈研究生国家奖学金管理暂行办法〉的通知》[EB/OL].(2012-09-29)[2025-02-01].http://www.moe.gov.cn/jyb_xxgk/moe_1777/moe_1779/201210/t20121022_143547.html.

[3] 中华人民共和国教育部:《财政部 教育部关于印发〈研究生国家助学金管理暂行办法〉的通知》[EB/OL].(2013-07-29)[2025-02-01].http://www.moe.gov.cn/jyb_xxgk/moe_1777/moe_1779/201308/t20130812_155561.html.

[4] 中华人民共和国教育部:财政部 教育部〈关于印发《研究生学业奖学金管理暂行办法》的通知〉》[EB/OL].(2013-07-29)[2025-02-01].http://www.moe.gov.cn/jyb_xxgk/moe_1777/moe_1779/201308/t20130812_155562.html.

[5] 中华人民共和国教育部:《关于印发〈高等学校学生应征入伍服义务兵役国家资助办法〉的通知》[EB/OL].(2013-08-20)[2025-02-01].http://www.moe.gov.cn/jyb_xxgk/moe_1777/moe_1779/201308/t20130828_156387.html.

[6] 中华人民共和国教育部:《财政部 教育部 中国人民银行 银监会〈关于调整完善国家助学贷款相关政策措施的通知〉》[EB/OL].(2014-07-18)[2025-02-01].http://www.moe.gov.cn/jyb_xxgk/moe_1777/moe_1779/201407/t20140725_172275.html.

[7] 中华人民共和国教育部:《教育部 财政部 中国人民银行 银监会〈关于完善国家助学贷款政策的若干意见〉》[EB/OL].(2015-07-13)[2025-02-01].http://www.moe.gov.cn/srcsite/A05/s7505/201507/t20150715_193947.html.

11月,财政部、教育部和总参谋部印发《关于对直接招收为士官的高等学校学生施行国家资助的通知》,将直接招收为士官的高校学生列为学费补偿和国家助学贷款代偿政策的适用对象。[①]

6.高校资助育人质量提升体系阶段(2017年至今)

2017年至今,该阶段在"奖、贷、助、勤、减、免、补、偿"的高校资助政策体系基础上,提出"资助育人质量提升体系",更加重视发挥资助工作的育人功能,意味着我国高校资助工作的重心从"丰富资助政策"转移到"提升资助育人质量"。2017年3月,财政部等四部门联合印发《关于进一步落实高等教育学生资助政策的通知》,提出"强化资助育人功能"[②]。2017年12月,中共教育部党组印发了《高校思想政治工作质量提升工程实施纲要》,正式提出"资助育人质量提升体系"[③],将"资助育人"作为加强高校思想政治工作的措施正式提出,这意味着高校资助工作不再仅是单纯的资助政策,更成为落实立德树人根本任务、提升高校思想政治工作质量的重要手段。2018年8月,为深入贯彻党的十九大精神,根据当前学生勤工助学工作的新特点及新需要,教育部、财政部印发《高等学校勤工助学管理办法(2018年修订)》,对勤工助学的酬金标准等内容进行修订完善。[④] 2020年4月,教育部等八部门联合发布《关于加快构建高校思想政治工作体系的意见》,强调完善精准资助育人,建设发展型资助体系,加大家庭经

---

① 中华人民共和国教育部:《关于对直接招收为士官的高等学校学生施行国家资助的通知》[EB/OL].(2015-11-18)[2025-02-01].http://www.moe.gov.cn/jyb_xxgk/moe_1777/moe_1779/201512/t20151202_222576.html.
② 中华人民共和国中央人民政府:《关于进一步落实高等教育学生资助政策的通知》[EB/OL].(2017-04-12)[2025-02-01].https://www.gov.cn/xinwen/2017/04/12/content_5185270.htm.
③ 中华人民共和国教育部:《中共教育部党组关于印发〈高校思想政治工作质量提升工程实施纲要〉的通知》[EB/OL].(2017-12-05)[2025-02-01].http://www.moe.gov.cn/srcsite/A12/s7060/201712/t20171206_320698.html.
④ 中华人民共和国教育部:《教育部 财政部关于印发〈高等学校勤工助学管理办法(2018年修订)〉的通知》[EB/OL].(2018-08-24)[2025-02-01].http://www.moe.gov.cn/srcsite/A05/s7505/201809/t20180903_347076.html.

济困难学生能力素养培育力度。①2024年10月,财政部等三部门联合印发《关于调整高等教育阶段和高中阶段国家奖助学金政策的通知》,提出增加高校学生国家奖学金奖励名额和提升高校奖助学金奖励标准和资助标准。②

(三)高校资助育人的主要功效

高校资助育人的主要功效侧重于高校资助育人工作所发挥的客观作用和实际效果。全面、系统、科学地了解高校资助育人的主要功效,有助于正确把握高校资助育人的重要意义和建构全面推进高校资助育人的实施策略。

1.促进实现教育公平

教育公平是社会公平的重要方面,促进公平是我国的基本教育政策,高校学生资助是促进教育公平实现的重要举措。《国家中长期教育改革和发展规划纲要(2010—2020年)》明确强调:"教育公平是社会公平的重要基础。教育公平的关键是机会公平,基本要求是保障公民依法享有受教育的权利。"③其中,与高校学生资助相关的教育公平分为教育起点公平和教育过程公平。教育起点公平强调每个人不受性别、经济地位、阶层身份等条件限制,均有受教育的机会。教育过程公平强调提供相对平等的受教育机会和条件,保证为每一位学生提供相对平等的受教育机会和条件,让每一位学生能够"上得起学"。当前,我国学生资助政策体系实现"三个

---

① 中华人民共和国教育部:《教育部等八部门〈关于加快构建高校思想政治工作体系的意见〉》[EB/OL].(2020-04-28)[2025-02-01].http://www.moe.gov.cn/srcsite/A12/moe_1407/s253/202005/t20200511_452697.html.
② 中华人民共和国教育部:《关于调整高等教育阶段和高中阶段国家奖助学金政策的通知》[EB/OL].(2024-10-25)[2025-02-01].http://www.moe.gov.cn/jyb_xxgk/moe_1777/moe_1779/202410/t20241029_1159726.html.
③ 中华人民共和国中央人民政府:《国家中长期教育改革和发展规划纲要(2010—2020年)》[EB/OL].(2010-07-29)[2025-02-01].https://www.gov.cn/jrzg/2010-07/29/content_1667143.htm.

全覆盖"①,高校家庭经济困难学生基本实现"三不愁"②,即入学前不用愁、入学时不用愁和入学后不用愁,这在促进教育起点公平和教育过程公平上发挥重要作用。

"入学前不用愁",即家庭经济困难学生可通过申请助学贷款政策用于缴纳学费和补助生活费,位于中西部地区家庭经济困难的新生,可申请新生入学资助政策资助。依据全国学生资助管理中心发布数据,自2007年到2023年,普通高校国家助学贷款政策发放人数累计6025.12万人,国家助学贷款发放金额累计4473.18亿元;③自2012年到2023年,普通高校大学新生入学资助政策人次累计243.07万人,资助金额累计15.51亿元,④在保障高等教育的起点公平上发挥重要作用。

"入学时不用愁",即建档立卡、低保、特困救助供养、孤儿、残疾或者其他家庭经济困难的学生可申请通过"绿色通道"政策办理入学手续。依据全国学生资助管理中心发布数据,自2017年到2023年,普通高校秋季学期通过"绿色通道"入学人数累计903.94万人次,⑤促使建档立卡、低保、特困救助供养、孤儿、残疾或者其他家庭经济困难的学生能够顺利入学,保障了高等教育的起点公平。

"入学后不用愁",即高校学生可按规定申请各种资助政策,以确保完成学业。学生可根据条件申请诸如国家奖学金、国家助学金、勤工俭学、校内奖助学金等政策资助。自2007年到2023年,我国普通高校学生资助

---

① 中华人民共和国教育部:《国家学生资助政策体系有关情况介绍》[EB/OL].(2018-09-06)[2025-02-01]. http://www.moe.gov.cn/jyb_xwfb/xw_fbh/moe_2069/xwfbh_2018n/xwfb_20180906/sfcl/201809/t20180906_347463.html.
② 中华人民共和国教育部:《教育部介绍保障家庭经济困难学生顺利入学的政策措施及资助工作开展情况》[EB/OL].(2019-07-10)[2025-02-01]. http://www.moe.gov.cn/fbh/live/2019/50819/twwd/201907/t20190710_389866.html.
③ 该数据是作者依据全国学生资助管理中心历年发布资助报告相关数据统计所得。
④ 该数据是作者依据全国学生资助管理中心历年发布资助报告相关数据统计所得。
⑤ 该数据是作者依据全国学生资助管理中心历年发布资助报告相关数据统计所得。其中,教育部在2001年便要求部属各高等学校确保"绿色通道"畅通,但全国学生资助管理中心"绿色通道"的数据从2017年开始发布,故统计从2017开始。

人数累计69199.58万人,资助资金累计15250.53亿元,[①]为家庭经济困难学生能够顺利完成学业提供物质保障,保障高等教育的过程公平。经过长期努力,高校资助育人工作采取多种方式并举,充分保障高校经济困难学生入学"三不愁",基本实现"不让一个学生因家庭经济困难而失学"工作目标,充分维护家庭经济困难学生享有教育起点公平和教育过程公平的基本权利,使教育公平这一崇高理念落地,同时为教育结果公平奠定基础,以教育公平促进社会公平实现,切实体现社会主义制度的优越性。

2.提升我国人力资源开发水平

发展不平衡、不充分是我国的基本国情,发展是改善区域发展不平衡的关键所在,人力资源是改变区域发展不平衡现状的第一资源。"一个民族的生产力发展的水平,最明显地表现于该民族分工的发展程度。"[②]分工作为劳动的社会存在形式,既是生产力发展的结果,也是生产力发展的条件。就业是民生之本,是市场经济社会劳动分工的分配载体。习近平总书记强调:"就业是最基本的民生,事关人民群众切身利益,事关经济社会健康发展,事关国家长治久安。"[③]青年是国家的未来,高校毕业生就业是就业工作的重中之重。高校资助育人工作通过设置基层就业学费补偿贷款代偿、师范生免费教育(2018年改为师范生公费教育)、服兵役高等学校学生国家教育资助等政策,培养国家经济社会发展急需人才,引导高校毕业生投身于基层,为区域教育事业发展提供人才支持。

依据全国学生资助管理中心发布数据,自2007年到2023年,我国高校基层就业学费补偿贷款代偿政策资助人数累计89.38万人;[④]自2007年到2017年,我国普通高校师范生免费教育政策资助人数累计60.37万人;自2018年到2023年,中央部属六所师范大学师范生公费教育政策资助人

---

① 该数据是作者依据全国学生资助管理中心历年发布资助报告相关数据统计所得。
② 《马克思恩格斯选集》第1卷,人民出版社,2012年,第147页。
③ 习近平:《促进高质量充分就业》,《求是》2024年第21期。
④ 该数据是作者依据全国学生资助管理中心历年发布资助报告相关数据统计所得。

数累计18.39万人,两者合计78.76万人;①自2009年到2023年,我国普通高校服兵役学生国家教育资助人数累计457.69万人。②高校资助育人工作引导一大批优秀人才投身中西部地区和艰苦边远地区基层单位就业、农村基础教育、应征入伍报效国家,明显改善农村教师队伍的素质、基层干部队伍和专业人才结构,并为我国实现强军目标输送了一大批优质兵员,为社会主义现代化建设事业的区域性发展提供人力支持,极大地提升了我国人力资源开发水平。

3.有效防止因学致贫和因学返贫

贫困是全世界共同面对的难题,人类发展史是与贫困不懈斗争的历史,反贫困是全球性难题。中华民族是饱经磨难的民族,勤劳勇敢的中国人民始终为摆脱贫困而艰难求索。近代以来,内忧外患、社会危机空前严重是中国的基本国情,由于封建腐朽统治和西方列强入侵,中华民族遭受了前所未有的苦难,中国逐渐成为半殖民地半封建社会,亿万民众处于贫困甚至赤贫状态。中国共产党自成立起便开启了为中国摆脱贫穷落后、实现繁荣富强而长期奋斗的艰辛历程。

教育是脱贫致富的根本策略。资助贫困家庭学生顺利完成学业,是教育脱贫攻坚工作的重要组成部分。让贫困家庭子女都能接受公平而有质量的教育、补齐贫困地区基础教育人才力量,是确保经济困难地区阻断贫困代际传递、实现稳定脱贫和高质量脱贫、打赢脱贫攻坚战的有效举措。高校资助政策面向家庭经济困难学生群体,为解决其上学问题提供物质保障,极大地减轻建档立卡贫困人群、刚刚脱贫人群和低收入人群的经济负担,有效防止因学致贫和刚脱贫家庭因学返贫现象的出现,帮助其

---

① 该数据是作者依据全国学生资助管理中心历年发布资助报告相关数据统计所得。其中,"师范生免费教育政策"自2018年改为"师范生公费教育政策",且仅在教育部直属的6所师范大学实行。
② 该数据是作者依据全国学生资助管理中心历年发布资助报告相关数据统计所得。其中,普通高校服兵役学生国家教育资助政策的统计对象包括应征入伍服兵役(含直招军士)、招收为士官、退役后复学或入学的高等学校学生(2012年并入)。

子女顺利入学、完成学业和高质量就业,进而通过努力奋斗改变自己和家庭的命运,同时利用普通高校师范生免费与补助和师范生公费教育政策,使得一大批毕业生投身农村基础教育,明显改善了农村教师队伍的素质,为教育扶贫提供了人才支持。2021年4月,国务院新闻办公室发布的《人类减贫的中国实践》白皮书显示:"实施定向招生、学生就业、职教脱贫等倾斜政策……514万名贫困家庭学生接受高等教育,重点高校定向招收农村和贫困地区学生70多万人,拓宽贫困学生纵向流动渠道。"[1]因此,高校资助育人工作直接或间接地在有效防止因学致贫、防止返贫和消除绝对贫困方面发挥了重要功能。

二、高校资助育人的重要意义

意义是事物基于自身特性满足主体的需要而所发挥的作用。高校资助育人是通过资助工作将党的教育理念和教育内容作用于高校学生并促进其德智体美劳全面发展的教育实践活动,这意味着基于不同角度,高校资助育人具有不同的重要意义。

(一)改进高校思想政治工作的有效载体

高校思想政治工作是学校各项工作的生命线,依赖于一定活动载体才能发挥作用,而高校资助育人活动坚持解决思想问题和解决实际问题相结合、讲道理和办实事相结合,不断提升高校思想政治工作的针对性和实效性,这正是高校资助育人的重要意义。

1.高校思想政治工作开展依赖一定载体

载体是传递信息和知识的媒介,是教育者和受教育者进行互动、实现教育目标的重要工具,而形式是内容的表现形式和载体,好的形式对内容的发展起着积极的推动作用。思想政治工作本质上是做人的思想的工

---

[1] 中华人民共和国中央人民政府:《〈人类减贫的中国实践〉白皮书》[EB/OL].(2021-04-06)[2025-02-01].https://www.gov.cn/zhengce/2021-04/06/content_5597952.htm.

作,是统治阶级进行"思想的分配",使"思想掌握群众"的过程,而主流意识形态的构建与传播及其影响、塑造社会成员的过程有赖于具象化的载体呈现,良好的载体能使传递的思想观念、政治观点和道德规范为受教育者感知、接受、认同和外化,使蕴含意识形态属性的思想政治教育内容得以入脑入心。思想政治工作载体可分为语言文字载体、管理载体、活动载体、文化载体、大众传播载体、网络载体等,各自有其独特适用场景和功能。

2.高校思想政治工作要"因事而化、因时而进、因势而新"

思想政治工作的本质是做人的思想的工作,而人的本质由社会物质生活条件所决定,且随社会历史的发展而不断变化,这意味着思想政治工作绝不能一成不变。2016年12月,习近平总书记在全国高校思想政治工作会议上强调:"做好高校思想政治工作,要因事而化、因时而进、因势而新。"[1]"因事而化"是指高校思想政治工作要具体问题具体分析,对学生思想困惑进行解疑释惑;"因时而进"是指高校思想政治工作要紧扣时代发展脉搏,做到因时制宜、应时而进和顺时而为。"因势而新"是指高校思想政治工作要随社会实践而不断创新,适应工作对象的新常态。因此,高校思想政治工作必须不断满足学生成长发展需求和期待,只有坚持因事而化、因时而进和因势而新,才能进一步提升工作亲和力和针对性,将大学生紧紧团结凝聚在党的周围。

3.高校思想政治工作改进得益于高校资助育人

进入新时代,我国的物质条件、科技手段和教育环境相比以前得到了很大改善,但知识"碎片"制约信息获取、认知"早熟"影响成长发展、兴趣主导造成"圈层"分化和压力多元催生消极倾向等原因使得大学生相较以往具有新特点,而伴随着现代社会主体性原则的确立、利益诉求表达的合法化和价值观念的多样化,大学生思想与行为互动领域不断受到冲击,大学生对于提升自身综合素质、实现全面发展以适应社会发展需要的需求

---

[1]《习近平谈治国理政》第2卷,外文出版社,2017年,第378页。

日益强烈,这决定了高校思想政治工作必须因事而化、因时而进和因势而新,以此适应时代发展。2016年12月,中共中央、国务院《关于加强和改进新形势下高校思想政治工作的意见》认为高校思想政治工作要"在服务引导中加强思想教育,把解决思想问题与解决实际问题结合起来,做到既讲道理又办实事。加强学业就业指导,帮助大学生顺利完成学业,加强人文关怀和心理疏导,促进大学生身心和人格健康发展,加强对家庭经济困难学生的资助工作"[1],而高校资助育人坚持把"扶困"与"扶智"、"扶困"与"扶志"相结合、"办实事"与"讲道理"相结合,为学生提供物质帮助的同时,进行道德浸润、能力拓展和精神激励,在解决实际问题的同时解决思想问题,形成"解困—育人—成才—回馈"的良性循环,"螺旋式"地提升学生思想认识,不断培养学生自立自强、诚实守信、知恩感恩、勇于担当的良好品质,紧紧贴合高校思想政治工作围绕学生、关照学生、服务学生的原则要求,成为新形势下加强和改进高校思想政治工作的重要方式。

(二)确保高校人才培养质量的内在要求

高校肩负人才培育的重任,人才培养质量和效果是检验高校一切工作的根本标准。思想政治工作体系贯穿于高校人才培养体系,高校资助工作将资助活动与教育内容相结合,以促进受资助学生全面发展为目的,在提升人才培养质量和效果上发挥重要意义。

1.高校肩负人才培养的重要使命

使命是指某个人或组织所承担的任务或责任。教育的阶级性决定着教育要服从和服务于统治阶级的根本利益,我国高校"肩负着人才培养、科学研究、社会服务、文化传承创新、国际交流合作的重要使命"[2]。人才培养是我国高校的重要职能之一。当今世界正经历百年未有之大变局,

---

[1] 中共中央党史和文献研究院编:《十八大以来重要文献选编》(下),中央文献出版社,2018年,第489页。
[2] 中华人民共和国中央人民政府:《中共中央国务院〈关于加强和改进新形势下高校思想政治工作的意见〉》[EB/OL].(2017-02-27)[2025-02-01].https://www.gov.cn/xinwen/2017-02-27/content_5182502.htm.

日益白热化的国际竞争形势更彰显人才的重要性,人才是国家核心竞争力的关键所在。高等教育是培养人才的重要阵地,如何继续发挥高等教育培养人才的独特优势,是关系党和国家事业发展的关键问题。习近平总书记强调:"人才培养体系涉及学科体系、教学体系、教材体系、管理体系等,而贯通其中的是思想政治工作体系。"①目前,我国已建成世界上规模最大的高等教育体系,人才培养的特色在于坚持党对高校的领导、在于贯穿其中的思想政治工作和始终坚持社会主义办学方向。因此,我国高校必须牢记人才培养这一首要职能,坚持社会主义办学方向,围绕立德树人根本任务,以德智体美劳全面发展为目标,培养出一代又一代服从和服务于党的中心任务,拥护中国共产党领导和我国社会主义制度,积极投身社会主义现代化强国建设,立志为中国特色社会主义奋斗终身的高素质人才。

2.立德树人的成效是检验人才培养的根本标准

根本标准是衡量人或事物的最基本、最重要、最需要遵循的准则。2018年9月,教育部发布的《关于加快建设高水平本科教育全面提高人才培养能力的意见》中强调:"把立德树人的成效作为检验学校一切工作的根本标准,加强理想信念教育,厚植爱国主义情怀,把社会主义核心价值观教育融入教育教学全过程各环节。"②可见,立德树人的成效是检验人才培养的根本标准,人才培养是我国高校的首要职能,人才培养工作必须紧紧围绕立德树人这一检验学校一切工作的根本标准而展开,理想信念教育、爱国主义教育和社会主义核心价值观教育成为提升立德树人成效的重要方法。进入新时代,统筹推进"五位一体"总体布局和协调推进"四个全面"战略布局,建成社会主义现代化强国,实现中华民族伟大复兴等宏伟目标的逐步推进彰显出人才的重要性,我们对人才的需求比以往任何

---

① 习近平:《在北京大学师生座谈会上的讲话》,人民出版社,2018年,第10页。
② 中华人民共和国教育部:《教育部关于加快建设高水平本科教育全面提高人才培养能力的意见》[EB/OL].(2018-09-17)[2025-02-01]. https://www.gov.cn/gongbao/content/2019/content_5362027.htm.

时候都更为迫切,我国高等教育开启以提高质量为核心、立德树人为根本的内涵式发展的新征程,人才培养质量检验必须以立德树人的成效为根本标准。因此,新时代人才培育必须以培养德智体美劳全面发展的社会主义建设者和接班人为目标,围绕激发学生学习兴趣和潜能不断进行深化改革,寻找提升立德树人成效,实现学生全面发展的新形式、新方法和新载体。

3.提升人才培养质量得益于高校资助育人

立德树人的成效是检验人才培养质量的根本标准,"立德"强调育人的根本在于育德,"树人"强调培育德智体美劳全面发展的社会主义建设者和接班人。2018年9月,教育部发布的《关于加快建设高水平本科教育全面提高人才培养能力的意见》中强调:推动创新创业教育与专业教育、思想政治教育紧密结合,增强学生创业就业能力,同时广泛开展社会调查、志愿服务、勤工助学等社会实践活动,增强学生表达沟通、团队合作、组织协调、实践操作、敢闯会创的能力,提升学生综合素质。[1]可见,提升立德树人成效的活动十分丰富,目的是实现学生的全面发展。高校资助育人本质上将立德树人贯穿资助工作的全过程,以资助活动为载体,不让任何一个学生因家庭经济困难而无法实现全面发展,进一步丰富了提升立德树人成效的现实途径。新时代,人民对美好生活的向往应然包含着对于更加公平、更加优质和更高质量的教育的迫切需求,实然要求高校资助育人工作在"资助"基础上,强化发挥"育人"作用,把立德树人融入学生资助工作全过程,建设物质帮扶、道德浸润、能力拓展、精神激励有机融合的精准资助机制,推动"保障型资助"向"发展型资助"延伸,让每一名学生享有平等的受教育和平等发展的机会,不断提升资助育人的精准度、质量和人文温度,在资助学生的各环节、全过程,不断提高人才培养质量,帮助

---

[1] 中华人民共和国教育部:《关于加快建设高水平本科教育全面提高人才培养能力的意见》[EB/OL].(2018-09-17)[2025-02-01].https://www.gov.cn/gongbao/content/2019/content_5362027.htm.

受资助学生形成感恩意识、爱党爱国爱社会主义意识、法律意识、风险防范意识,培育良好的奋斗精神、契约精神、自强不息和创新创业的进取精神,形成正确的成才观和就业观,帮助学生锻炼综合能力,提升综合素质,引导家庭经济困难学生以实现中华民族伟大复兴为己任,努力实现自身全面发展,回答好新时代资助工作的时代之问。

(三)助推教育强国建设的必由之路

建成教育强国是实现以中国式现代化全面推进强国建设、实现民族复兴伟业的坚实基础,促进公平、提高质量是建设教育强国的工作要求之一,高校资助育人通过促进教育公平和提高教育质量,对助力教育强国建设具有重要意义。

1.建设教育强国:全面建成社会主义现代化强国的战略先导

先导表示位置在前面的事物,战略先导是指一系列战略中处于最前面位置的战略。教育兴则国兴,教育强则国强,纵观中国革命史、改革史和建设史,伟大事业的胜利离不开青春力量的参与,而中国青年始终挺立时代潮头、勇担历史使命、贡献青春伟力的原因之一在于通过接受教育提升自身能力和素质。青年是实现中华民族伟大复兴的先锋力量,中华民族伟大复兴过程的艰巨性和长期性,呼唤一代又一代可堪大用、能担重任的栋梁之才的接续奋斗。我国的教育目的是培养德智体美劳全面发展的社会主义建设者和接班人,以确保党的事业和社会主义现代化建设事业后继有人。因此,教育是社会主义现代化强国建设的关键因素。2023年5月,习近平总书记在二十届中央政治局第五次集体学习时的讲话中强调:"建设教育强国,是全面建成社会主义现代化强国的战略先导……是以中国式现代化全面推进中华民族伟大复兴的基础工程。"①我国教育事业培养人才的质量和水平,一定程度上决定着以中国式现代化全面建成社会主义现代化强国建设的最终质量和水平。为此,必须通过教育之强

---

① 习近平:《扎实推进教育强国建设》,《求是》2023年第18期。

夯实国家富强之基,始终发挥教育强国事业之于全面建成社会主义现代化强国的战略先导作用,通过培养一代又一代的社会主义建设者和接班人,为全面推进中华民族伟大复兴提供有力支撑。

2.我国教育强国建设:坚持公平与质量并重而行

公平与质量是教育改革和发展的永恒主题,教育公平关乎国家分配教育资源合理程度,教育质量关乎教育水平高低和效果优劣,坚持公平与质量并重而行旨在强调发展中国特色社会主义教育事业,不仅要重视分配教育资源的合理性,还要重视受教育者接受教育的实际效果。教育是民生之基,人民性是包括教育事业在内的中国特色社会主义事业的根本属性,教育改革和发展的成效关乎千家万户的切身利益和感受。人民对美好生活的向往包含着对"美好教育"的向往,现实要求我国教育事业发展要以办好人民满意的教育为目标。同时,中国式现代化是全体人民共同富裕的现代化,而教育事业是帮助人民实现共同富裕的有效举措。习近平总书记强调:"要把促进教育公平融入到深化教育领域综合改革的各方面各环节,缩小教育的城乡、区域、校际、群体差距,努力让每个孩子都能享有公平而有质量的教育,更好满足群众对'上好学'的需要。"[1]教育公平和教育质量是我国教育领域综合改革的重要方面,加强建设教育强国必须坚持促进教育公平与提升教育质量并重,保证每一位学生都能够"上起学"和"上好学",为实现个人财富和社会财富的持续增长,实现共同富裕提供基础。

3.保障教育公平和提升教育质量得益于高校资助育人

坚持立德树人,培育德智体美劳全面发展的社会主义建设者和接班人是我国教育的根本任务,这意味着高等教育在推进教育公平和提升教育质量进程中要始终围绕这一教育根本任务而展开。自中华人民共和国成立以来,我国走出了一条具有中国特色、符合中国国情的学生资助之

---

[1] 习近平:《扎实推进教育强国建设》,《求是》2023年第18期。

路,①高校学生资助在"不让任何一个学生因家庭经济困难而失学"、打赢脱贫攻坚战、建设人力资源强国和促进家庭经济困难学生实现人的全面发展等方面发挥重要作用,是保障教育公平和提升教育质量的重要举措。进入新时代,我国教育处于从"有学上"向"上好学"转变的深刻调整期与综合改革攻坚期,亟待以深化改革创新激发教育发展活力。2023年5月,习近平总书记在二十届中央政治局第五次集体学习时的讲话中强调:"教育公平是社会公平的重要基础,也是建设教育强国的内在要求。"②因此,满足人民群众对"美好教育"的期盼,努力让每个孩子都能享有公平而有质量的教育,现实呼唤更高质量的教育公平的实现,这要求高校学生资助工作必须从"资助"转变为"资助育人",坚持资助活动与育人实践相结合,以培育德智体美劳全面发展的社会主义建设者和接班人为目标,发挥基层就业学费补偿代偿和师范生免费教育政策的积极作用,保证中西部教育公平和高质量发展,促进教育事业的均衡发展,同时加强精准资助和资助育人,健全以立德树人为核心的资助育人体系,实现从"保障型"资助向"发展型"资助拓展,促进家庭经济困难学生的德智体美劳全面发展,以此保障教育公平和提升教育质量。

三、全面推进高校资助育人的实施策略

2018年1月,教育部办公厅印发《贯彻落实〈高校思想政治工作质量提升工程实施纲要〉部内分工方案》(以下简称《分工方案》),强调从加强资助工作顶层设计、坚持资助育人导向和创新资助育人形式等方面全面推进高校资助育人。③

---

① 全国学生资助管理中心:《中国学生资助70年》,《人民日报》2019年9月23日。
② 习近平:《论教育》,中央文献出版社,2024年,第232页。
③ 中华人民共和国教育部:《教育部办公厅关于印发〈贯彻落实〈高校思想政治工作质量提升工程实施纲要〉部内分工方案〉的通知》[EB/OL](2018-01-12)[2025-02-01].http://www.moe.gov.cn/srcsite/A12/s7060/201802/t20180201_326325.html。

（一）加强高校资助工作顶层设计

高校资助工作顶层设计旨在从最高层次上寻求提升高校资助工作体系质量和效果的支撑保障，以此统揽全局，具体可从制度和政策、体制机制和精准资助方面加以构建。

1.完善高校资助工作制度和政策

高校资助工作制度和政策是高校资助工作落地落实的依据所在，高校资助工作事业不断发展，高校资助工作制度和政策也需要不断完善。

第一，充分认识制度和政策的重要性。"成熟的组织一般是通过建立强制性和诱致性的规范体系来平衡和协调多元化的利益诉求、避免冲突"[1]，而"制度也需要政策赋予它灵魂，赋予它运行的方向和实质内容"[2]。制度优势是党和国家事业繁荣发展的最大优势，高校资助政策隶属于教育政策，服从和服务于党的教育方针和教育任务的具体落实。高校资助工作制度和政策是时代的产物，随生产力发展和经济社会发展主题的变化而不断变化，以此确保高校资助工作"有章可循"。因此，高校资助制度政策要不断更替完善，才能与经济社会发展状况相适应，有效落实党的教育方针和教育任务。

第二，与时俱进地完善制度和政策。做好高校资助工作制度和政策的废、改、立工作是与时俱进完善高校资助工作的制度和政策的重要途径。以高校勤工助学为例，为确保勤工助学工作适应时代发展和学生需求，我国分别在1994年、1999年、2007年、2018年印发《关于在普通高校设立勤工助学基金的通知》《关于进一步加强高校资助经济困难学生工作的通知》《高等学校学生勤工助学管理办法》《高等学校勤工助学管理办法（2018年修订）》，通过做好高校资助工作制度政策的废、改、立工作，推进

---

[1] 王申、陈国秀：《整体性治理：我国公立大学内部治理的理念与策略》，《首都师范大学学报（社会科学版）》2023年第2期。

[2] 燕继荣：《制度、政策与效能：国家治理探源——兼论中国制度优势及效能转化》，《政治学研究》2020年第2期。

高校勤工助学活动适应新情况、新特点和新条件,提升高校资助工作实效性。

第三,因地制宜地制定符合高校实际的制度和政策。毛泽东强调:"马克思主义的'本本'是要学习的,但是必须同我国的实际情况相结合。我们需要'本本',但是一定要纠正脱离实际情况的本本主义。"[①]当前,我国生产力发展的不平衡不充分决定着高校事业收入有所差异,生搬硬套教育部相关文件开展学生资助工作容易陷入抽象普遍性的陷阱。因此,完善高校资助育人工作的制度政策,必须考虑高校办学特色和具体实际。以西南大学为例,该校依据国家相关资助政策要求和本校实际,先后颁布《西南大学关于减免困难学生学费的办法》《西南大学新生入学"绿色通道"实施办法》《西南大学关于进一步加强资助育人工作的意见》《西南大学学生勤工助学管理办法》《西南大学本科生国家奖学金实施办法》《西南大学基层就业学费补偿国家助学贷款代偿实施办法》《西南大学应征入伍服兵役学生国家教育资助实施办法》《西南大学校园地国家助学贷款管理办法》《西南大学研究生奖助体系设置及管理办法》等相关文件,以此确保中央各项资助政策宣传到位、细化到位、执行到位。

2.健全高校资助工作体制机制

体制机制是高校资助育人工作高质量发展的前提保障。健全的体制机制有助于使高校资助工作落地落实落细,可从领导体制和工作机制、监管评价机制和宣传工作机制等方面展开。

第一,健全领导体制和工作机制。中国共产党的领导为高校资助工作提供最可靠的政治保证和组织保障,确保资助工作沿着正确服务方向行稳致远。当前,在党的领导下,我们将学生资助纳入基本公共服务范畴,建立起中央、省、市、县四级财政分担机制,建立起中央、省、市、县、校五级学生资助管理机构和队伍,在"资助"层次取得重大成果。为进一步突出"育人"成效,高校资助工作必须在党的领导下以"资助"为基础,强调

---

① 《毛泽东选集》第1卷,人民出版社,1991年,第111—112页。

"育人"性质,通过建立更加完善的高校资助工作领导体制,统一思想认识,强化主体责任,强化相关部门单位的协同配合,以良好的运行机制强化高校资助育人工作的部署落实。例如,吉林大学成立由校领导担任组长的资助工作领导小组,构建起"学校资助工作领导小组、学生资助管理中心、学院资助工作小组、班级帮扶小组"[1]四级资助育人体系。中国矿业大学通过健全部门联动、校院联动、校企联动和家校联动机制的学生资助工作机制,[2]形成资助育人合力,确保政策有效实施,助力经济困难学生成长成才。

第二,健全监管评价机制。评估督导是督促高校资助工作妥善落实资助政策、规范资助行为、提升资助质量的重要手段。宏观层面上,安徽省学生资助工作通过修订、完善或出台《关于进一步加强学生资助监管工作的通知》《关于进一步加强和规范高校学生资助管理工作的通知》等文件,层层落实监管责任,强化监管结果运用,并委托第三方机构开展国家助学贷款贴息和风险补偿金等专项审计工作,并且将学生资助工作纳入省委对相关单位考核项目,并将考核结果作为领导干部考核奖惩、民办高校年检结论、核定高校招生计划的重要依据。[3]微观层面上,南开大学通过出台南开大学辅导员思政绩效考核办法,将资助工作作为评价辅导员工作绩效的重要内容,其中学生满意度评价占比70%,[4]发挥评价机制对资助工作者工作实效的引导作用,督促指导资助育人工作的真正落实,并且建立经济困难学生定期回访机制,注重学生评价,提升资助育人工作实效,以考评确保"资助育人"落实到位,使资助更加凸显育人功效。

---

[1] 杨振斌:《做好新形势下高校资助育人工作的实践与思考》,《中国高等教育》2018年第5期。
[2] 全国学生资助管理中心:《中国矿业大学:构建四级联动资助工作机制 持续推进育人工作落实落细》[EB/OL].(2024-04-30)[2025-02-01].https://www.xszz.edu.cn/n38/n52/c11679/content.html.
[3] 全国学生资助管理中心:《安徽省健全机制强化监管 推动学生资助高质量发展》[EB/OL].(2023-09-06)[2025-02-01].https://www.xszz.edu.cn/n42/c11419/content.html.
[4] 全国学生资助管理中心:《让资助更加突显育人功效——南开大学推进发展型资助育人体系的这五年》[EB/OL].(2022-01-13)[2025-02-01].https://www.xszz.edu.cn/n38/n52/c6635/content.html.

第三,健全宣传工作机制。健全高校资助工作宣传机制,使学生了解我国高校资助政策体系是加强高校资助工作顶层设计的重要一环。2015年8月,教育部、财政部联合印发《关于进一步加强学生资助政策宣传工作的通知》,提出通过健全学生资助宣传工作机制,[1]做好学生资助政策宣传工作。河南省通过建立"两节课"制度、建立完善宣传资料发放制度、强化热线电话制度、建立新闻发布制度,建立宣传工作保障机制,[2]形成资助宣传长效工作机制,深入、广泛、持续开展资助宣传,消除资助政策的宣传盲区。

3.推进高校精准资助工作

推动高校精准资助工作,是高校资助工作坚持因事而化、因时而进和因势而新,适应时代发展提升资助质量和水平的现实体现,可从精准认定、精准资助和精准帮扶三方面加以推进。

第一,精准认定。精准认定家庭经济困难学生是做好学生资助工作的前提所在,直接决定着资助政策落实效果。建立多维度、多层面的数据采集及共享体系,有助于直观、准确和精准地锚定可视为资助目标的学生对象,夯实高校学生资助工作基础。西安交通大学基于学生工作大数据分析与服务平台,通过分析学生的消费金额、恩格尔系数、家庭经济情况、致贫原因等26个指标,构建受助学生认定和量化资助模型,[3]以此提升困难认定精准度。华中科技大学则借助校园一卡通平台,收集在校学生生活数据,包括缴费、就餐、生活场所消费、图书馆借阅、进出校园等数据,精

---

[1] 中华人民共和国教育部:《教育部 财政部〈关于进一步加强学生资助政策宣传工作的通知〉》[EB/OL].(2015-08-12)[2025-02-01].http://www.moe.gov.cn/srcsite/A05/s7505/201508/t20150817_200574.html.

[2] 全国学生资助管理中心:《河南省建立长效机制切实加强学生资助宣传》[EB/OL].(2015-01-05)[2025-02-01].https://www.xszz.edu.cn/n38/n51/c5099/content.html.

[3] 全国学生资助管理中心:《学生资助信息化典型案例——构建有智慧、有温度、有内涵的"三有"精准资助体系》[EB/OL].(2022-07-01)[2025-02-01].https://www.xszz.edu.cn/n42/c11012/content.html.

准发现家庭经济困难学生的问题及等级,①为学校精准认定提供重要参考。第二,精准资助。高校学生资助工作关键是使家庭经济困难学生得到适合的资助,确保资助标准与受助需求相适应。东南大学坚持以生为本,以智能化手段通过不断完善和升级该学校的学生资助管理系统,通过直观显示学生的目标资助额、已获资助额、应予资助额,保障资助力度精准,在名额的分配上,坚持"奖助有别、两级分配",根据不同学科专业特点、学生家庭经济困难学生人数和困难程度,全盘考虑,统筹规划,科学分配各项资助名额,②克服"一刀切"现象。第三,精准帮扶。精准帮扶强调基于受资助学生的需求,创造条件引导学生积极作为,努力帮助学生实现个性发展、特色发展和全面发展。为帮助家庭经济困难学生全面提升综合素质,电子科技大学通过精准把握不同年级、不同民族、不同类别、不同去向的学生资助需求,开展班导师"一对一"爱心助学活动、"导生携手"计划等个性化帮扶活动,提供考研深造、出国语言考试等学业补助,对品学兼优的家庭经济困难学生提供企业参观实习、短期出国交流机会,为参与勤工助学的学生开设演讲与口才、沟通与交流等能力提升培训讲座,③全面提升家庭经济困难学生的思想素质、心理素质、专业能力等综合素质。

(二)坚持高校资助育人正确导向

导向是指引导事物朝向某个方面发展的方向。坚持高校资助育人正确导向,强调依据高校资助育人工作的各环节特性融入不同教育内容,为受资助学生提供针对性教育。

---

① 全国学生资助管理中心:《学生资助信息化典型案例——三位一体资助管理系统提升 精准资助育人效能》[EB/OL].(2022-07-01)[2025-02-01].https://www.xszz.edu.cn/n42/c11013/content.html.
② 全国学生资助管理中心:《东南大学"四措四准"精准资助工作机制实现资助全过程精准》[EB/OL].(2018-01-19)[2025-02-01].https://www.xszz.edu.cn/n38/n52/c6287/content.html.
③ 全国学生资助管理中心:《电子科技大学"四个精准"构建智慧资助体系,助力学生成长成才》[EB/OL].(2023-09-06)[2025-02-01].https://www.xszz.edu.cn/n42/c11417/content.html.

1.奖学金评选发放环节：培养学生奋斗精神和感恩意识

《分工方案》强调在奖学金评选发放环节，要全面考察学生的综合表现，培养学生奋斗精神和感恩意识。[①]奖学金获得者是同辈中的优秀同学，奖学金的评选发放为开展仪式教育、发挥榜样示范作用提供契机。

第一，发挥奖学金发放仪式的教育功能。仪式通过织造情境，引导内心积极力量，进而转变思想、升华认识，唤醒上进心并激发内心深处的进取动力，具有激励、感化、塑造和凝聚等教育功能。华东理工大学通过举行奖学金颁奖典礼，[②]设置讲话、颁奖、揭牌等仪式，激励在校学子敢为人先、敢于突破，以聪明才智贡献国家，以开拓进取服务社会。第二，加大宣传力度强化榜样教育。学生榜样是校园风尚的引领者和德智体美劳全面发展的先进模范，深耕细作的榜样宣传能够拉近榜样与学生之间的情感距离，增强榜样的感染力、影响力和穿透力，对大学生的价值追求和自觉行动发挥引领示范作用。西安交通大学通过组织获得国家资助、服义务兵役、赴基层就业等优秀学生榜样深入社区开展主题微宣讲，讲好榜样故事，并定期举办表彰奖励大会、优秀学生标兵答辩展示、西迁精神新传人微论坛、年度学生榜样发布会等活动，[③]引导大学生向榜样学习，形成刻苦攻读、奋发向上、潜心钻研的优良学风。第三，以身作则发挥"头雁效用"。国家奖学金和国家励志奖学金获得者是高校学生群体全面发展的"佼佼者"，其言行举止无形中营造积极向上的良好风气。重庆大学通过动员国家奖学金、国家励志奖学金获得者开展"5个带头"活动，即带头早起、带头学红色文化、带头向党组织靠拢、带头参加体育锻炼、带头参与学业帮

---

① 中华人民共和国教育部：《教育部办公厅关于印发〈贯彻落实《高校思想政治工作质量提升工程实施纲要》部内分工方案〉的通知》[EB/OL].(2018-01-12)[2025-02-01].http://www.moe.gov.cn/srcsite/A12/s7060/201802/t20180201_326325.html.

② 全国学生资助管理中心：《华东理工大学创新资助育人实践》[EB/OL].(2024-02-01)[2025-02-01].https://www.xszz.edu.cn/n38/n52/c11637/content.html.

③ 全国学生资助管理中心：《西安交通大学依托"一站式"学生社区 提升资助育人质量》[EB/OL].(2023-09-06)[2025-02-01].https://www.xszz.edu.cn/n42/c11421/content.html.

扶,[①]发挥"头雁效应",激发学生全面发展的"雁群活力"。

2.国家助学金申请发放环节:培养学生爱党爱国爱社会主义意识

《分工方案》强调在国家助学金申请发放环节,要深入开展励志教育和感恩教育,培养学生爱党爱国爱社会主义意识。[②]国家助学金体现了党和国家对家庭经济困难学生的关心关爱,为开展感恩教育和励志教育提供契机。

第一,以文字表达感恩。习近平总书记认为思政课的本质是讲道理,而深刻道理要通过讲故事来打动人、说服人。太原工业学院通过举办"感恩资助,助学筑梦,励志成长"征文活动,选登受国家助学金资助学生的优秀征文,[③]学生用质朴的文字,讲述着因国家助学金在思想和现实上得以变化的真实故事,字里行间流露出对国家助学金政策的感谢,表达出报效祖国、投身基层、发奋图强的砥砺之心。第二,以艺术承载爱国。高等学校的办学特色决定着具体高校在探索资助育人模式上各有特色。西安音乐学院的学生资助工作运用艺术院校特色,围绕"艺术"和"思政"作出新亮点。该学校每年组织包含国家助学金获得者在内的学生,通过探望一线驻边部队、举办主题文艺晚会和创作文艺作品等方式,[④]将爱国主义、集体主义、家国情怀等教育内容贯穿始终,丰富资助育人的活动形式。第三,以志愿服务传递爱心。享受国家助学金资助的学生投身志愿服务,进一步创新资助育人方式,提升资助育人成效,以实际行动表达感恩之情。陕西省教育厅动员全省省属高校获得国家、学校及社会设立的奖助学金

[①] 全国学生资助管理中心:《重庆大学注重发挥"五个作用"着力加强资助育人工作》[EB/OL].(2023-06-21)[2025-02-01].https://www.xszz.edu.cn/n38/n52/c11311/content.html.

[②] 中华人民共和国教育部:《教育部办公厅关于印发〈贯彻落实《高校思想政治工作质量提升工程实施纲要》部内分工方案〉的通知》[EB/OL].(2018-01-12)[2025-02-01].http://www.moe.gov.cn/srcsite/A12/s7060/201802/t20180201_326325.html.

[③] 太原工业学院学生工作部:《"感恩资助、助学筑梦、励志成长"征文活动成功举行》[EB/OL].(2020-12-10)[2025-02-01].https://tygyxsc.tit.edu.cn/info/1083/2200.htm.

[④] 全国学生资助管理中心:《西安音乐学院:艺术立德 资助育人》[EB/OL].(2020-08-11)[2025-02-01].https://www.xszz.edu.cn/n38/n51/c5361/content.html.

的学生开展为社会为家乡为母校志愿服务活动,通过举办农业知识培训班、知识宣讲普及、学业辅导、亲情陪伴和爱心捐赠等公益服务,[1]用实际行动表达对国家、社会和学校的感恩之情。

3.国家助学贷款工作办理过程:开展诚信教育和金融常识教育

《分工方案》强调在国家助学贷款办理过程中,要深入开展诚信教育和金融常识教育,培养学生法律意识、风险防范意识和契约精神。[2]国家助学贷款工作因其借贷偿还特点,为开展诚信教育和金融常识教育提供契机。

第一,利用贷款政策宣讲,加强诚信教育。贷款政策宣讲有助于使学生全面了解贷款相关政策。北京交通大学校园地国家助学贷款工作先后经历学生本人申请、学院审核、打印合同、学生与银行面签等程序,在面签当天,银校双方分别就贷款政策进行了宣讲,重点强调了"诚信为本"的责任意识。[3]第二,利用国家助学贷款毕业还款确认,广泛开展诚信教育活动。国家助学贷款毕业还款确认是国家助学贷款工作的重要环节,安徽省各高校结合生源地信用助学贷款学生毕业确认工作开展诚信教育活动,组织当年毕业的借款学生开展诚信和金融知识教育,讲解还款流程,宣讲诚实守信事迹,倡导契约精神,[4]促使学生树立诚信观念、增强法律意识。第三,组织开展多元活动,加强学生法治教育和诚信教育。国家助学贷款流程的多样性和工作本身特性,为开展法治教育和诚信教育提供载体。华东理工大学通过组织开展贷款政策宣讲会、还款协议签订、主题班

---

[1] 全国学生资助管理中心:《陕西在高校受助学生中开展为社会为家乡为母校志愿服务活动》[EB/OL].(2014-04-24)[2025-02-01].https://www.xszz.edu.cn/n38/n51/c5072/content.html.
[2] 中华人民共和国教育部:《教育部办公厅关于印发〈贯彻落实〈高校思想政治工作质量提升工程实施纲要〉部内分工方案〉的通知》[EB/OL].(2018-01-12)[2025-02-01].http://www.moe.gov.cn/srcsite/A12/s7060/201802/t20180201_326325.html.
[3] 全国学生资助管理中心:《北京交通大学2021—2022学年校园地国家助学贷款签约仪式顺利完成》[EB/OL].(2022-02-24)[2025-02-01].https://www.xszz.edu.cn/n38/n52/c6643/content.html.
[4] 全国学生资助管理中心:《安徽省部署开展学生资助诚信教育主题月活动》[EB/OL].(2014-05-14)[2025-02-01].https://www.xszz.edu.cn/n38/n51/c5074/content.html.

会和法律知识讲座等形式,结合高校学生法律风险点、相关法条依据和相关典型案例梳理汇编高校学生法治教育素材集,并通过公众号、普法讲座、短视频、情景剧等方式,[①]加强学生诚信教育和法治教育。

4.勤工助学活动开展环节:培养学生自强不息、创新创业的进取精神

《分工方案》强调在勤工助学活动开展环节,要培养学生自强不息、创新创业的进取精神[②]。勤工助学活动因鲜明的实践性为开展育人工作提供契机。

第一,发挥表扬的行为强化作用。积极教育认为表扬作为一种积极性评价,能够有效强化学生行为产生的积极性。勤工助学活动能够锻炼受资助学生的社会实践能力,对学生的行为进行积极的反馈,使他们感受到被尊重和被认可,进而产生积极情绪,激发受资助学生自立自强的内在动力。中山大学通过设置"中山大学勤工助学先进个人"荣誉称号,以表彰在勤工助学岗位上表现突出、勤学上进、爱岗敬业的先进学子,[③]发挥勤工助学工作的育人功能。第二,加强宣传推广,营造自强不息的校园文化。校园文化为大学生个体成长提供土壤和环境,能够发挥潜移默化、润物无声的育人作用。西南大学以勤工助学为依托,每年开展"感动西南大学十大学生勤工之星""感动西南大学十大学生人物"评选活动,[④]积极宣传进取向上、乐观自强的真实感人事迹,激励广大学子向他们学习,营造不畏艰难、拼搏进取的校园文化。第三,拓展校外勤工助学岗位,提升学生社会实践能力。勤工助学岗位一般设置在校内,而部分高校通过实践

---

① 全国学生资助管理中心:《华东理工大学多样化资助助力学生成长》[EB/OL].(2023-10-31)[2025-02-01].https://www.xszz.edu.cn/n38/n52/c11490/content.html.

② 中华人民共和国教育部:《教育部办公厅关于印发〈贯彻落实《高校思想政治工作质量提升工程实施纲要》部内分工方案〉的通知》[EB/OL].(2018-01-12)[2025-02-01].http://www.moe.gov.cn/srcsite/A12/s7060/201802/t20180201_326325.html.

③ 全国学生资助管理中心:《"诚信感恩,励志成才"中山大学积极开展学生资助育人工作》[EB/OL].(2023-08-28)[2025-02-01].https://www.xszz.edu.cn/n38/n52/c11405/content.html.

④ 中华人民共和国教育部:《西南大学帮困助学工作成效显著》[EB/OL].(2009-04-17)[2025-02-01].http://www.moe.gov.cn/jyb_xwfb/s6192/s133/s214/201004/t20100420_86142.html.

探索,将勤工助学岗位拓展到校外,为学生提前适应社会提供机会。天津大学以招聘会的形式引入校外勤工助学资源,拓宽资助育人途径。[①] 该举措不仅使学生提前体验求职面试过程,了解社会,锻炼沟通表达及现场应变能力,还提供更多的企业实习实践机会,使学生提前体验职场环境,将所学专业与实践有机结合,从而提升学生的就业能力、职业素养和实践能力。

5. 学费补偿贷款代偿工作环节:培育学生树立正确成才观和就业观

《分工方案》强调在基层就业、应征入伍学费补偿贷款代偿等工作环节,要培育学生树立正确的成才观和就业观,[②] 基层就业和应征入伍因"奉献"特质为开展成才教育和就业教育提供契机。

第一,发挥典礼的育人作用。典礼是承载一定社会主流价值观念、发挥重要教化作用的仪式活动,[③] 包括开学典礼、校庆、毕业典礼、院庆等,为培育学生深植基层就业理念和激励学生投身基层建设提供契机。西南财经大学通过精心构建以典礼为载体的育人体系,邀请在基层发光发热、成为行业典范的毕业生参加开学典礼、毕业典礼、奖学金颁奖典礼等仪式,[④] 分享基层就业的初心使命和成就故事,充分发挥典礼在培育学生树立正确就业观的积极作用。第二,加强政策宣讲。政策是保障高校学生或毕业生投身基层、投身军营的保障,加强相关政策的宣讲解读,有助于正面引导学生,鼓励学生响应号召,投身基层、应征入伍。陕西师范大学通过开展应征入伍服义务兵役学生资助和毕业生基层就业学费补偿贷款代偿

---

① 全国学生资助管理中心:《"引进来 走出去"天津大学举办招聘会积极拓展校外勤工助学》[EB/OL].(2019-12-31)[2025-02-01].https://www.xszz.edu.cn/n38/n52/c6470/content.html.
② 中华人民共和国教育部:《教育部办公厅关于印发〈贯彻落实《高校思想政治工作质量提升工程实施纲要》部内分工方案〉的通知》[EB/OL].(2018-01-12)[2025-02-01].http://www.moe.gov.cn/srcsite/A12/s7060/201802/t20180201_326325.html
③ 参见代玉启:《论高校典礼育人的意蕴、现代境遇与价值彰显》,《社会主义核心价值观研究》2018年第2期。
④ 全国学生资助管理中心:《西南财经大学"四聚焦四注重"资助基层就业助力乡村振兴》[EB/OL].(2024-09-29)[2025-02-01].https://www.xszz.edu.cn/n38/n52/c11870/content.html.

政策宣讲解读,①鼓励学生投身军营报效国家,引导毕业生到祖国最需要的地方建功立业。第三,利用朋辈示范引导学生树立正确就业观。模仿心理机制是通过对榜样的观察而获得示范活动的象征性表象,通过注意过程、保持过程、运动再生过程和动机过程形成行为意识。西南财经大学通过邀请在基层就业、与高校学生具有共同生活世界的优秀校友分享感悟,②打造空间符号表象与语言符号表象共同交织、与学习者同构性的立体信息网,满足群众模仿心理特征,引起注意强化,形成坚定的行为动机,引发行动再生,鼓励毕业生走向基层、建功基层,使个体完成从榜样旁观到自我超越的现实转化。

(三)创新高校资助育人多样形式

形式是内容得以表现的方式,创新资助高校育人多样形式,旨在坚持运用喜闻乐见的载体放大教育内容的表现力,提升立德树人的实际效果,促进家庭经济困难学生的全面发展。

1.实施发展型资助项目

《分工方案》强调"创新资助育人形式,实施'发展型资助的育人行动计划''家庭经济困难学生能力素养培育计划'"③。通过实施发展型资助项目,不断提升家庭经济困难学生的综合素质。

第一,以校园活动为载体。喜闻乐见、丰富多样的校园活动能够有效吸引家庭经济困难学生积极参与,为引导家庭经济困难学生提升综合素质、实现全面发展提供便捷条件。中国地质大学(北京)通过开展办公技能培训、写作技能大赛、自强征文、演讲与口才培训、面试技巧培训等活

---

① 全国学生资助管理中心:《陕西师范大学"五个聚焦"积极做好资助育人工作》[EB/OL].(2023-11-17)[2025-02-01].https://www.xsszz.edu.cn/n38/n52/c11523/content.html.
② 全国学生资助管理中心:《西南财经大学"四聚焦四注重"资助基层就业助力乡村振兴》[EB/OL].(2024-09-29)[2025-02-01].https://www.xsszz.edu.cn/n38/n52/c11870/content.html.
③ 中华人民共和国教育部:《教育部办公厅关于印发〈贯彻落实《高校思想政治工作质量提升工程实施纲要》部内分工方案〉的通知》[EB/OL].(2018-01-12)[2025-02-01].http://www.moe.gov.cn/srcsite/A12/s7060/201802/t20180201_326325.html.

动,[1]增强家庭经济困难学生的综合素质。第二,以课堂教学为载体。高校课堂是教学主阵地,是高校学生提升综合素质,实现全面发展的重要平台。北京交通大学通过开设包括演讲口才、瑜伽舞蹈、宣传运营、健康管理、化妆礼仪、茶艺剪纸、摄影摄像、英语口语等丰富课程,[2]系统提升家庭经济困难学生参加学科竞赛、专业认证考试、外语能力考试等方面的人文素质、专业技能和就业能力,为培养提升家庭经济困难学生综合素质和能力提供重要平台。第三,以社会实践为载体。理论知识与实践之间的裂痕,更彰显出社会实践能力的重要性。江西农业大学资助中心通过与江西民建企业家协会、北大科技园、猪八戒网、腾讯众创空间、江西国家级大学生众创空间等单位展开深入合作,[3]向家庭经济困难学生提供社会实习实践岗位,提升家庭经济困难学生的综合素质。

2.开展资助育人主题教育

《分工方案》强调"创新资助育人形式……开展'助学·筑梦·铸人''诚信校园行'等主题教育活动"[4]。特定的主题教育通过承载特定育人内容,有助于强化资助育人的针对性和实效性。

第一,开展诚信主题教育。兰州交通大学通过组织开展"诚信自强之星评选"资助政策知识竞赛、诚信主题海报设计大赛等活动,[5]促使学生树立诚信观念,增强法律意识和契约精神。河海大学通过举办诚信相关的专题讲座、演讲比赛、主题班会、征文比赛、知识竞赛、舞台剧、短视频创作

---

[1] 全国学生资助管理中心:《中国地质大学(北京)搭建平台,打造资助育人品牌》[EB/OL].(2017-01-22)[2025-02-01].https://www.xsjj.edu.cn/n38/n52/c6243/content.html.
[2] 全国学生资助管理中心:《北京交通大学基于"六大特色计划"加强发展型资助育人实践》[EB/OL].(2024-06-14)[2025-02-01].https://www.xszz.edu.cn/n38/n52/c11731/content.html.
[3] 全国学生资助管理中心:《江西农业大学"四四六"资助育人模式 为学生撑起一片蓝天》[EB/OL].(2023-06-26)[2025-02-01].https://www.xszz.edu.cn/n38/n51/c11314/content.html.
[4] 中华人民共和国教育部:《教育部办公厅关于印发〈贯彻落实《高校思想政治工作质量提升工程实施纲要》部内分工方案〉的通知》[EB/OL].(2018-01-12)[2025-02-01].http://www.moe.gov.cn/srcsite/A12/s7060/201802/t20180201_326325.html.
[5] 全国学生资助管理中心:《兰州交通大学:"关关"守护 携手同行》[EB/OL].(2024-07-17)[2025-02-01].https://www.xszz.edu.cn/n38/n51/c11786/content.html.

比赛、三行诗创作大赛等活动,[1]加强家庭经济困难学生的诚信教育,增强学生诚信意识、引导家庭经济困难学生树立正确的消费观、成才观和价值观,提升大学生诚信观念,深化资助育人工作成效。第二,开展感恩主题教育。中国药科大学鼓励学生向捐赠单位撰写感谢信,举办手账绘制大赛和"感恩·励志"主题演讲比赛,[2]培养学生对国家、学校、社会资助政策的感恩意识。南京航空航天大学通过诗歌、绘画、故事、短片等"1系列"等活动,[3]常态化开展感恩主题教育。对外经济贸易大学通过爱心邮箱明信片传递、爱心墙贴士、"感谢有你"征文、"定格温暖"照片、新生弟子规奖学金评选、自强之星感恩主题答辩等活动,加强资助学生感恩教育。第三,开展励志主题教育活动。中山大学通过出版"百名优秀学子风采""百名励志学子风采"丛书鼓舞和激励了中大学子铭记党和国家的殷切期盼,[4]勤奋学习、积极向上,努力成为德智体美劳全面发展的新时代人才。第四,开展爱国主题教育活动。江西科技师范大学将党史学习教育与资助育人工作深度融合,通过主题征文、演讲比赛、感恩晚会、志愿服务等活动,[5]教育引导广大学生知史爱党,厚植爱国情怀,激发报国之志。

3.选聘"学生资助宣传大使"

《分工方案》强调"创新资助育人形式……组织国家奖学金获奖学生

---

[1] 全国学生资助管理中心:《诚修身 信立德 感恩情 志报国——河海大学开展第十一届"诚信 励志 感恩"主题教育活动》[EB/OL].(2023-08-28)[2025-02-01].https://www.xszz.edu.cn/n38/n52/c11398/content.html.

[2] 全国学生资助管理中心:《中国药科大学多措并举扎实推进资助育人工作》[EB/OL].(2021-12-08)[2025-02-01].https://www.xszz.edu.cn/n38/n52/c6622/content.html.

[3] 全国学生资助管理中心:《南京航空航天大学:"三个聚焦"提升学生资助工作"三度"》[EB/OL].(2024-09-13)[2025-02-01].https://www.xszz.edu.cn/n38/n52/c11843/content.html.

[4] 全国学生资助管理中心:《榜样力量 资助育人——中山大学出版〈百名优秀学子风采〉〈百名励志学子风采〉丛书》[EB/OL].(2021-08-17)[2025-02-01].https://www.xszz.edu.cn/n38/n52/c6588/content.html.

[5] 全国学生资助管理中心:《学党史 践初心 担使命:江西科技师范大学党史学习教育与学生资助育人工作深度融合》[EB/OL].(2021-09-09)[2025-02-01].https://www.xszz.edu.cn/n93/n95/n99/c10443/content.html.

担任'学生资助宣传大使'"[1]。各大高校通过深入挖掘选聘资助大使工作的育人价值,推动资助育人工作的创新发展。

第一,建立学生资助宣传大使育人机制。学生资助宣传大使育人机制是常态化、制度化发挥学生资助宣传大使作用的关键所在。北京工商大学经过六年的实践探索,建立从孵化、选拔、培训、实践到奖励的全流程学生资助宣传大使育人机制,以"学生资助宣传大使"为载体,实现"接受资助—刻苦学习—获聘大使—强化培训(能力提升)—实践服务—能力再提升—成长成才—成为榜样"的助人自助育人模式,[2]不断提升学生资助宣传工作的科学性。第二,量化学生资助宣传大使任务。量化任务进一步提升学生资助宣传大使工作的科学性和有效性。西安电子科技大学则通过细化指标,要求资助大使在聘任期间"至少参加政策宣讲1次、参加微宣讲比赛1次、参加理论或政策学习2次、参加志愿服务4小时"[3],坚持锻炼自身与帮助他人相结合,发挥学生资助宣传大使的育人价值。第三,创新学生资助宣传的活动形式。学生资助宣传大使结合实际情况创新学生资助宣传的活动形式,进一步丰富了资助育人工作开展的活动载体。江南大学通过国家奖学金获得者担任"学生资助宣传大使",利用假期时间,回家乡、回母校开展"五个一"资助宣传活动,即召开一场场资助政策宣讲会、完成一次次寒假送温暖活动、撰写一篇篇资助政策调查报告、创作一件件资助政策宣传作品,[4]拓展学生资助政策宣传活动,提升受资助学生的综合素质。第四,搭建"学生资助宣传大使"资助政策宣传平台。

---

[1] 中华人民共和国教育部:《教育部办公厅关于印发〈贯彻落实《高校思想政治工作质量提升工程实施纲要》部内分工方案〉的通知》[EB/OL].(2018-01-12)[2025-02-01].http://www.moe.gov.cn/srcsite/A12/s7060/201802/t20180201_326325.html.
[2] 全国学生资助管理中心:《基于"学生资助宣传大使"载体的"助人自助"资助育人模式探索与实践》[EB/OL].(2024-06-28)[2025-02-01].https://www.xszz.edu.cn/n42/c11753/content.html.
[3] 全国学生资助管理中心:《西安电子科技大学召开第四届学生资助宣传大使聘任及政策培训会》[EB/OL].(2021-02-08)[2025-02-01].https://www.xszz.edu.cn/n38/n52/c6542/content.html.
[4] 全国学生资助管理中心:《江南大学"学生资助大使"积极开展"五个一"资助宣传活动》[EB/OL].(2018-03-28)[2025-02-01].https://www.xszz.edu.cn/n38/n52/c6313/content.html.

传播国家资助政策是"学生资助宣传大使"的首要任务,北京工商大学资助中心为学生资助宣传大使搭建了寒假返乡、暑期实践、新生报到、走访慰问四个资助政策宣传的平台,[①]打造国家资助政策的"发声器",为学生资助工作提供强有力的舆论支持与社会资源支持平台。

---

① 全国学生资助管理中心:《基于"学生资助宣传大使"载体的"助人自助"资助育人模式探索与实践》[EB/OL].(2024-06-28)[2025-02-01].https://www.xszz.edu.cn/n42/c11753/content.html.

第十二章

积极优化高校组织育人

高校立德树人根本任务的落实,离不开高校各级组织这个重要载体。组织育人作为高校"十大"育人体系的重要组成,其关键在于把组织建设与教育引领相结合,把思想政治教育贯穿各项工作和活动以促进师生全面发展。[①]组织是形,育人是魂。积极优化高校组织育人,必须坚持和加强高校党委对高校各级组织的全面领导,重点推动高校党团组织发挥引领示范及桥梁纽带作用,突出彰显高校组织在继承党的优良传统、担当完成高校组织的责任使命以及推动实现高校人才培养目标的时代价值,充分发挥各级党组织的育人保障功能、各类群团组织的育人纽带功能以及广大党员先进的育人带头功能,不断提升高校组织育人质量。

一、高校组织育人的学理解析

高校组织育人是高校思想政治工作质量提升的基本任务之一。研究高校"十大"育人中的组织育人论域,探讨组织育人的理论与实践问题,有助于突出高校育人工作的组织视角和组织功能,强化高校各级各类组织的育人使命。高校组织育人的学理阐释,将着重回答何为高校组织育人、高校组织育人的特征、高校组织育人的类别等基本理论问题,搭建高校组织育人的研究框架,为高校组织育人的价值实现及功能发挥提供学理依据。

(一)高校组织育人的界定

研究高校组织育人必须准确界定其概念,在学界现有研究的基础上以及高校"十大"育人体系中,对高校组织育人进行学理解析。

1.学界关于高校组织育人的相关研究界定

2016年12月,自全国高校思想政治工作会议召开以来,提升高校思想政治工作质量成为学界研究的重点之一,高校"十大"育人体系逐渐成

---

① 中华人民共和国教育部:《中共教育部党组关于印发〈高校思想政治工作质量提升工程实施纲要〉的通知》[EB/OL].(2017-12-05)[2025-01-01].http://www.moe.gov.cn/srcsite/A12/s7060/201712/t20171206_320698.html.

为学界研究的热点。经文献查阅检索,学界对"十大"育人体系中高校组织育人的研究则主要集中在其内涵、特征、类型、价值、结构、功能、现状和对策等方面,大致形成以下几种观点。

一是组织育人等同论。刘建军认为,"组织育人就是学校党团组织通过发展学生党团员和对学生党团员进行教育培养,来培育大学生先进分子并发挥其带动作用,从而实现育人目标"[1],强调组织育人的优势不是在数量方面,而是在质量方面。二是党建引领论。曹锡康认为,组织育人是以高校党的组织为统领,通过带动高校其他组织建设,发挥其他组织的育人功能。[2]米华全则认为,组织育人是高校党组织发挥其功能与优势,实现培育时代新人目标的育人行为。[3]三是组织建设育人论。谢守成、文凡认为,高校组织育人是高校党组织、群团组织和学生组织等组织依托组织建设、组织工作和组织活动发挥各类型组织的功能,发挥对师生的政治引导、思想引导、团结凝聚、联系服务功能,提升师生思想政治素质促进全面发展。[4]四是组织全员育人论。项久雨、王依依认为,高校组织育人是指高校各类型组织通过思想政治工作达到育人目标,立德育德是其本质。[5]五是组织活动育人论。吴学兵、陈燕玲认为,高校组织育人是指高校的教育管理者通过不同的组织开展各类主题活动,在活动中融入道德价值以潜移默化提升学生思想政治素养。[6]由此可见,学界多认为高校组织育人以高校党团组织为主要育人载体,协同高校其他组织开展育人工作,以高校学生党员团员以及青年大学生为育人对象,旨在培养德智体美劳全面发展的社会主义建设者和接班人。

---

[1] 刘建军:《论高校思想政治工作的育人格局》,《思想理论教育》2017年第3期。
[2] 曹锡康:《高校组织育人:现状考察与机制构建》,《思想理论教育》2018年第11期。
[3] 米华全:《高校组织育人的基本功能和实现路径》,《社科纵横》2019年第3期。
[4] 谢守成、文凡:《新时代高校组织育人的逻辑定位、现实境遇与实施策略》,《思想理论教育》2019年第5期。
[5] 项久雨、王依依:《高校组织育人:价值、目标与路径》,《思想教育研究》2019年第5期。
[6] 吴学兵、陈燕玲:《新育人格局下高校组织育人论略》,《教育评论》2018年第6期。

2.高校组织育人的含义

组织是人的集合体,人的社会性决定了人不能脱离组织而存在。组织又是进行一切人类活动的载体,各项人类活动必然要以组织为载体才能得以实施。高校组织育人以"人"为根本出发点,旨在促进人的全面发展,其根本目标是解决为组织培养什么人、怎样培养人的问题。所以,组织育人的核心就是组织通过"育"的过程达到组织需要的目标,关键在于以组织为"载体",在组织主体的主导下,开展上下联动、同级协同、内部协调的系统化、综合性的育人活动,进而实现育人目标。

结合学界关于高校组织育人的相关研究,立足高校"十大"育人之间相辅相成的关系,高校组织育人可以界定为:高校坚持落实立德树人根本任务,以党组织为统领,以共青团组织为重要纽带,以其他高校组织为协同,通过完善组织形态、创新组织活动、打造组织文化、选培组织成员、优化组织制度等组织建设,融入思想政治教育和价值引领,形成高校各级各类组织育人合力,以培养一批批优秀的青年学生、党员团员,不断引领带动更多青年学生努力成为担当中华民族伟大复兴大任的时代新人,以及成为德智体美劳全面发展的社会主义建设者和接班人的实践活动。

理解高校组织育人的含义,需要从以下几点入手。一是高校组织育人是高校思想政治教育的重要组成部分。概念和内涵的界定要根据新时代高校思想政治教育管理中的"三因律""三全律"以及"双同律"等基本规律,尤其注意党团组织育人的特殊性。二是高校组织育人是高校"十大"育人体系的重要组成部分。这既与其他育人体系相辅相成、协同贯通,又凸显了党团组织的统领功能与纽带作用。三是高校组织育人是对历史与现实中高校党团组织开展思想政治教育的守正创新。高校党团组织要引领其他组织主动融入高校"大思政"体系,推动新时代高校思想政治工作高质量发展。

3.高校组织育人的功能

根据结构功能主义的观点,结构决定功能,不同的功能定位直接影响着组织结构的形成,而"结构—功能"在组织研究中一般作为整体性研究的理论框架和分析工具。因此,在众多高校组织中,要充分发挥高校组织的育人功能,有必要厘清高校组织的基本结构。

高校组织的结构。学校是组织的形态,高校处于学校组织系统的"高位",不仅是现代大学的一种泛指,也是高等学校的一种简称。高校组织,一般是指坚持党对高校的全面领导,坚守扎根中国大地办大学的根本遵循,以科学行使学术权力、行政权力、民主权力、学生权力为价值导向,围绕大学的五大职能,在推进大学治理体系和治理能力现代化进程中不断建立健全的高校组织体系。按照高校权力关系的划分,我国高校内部组织结构分为四个子结构,即政治体系、行政体系、学术体系和衍生体系。[①]同时,"高校党委应当研究工会、共青团、妇女组织等群团组织和学生会(研究生会)、学术组织工作中的重大问题,支持他们依照法律和各自章程开展工作"[②]。由此可见,高校各类组织依照国家法律和各自章程独立自主开展工作的同时,还要接受同级党委的领导。除此之外,高校共青团组织,作为党在高校的青年组织以及在高校组织体系中政治性最强、联系党和青年学生的关键组织,也是高校组织育人的主体。

高校组织育人的功能。功能是指"其品质与技能的实现方式及其社会作用或影响,是对社会组织本质的实现机制及其结果状态的描述"[③]。结构承担职能,功能由结构决定。职能是连接结构与功能的关键纽带,结构通过职能的履行程度来决定功能能否良好发挥。职能的履行是功能发挥的前提,而功能的发挥效果则是职能履行到位程度的具体体现。两者既紧密联系又相互区别。从高校的五大职能来看,人才培养居于高校五大职能的首位,育人则是高校组织的首要职能。那么,高校组织育人的功能,则体现为高校人才培养职能的履行效果,要求高校组织在立德树人过

[①] 蒋达勇:《现代国家建构中的大学治理:基于中国经验的实证分析》,中国社会科学出版社,2014年,第201-208页。
[②] 《中国共产党普通高等学校基层组织工作条例》,《人民日报》2021年4月23日。
[③] 张华:《中国共产主义青年团职能研究》,人民出版社,2013年,第42-43页。

程中多维度地履行育人职能。因此,高校组织育人的功能,主要体现为党组织的育人保障功能、群团组织的育人纽带功能以及高校"十大"育人所涉及的各类组织中广大党员发挥的带头示范功能。

(二)高校组织育人的特征

特征是指事物的本质属性决定其性质,并形成区别于其他事物的外在表征。高校组织育人的特征,是基于对高校组织育人概念内涵的界定,进而区别于高校"十大"育人中其他育人方式所归纳出的基本特征。即,育人目标的政治性、育人合力的协同性及党团组织的保障性。

1.育人目标的政治性

育人目标的政治性,意指根据高校育人目标对育人对象提出的符合主流意识形态和价值取向的根本引导性,或者朝着政治阶级立场发展的方向性等具有阶级性或意识形态特性的属性。高校组织育人目标的政治性是组织育人最本质的特征,是高校组织育人的底色。在育人目标的实现过程中,高校务必始终坚持和加强各级党委对各类组织的全面领导,加强各级各类组织建设,在高校人才培养的顶层设计、统筹协调、过程推进中牢牢把握"为党育人、为国育才"的育人方向。

育人目标的政治性主要体现为:在高校组织育人的过程中,必须始终坚持以习近平新时代中国特色社会主义思想为指导,将其融入课程思政、思政课程、实习实践、志愿服务、学生活动等多个育人环节中。这种政治性不仅体现在思想理论教育的内容灌输上,也体现在组织形式和活动方式的策划设计上,进而确保高校组织在履行组织职能时都有意识、有目标、有举措地服务立德树人根本任务、发挥组织育人功能,引导学生树立正确的世界观、人生观和价值观。

2.育人合力的协同性

育人合力的协同性,意指高校党委、行政、教学、科研、管理队伍以及学生组织等各类组织群体共同参与育人工作,在育人过程中既能各有侧重又能协同配合,形成横向协同、纵向贯通育人合力的组织特性。在育人过程中,高校组织育人合力的形成一方面面临着丰富的育人资源、多元的育人要素、复杂的育人过程、延展的育人空间的时代境遇,另一方面面临着高校组织系统种类繁多、条块分割乃至协同不够的科层制管理模式与工作模式的现实挑战。相比高校"十大"育人的其他育人路径,育人合力的协同性则反映了高校组织育人的基本特征。

所以,育人合力的协同性是高校组织育人独有的基本特征,主要体现为:高校党委作为最高领导机构负责育人的统筹规划和顶层设计,行政部门提供组织和资源保障,教学科研队伍负责具体的教学科研工作,学生组织则参与策划组织和执行活动,各个组织各有侧重、分工协同,在高校育人的战略规划、政策制定、资源整合、活动策划、执行监督、效果评价等多个层面发挥组织功能,进而确保育人目标的实现和育人工作的持续稳定。例如,从纵向和横向两个维度来看,从纵向来看,高校党委处于领导核心地位、发挥领导核心作用,其他各级党组织就要发挥院(系)党组织政治核心作用和基层党支部的战斗堡垒作用,将党建引领融入高校其他组织育人的各环节、全过程,推动教研室、学术梯队、班级、宿舍等组织在育人工作中发挥凝聚、引导、服务作用;从横向来看,"发挥工会、共青团、学生会、学生社团等组织的联系服务、团结凝聚师生的桥梁纽带作用"[①],密切联系服务广大师生。总之,育人合力的协同性旨在形成上下联动、优势互补、关系明晰、积极配合的协同育人机制,最终形成高校组织育人的协同配合。

3.党团组织的保障性

党团组织的保障性,意指高校党团组织作为高校思想政治工作的主要组织形式以及高校"十大"育人的保障载体,通过加强组织建设、提升工

---

① 中华人民共和国教育部:《中共教育部党组关于印发〈高校思想政治工作质量提升工程实施纲要〉的通知》[EB/OL].(2017-12-05)[2025-01-01].http://www.moe.gov.cn/srcsite/A12/s7060/201712/t20171206_320698.html.

作活力、提供资源保障等方式,为高校育人工作提供党团组织特有的制度规约、思想引领、教育规范、组织活动、责任落实和监督评估等保障的组织特性。党团组织的保障性是高校"十大"育人的显著特征,充分彰显高校党团组织独有的保障优势,确保高校组织育人工作的科学性、规范性和有效性。

组织育人作为高校"十大"育人的重要组成,为其他育人类型提供的基本保障主要体现在以下方面。一方面,充分发挥高校党团组织统筹协调功能,畅通高校各个组织的内外循环。高校党团组织聚焦组织、制度、文化和活动等组织育人的结构要素,加大在组织、资源、队伍、制度等多方面的保障。另一方面,不断强化党团组织对高校其他组织开展育人工作的引导和督促。高校党团组织可以最大限度地提高其他组织将履行业务职能与发挥育人功能有机统一的主动与自觉,确保党的教育方针与高校育人原则在执行过程中"不打折、不走样",确保覆盖和联系更广泛的青年学生群体。同时,高校党组织可以通过拓展群团组织的育人路径,运用群团组织育人丰富灵活的育人方式、育人平台以及独具特色的组织文化来服务推动其他组织,将思想政治教育元素自然融入日常工作。

(三)高校组织育人的类别

类别,意为根据高校组织育人功能、组织形式或职能范围对高校组织育人工作作出的不同分类,用于描述高校组织育人的不同层次和类型。划分高校组织育人的类别,有助于精准提供高校思想政治教育的工作内容、优化组织育人结构和功能,还有助于提高组织育人质量。2017年12月,中共教育部党组印发的《高校思想政治工作质量提升工程实施纲要》(以下简称《实施纲要》)指出,"要发挥各级党组织的育人保障功能,各类群团组织的育人纽带功能以及充分发挥教研室、学术梯队、班级、宿舍在师生成长中的凝聚、引导、服务作用"[1]。因此，高校组织育人的类别大致被分为高校党组织育人、高校群团组织育人以及高校其他组织育人。

1.高校党组织育人

高校党组织由高校党委、院系党委以及基层党支部三级组织层级构成，各级党组织切实履行主体责任，形成上一级领导下一级、层层压实责任的育人链条，是高校党组织育人的基本组织形态，分别发挥着高校党委核心领导作用、院（系）党组织政治核心作用以及基层党支部战斗堡垒作用。

高校党委统领育人全局，是坚持党对高校的全面领导，贯彻落实党委领导下的校长负责制的具体体现，是落实高校立德树人根本任务，推动高校"十大"育人的根本遵循和政治保障。具体来看，高校党委统领育人全局，一方面体现在把方向、管大局、保落实、促协调，加强组织育人的顶层设计、整合育人功能以及提升高校党委领导力；另一方面，则是推动党委工作部门的育人协同，畅通组织育人合力形成的关键环节。

院（系）党组织是开展高校党建工作的基本单位，主要发挥党组织在教学科研单位的政治核心作用。一方面，院（系）党组织承担着贯彻落实党的教育方针以及学校各项决定的职责；另一方面，它又担负着领导协调本单位行政、学术、群团等各个组织在其职责范围内独立开展育人活动的任务，是高校党委联系和服务师生的纽带，充分发挥着承上启下的作用。院（系）党组织是开展思想政治工作的主阵地，其育人质量直接影响高校人才培养的质量。

基层党支部是党最基本的组织单元，是高校党组织育人的基石。基层党支部不仅具有培养、考察和发展中共党员的重要使命，也承担着党员教育、管理和服务等职责。基层党支部育人，是高校党组织育人的"神经末梢"，在高校"十大"育人中发挥着战斗堡垒作用。"哪里有党组织哪里就

---

[1] 中华人民共和国教育部：《中共教育部党组关于印发〈高校思想政治工作质量提升工程实施纲要〉的通知》[EB/OL].（2017-12-05）[2025-01-01]. http://www.moe.gov.cn/srcsite/A12/s7060/201712/t20171206_320698.html.

有健全的组织生活和党组织作用的充分发挥。"[1]高校基层党支部按照有利于发挥党支部战斗堡垒作用和党员先锋模范作用、有利于开展党员教育管理服务活动的原则,根据实际需要,一般按照年级、院(系)、专业或者内设教学科研机构等设置学生或教师党支部,也可依托重大项目组、课题组、科研平台和学生公寓、社区、社团组织等进行优化设置,以便积极适应高校组织结构、管理模式、学科设置、办学形式的新变化。由此可见,基层党支部是直接面向育人对象、直接融入其他育人体系开展育人工作的党组织育人载体。

2.高校群团组织育人

《实施纲要》指出,"群团组织育人要发挥工会、共青团、学生会、学生社团等组织的联系服务、团结凝聚师生的桥梁纽带作用,把思想政治教育贯穿各项工作和活动,促进师生全面发展"[2]。在高校、院(系)的各级群团组织中,高校共青团组织具有组织、引领、团结和凝聚青年学生的重要作用。高校共青团组织的三级网络组织架构,能够实现面向绝大多数青年学生的快速传导功能,实现群团组织育人的高效运作。

高校共青团组织育人,是指高校共青团组织在面向团员青年、青年学生开展思想政治教育的各个环节和全部过程中,紧紧围绕新时代高校共青团组织的历史方位和使命任务,坚持问题导向、学生为本、协同联动的基本原则,调动和优化思想政治教育要素、凸显团组织育人特征、发挥团组织的优良传统,主动融入高校"十大"育人体系,旨在引导青年大学生和团员青年听党话、跟党走,以敢当先锋、改革创新、挺膺担当的姿态不断巩固和扩大党在高校执政的青年群众基础的全部实践活动。

---

[1] 中华人民共和国教育部:《中共教育部党组关于印发〈普通高等学校学生党建工作标准〉的通知》[EB/OL].(2017-03-01)[2025-01-01].http://www.moe.gov.cn/srcsite/A12/moe_1416/moe_1417/201703/t20170310_298978.html.

[2] 中华人民共和国教育部:《中共教育部党组关于印发〈高校思想政治工作质量提升工程实施纲要〉的通知》[EB/OL].(2017-12-05)[2025-01-01].http://www.moe.gov.cn/srcsite/A12/s7060/201712/t20171206_320698.html.

高校党委赋予了工会组织、学生会、学生社团等群团组织参与"三全育人"的政治使命。习近平总书记多次对群团组织作出重要指示,要求群团组织结合自身实际,围绕"政治性、先进性、群众性"开展工作。因此,以工会为代表的其他群团组织在凸显"政治性、先进性、群众性"的同时,理应践行"三全育人"总体要求,自觉担当为党育人、为国育才的政治使命。

3.高校其他组织育人

《实施纲要》指出,"要充分发挥教研室、学术梯队、班级、宿舍在师生成长中的凝聚、引导、服务作用"[①]。高校组织育人,旨在依托党团组织以及党委领导下的各类高校组织,以育人工作为出发点,通过其他组织自身的组织建设、组织工作以及组织活动,将思想政治教育贯通所在组织全过程,以提升高校组织育人质量。然而,高校组织众多且层级较多,此处所指的其他组织育人多以高校学术组织、行政组织等"十大"育人所涉及的非党团组织等其他组织育人类型为主,以此作为高校组织育人的重要补充。

在党团组织的引领下,高校其他组织则要充分发挥所在组织师生党员、共青团员在"十大"育人中的示范引领作用,推动形成高校组织育人合力。例如,某些高校依托学生理论社团打造学生特色党支部,充分发挥社团中优秀师生党员在思想价值引领的模范带头作用;又如,部分高校以高质量党建引领事业高质量发展,依托全国党建工作标杆院系、样板支部和"双带头人"教师党支部书记工作室的培育创建,全员全方位发挥高校教学、科研、管理、学生等各类组织中的师生党员团员的带头作用,聚焦立德树人、人才培养、科技创新、社会服务、国际合作交流等方面开展育人工作,将思想政治教育融入高校"十大"育人,积极推动高校"三全育人"工作。再如,部分高校的关工委组织发扬"五老精神",打造特色育人品牌,

---

① 中华人民共和国教育部:《中共教育部党组关于印发〈高校思想政治工作质量提升工程实施纲要〉的通知》[EB/OL].(2017-12-05)[2025-01-01].http://www.moe.gov.cn/srcsite/A12/s7060/201712/t20171206_320698.html.

在学生理论研习、帮学助困、科普推广、文化活动等方面全面关心青年师生的成长成才。

二、高校组织育人的时代价值

时代价值,通常是指某一事物在时代发展中的意义和作用。就高校组织育人而言,其时代价值主要体现在,进入新时代新征程,高校党团组织在协同联动和融入高校"十大"育人开展育人工作的过程中,在继承党的优良传统和政治优势、担当完成高校组织的责任使命以及推动高校人才培养目标的实现过程中,展现出的重大价值。

(一)继承党的优良传统和政治优势

党的优良传统需要传承和赓续,政治优势需要发挥和发扬。习近平总书记强调,"各级各类学校党组织要把抓好学校党建工作作为办学治校的重要工作","思想政治工作是学校各项工作的生命线"[1]。这充分说明,我们党历来高度重视高校党建与思想政治教育,二者不仅继承党的优良传统和政治优势,还是办好中国特色社会主义大学的鲜明特色,为高校组织育人提供基本遵循。

1.继承坚持高校党委全面领导的优良传统

坚持和加强党委对高校的全面领导,是马克思主义政党的优良传统在高等学校的重要体现,是保证我国高等教育发展方向的根本保证,是回应"培养什么人""为谁培养人"育人问题的组织保障。除此之外,《实施纲要》首次将"组织育人"通过文件来明确并指出,要"发挥各级党组织的育人保障功能,进一步理顺高校党委的领导体制机制,明确高校党委职责和决策机制,健全和完善高校党委领导下的校长负责制,推动学校各级党组

---

[1] 习近平:《论教育》,中央文献出版社,2024年,第23页。

织自觉担负起管党治党、办学治校、育人育才的主体责任"[①]。由此可见，坚持和加强高校党委的全面领导进一步明确了各级党组织在落实立德树人根本任务上的具体要求。党的力量来自组织。党的十八大以来，高校党建明确要求高校党委要全面贯彻党的教育方针，坚持教育做到"四为服务"，坚守为党育人、为国育才，培养德智体美劳全面发展的社会主义建设者和接班人，[②]这进一步明晰了高校组织育人的时代指向。

一方面，高校组织育人有助于完善高校党委领导下的校长负责制。在落实立德树人根本任务的制度安排上，进一步强化高校党组织育人的领导核心作用，从制度构建、机制运行、队伍建设、资源保障等多个维度提供实施路径。另一方面，高校组织育人有助于加强基层组织力提升。党组织是党在高校全部工作的开展和战斗力的根本保证。高校组织育人质量提升的基本任务是将组织建设与教育引领相结合，这不仅坚持和加强了党对高校育人工作的全面领导，还推动强化院（系）党组织的政治功能以及师生党支部建设，推动师生党员亮身份、做标杆、树形象，提升高校组织育人的生机活力。

2.发挥高校思想政治工作的政治优势

发挥高校思想政治工作的政治优势，意指依托党团组织在高校的制度保障优势、思想引领优势、教育规范优势、组织动员优势、责任落实优势以及监督评估等优势不断推动高校组织将思想政治工作贯穿教育教学全过程，主动融入教学、科研、管理、学生组织等其他组织，使其充分发挥各自的综合育人功能。党的十八大以来，高校围绕"培养什么样的人、如何培养人以及为谁培养人"这一攸关党和国家事业长远发展大计、后继有人大计的根本问题，采取了战略性举措、推进了变革性实践、取得了突破性进展。在加强和改进高校思想政治工作中，首次提出高校"十大"育人体

---

① 中华人民共和国教育部：《中共教育部党组关于印发〈高校思想政治工作质量提升工程实施纲要〉的通知》[EB/OL].（2017-12-05）[2025-01-01].http://www.moe.gov.cn/srcsite/A12/s7060/201712/t20171206_320698.html.

②《习近平著作选读》第2卷，人民出版社，2023年，第195页。

系,为高校笃行"为党育人、为国育才"育人使命打通"最后一公里",也为高校各级组织落实立德树人根本任务丰富和拓展了育人的形式和路径。

我国高校特殊的组织属性、职能设置以及历史使命,决定高校各级各类组织在育人工作上都要不断发挥高校思想政治工作的政治优势。第一,重点依托高校党团组织整合高校各个组织、各个部门的优势,统筹推进、协同发展高校"十大"育人,以实现高校育人工作始终贯穿思想政治教育这条"生命线"。第二,增强高校育人工作的政治性,构建以党团组织为核心,其他组织为补充的组织育人体系,旗帜鲜明地彰显扎根中国大地的办学立场和"四个服务"的育人价值取向。第三,提升思想政治教育的针对性和实效性。不同学段、不同群体、不同背景学生群体的身心发展程度和成长发展需求各有不同,高校组织育人可以通过不同组织的组织特征、组织资源和育人方式,进一步细分育人对象以提升分层分类、全面发展的育人实效。

3.顺应党建引领"大思政"格局的时代要求

党建引领"大思政"格局,是指以中国共产党的政治引领和组织保障为核心,针对新形势下思想政治工作合力不足等问题,通过构建全面、系统、协同的思想政治工作体系,促进思想政治教育领域的全面发展和守正创新。高校顺应党建引领"大思政"格局的时代要求,主要针对高校主渠道和主阵地结合不紧密、马克思主义理论学科和其他学科融合不深入、师生思想政治教育契合不足、隐性和显性思想政治教育协同不够等问题,聚焦加强育人主体、育人载体和育人机制一体化的协同、联动与融合,致力于构建促进学生成长成才的"整体优化体系"。党建引领"大思政"格局的核心内涵旨在实现"一体化领导、专业化运行、协同化育人、共享化资源、链条式贯通"的思想政治工作机制。

党建引领"大思政"格局通过组织建设和育人协同来实现。高校党委通过党团组织来密织育人组织网,推动发挥党团组织"主阵地"的育人保障、育人纽带以及育人示范功能。在横向上,党团组织和不同职能部门间通过"协同合作"发挥各自的政治及专业优势,打破育人壁垒,丰富育人内容,避免党建、思政与专业之间的"各自为政"。在纵向上,发挥党组织自上而下贯通的领导优势,建立健全"校党委把方向—院系党组织定方案—基层党支部抓落实"的贯通机制,层层压实育人责任,形成传导通畅、目标明确、分工协作、多方联动的工作模式。通过党建引领来促使党团组织把思想政治教育与价值引领融入高校各级各类组织育人的全过程,构筑"党建带思政,思政促育人"的协同育人格局。

(二)担当完成高校组织的责任使命

高校组织作为学生成长发展的重要场域,不仅为学生提供系统的知识储备、专业训练,还通过有组织的思想淬炼、实践锻炼来全方位地促进个人素养、创新能力和社会责任感的全面提升。高校积极推动各类组织建设、强化组织育人职责、提升育人工作活力,有助于推动高校组织担当完成为党育人、为国育才的职责使命。

1.推动高校各类组织建设

高校组织育人以高校各类组织载体为抓手。组织是"形",高校各类组织发挥育人功能时需要通过加强组织建设来"造形"。高校各级各类组织有自身的组织特点和工作职能,高校组织育人必须尊重各组织的建设规律,加强各类组织的建设,坚持以政治建设为统领,以思想政治教育为主线,将思想、组织、作风、制度、队伍建设贯穿其中,有效提升各类组织的建设能力。

第一,推动高校党组织建设。一方面,高校党组织通过培养一批批优秀合格的共产党员来实现育人目标,进而不断筑牢组织建设根基。另一方面,通过贯彻落实高校党委领导下的校长负责制,各级各类党组织严格按照《中国共产党章程》《中国共产党普通高等学校基层组织工作条例》《普通高等学校学生党建工作标准》等工作制度,强化党组织的政治功能,使高校各级党组织的建设更加制度化、规范化、科学化。第二,深化高校共青团改革。高校共青团组织通过培养新时代"五个模范"的共青团员以及新时代好青年为育人目标,不断加强党建带团建的基层团组织建设。为进一步将为党育人、为国育才育人使命不断推向深入,共青团组织以从严治党全面推进从严治团,出台一系列组织建设举措并取得一系列组织育人成效,如《高校共青团改革实施方案》《青年马克思主义者培养工程管理办法(试行)》《共青团做好新时代青年人才培养工作的行动计划》《关于共建高校"大思政"体系 推动高校共青团工作高质量发展的实施意见》《关于在高校实施共青团"第二课堂成绩单"制度的意见》等,通过组织制度的建设不断深化共青团组织育人实效。第三,高校其他组织积极配合学校开展育人工作。如2021年4月,中共教育部党组《关于加强新时代全国教育系统关心下一代工作委员会工作的意见》提出要"党建带关建",明确了新时代关工委的工作定位、工作方针和主要任务,进一步强调要支持更多老同志为培养社会主义建设者和接班人作出新的更大贡献。

2.强化高校组织育人职责

习近平总书记强调:"高校要担负起为党育人、为国育才的职责使命。"[①]高校组织是高校治理体系的运行载体,理应肩负着高校所赋予的职责使命。高校组织育人将高校组织建设与教育引领相结合,将思想政治教育贯穿教育教学全过程,发挥好高校组织的育人功能,着力培养担当民族复兴大任的时代新人是高校组织育人的职责使命。在我国高校思想政治工作体系中,各类组织作为高校运行载体,天然具有与教育相关的职能,体现了中国特色社会主义高校人才培养的特色优势。同时,各类组织在承担高校育人使命的过程中,又因其不同的具体工作职责,发挥着不同程度、不同类型的育人功能。所以,高校组织育人必须在全面加强党的领导中突出各类组织的育人职责。

第一,强化高校党委在育人工作中的领导核心职责。高校党委通过把方向、管大局、抓落实承担办学治校主体责任,统筹推动学校各部门的

---

① 《全面提高人才培养能力 做好新时代育人工作》,《光明日报》2022年5月13日。

协调联动,强化各类组织的育人责任,加强顶层设计形成组织育人协同育人工作机制。第二,强化院(系)党组织在育人工作中的政治核心职责。进言之,院(系)党组织要自觉担负起院系组织的发展规划、思想政治工作有效推进、人才培养质量提升等主体责任,同时还要有效领导院(系)基层党支部的工作,积极执行上级党组织的工作决议,保证院系师生政治上、思想上、行动上同学校党委始终保持一致。第三,强化基层党支部在教育管理党员工作中发挥支部战斗堡垒作用的职责。基层党支部立足党支部建设的"七个有力",做好党员的教育管理和服务,使其在高校"十大"育人的其他组织中发挥模范带头作用。第四,强化高校群团组织、学生组织在育人工作中发挥纽带功能的职责。高校通过高校工会、共青团、学生会、学生社团等组织可以更好地联系师生、服务师生、代表师生,使其立足各自的组织平台、组织文化、组织活动、组织特色去服务高校育人工作、服务学生全面发展。

3.提升高校育人工作活力

习近平总书记强调,"从教育大国到教育强国是一个系统性跃升和质变,必须以改革创新为动力"[1]。党的二十大以来,中国式现代化的战略规划不仅给高等教育提出许多新的改革和发展命题,还迫切需要加快提升高校育人整体质量。对此,高校整个治理体系需要破除制约高质量人才培养的观念束缚和体制弊端,推动高校组织治理体系和治理能力现代化,以提升高校育人工作活力。纵观整个高校组织体系,不仅需要统筹推进学科体系、教学体系、治理体系的改革创新,还要不断推动高校思想政治工作体系的改革创新,努力形成充满活力、富有效率、运行畅通的高校组织育人氛围。

第一,高校思想政治教育领域出现的新形势新变化和新挑战迫切需要通过高校思想政治工作的改革创新来提升育人活力。党的十八大以

---

[1]《习近平在中共中央政治局第五次集体学习时强调 加快建设教育强国 为中华民族伟大复兴提供有力支撑》,《人民日报》2023年5月30日。

来，高校思想政治教育所处环境的不确定因素增加，育人主体更加多元、育人方式更加多变、育人场域更加复杂、育人对象更加活跃等变化和挑战使得高校思想政治工作的针对性及实效性与新时代高等教育快速发展的需求之间存在一定差距。这充分说明，高校思想政治工作亟须适应经济社会转型的新要求以及应对信息技术革新带来的新课题，并且还要充分考虑青年大学生群体多元化发展趋势，不断提升育人的针对性与实效性，才能满足新时代高等教育的发展需求。第二，高校组织提升育人工作活力需要依托党团组织的引领推动。组织育人工作的活力提升需要组织的内驱力和外部的推动力。高校各级各类组织以育人工作为出发点，立足高校组织治理体系和治理能力现代化，加强其组织内部的人员、职责、结构、制度机制等方面的改革优化，深化各个组织育人工作的理念、方式、内容、途径等方面的改革创新，通过组织建设、组织职能、组织活动、组织制度等组织发展规律加强对青年学生的思想政治引领，营造健康向上、共同参与的组织育人氛围，进而提升高校育人工作活力。

（三）推动实现高校人才培养的目标

高校人才培养的目标，具体是指"培养什么样的人"的方向性问题，也是育人目标的价值指向。高校组织育人目标的确立，是一个持续发展的育人过程，也是一个分层分类的立体系统。高校组织育人推动实现高校人才培养目标，彰显了党的十八大以来高校落实立德树人根本任务，培养"五育"并举全面发展的社会主义建设者和接班人、担当民族复兴大任的时代新人以及新时代好青年的重大时代价值。

1.培养德智体美劳全面发展的社会主义建设者和接班人

习近平总书记指出，"培养德智体美劳全面发展的社会主义建设者和接班人"[①]。这指明了新时代新征程上教育强国的育人总目标，也为高校组织育人提供根本目标遵循。高校组织育人围绕德智体美劳五个向度明

[①]《习近平著作选读》第1卷，人民出版社，2023年，第28页。

晰组织育人目标、发挥组织育人功能,是高校人才培养的使命必然,也是育人目标深化的时代需要。

培养德智体美劳全面发展的社会主义建设者和接班人,是指通过知识教育和实践活动,帮助学生在思想道德、智力学识、身心体力、审美素养和劳动锻炼等方面得到全面发展,为中国式现代化建设培养德才兼备的社会主义建设者和接班人。高校组织育人为培养德智体美劳全面发展的社会主义建设者和接班人提供了重要途径,其核心在于依托高校各个组织的平台载体、育人资源、任务职能等组织优势,通过构建完善科学协同、运行有效的高校组织育人工作机制,实现学生的全面发展。

2.培养担当民族复兴大任的时代新人

习近平总书记在党的十九大报告中首次提出,"要以培养担当民族复兴大任的时代新人为着眼点"[1]。随后,在全国宣传思想工作会议、全国教育大会和学校思想政治理论课教师座谈会以及党的二十大报告中,习近平总书记又再次强调"育新人"的使命任务并进一步丰富其科学内涵。因此,高校组织育人始终将培养"时代新人"作为目标遵循是推动高校人才培养的题中应有之义。

培养担当民族复兴大任的时代新人,是指高校遵循党和国家人才强国发展大势、高等教育人才培养价值目标所明晰的育人目标,即培养能够传承和弘扬爱国主义精神、践行社会主义核心价值观、具备创新精神和实践能力、能够担当民族复兴重任的青年学生群体。高校组织通过发挥自身组织特征,以培养历史使命的担当者、主流价值的追求者、责任担当的践行者、实践创新的践行者以及家国情怀的树立者为目标,不断推动"时代新人"育人目标在高校人才培养过程中的实现。具体来看,"着力培养担当民族复兴大任的时代新人"[2],旨在强调要以社会主义核心价值观宣传教育不断深化爱国主义、集体主义以及社会主义教育,进而从时代新人

---

[1]《习近平著作选读》第2卷,人民出版社,2023年,第35页。
[2]《习近平著作选读》第1卷,人民出版社,2023年,第36页。

培养的着力点上为高校人才培养提供具体指向。

3.培养"有理想、敢担当、能吃苦、肯奋斗"的新时代好青年

习近平总书记在党的二十大报告中指出:"广大青年要坚定不移听党话、跟党走,怀抱梦想又脚踏实地,敢想敢为又善作善成,立志做有理想、敢担当、能吃苦、肯奋斗的新时代好青年。"①习近平总书记关于青年和青年工作的重要论述进一步明晰高校组织育人目标。"新时代好青年"作为党培养青年的具体目标指向,为高校党团组织育人提供了育人着力点,勾勒出了新时代青年应有的"时代画像",为新时代高校组织,尤其为高校共青团组织的人才培养校准育人方位。

培养"有理想、敢担当、能吃苦、肯奋斗的新时代好青年",是指高校组织尤其是党团组织旨在培养具有远大理想、勇于担当作为、具备吃苦耐劳精神和坚定奋斗态度的青年党员、青年团员和青年学生。作为推动高校人才培养的具体目标,它旨在要求党团组织契合新时代青年肩负的时代使命,履行高校组织的育人职能,突显高校思想政治教育在新时代青年成长发展中的核心育人功能。具体而言,高校党团组织通过培养具有坚定理想信念、正确价值追求、勇于面对挑战、积极解决问题,具备坚韧意志,持续永久奋斗的新时代好青年来不断丰富和拓展高校人才培养的目标内涵。

三、积极优化高校组织育人的各项功能

高校组织育人的各项功能发挥是高校"十大"育人的主要内容之一。积极优化高校组织育人的各项功能,旨在通过系列举措强化高校各级党组织的主体责任,创新群团组织的载体形式,发挥教研室、学术梯队、党团班寝等组织在广大师生中的凝聚引领和服务作用,进而带动高校先进党员在高校"十大"育人各类组织中发挥育人的模范带头作用,形成高校组织协同育人的良好氛围。

---
① 《习近平著作选读》第1卷,人民出版社,2023年,第58页。

（一）发挥各级党组织的育人保障功能

高校党组织的育人保障功能，是指各级党组织在高校育人过程中，通过顶层设计、思想教育、组织建设、人才赋能、文化浸润、条件保障、带头示范以及机制优化等方式，为落实立德树人根本任务提供全面保障的功能，其核心在于发挥高校党委的领导核心功能、院系党委的政治核心功能以及基层党支部的战斗堡垒功能，确保高校组织育人始终与党的教育方针、国家的育人指向以及高校的人才培养目标相契合。

1.发挥高校党委的领导核心功能

高校党委是高校党组织的最高领导机构，是全面领导和管理高校各项工作的领导核心力量，其主要职责是贯彻执行党的教育方针和政策，领导高校组织履行人才培养等高校五大职能，始终发挥"总揽全局、协调各方"的领导核心功能。所谓高校党委的领导核心功能，是指坚持高校党委的领导核心地位，落实党对高校工作的全面领导，坚持党委领导下的校长负责制，确保高校始终在党的领导下沿着正确方向为党育人、为国育才。在高校育人工作上，高校党委的领导核心功能可以具体体现为战略规划功能、组织保障功能、思想引导功能、决策执行功能以及示范引领功能等多个育人功能。这些功能相互关联、相互促进，共同推动高校组织育人的高质量发展，为高校"为谁培养人、培养什么人、怎样培养人"提供坚强的组织保证和思想支持。

发挥高校党委的领导核心功能，具体是指高校党委始终坚持社会主义办学的政治方向，对照高等教育"四个服务"要求，立足高校"十大"育人内容，在高校思想政治教育、教学科研攻关、创新人才培养、社会文化服务等各个方面充分发挥战略规划、示范引领、思想引导、组织保障等党建引领育人的保障功能，为推动高校育人质量提升提供组织保障。

在战略规划功能和示范引领功能的发挥上，中共中央组织部、教育部近年来以强化高校党组织政治功能和组织功能为重点，着力加强高校基层党组织建设。如，开展四批新时代高校党建示范创建和质量创优工作，培育创建全国党建示范高校39个。①又如,高校党委运用数字化、智能化和信息化等技术手段,实现高校党建工作体系的历史性变革、系统性重塑、整体性重构,提高高校党建与事业发展的效率和效果。根据相关数据显示,高质量党建引领高质量发展,各大高校成果斐然:清华大学、电子科技大学党委成立了集成电路、人工智能等学院,瞄准攻克"卡脖子"关键核心技术深化有组织科研育人;四川大学党委、贵州大学党委主动服务乡村振兴发展大局,选派驻村第一书记和师生党员服务基层一线、开展社会实践……②。

在思想引导功能和组织保障功能的发挥上,以陕西省党建工作示范高校西北农林科技大学为例,西北农林科技大学以党建引领落实立德树人根本任务,确保人才培养和事业发展方向明、目标准、举措实。在"大思政"格局中设定教师党建和思想政治工作质量标准、落实方案和任务分解清单,着力提升教师党建思想政治工作质量;构建"思政课+课程思政+实践课堂"思政育人体系,压实"三全育人"责任全链条;开展"大国三农"通识教育和"大美秦岭"生态文明实践大课;把价值引领融入思想政治教育的育人全过程,开展社会实践品牌活动。③

2.发挥院(系)党委的政治核心功能

院(系)党委是高校二级党组织的最高领导机构,是二级党组织工作的政治核心力量,其主要职责是贯彻执行党的教育方针以及落实高校党委的重要决策,领导协调院(系)党建与思想政治工作、学科建设、教学科研、队伍建设、学生工作以及日常管理等各项工作。院(系)党委作为高校党组织育人的重要组成部分,其政治核心功能的发挥直接关乎院(系)人

---

① 《思想引领 铸魂育人——高校党的建设与思想政治工作开创新局面》,《人民日报》2024年12月19日。
② 《思想引领 铸魂育人——高校党的建设与思想政治工作开创新局面》,《人民日报》2024年12月19日。
③ 全国高校思想政治工作网:《西北农林科技大学:以高质量党建引领事业高质量发展》[EB/OL].(2024-12-04)[2025-01-01].https://www.sizhengwang.cn/a/dxjy_djtz/241204/1976653.shtml.

才培养质量。院(系)党委作为高校党委落实组织育人的基层组织,其政治核心功能主要体现在学生思想政治教育、组织培养教育、活动统筹策划以及学生日常管理等方面。院(系)党委通过育人保障功能发挥,不仅提升学生的综合素质,也为学校人才培养的高质量发展提供了坚实的组织支撑。

发挥院(系)党委的政治核心功能,具体是指通过发挥学生思想价值引领功能、政策传达落实功能、党团组织建设功能、课程思政设计功能、学生日常管理功能、国际合作与交流功能等具体功能,引导学生树立正确的政治方向、健康的价值取向、明确的奋斗目标,努力将其培养成为德智体美劳全面发展的社会主义建设者和接班人。如,在学生思想引领功能的发挥上,院(系)党委可以通过理论学习、主题党日活动和形势政策教育等形式,引导学生深入学习习近平新时代中国特色社会主义思想以及党的创新理论,引导学生树立正确的世界观、人生观和价值观;通过组织专题讨论会、邀请行业专家、成功校友分享经验,激发学生的使命感和责任感;院(系)党委还可以协调调动院(系)育人资源,通过设立"学生成长导师"制度,由经验丰富的党员教师或优秀学长学姐指导学生,帮助他们解决成长中的困惑,增强学生的组织归属感和社会责任感。又如,在党团组织建设功能的发挥上,院(系)党委可以加强学生党团组织建设,通过完善组织结构、优化组织生活,培养入党积极分子和优秀学生骨干,引导他们成为育人工作中的骨干力量。再如,在政策传达落实功能的发挥上,四川大学党委探索实施基层党组织书记牵头领办"一融双高"示范项目工作机制,组织引导基层党组织书记以"党建+"项目为牵引,着力破解党建和事业融合发展难题,示范带动形成高质量党建保障高质量发展的浓厚氛围。[①]

3.发挥基层党支部的战斗堡垒功能

基层党支部是直接开展师生党员思想政治教育的"最后一公里",是

[①] 中华人民共和国教育部:《四川大学以高质量党建引领保障高质量发展》[EB/OL].(2024-09-26)[2025-01-01].http://www.moe.gov.cn/jyb_xwfb/s6192/s133/s208/202409/t20240926_1153220.html.

发挥高校党组织育人功能的最基础载体,其主要职责是直接贯彻落实院系党委以及上级党组织的决策部署和政策要求,在青年学生以及学生党员的培养、发展和教育管理过程中,带领党员和青年学生通过开展思想、组织、文化、制度建设等工作来发挥育人的作用。

战斗堡垒功能,指由先进党员或先进分子聚集而成、具有共同的奋斗目标、遵照组织建设的基本原则所形成的组织形态及其发挥的引领示范作用。发挥基层党支部的战斗堡垒功能,主要体现为高校党组织需要不断加强基层党支部建设、强化党员教育管理,推动广大党员建好建强党支部,引领党员在高校组织育人的各个方面发挥先锋模范作用。党的十八大以来,高校样板党支部、特色党支部、学生生活园区党支部等功能型党支部逐步发展,已然成为发挥基层党支部战斗堡垒作用的新的组织育人形态。

样板党支部和特色党支部在推动党支部战斗堡垒功能优化升级中发挥作用。样板党支部通过树立典型、推广经验、加强组织建设、强化制度建设、注重思想引领和创新工作方法等措施,进而不断提升党支部的凝聚力和战斗力,为党的教育事业发展作出更大的贡献。2024年4月,为了增强高校基层党组织政治功能和组织功能,推进党建工作与研究生教育培养工作深度融合,教育部办公厅开展第四批全国高校"百个研究生样板党支部"和"百名研究生党员标兵"创建工作,遴选产生100个研究生样板党支部,[1]以此来发挥样板党支部组织、教育和引领广大研究生群体的育人保障功能。特色党支部,是指面向学生党员群体而设立,具有鲜明特色和示范作用的基层党支部。特色党支部注重将党建工作与学生党员或党员骨干所参与的学生社团、社会实践、创新创业、科研团队、志愿服务等紧密结合,通过实践活动来加强学生的党性教育和思想引领,旨在促使学生党

---

[1] 中华人民共和国教育部:《教育部办公厅关于公布第四批全国党建工作示范高校、标杆院系、样板支部培育创建单位名单的通知》[EB/OL].(2024-04-18)[2025-01-01].http://www.moe.gov.cn/srcsite/A12/moe_1416/s255/202404/t20240424_1127245.html.

员在理论学习、志愿服务、社会实践、科技创新等方面形成特色党建品牌，进而在广大青年大学生中发挥朋辈引领作用。

学生生活园区党支部在不断拓宽高校党组织育人场域中发挥作用。随着高校学分制、选课制的实施、生活园区规模的扩大以及高校后勤社会化改革，高校学生生活园区日益成为学生学习、生活和交流的主要场所，成为高校学生思想政治教育与管理工作的新平台和新阵地。高校党组织设立学生生活园区党支部是高校党组织育人的时代之需。学生生活园区党支部，是指在高校学生生活园区内设立的学生党支部，旨在加强对园区内的学生党员的教育管理，进而使学生党支部在服务学生生活园区文明建设、安全稳定、课外活动、文化氛围等方面发挥战斗堡垒作用。以西南大学学生园区特设党支部为例，它将党支部设立在学生生活园区，在每栋宿舍楼设立党小组，由院（系）党委副书记或辅导员骨干担任党支部书记，实现党组织在学生生活区域的全面"有形覆盖"。西南大学党委组织部、学生工作部出台《西南大学学生园区特设党支部工作细则》，明确特设党支部的职责定位、设置方式、运行机制、工作制度等，切实发挥党支部在学生生活空间和课外活动空间的政治功能，增强学生园区党支部育人实效。

（二）发挥各类群团组织的育人纽带功能

纽带的作用在于联结。高校各类群团组织的育人纽带功能，是指通过组织、引导和协调相关活动，将思想政治教育与群团组织的工作职能相结合，充分发挥其在学生思想品德形成、价值观念塑造、综合素质提升以及文化传承中的教育作用。高校共青团、工会、学生会等组织是高校群团组织的标志性组织，发挥各类群团组织的育人纽带功能，着重在于发挥群团组织在高校"十大"育人各个组织中的协调沟通及协同合作功能。

1.发挥高校共青团组织的育人纽带功能

高校共青团组织的育人纽带功能，指共青团在引导青年学生思想进步、政治成长、全面发展过程中所发挥的组织、教育和凝聚作用，其主要育人功能体现在通过开展价值教育、志愿服务、社会实践和文艺体育等活动,帮助青年学生树立正确的世界观、人生观和价值观,增强社会主义核心价值观的认同感、社会责任感以及适应社会需要的实践能力。高校共青团组织的育人纽带功能重点体现为青年学生价值活动的开展。活动,是共青团组织开展工作的基本方式和优良传统,更是共青团组织发挥育人纽带功能的重要实践载体。自改革开放以来,共青团组织在继承中发扬和创新,创立了丰富而系统的共青团和青年活动体系。[1]为更好地履行共青团团结、凝聚和教育团员青年的职责,打造共青团工作亮点,切实增强团组织育人的引领力、组织力、服务力和贡献度,高校共青团组织始终坚持以活动载体建设为抓手,将思想政治教育和价值引领的内容贯穿各项活动中,不断探索立足校本特色的共青团活动品牌的发展路径,进而做好高校党组织和青年学生之间的桥梁纽带。

以西南大学大学生中国特色社会主义理论体系宣讲团(简称"中宣团")[2]为例,"中宣团"是在西南大学党委的领导下,在学校党委宣传部、学工部、校团委和马克思主义学院指导下所成立的以理论宣讲活动为主的学生理论活动社团,创建至今有着二十多年的历史,开展了大量丰富多彩、形式多样、影响广泛的理论宣讲活动,荣获了全国百佳理论学习社团、全国五四红旗团支部、全国高校"活力团支部"等荣誉称号,充分发挥了共青团组织育人的纽带功能,培养了一大批政治素养高、理论水平强、综合素质全面的青年学生和学生骨干。

2.发挥高校工会组织的育人纽带功能

高校工会组织的育人纽带功能,指工会组织在推动高校思想政治教育和学生成长成才过程中发挥的桥梁和纽带作用,其主要育人功能体现在组织、动员教师这个育人主体"纽带",使其参加丰富的文化活动、服务

---

[1] 汪慧:《改革开放30年来共青团活动的发展轨迹》,《上海青年管理干部学院学报》2008年第2期。
[2] 西南大学马克思主义学院:《西南大学大学生中国特色社会主义理论体系宣讲团简介》[EB/OL].(2024-05-21)[2025-01-01].http://marxism.swu.edu.cn/info/1059/4144.htm.

活动以及思想教育活动,进而推动"三全育人"机制建设,服务学生全面发展。作为高校党委领导下的教职工自愿结合的群众组织,高校工会组织在育人工作中发挥着不同程度的育人纽带功能,在课程、科研、实践、管理等方面积极推动和服务着高校"十大"育人建设。

例如,在强化师德师风建设中,工会组织引导广大教职工继承发扬老一辈教育工作者"捧着一颗心来,不带半根草去"的精神,以赤诚之心、奉献之心、仁爱之心投身教育事业。通过开展师德先进个人、师德榜样、师德标兵等评选表彰工作,弘扬高尚师德,增强广大教职工献身祖国教育事业的光荣感、责任感和使命感。在发挥群众性方面,工会积极协同宣传、团委、学工、后勤等单位,联合举办文化传承、文艺联欢、体育比赛等活动,丰富教职工精神文化素养,助推校园文化建设。高校工会组织还可以通过构建思想援助、爱心资助、心理辅助、生活帮助、困难救助的"五助"体系,全方位、有针对性地加强各类困难学生帮扶工作。以井冈山大学工会为例,井冈山大学工会积极履行政治责任,在职工思想引领上突出"工会担当",发挥工会群团组织优势,充分利用好本地红色资源,以春风化雨的方式将红色文化传承融入各种活动之中,团结带领教职工坚定不移听党话、矢志不渝跟党走。[①]总之,高校工会组织立足组织职能,发挥了高校工会组织育人的纽带功能。

3.发挥高校学生会组织的育人纽带功能

"学生会组织是党领导下的主要学生组织,是学校联系广大同学的桥梁和纽带"[②],在高校育人工作中,学生会组织扮演着联系、组织和教育广大青年学生的纽带角色。学生会组织在组织定位、组织职责、工作职能、主要任务等方面的职能任务,是在高校党委领导、团委和地方学联组织的

[①] 江西省总工会:《江西省工会重点工作创新案例发布(2024年7月)》[EB/OL].(2024-09-05)[2025-01-01].http://www.jxgh.org.cn/cms/f/view-1332789638040915968-1349156313615044608.html.

[②] 中国共青团网:《普通高等学校学生会(研究生会)章程制定办法》[EB/OL].(2021-05-14)[2025-01-01].https://www.gqt.org.cn/tngz/bf/bf_zzgz/202204/t20220422_787430.htm.

具体指导下,依照法律、学校规章制度和本组织章程所制定的。学生会组织面向全体青年学生及时传达党的声音和主张,在青年学生思想成长、学业发展、身心健康、社会融入、权益维护等方面发挥学校与学生之间的纽带作用。

高校学生会组织如何发挥育人纽带功能？具体来看,高校学生会组织在学校或院(系)党团组织的领导和指导下,可以通过开展各类学术讲座、技能比赛、文艺演出、社会实践等活动,为广大学生提供一个展示自我、提升能力的平台,助推校园文化建设;也可以代表学生权益,积极与学校管理层沟通,反映学生的意见和建议,为学校改进教学、管理、服务等方面的育人工作提供现实参考。学生会组织在贯彻执行学校育人理念、育人方案、育人举措,促进学生全面发展、维护学生权益、推动校园文化建设等方面发挥着双向纽带作用。例如,由团中央指导、全国学联主办的全国高校学生会组织"我为同学做实事"项目交流展示活动中,全国共有3581个学生会组织项目参与项目交流,评选出100项全国本科院校学生会服务同学"精品项目"称号。[①]各高校学生会组织牢记习近平总书记对青年大学生的重要嘱托,以全心全意服务同学为宗旨,通过常态化项目提高服务同学能力,发挥高校学生会组织的育人纽带功能。

(三)发挥广大党员先进的育人带头功能

广大党员是学校各级组织中的骨干力量,是推动高校"十大"育人的关键群体。发挥广大党员先进的育人带头功能,是指在高校开展思想政治教育的实践过程中,鼓励和引导高校各个组织中的党员作为先进分子,充分发挥其政治觉悟高、品德境界深、专业学术优、综合素质强、群众口碑好等优秀品质,在高校不同组织中发挥榜样示范和带头引领作用。具体来看,高校通过"两优一先""双带头人""党建带团建"等理念和路径,推动广大师生党员在科研服务、教书育人、社会实践等育人工作中发挥先锋模

[①] 中国青年网：《全国学联举办高校学生会组织"我为同学做实事"项目交流展示活动》[EB/OL].(2024-03-26)[2025-01-01].http://news.youth.cn/gn/202403/t20240326_15154982.htm.

范作用,为培养德智体美劳全面发展的社会主义建设者和接班人贡献力量。

1. 发挥"两优一先"党员的育人带头功能

"两优一先"是中共中央授予优秀党员、党组织的荣誉称号,具体是指在基层党组织和党员中评选表彰出的优秀党务工作者、优秀共产党员和先进基层党组织,有时也指在团组织中评选表彰的优秀团干部、优秀团员、先进团组织(以下简称"两优一先")。"两优一先"党员、团员以及党团组织在高校组织育人方面发挥着重要的带头作用。

在高校各级各类组织中,广大优秀党员、优秀党务工作者以身作则、带头示范,在教学、科研、管理等各个方面发挥党员模范带头作用,积极融入高校"十大"育人所在组织的各个育人环节和育人过程。如,先进基层党组织依托科研组织、社团组织、班团组织等组织形态设立特色党支部、打造先进党组织,充分发挥"两优一先"共产党员在高校"十大"育人各个组织中的模范带头功能。以2021年荣获全国"两优一先"先进基层党组织称号的苏州大学党委为例,苏州大学党委注重加强高知群体的政治引领和吸纳工作,发展壮大基层党组织,全面实施德政导师制,推动"思政名师"工作室进宿舍,实施本科生成长陪伴计划、研究生成才支撑计划等措施,把立德树人根本任务放在首位、落到实处。[①]2021年,习近平总书记在给全国高校黄大年式教师团队代表的回信中,希望代表们"继续学习弘扬黄大年同志等优秀教师的高尚精神,同全国高校广大教师一道,立德修身,潜心治学,开拓创新,真正把为学、为事、为人统一起来,当好学生成长的引路人,为培养德智体美劳全面发展的社会主义建设者和接班人、全面建设社会主义现代化国家不断作出新贡献"[②]。每期入选教育部"全国高校黄大年式教师团队"的数百个教师团队纷纷在各自的教书科研育人岗

[①] 共产党员网:《全国优秀共产党员、全国优秀党务工作者和全国先进基层党组织拟表彰对象名单》[EB/OL].(2021-05-31)[2025-01-01].https://www.12371.cn/2021/05/31/ARTI1622391177855822.shtml.

[②] 习近平:《习近平书信选集》第1卷,中央文献出版社,2022年,第353页.

位上躬耕教坛、培养人才,其中不乏大批的优秀党员教师以黄大年同志为榜样,把爱国之情、报国之志、育人之行融入教育强国的伟大事业之中。

2.发挥"双带头人"党支部书记的育人带头功能

自2018年中共教育部党组《关于高校教师党支部书记"双带头人"培育工程的实施意见》实施以来,"双带头人"教师党支部书记在高校育人工作上发挥了较好的带头示范功能。[①]"双带头人"教师党支部书记通常是指,在高校中既具备党建引领能力,又拥有较高学术水平和专业能力的教师党支部书记,为高校提升思想政治工作质量和促进学校事业发展,带动广大教师党员培养优秀的社会主义建设者和接班人,推动高校党建工作深入发展等方面注入新的活力和动力。

"双带头人"教师党支部书记在提升思想政治工作质量上发挥育人带头功能。它主要表现在发挥"双带头人"教师党支部书记的个人优势,增强思想政治工作的亲和力和针对性。教师党支部书记按照"四有好老师""四个引路人""四个相统一"的要求,着力做好教师思想政治工作和新时代知识分子工作,引领高校教师成为先进思想文化的传播者、党执政的坚定支持者、学生健康成长的指导者,以教师"供给侧"思想政治工作的不断加强,引领带动学生"需求侧"思想政治工作质量的提升。

"双带头人"教师党支部书记在促进学校事业发展上发挥带头功能。"双带头人"教师党支部书记,在工作中将有意识地推动党建与教学科研工作相互结合、有机融入,及时发现、培养政治素质好的骨干教师并将其发展为共产党员,把专业基础好的党员教师培养发展为教学科研骨干,主动做好组织师生、宣传师生、凝聚师生、服务师生工作,把党组织的领导力、组织力主动转化为推进高校中心工作的强大动力,积极推动高校基层党建与教学科研工作的双轮驱动、双向提升。例如,2024年6月,教育部

[①] 中华人民共和国教育部:《中共教育部党组关于高校教师党支部书记"双带头人"培育工程的实施意见》[EB/OL].(2018-05-23)[2025-01-01].http://www.moe.gov.cn/srcsite/A12/moe_1416/s255/201805/t20180524_337021.html

遴选产生100个第三批高校"双带头人"教师党支部书记工作室,[①]其中,西南科技大学"微纳仿生制造团队党支部李国强同志工作室"以"党建引领,极限制造,人才聚力,创新驱动"的建设理念,[②]在科研育人中积极服务国家重大战略需求和地方社会发展。

3.发挥"党建带团建"的育人带头功能

党建带团建,是指党对共青团全面领导的全部实践活动。"党建带团建"是中国共产党的优良传统和政治优势,"党建带团建"的关系模式始于党团组织建立之初,直到2000年8月,中共中央组织部和团中央联合召开的全国基层"党建带团建"工作会议正式提出"党建带团建"的重要原则,2003年7月,团的十五大正式将"党建带团建"作为团的建设的基本要求写入《团章》。至此,"党建带团建"自然作为党团组织建设的一项工作进入制度化探索阶段。

发挥高校"党建带团建"的育人带头功能,是加强和改进高校思想政治教育的重要举措。它具体是指,高校党团组织通过整合党建与团建资源,充分发挥党组织的领导核心作用和团组织的桥梁纽带功能以形成育人的协同效应,进而有效提升青年学生的思想政治素质和综合能力。"党建带团建"的育人带头功能可以从以下方面具体体现,即发挥党校带建团校的育人功能、发挥党团班寝一体化育人功能、党支部指导团支部"三会两制一课"制度育人功能、规范推优入党工作程序教育功能等。以此,发挥党建带团建、党员带团员、团员带青年的育人带头功能。

以发挥党团班寝一体化育人功能为例。一方面,强化团组织接受党团组织"双重领导"的工作制度,促进上级团组织和同级党组织在育人顶层设计、组织架构、活动开展、办事流程等方面的协同贯通,打通校级、院

---

① 教育部办公厅:《关于公布第三批高校"双带头人"教师党支部书记工作室建设名单的通知》[EB/OL].(2024-06-17)[2025-01-01].http://www.moe.gov.cn/srcsite/A12/moe_1416/s255/202407/t20240725_1142751.html.

② 《李国强同志工作室获全国高校"双带头人"教师党支部书记工作室》,《西南科技大学报》2024年7月5日。

级和班级的层级壁垒,整合学生骨干的多重锻炼和资源配置。另一方面,推动院系党组织"党团班寝"组织之间的协同联动。比如,在组织架构一体化建设上,在低年级组建"驻班党员(班主任助理)+班团寝骨干"构成的团支委、班委会协同工作组,驻班党员由党支部选派,指导和协助团支委、班委会处理相关班级事务;在高年级组建"党员+班团寝骨干"构成的团支委、班委会,党员由本年级党支部选派,以此加强党支部对同班团寝组织的联系与指导。除此之外,还可以加强党团班寝管理决策一体化、活动组织一体化、双向评价一体化等运行机制的构建,以此促使党建带团建制度有效落地,成为助推高校组织育人在队伍建设上的保障。

总之,高校党团组织通过探索具体可行的党、团、年级、班级、寝室一体化建设的育人机制,师生党团组织共建的育人模式等组织育人新形态、新范式,进一步优化高校共青团组织推优入党、党支部党员发展、学生评优评奖等育人评价体系,使"党建带团建"的育人带头功能在有导向、有制度、有依据、有指标、有落实的育人实践中得以推进,使其在融入组织、融入日常的育人全过程、各环节中提高组织育人实效。

第十三章

新时代推进高校"十大"育人的条件保障

保障是指为了确保某种情况或目标的实现而采取的具体措施。高校"十大"育人是一项多方参与、要素多样、协同联动、周期性较长的系统工程，要确保按照既定的目标和方向推进，既需要每项育人工程的深入推进，也需要多方条件的协同保障。党的十八大以来，在党中央的坚强领导和亲切关怀下，高校始终坚持落实"立德树人"根本任务，坚持"为党育人、为国育才"初心使命，全面贯彻落实习近平总书记关于教育的重要论述，采取系列保障措施促进"十大"育人有力开展，推动高校思想政治工作取得历史性成就。面向新征程，推进高校"十大"育人实践需要在条件保障上持续用力，进一步加强高校党委对育人工作的统一领导，建好高校思想政治工作队伍，强化高校育人工作改革驱动，不断推动育人质量和育人水平的全面提升。

一、加强高校党委对育人工作的统一领导

坚持党对高校的全面领导，是中国特色社会主义大学的本质特征，是高校落实立德树人根本任务的保证。习近平总书记强调："各级党委要把高校思想政治工作摆在重要位置，加强领导和指导，形成党委统一领导、各部门各方面齐抓共管的工作格局。"[1]推进"十大"育人需要发挥高校党委对各项工作的坚强领导作用，完善领导组织机构，明确职责任务分工，健全责任考核评估，为育人工作有效开展提供强有力的政治保障。

（一）完善领导组织机构

领导组织结构，是指在各类组织中，负责决策、指挥、协调等领导职能的组织体系，它在各类组织中扮演着至关重要的角色，往往通过明确的职责分工和高效的协作机制，确保组织目标的顺利实现。新时代推进高校"十大"育人，应树立系统观念，建立"纵向到底、横向到边"的领导组织机

---

[1]《习近平在全国高校思想政治工作会议上强调 把思想政治工作贯穿教育教学全过程 开创我国高等教育事业发展新局面》，《人民日报》2016年12月9日。

构。具体而言,就是在学校党委的统一领导下,建立党政齐抓共管、院系主动作为、年级具体落实的组织机构,从组织管理上保障高校思想政治工作质量。

1. 建立校级育人工作机构

高校"十大"育人工作是一项复杂的系统工程,需要科学的战略布局和统一的决策部署,以此坚定正确的政治方向和凝聚各方力量,合力推进该项工作的开展。学校党委是高校一切工作的领导核心,具有引领方向、科学决策、组织协调的重要价值,是"十大"育人工作的领导者和推动者。高校应在学校党委的统一领导下,成立"十大"育人工作领导小组,负责统筹全校"十大"育人工作的总体目标、任务和规划。领导小组下设工作办公室,作为领导小组的日常办事机构,负责落实领导小组的决策部署,组织协调"十大"育人体系的具体实施工作。领导小组办公室设在学校党委宣传部,由宣传部部长兼任办公室主任,配备专职工作人员。针对"十大"育人体系中的每一育人领域,分别设立专门的工作小组,制订本育人领域的工作计划和实施方案,组织开展具体的育人活动,推动各育人领域工作的深入开展。

2. 建立二级院系育人工作机构

二级院系是大学的基本教学与行政单位,是人才培养的主要阵地,是学生工作的直接管理者和组织者,同时也是高校"十大"育人工作的推动者和实践者,其作用发挥情况直接关系到高校思想政治工作质量。二级院系要根据学校"十大"育人工作领导小组的统一安排,成立由党政负责人为组长,分管教学、科研、学生工作的副职为副组长,各系主任、各科室负责人、全体辅导员和班主任为成员的组织机构,具体负责本院系"十大"育人工作的组织与实施。二级院系育人工作机构要积极支持和配合学校"十大"育人工作,建立配强育人工作队伍,认真研读文件精神与政策要求,结合院系学科专业情况,将各项育人工作安排进行更加具体的细化分工,制订符合二级院系实际的育人工作实施方案,优化内容供给,并在人员和经费等方面提供相应的保障。

3.建立年级育人工作机构

"十大"育人体系涵盖了课程、科研、实践、文化等多个育人领域,内容丰富且全面。然而,这些任务要切实落地并取得良好效果,需要有具体的执行单元。作为基层组织单元,年级育人工作小组能够结合本年级学生的特点和实际情况,将"十大"育人的各项任务进行细化分解,从而使育人工作更具针对性。在学校内部,小组可以将学科教师、辅导员、行政人员等凝聚在一起,明确各自在"十大"育人中的职责,避免出现工作脱节或重复的情况。同时,小组还要加强与家长的沟通合作,让家长了解"十大"育人的理念和要求,积极参与到年级的育人工作中来,形成家校共育的良好局面。此外,通过与社会资源的对接,如邀请行业专家开展讲座、组织学生参加社会实践等,进一步丰富"十大"育人的途径和内容。年级育人工作小组应由辅导员或班主任负责实施,核心成员由专业课教师、学生干部、学生党员和学生代表组成。根据学生的特点与兴趣,还可以成立课程学习小组、科研创新小组、社会实践小组等具体工作小组,更好地落实育人任务,提升育人质量和水平。

(二)明确职责任务分工

高校"十大"育人涵盖多个领域,涉及众多部门和人员。高校现有的管理体系是"一个分科执掌、分层负责、垂直纵向的科层组织架构"[1]。这种架构容易造成各项育人之间有机联系的割裂,阻碍各种育人元素和资源的有效流动。明确职责任务能让每个参与育人的主体清楚自己该做什么、怎么做,避免工作中的推诿扯皮和重复劳动。

1.明确校级育人工作机构职责

校级育人工作机构是高校负责"十大"育人工作的议事协调机构,发挥着领导和指导的作用。校级育人工作机构的主要职责为:根据党和国

---

[1] 冯培:《构建同向同行、同频共振高校思想政治工作体系的着力点》,《思想理论教育》2020年第9期。

家关于教育工作的方针政策,研究制定学校"十大"育人工作的发展战略和总体规划;审议通过学校"十大"育人工作的重要规章制度、政策文件和重大项目,确保育人工作的正确方向;统筹协调学校各部门、各学院之间的育人工作,整合校内外育人资源,形成育人合力;定期听取"十大"育人领导小组办公室和各二级院系育人工作机构的工作汇报,研究解决育人工作中存在的重大问题和困难;对学校"十大"育人工作进行指导、监督和评估,表彰奖励在育人工作中表现突出的单位和个人。领导小组办公室负责起草学校"十大"育人工作的相关文件、计划和总结,组织开展育人工作的宣传报道和经验交流活动,协调各工作小组之间的工作关系;对"十大"育人实施情况进行日常监督和检查,建立工作台账,定期向领导小组汇报工作进展和存在的问题;负责收集、整理和分析育人工作的相关信息,为领导小组的决策提供参考依据。

2.明确二级院系育人工作机构职责

二级院系是各项育人工作的组织实施者,推动"十大"育人落地落实,必须充分发挥二级院系的作用,明确二级院系育人工作机构职责。二级院系育人机构涉及党政办公室、教学管理办公室、学生工作办公室等多个职能部门的协同合作,涵盖思想政治教育、教学管理、学生服务等多个维度。党政办公室主要负责统筹协调与制度建设,拟定年度工作计划,修订完善相关工作制度,并监督实施,同时还要组织好思想政治教育与文化建设,加强思想动态调研,指导共青团、学生会、社团等开展好校园文化、社会实践等活动。教学管理办公室负责本院系育人的课程建设、教材编写、教学改革、实践活动等工作,提高育人工作的质量和效果。学生工作办公室,负责学生的日常管理、学风建设与素质教育、就业与创业工作,牵头做好院系家校社育人协同"教联体"。

3.明确年级育人工作机构职责

年级育人工作机构是落实"十大"育人的最小单元,也是打通育人工作的"最后一公里",其作用发挥情况直接关系到思想政治工作质量。年级育人工作机构应根据学校领导小组的要求和二级院系的工作安排,认真研读上级及学校的文件精神与政策要求,结合年级工作实际情况,制订符合实际的育人工作实施方案。年级育人工作小组要落实好学生思想引领、学业管理辅助、日常行为规范、综合素质提升、心理健康关怀、奖助贷工作落实、就业指导衔接、家校沟通合作等工作。比如在实践育人方面,年级育人工作小组需统筹规划年级实践活动,与校外实践基地合作,为学生提供多样化的实践机会。在服务育人方面,年级育人工作小组要关注学生的学习和生活需求,协调后勤、心理辅导等部门,解决学生实际问题。

(三)健全责任考核评估

责任考核评估是对特定主体在履行责任方面的表现进行系统考察、衡量和评价的活动。中共教育部党组印发的《高校思想政治工作质量提升工程实施纲要》明确提出:"健全高校思想政治工作质量评价机制,研究制定高校思想政治工作评价指标体系,创新评价方式,探索引进第三方评价机构。"[1]高校"十大"育人责任考核评估,主要聚焦高校育人工作中各相关主体在落实"十大"育人责任时的工作成效、行为表现等进行考核评估,其目的在于通过明确的指标和流程,判断各主体是否有效履行了育人责任,找出工作中的优点与不足,进而通过激励措施、资源调配等手段,推动育人工作的改进与提升,确保育人目标的实现。健全高校"十大"育人责任考核评估,要从建立健全考核评估标准、探索创新考核评估方法、建立育人工作激励机制等方面入手。

1.建立健全考核评估标准

考核评估标准是考核评估工作的基准和依据,也是确保考核评估过程公正、客观、有效的关键所在。考核评估标准的科学性直接影响着评估结果的可信度和有效性,关系到考核评估工作的有序开展。高校"十大"

---

[1] 中华人民共和国教育部:《中共教育部党组关于印发〈高校思想政治工作质量提升工程实施纲要〉的通知》[EB/OL].(2017-12-05)[2025-01-15].http://www.moe.gov.cn/srcsite/A12/s7060/201712/t20171206_320698.html.

育人责任考核评估标准,主要包括要素标准、过程标准和实践标准等评价标准。[1]要素标准是对高校各项育人工作过程中涉及的各个关键要素进行规范和衡量的标准,既要从宏观上评估各要素的完备与规范,又要从微观上衡量各要素是否符合规范和要求。"十大"育人各个项目内容不同,考核要素标准也就不一样,比如科研育人重在关注学生科研参与、成果转化、氛围营造等;而实践育人主要关注实践教学、实践基地、实践活动等要素。这就要求高校在要素标准的把握上,注重把握关键要素,优化内容选取,实现宏观设计指标项到微观实操指标项的全面解构与细化。过程标准是对高校各项育人工作过程是否规范的评价,主要是评价教育过程的阶段与环节是否符合育人目标和要求,是否实现有效衔接,既要关注过程的运行状况,又要关注运转质量的效果如何。实践标准是检验育人质量效果的最为根本的标准,学生的思想观念、知识技能、实践能力、身心素质都要在实践中进行检验。高校育人工作的实践标准,要从立德树人目标的达成度、师资队伍建设的保障度、社会需求的适应度等方面加以综合评价。

2.建立创新考核评估方法

方法是过河的"桥"和"船"。毛泽东指出:"不解决桥或船的问题,过河就是一句空话。"[2]高校"十大"育人考核评估具有评估主体多元化、评估客体复杂化的特点,必须基于时代要求和实际情况,探索创新评估方法,不断提高评估工作的科学性、针对性、有效性。目前,学界对高校思想政治教育工作质量评价方法进行了广泛的研究和探讨,形成了一系列标志性的成果,为高校"十大"育人创新考核评估方法提供了重要参考。高校应在梳理总结的基础上,探索建立具有自身特色的考核评估方法。要注重单一评估与综合评估相结合。高校"十大"育人体系是一项系统工程,既需要通过多种评估方式进行综合评估,从宏观层面把握育人的质量和

---

[1] 骆郁廷、靳文静:《深化高校思想政治教育质量评价的思考》,《思想理论教育》2024年第1期。
[2] 《毛泽东选集》第1卷,人民出版社,1991年,第139页。

成效；又需要对每项育人责任落实情况进行分类评估，从微观视角精准把握各项具体育人工作的实施状况。要坚持定量评估与定性评估相结合。一方面要运用大数据手段，对"十大"育人工作的具体运行进行整理和分析，通过数字或指标来量化育人工作的局部面貌或综合水平；另一方面也要运用访谈、调查等方法，对育人工作的本质性、深层次问题进行间接评估，以把握育人工作的效果和价值。要坚持学校评估与校外评估相结合。高校"十大"育人工作质量评估以高校为整体对象，既要发挥学校内部多元教育主体和教育对象的评估；又要引入第三方的评估方法和手段，注重社会用人单位和社会大众的评估。

3.建立育人工作激励机制

在高校育人工作中，建立健全激励表彰制度，能够为高校育人工作的开展提供强大动力。它既是考核评估制度中基于评价环节的自然承接，又是考核评估结果的进一步运用。高校应根据自身实际，制定育人工作成果评选表彰办法，设置多样化的激励方式。具体而言，要建立物质激励和精神激励相结合的表彰制度。物质激励是最直接的激励，是激励的主要模式之一，主要包括奖金激励、福利激励和奖品激励等多种形式。高校应设置专项经费，对高校"十大"育人工作中表现突出的单位和个人给予物质上的支持和奖励，以激发其工作积极性。除了要建立物质激励表彰制度外，精神激励也必不可少。精神激励是激励制度中的重要内容，对高校育人工作者进行精神激励，可以激发他们的工作热情，提高他们的职业满意度和忠诚度。针对高校育人工作的不同方面和特点，可以设立课程思政示范奖、服务育人先进个人等专项奖项，同时，定期举办全校性的表彰大会，通过先进典型的宣传和示范，激发高校育人工作者的积极性和主动性。此外，还要把"十大"育人开展情况作为各级党组织和党员干部工作考核的重要内容，纳入落实全面从严治党主体责任情况监督检查和巡视巡察内容，对工作不力的单位和个人进行严肃追责问责。

二、建好高校思想政治工作队伍

高校思想政治工作队伍是指在高校中专门从事思想政治工作的各类人员所组成的工作群体。高校思想政治工作队伍是实施"十大"育人的现实主体,"他们的思想道德修养、业务能力水平直接关乎整个思想政治工作的质量"[1]。因此,新时代推进"十大"育人,必须从加强专门力量建设、加大培养培训力度、注重项目支持引领等方面着力,扎实推进高校思想政治工作队伍建设。

(一)加强专门力量建设

高校思想政治工作专门力量,主要是指在高校中直接承担思想政治教育工作任务、具有明确的思想政治工作岗位职责和专业技能的特定人员群体,具体包括高校党政干部和共青团干部、思想政治理论课教师和哲学社会科学课教师、辅导员班主任和心理咨询教师等人员。[2]2016年12月,中共中央、国务院《关于加强和改进新形势下高校思想政治工作的意见》明确提出加强"专门力量建设"[3]。为贯彻中央重要文件精神,教育部出台《关于加强新时代高校教师队伍建设改革的指导意见》《新时代高等学校思想政治理论课教师队伍建设规定》《普通高等学校辅导员队伍建设规定》等文件,采取有力措施推动高校思想政治工作专门力量显著增强。建好专门力量是一项系统而长期的任务,需要从把好选人关口、配齐补足人员、优化提升质量等方面入手。

1. 把好选人关口

高校思想政治工作的内涵和外延随着时代的发展不断丰富和拓展,不仅包括传统的思想政治教育,还涉及心理健康教育、职业规划指导、创

---

[1] 黄蓉生:《中国式现代化视域下完善高校思想政治工作体系论析》,《思想理论教育导刊》2023年第8期。
[2] 《习近平谈治国理政》第2卷,外文出版社,2017年,第380页。
[3] 中共中央党史和文献研究院编:《十八大以来重要文献选编》(下),中央文献出版社,2018年,第486页。

新创业教育等多个领域。这就要求拓宽用人视野,把各方面的人才作用充分发挥出来。拓宽选拔视野,首先要明确选拔标准,坚持正确的选人用人导向,严格规范选拔条件,既要明确专业背景的条件,又要提出政治素质的要求,真正把具有坚定的马克思主义信仰、具备思想政治工作才能、潜心思想政治教育事业的优秀人才选拔到专门力量中来。对没有达到要求的人员,坚决拒绝其加入高校思想政治工作队伍,避免人员队伍的泛化。要拓宽选拔渠道,坚持本校培育和校外公开选拔相结合,既要从本校的优秀毕业生中选拔有志于从事思想政治工作的学生留校工作,又要从高校现有的管理队伍、专任教师队伍中选择党性强、理论修养好的优秀人员加入专门队伍,同时还要积极从社会各界选拔优秀人才,如从党政机关、企事业单位等选拔具有丰富思想政治工作经验的人员充实到高校思政工作队伍中。要注重选拔方式多样,建立健全选拔任用机制,树立"择天下英才而用之"的勇气和魄力,通过校园招聘与社会招聘相结合、内部选拔与外部引进并重等多种渠道,采取综合评价与面试考察、实践考察与试用期制度等方式,经过思想品德鉴定、笔试、面试等过程,选拔更多优秀人才加入思想政治工作队伍,为高校思想政治工作的发展提供有力的人才保障。

2.配齐补足人员

高校思想政治工作既要加强整体教师队伍建设,实现全员育人,又要强化专门力量,推动高校思想政治工作专业化、全员化。思政课教师是信仰马克思主义的理论引领力量,既是理论传播者、思想引领者,也是品德示范者和成长助力者,在立德树人根本任务中发挥着重要的关键作用,应按照师生比不低于1∶350的比例配齐配足。[①]辅导员是日常思想政治教育和管理工作的重要力量,在高校思想政治工作中具有不可替代的地位

[①] 中华人民共和国教育部:《新时代高等学校思想政治理论课教师队伍建设规定》[EB/OL].(2020-01-16)[2025-01-15].http://www.moe.gov.cn/srcsite/A02/s5911/moe_621/202002/t20200207_418877.html.

和作用,要按照师生比不低于1∶200的比例设置专职辅导员岗位,①按照专兼结合、以专为主的原则,足额配备到位。党团干部是做好高校思想政治工作的党建保障力量,是高校管理队伍的"关键少数",高校应按照《普通高等学校学生党建工作标准》的要求,落实专职思想政治工作人员和党务工作人员不低于全校师生人数的1%的要求,②确保学生党建工作力量配置。心理健康教师是学生心理健康的守护者和思想政治工作的协同者,在高校思想政治工作中具有至关重要的地位和作用。2017年国家卫生计生委等22个部门联合印发《关于加强心理健康服务的指导意见》,明确提出高校应"按照师生比不低于1∶4000配备从事心理辅导与咨询服务的专业教师"③,每所高等院校均要设立心理健康教育与咨询中心(室)。2023年教育部等十七部门印发《全面加强和改进新时代学生心理健康工作专项行动计划(2023—2025年)》,除了明确配备比例外,还提出"每校至少配备2名"④的硬性要求。

3.优化提升质量

队伍结构状况在很大程度上决定着队伍功能的发挥,对于提高育人工作质量具有重要意义。高校是人才集中、知识密集的特殊场所,高校思想政治工作队伍须适应高校思想政治工作中不同层次的育人要求,组建由本科学历和硕士学位、博士学位的人员共同组成的专门队伍,形成合理的学历结构。要优化专业结构,不同专业人员具有不同的专业知识和技

---

① 中华人民共和国教育部:《普通高等学校辅导员队伍建设规定》[EB/OL].(2017-09-29)[2025-01-15].http://www.moe.gov.cn/srcsite/A02/s5911/moe_621/201709/t20170929_315781.html.
② 中华人民共和国教育部:《中共教育部党组关于印发〈普通高等学校学生党建工作标准〉的通知》[EB/OL].(2017-03-01)[2025-01-15].http://www.moe.gov.cn/srcsite/A12/moe_1416/moe_1417/201703/t20170310_298978.html.
③ 国家卫生健康委官网 疾病预防控制局:《关于加强心理健康服务的指导意见》[EB/OL].(2017-01-19)[2025-01-15].http://www.nhc.gov.cn/jkj/s5888/201701/6a5193c6a8c544e59735389f31c971d5.shtml.
④ 中华人民共和国教育部:《教育部等十七部门关于印发〈全面加强和改进新时代学生心理健康工作专项行动计划(2023—2025年)〉的通知》[EB/OL].(2023-04-27)[2025-01-15].http://www.moe.gov.cn/srcsite/A17/moe_943/moe_946/202305/t20230511_1059219.html.

能,合理组合能使这些技能相互补充。高校"十大"育人工作的内容丰富多样,教育对象包含多个学科背景,育人方式方法要求各不相同,这些都需要按照育人工作的性质和任务,按照一定比例配备不同专业人员,既要兼顾文理学科背景,又要考虑其他学科需要,发挥各个专业的特长。合理的职称结构有助于形成稳定的团队,增强团队凝聚力,使团队成员能够更好地协作,共同推进育人工作。高校应根据育人工作的实际,在团队的职称结构上坚持初级、中级、高级相结合,以中级职务职级为主,不断优化职称结构,形成职称结构合理的专门力量梯队。不同年龄段的人员在高校育人工作中能够发挥各自独特的作用,高校应充分发挥老年人员经验丰富、中年人员协调能力强、青年人员富有创造力的优势,建立老、中、青相结合的梯次结构,以中年和青年人员为主,提高队伍的整体效能。

(二)加大培养培训力度

建立行之有效的培养培训机制,是提升工作队伍专业素养和能力水平的重要手段,也是推动高校思想政治工作队伍专业化、职业化的关键途径。马克思指出:"要改变一般的人的本性,使它获得一定劳动部门的技能和技巧,成为发达的和专门的劳动力,就要有一定的教育或训练。"[1]提升高校思想政治工作队伍的水平需要长期且全方位的努力,不断加大育人专门队伍的培养培训力度,使其符合育人实际需要。

1.加大专门力量培养

马克思认为,"有意识的生命活动把人同动物的生命活动直接区别开来"[2]。这就是说,人都是在意识的指导下,并依照自身价值观作出判断后,选择自己的行为。开展高校育人工作,如果工作队伍的素质跟不上,意识不能跟进,则难以产生应有的效果。新时代背景下,高校育人对象的文化素质在不断提升,教育水平的总体提升对高校育人队伍的学历层次提出了更高的要求。这就要求高校根据专兼职队伍的不同情况,加大专

---

[1] 《马克思恩格斯全集》第23卷,人民出版社,1972年,第195页。
[2] 《马克思恩格斯全集》第3卷,人民出版社,2002年,第273页。

门队伍的培养力度,不断提升学历层次和综合素质。2017年10月,教育部颁布的《普通高等学校辅导员队伍建设规定》提出"高等学校要鼓励辅导员在做好工作的基础上攻读相关专业学位"[①]的要求。2018年教育部思政司在《关于做好2018年高校思想政治工作骨干在职攻读博士学位专项计划工作的通知》中,将"高校辅导员在职攻读博士学位专项计划"调整为"高校思想政治工作骨干在职攻读博士学位专项计划",明确将招录人员扩大为在编在岗高校思想政治工作和党务工作骨干。[②]2019年4月,教育部颁布的《普通高等学校思想政治理论课教师队伍培养规划(2019—2023年)》,提出要通过"思政课教师队伍后备人才培养专项支持计划""思政课教师在职攻读博士项目"等形式,提升思政课教师的学历学位层次。高校应响应国家学历提升政策,把队伍在职学习作为主要途径,适时安排高校思政骨干通过脱产或在职攻读博士、硕士学位,到国内外学术交流等形式进修深造。

2.建立常态化培训制度

党的十八大以来,中央和国家有关部门出台了一系列政策文件,高校思想政治工作队伍的培养培训力度不断加大。2012年8月,国务院颁布《关于加强教师队伍建设的意见》,提出要"完善教师专业发展标准体系""建立教师学习培训制度"[③]。2015年1月,中共中央办公厅、国务院办公厅颁布《关于进一步加强和改进新形势下高校宣传思想工作的意见》,为队伍建设指引方向。2015年9月,中宣部联合教育部印发《关于加强和改进高校宣传思想工作队伍建设的意见》,提出要"启动实施马克思主义理

[①] 中华人民共和国教育部:《普通高等学校辅导员队伍建设规定》[EB/OL].(2017-09-29)[2025-01-15].http://www.moe.gov.cn/srcsite/A02/s5911/moe_621/201709/t20170929_315781.html.
[②] 中华人民共和国教育部:《教育部思想政治工作司关于做好2018年高校思想政治工作骨干在职攻读博士学位专项计划工作的通知》[EB/OL].(2018-03-05)[2025-01-15].http://www.moe.gov.cn/s78/A12/tongzhi/201803/t20180306_328920.html.
[③] 中华人民共和国教育部:《国务院关于加强教师队伍建设的意见》[EB/OL].(2012-08-20)[2025-01-15].http://www.moe.gov.cn/jyb_xxgk/moe_1777/moe_1778/201209/t20120907_141772.html.

论学科领航计划、高校思想政治理论课教师国内访学计划,深入实施卓越新闻传播人才和高校网络文化建设骨干队伍培养计划等"①。2016年12月,中共中央、国务院颁布《关于加强和改进新形势下高校思想政治工作的意见》。为做好《中共中央 国务院关于加强和改进新形势下高校思想政治工作的意见》的贯彻落实,教育部印发《关于加强新时代高校教师队伍建设改革的指导意见》,两次出台《普通高等学校思想政治理论课教师队伍培养规划》,并以部长令的方式出台《新时代高等学校思想政治理论课教师队伍建设规定》《普通高等学校辅导员队伍建设规定》等,不断加大高校思想政治工作队伍的培训力度。2024年8月,中共中央、国务院颁发《关于弘扬教育家精神加强新时代高素质专业化教师队伍建设的意见》,对通过培训加强教师专业素养进行专门部署。高校应按照中央和国家有关部门的政策文件要求,结合学校实际,在全面评估工作队伍现状的基础上,科学设置短期、中期、长期相结合的目标体系,针对不同群体采取不同培训策略,同时注重将校内与校外相结合、国内与国外相结合、线上与线下相结合,充分利用"周末理论大讲堂""集体备课""手拉手活动"等方式,提升高校思想政治工作专门队伍的能力素质。

3.强化专门力量实践锻炼

实践锻炼是提升高校思想政治工作者能力的有效途径,也是检验高校育人工作实效的重要手段。习近平总书记指出:"知识和经验犹如雄鹰之双翼,只有经风雨、见世面,才能飞得更高、飞得更远。"②高校思想政治工作者只有深入实践,才能将预设的育人理念转变为现实的育人力量,从而增强育人工作的实效性。高校"十大"育人是一个完整的体系,要构建有效运行的实践锻炼机制,校内社会实践是必不可少的手段。高校应统

---

① 中华人民共和国教育部:《中共中央宣传部 中共教育部党组关于加强和改进高校宣传思想工作队伍建设的意见》[EB/OL].(2015-09-30)[2025-01-15].http://www.moe.gov.cn/srcsite/A12/moe_1416/s255/201510/t20151013_212978.html.
② 中共中央党史和文献研究院、中央"不忘初心、牢记使命"主题教育领导小组办公室:《习近平关于"不忘初心、牢记使命"论述摘编》,党建读物出版社、中央文献出版社,2019年,第210页。

筹校内各要素,搭建育人专门力量的实践平台。具体而言,主要是通过学习考察、轮岗交流、社会实践等多种形式,为高校思想政治工作队伍搭建实践平台。高校可在校内设立思想政治教育实践基地,如学生社区服务中心、心理健康教育中心、创新创业孵化基地等,组织思想政治工作队伍成员参与实践活动,了解学生在不同场景下的思想动态和实际需求,提高解决实际问题的能力;还可以建立学习考察、规范不同岗位轮换交流机制,组织参加暑期"三下乡"社会实践活动、志愿服务活动等实践活动提升育人能力。在做好校内实践的基础上,也要加大校外实践锻炼的力度。《新时代高等学校思想政治理论课教师队伍建设规定》明确:高校应"创造条件支持思政课教师到地方党政机关、企事业单位、基层等开展实践锻炼",并要求按照专项经费加以保障。[①]为此,高校应加强与政府部门、企事业单位等合作,建立多样化的实践基地,同时制定明确的政策,规定思政工作者每年必须有一定时间用于校外实践锻炼。

(三)注重项目支持引领

项目支持引领是通过项目的实施来推动和引领高校思想政治工作队伍提升能力与水平的一种方式。项目支持引领能够为高校思想政治工作队伍提供系统的培训和实践机会,有助于加强高校思想政治工作队伍的理论与实践结合,有效发挥优秀成果的示范引领作用,促进队伍整体素质的提升。

1.培育思政工作精品项目

高校思政工作精品项目是指在高校思想政治工作中,通过精心策划、组织和实施,取得显著成效并具有示范性、引领性和推广性的项目。高校思想政治工作精品项目在队伍建设中发挥着至关重要的作用,不仅提升了思想政治工作的质量,也为培养担当民族复兴大任的时代新人提供了

[①] 中华人民共和国教育部:《新时代高等学校思想政治理论课教师队伍建设规定》[EB/OL].(2020-01-16)[2025-01-15].http://www.moe.gov.cn/srcsite/A02/s5911/moe_621/202002/t20200207_418877.html.

有力支撑。从2018年至2023年，教育部思政司每年都会组织开展高校思想政治工作精品项目的申报，精品项目按照"十大"育人内容分为十个类型，每年遴选100个项目进行建设，主要目标是充分发挥"十大"育人项目的功能，形成先进经验和典型做法。2024年开始，为了更好地推进"时代新人铸魂工程"，教育部思政司开始实施品牌项目示范推广，将思想政治工作精品项目的类型分为理论武装、文化育人、心理育人、实践育人、网络育人、队伍建设等6个类型，建设的数量依然是100个，同时增设了高校原创文化精品项目、高校思想政治工作研究文库项目、高校场馆育人作用开发项目、高校数字文物开发项目、高校学生心理健康教育指导典型案例等品牌项目示范推广的内容。[①]2025年，教育部在此基础上，增加了"新时代伟大变革融入高校思想政治教育典型案例项目""大中小学思想政治教育一体化建设工作典型案例项目"等2个项目。[②]高校应根据教育部有关精品项目建设目标、内容及要求，结合学校自身的办学特色、学科优势以及学生特点，选拔一批政治素质高、业务能力强、富有创新精神的思想政治教育工作者、专业教师、辅导员等组成项目团队，深入挖掘思想政治教育资源，不断探索创新思想政治工作的新方法、新途径，形成具有本校特色的思想政治工作品牌，提升项目的影响力和示范效应。

2.实施骨干队伍培育提升计划

高校思想政治工作骨干队伍培育提升计划是加强高校思想政治工作队伍建设的一项重要举措，旨在选拔培养一批在高校思想政治工作领域具有深厚理论素养、丰富实践经验和创新能力的杰出人才，使其成为该领域的领军人物，引领和带动高校思想政治工作队伍整体水平提升。为此，

---

① 中华人民共和国教育部:《教育部办公厅关于启动2024年度高校思想政治工作质量提升综合改革与精品建设项目申报工作的通知》[EB/OL].(2023-09-06)[2025-01-15].http://www.moe.gov.cn/srcsite/A12/s7060/202309/t20230914_1080226.html.
② 中华人民共和国教育部:《教育部办公厅关于启动2025年度高校思想政治工作质量提升综合改革与精品建设项目申报工作的通知》[EB/OL].(2024-10-14)[2025-01-15].http://www.moe.gov.cn/srcsite/A12/s7060/202410/t20241023_1158915.html.

教育部思政司于2014年开始实施"思想政治教育中青年杰出人才支持计划",选拔高等学校45岁以内、具有副高以上职称,从事思想政治教育研究和实践的相关人员进行支持。[①]2018年,教育部思政司启动实施"高校思想政治工作中青年骨干队伍建设项目"和"高校网络教育名师培育支持计划",明确项目支持的对象为高校思想政治工作队伍,主要承担理论宣讲、实践创新、团队建设和成果转化等主要任务。[②]为提升辅导员育人能力、促进辅导员成长发展,2023年教育部思政司启动全国高校辅导员名师工作室的培育建设工作。各省级教育部门为做好本地区骨干队伍的培育提升,也组织区域高校开展了省级层面的支持计划,为高校思想政治工作骨干队伍建设提供了大力支持。面向未来,高校应建立健全选拔机制,制定科学标准,搭建实践锻炼平台,深入开展校内思想政治骨干队伍培育工作,同时在职称评定、职务晋升、评优评先等方面给予政策倾斜,对在思政工作中有突出表现和创新成果的中青年骨干给予表彰和奖励,激发他们的工作积极性和创造力。

3.加大科研项目支持

科研项目通常需要团队合作,思政工作者来自不同的专业背景和工作岗位,科研项目的开展能够增进彼此之间的了解,打破工作岗位之间的隔阂,形成更紧密的思政工作团队。同时,科研项目的开展,还可以促使工作队伍紧跟时代步伐,更新教育内容,探索新的育人工作方式。目前,常见的社科类研究项目主要有三种类型:国家级项目、省部级项目和校级项目。国家级项目主要包括国家社会科学基金项目、全国教育科学规划项目及国家社科基金高校思想政治理论课研究专项。其中,国家社科基

---

① 中华人民共和国教育部:《教育部思想政治工作司关于做好"思想政治教育中青年杰出人才支持计划"申报工作的通知》[EB/OL].(2014-07-03)[2025-01-15]http://www.moe.gov.cn/s78/A12/tongzhi/201407/t20140704_171170.html.
② 中华人民共和国教育部:《教育部思想政治工作司关于启动实施"高校思想政治工作中青年骨干队伍建设项目"的通知》[EB/OL].(2018-07-24)[2025-01-15].http://www.moe.gov.cn/s78/A12/tongzhi/201807/t20180725_343682.html.

金高校思想政治理论课研究专项专门支持高校思想政治理论课的教学改革、课程建设、教材编写等方面的研究。省部级项目主要有教育部人文社会科学研究项目和各省市社科规划项目。校级项目是高校根据自身科研发展规划和重点研究方向,设立的校级科研项目,主要用于支持本校教师和科研人员开展人文社会科学研究。国家、省市和高校应设立育人工作专项课题,持续有力支持高校思政工作队伍开展教学研究。另外,省级教育主管部门和高校应加强马克思理论教学科研成果学术阵地建设,支持出版理论和实践研究专著,创办思政课研究学术期刊,并鼓励开设育人研究栏目。

三、强化高校育人工作改革驱动

习近平总书记指出:"改革是教育事业发展的根本动力。必须更加注重教育改革的系统性、整体性、协同性,及时研究解决教育改革发展的重大问题和群众关心的热点问题,以改革激活力、增动力。"[1]新时代高校推进"十大"育人,要深入学习贯彻习近平总书记关于教育强国建设的重要讲话精神,坚持改革创新和系统观念,拓新"三全育人"改革路径,搭建育人创新工作平台,构建协同育人"教联体",贯彻总体国家安全观,着力破除制约育人发展的体制机制障碍,不断提升育人质量和实效。

(一)拓新"三全育人"改革路径

拓新"三全育人"改革路径是新时代贯彻育人理念和变革育人方式的重大命题,是落实立德树人根本任务的现实要求。党的十八大以来,教育部统筹开展"三全育人"改革试点,推动全国高校不断探索"三全育人"改革路径。随着实践的深入,囿于现行高等教育管理体制衍生的利益结构关系,试点单位内部功能配置不全、工作协同不够、育人合力不强现象逐

---

[1] 习近平《论教育》,中央文献出版社,2024年,第4页。

渐凸显。①这就需要高校在构建整体协同机制、激发育人内生动力、推动数字化转型等方面着手,进一步推进"三全育人"改革深入开展。

1.构建"三全育人"整体协同机制

拓新"三全育人"改革路径,需要对人员、时空和环境等关键要素进行整合,汇聚各方优势力量共同参与其中。因此,构建多方联动、协同配合的整体协同机制尤为重要。高校要强化育人主体的协同,进一步明确专任教师(包括班主任或导师)在学科育人、专业育人等方面的主导作用以及辅导员、党政管理干部、行政教辅人员、后勤服务人员在管理育人、服务育人、日常教育等方面的主导作用,同时积极拓展渠道,引进社会资源,聘请企业和社会的先进典型人物,如时代楷模、英雄模范、大国工匠等校外导师,在校内思政课和校外实践基地开展专题教学实践。要注重课程资源的协同,着力推进思政课与专业课程的融合,深入挖掘提炼专业课、公共课等课程思政元素,将其与学生认知水平、专业知识讲授进行精准对接,打造具有"思政味"的专业课。要推动校内校外协同。校内层面,要加强学校党委的领导,强化教务处、学生处、校团委等部门对"三全育人"机制的组织协调,发挥思政课教师对其他专业课教师的理论指导;校外层面,要加强学校与学校、学校与地方政府及省(市、区)教育行政部门的协同联动,充分利用社会教育资源,推动教育资源的开放,建立协同育人实践基地、社会实践基地、实践教学平台等教育平台。

2.激发"三全育人"内生动力

拓新"三全育人"改革路径,关键在于激发人的内生动力。高校领导干部、管理人员、教师个体只有对"三全育人"改革的教育理念、目标要求产生深刻理解和认同,才能推动机制的构建和效能的发挥。教育宣传在激发内生动力方面发挥着重要作用。通过加强教育宣传,可以有效提升师生及社会各界对育人工作重要性的认识,营造积极向上的育人氛围,从

---

① 任少伟:《整体性治理视域下推进高校"三全育人"综合改革路径探析》,《思想政治教育研究》2024年第5期。

而激发个体和集体的内生动力,推动育人工作的高质量发展。高校要引导全校教职工积极落实立德树人根本任务,通过全员学习、教育培训、主题宣讲、专题研讨、经验分享等形式,让全员育人、全程育人、全方位育人理念深入人心,形成全体人员的行动自觉。要加强示范带动,把选树典型作为激发"三全育人"改革内生动力的重要抓手,建立健全分层分类培育、选树、激励等机制,多层次、多维度、多渠道发现培养先进典型,评选先进人物、先进集体。要完善考核评价制度,建立健全教师分类考核和职称评定方式,出台并优化思政课教师、辅导员、党务干部职称评审计划单列方案,构建以育人为导向的分层分类培训体系与表彰体系,同时将育人工作成效纳入校内政治巡察、教职工年度述职的重要内容,推动育人工作由"软指标"变成"硬约束"。

3. 推动"三全育人"数字化转型

随着大数据、云计算等信息技术的飞速发展,信息化、数字化和智能化教育已经成为未来发展趋势,高校应该在推动思政教育数字化转型上跟上时代步伐。要建设线上"一站式"学生服务平台,开发数字思政体系、管理服务体系和智慧学工体系,统筹思政教学服务、业务办理、朋辈互助、沟通交流等业务和功能,打造集学习、生活、交流、服务等于一体的综合型数字化平台,强化"一网通管",实现"一网联办",沟通交流"触手可及"。要构建智慧思政教育新形态,搭建一体化思政数据共享平台,建立学生成长档案,构建学生思想政治状况的全方位评价体系。要深度运用大数据,发挥大数据"一键画像"功能,针对学生成长需要、思想需求和认知特点,精准推送思政教育学习资源,实现基于数据驱动的个性化精准育人。要推进方式方法体系创新,既要秉承传统思政的谈心谈话法、典型案例法、榜样选树法等,同时也要依托人工智能、大数据、虚拟现实等技术,开发虚拟仿真教学项目,打造智能化育人场景,创建多元学习场域。要探索网络育人的新媒体途径,构筑网络育人新阵地,优化网络教育资源供给,利用微信、QQ、抖音、微博、B站等新媒体平台开展教育工作,打造集教育性、服务性、创新性为一体的微平台,与传统媒介形成多维互动、优势互补的立体网络育人空间。

(二)搭建育人创新工作平台

高校"十大"育人的协同联动,各种育人资源的整合统筹,必须借助一定的平台来实现。育人工作平台的搭建旨在以提升育人队伍的素质能力为基本点,为高校思想政治工作研究、咨询服务、工作协作、互动交流等提供支撑,进而推动高校"十大"育人贯穿高校整个人才培养体系。按照《实施纲要》要求,主要是建设好教育部高校思想政治工作创新发展中心、省级高校网络思想政治工作中心和高校思想政治工作队伍培训研修中心。

1.建设教育部高校思想政治工作创新发展中心

教育部高校思想政治工作创新发展中心(以下简称"发展中心")的成立,是响应新时代高校思想政治工作新要求的重要措施,旨在通过整合资源、搭建平台、开展研究等方式,促进高校思想政治工作的理论创新与实践探索。2018年7月,教育部思政司为全面推进高校思想政治工作质量提升工程有效实施,决定委托部分省(自治区、直辖市)教育工作部门和高等学校培育建设高校思想政治工作创新发展中心。2019年1月,教育部思政司发布通知,遴选20个承建单位进行培育,并公布了建设标准和管理办法(试行)。[①]2022年2月,教育部思政司在此基础上又遴选确定6所高职学校、4所民办高校进行培育。[②]发展中心通过组织研究项目、召开学术会议、发布研究成果等方式,推动高校思想政治工作的理论研究与实践探索,同时通过搭建交流平台、组织培训活动等,增进高校之间的沟通与协作。面向未来,牵头省级教育工作部门或高校应根据建设标准和管

---

① 中华人民共和国教育部:《教育部思想政治工作司关于公布高校思想政治工作创新发展中心的通知》[EB/OL].(2019-01-07)[2025-01-15].http://www.moe.gov.cn/s78/A12/tongzhi/201901/t20190107_366272.html.
② 中华人民共和国教育部:《教育部思想政治工作司关于公布高校思想政治工作创新发展中心(高职学校、民办高校)建设名单的通知》[EB/OL].(2022-02-15)[2025-01-15].http://www.moe.gov.cn/s78/A12/tongzhi/202202/t20220215_599325.html.

理办法,成立专门的领导机构,设置相应的部门或研究团队,整合校内及区域高校的资源,创新工作方法和内容,不断推进高校思想政治工作的创新发展。其他高校也可以通过区域创新发展中心加强交流与合作,共同探索高校思想政治工作的新路径、新方法,不断提高工作的针对性和实效性。

2.建设省级高校网络思想政治工作中心

网络思想政治工作是高校思想政治工作的重要组成部分,设立省级高校网络思想政治工作中心,能够整合资源、形成合力,构建全省(自治区、直辖市)高校网络思想政治工作大格局,为落实立德树人根本任务提供有力保障。2018年6月,教育部思政司发布通知,委托各省(自治区、直辖市)教育工作部门建设省级高校网络思想政治工作中心,共建设32家,分布于32个省级行政区。[1]省级高校网络思想政治工作中心通常挂靠在省(自治区、直辖市)教育工委或相关职能部门,由一至两所高校牵头建设,配备一定数量的专职工作人员负责中心的日常运营和管理,同时还会从高校选拔一批优秀的思政工作者、网络技术专家等作为兼职人员,参与中心的各项工作。有的省份如河南、四川等还在部分高校设立分中心,在中心办公室的组织协调下开展工作。各省(自治区、直辖市)积极推动省级高校网络思想政治工作平台的建设工作,如安徽省打造全国第一家省级"教管服一体化智慧思政大数据平台",建立了集思想引领、学习教育、互动交流、舆论引导等多功能于一体的网络思政阵地。[2]面向未来发展,牵头高校应在优化资源整合与供给、完善协同工作机制、加强技术创新与应用、强化队伍建设与培训、深化理论研究与实践探索等方面着力,以更好地服务高校网络思政工作。

---

[1] 中华人民共和国教育部:《对十三届全国人大二次会议第4015号建议的答复》[EB/OL].(2019-10-11)[2025-01-15].http://www.moe.gov.cn/jyb_xxgk/xxgk_jyta/jyta_szs/201911/t20191126_409754.html.

[2] 中华人民共和国教育部:《安徽省以体系建设保障教育评价改革落地见效》[EB/OL].(2024-10-25)[2025-01-15].http://www.moe.gov.cn/jyb_sjzl/s3165/202410/t20241028_1159566.html.

3.建设高校思想政治工作队伍培训研修中心

高校思想政治工作队伍培训研修中心(以下简称"研修中心")是教育部为推动新时代高校思想政治工作队伍发展而设立的培训平台,面向全国高校遴选单位,主要承担队伍的培训研修、理论教育、实践探索、政策咨询等工作任务。2019年1月,教育部思政司共遴选40个研修中心,涉及46所高校,其中6个研修中心为2所高校联合建设。[①]研修中心主要承担教育行政部门、高校委托的思政工作队伍建设任务,旨在通过系统的培训和研修活动,满足不同层次、不同需求的思政工作者培训需求,提高高校思想政治工作队伍的政治素质、业务能力和育人水平。同时,通过加强与其他研修中心及高校的交流合作,实现资源共享,共同推进思想政治工作的理论研究和实践创新。目前,多数研修中心已经形成包括国家级示范培训、省级特色培训和校级基础培训在内的多层次培训体系,推进了培训资源的有效整合和共享。通过培训,高校思政工作队伍的整体素质和能力得到显著提升,为推动高校思想政治工作高质量发展提供了有力支撑。面向未来,培训研修中心的建设还需要在跨学科融合课程开发、前沿热点追踪模块设置等方面进行内容创新,在沉浸式培训体验设计、个性化培训路径规划等方面进行方式革新,在师资拓展和智能平台建设方面加以改进,加快推进长期跟踪评估机制,进一步提升培训质量和效果。

(三)构建协同育人"教联体"

家校社协同育人"教联体"(以下简称"教联体")建设是新时代推进全方位育人的重要手段,也是提升"十大"育人质量的应然选择。2024年11月,教育部等十七部门联合颁布《家校社协同育人"教联体"工作方案》(以下简称《工作方案》),正式提出"教联体"的概念。所谓"教联体",是以中小学生健康快乐成长为目标、以学校为圆心、以区域为主体、以资源为纽

[①] 中华人民共和国教育部:《教育部思想政治工作司关于公布高校思想政治工作队伍培训研修中心名单的通知》[EB/OL].(2019-01-07)[2025-01-15].http://www.moe.gov.cn/s78/A12/tongzhi/201901/t20190107_366246.html.

带,促进家校社有效协同的一种工作方式。①《工作方案》中所说的"教联体"主要是针对中小学而言,但同样适用于高校育人工作。为此,高校应从成立工作机构、搭建联动平台、完善机制保障等方面构建高校协同育人"教联体"。

1. 成立工作机构

工作机构在协同育人过程中起着至关重要的作用,它不仅是协同育人的组织者,更是推动者和保障者。成立工作机构能够对各方资源进行统筹规划,引导各方育人主体在目标上达成共识,形成教育合力,共同为学生的成长创造良好的环境。在构建"教联体"方面,高校应发挥牵头作用,协调负有协同育人责任的政府部门、家长代表、社区组织等成立高校协同育人"教联体"工作委员会。工作委员会负责相关政策、制度和工作规划的制定,统筹和协调各方资源,以及日常工作的业务指导和宣传推广。工作委员会成员的选择应具有广泛的代表性,包括高校领导及相关部门负责人、地方政府教育部门领导、社区组织代表、家长代表、企业代表、专家学者等,同时也要考虑其在各自领域的影响力和专业性,确保能够为协同育人工作提供有力支持和指导。工作委员会下设办公室,设在学生工作部门。办公室承担领导小组日常工作,指导校内各部门协同配合,加强同地方政府有关部门、社会资源单位及家庭代表的联络沟通,协调解决协同育人过程中存在的困难及问题。在工作委员会的指导下,办公室牵头制定和出台相关制度文件,明确"教联体"各主体的职责任务,完善经费、人员、场地等方面政策保障,定期研究、谋划推动协同育人工作,推动家校社协同育人"教联体"工作落实。

2. 搭建联动平台

推动高校"教联体"建设,关键在于"联",联动是"联"的目标和落脚

---

① 中华人民共和国教育部:《教育部等十七部门联合印发〈家校社协同育人"教联体"工作方案〉》[EB/OL].(2024-11-01)[2025-01-15]. http://www.moe.gov.cn/jyb_xwfb/gzdt_gzdt/s5987/202411/t20241101_1160204.html.

点。联动是指家庭、学校、社会在育人问题上进行沟通协调、采取共同行动,最终形成育人合力。家庭、学校、社会进入"教联体"后,在育人方面能否目标同向、步调一致,直接影响着"教联体"工作效能的发挥。联动平台是育人主体发挥作用的主要载体,有助于促进资源的整合、责任的共担和行动的协同。高校"教联体"联动平台的建设要以数字化为支撑、资源整合为核心、多方协作为基础,通过机制创新和活动实践形成育人合力。要搭建综合性数字平台,将家庭教育指导、育人资源和社会服务进行集成,设立家校社教育资源课程、教育经验交流分享、学生成长档案、育人问题在线咨询等功能模块,为高校"教联体"建设提供数字化支持。比如,扬州大学研发的"数智教联体"平台,通过数据共享和可视化分析,实现学校、家庭、社会资源的动态匹配与活动追踪。[①]要搭建线上线下活动平台,联合家校社组织开展家庭教育周、亲子心理沙龙、社会实践活动等,增加三者的情感联系与合作育人共识,同时利用网络开展家庭教育咨询日、家校连线直播、在线分享会等活动,营造开放多元的协同育人环境。要搭建多元资源共享平台,加强与文旅委、文物局、科协等部门的合作,充分利用科普教育基地、爱国主义教育基地、文化场馆等本地文化资源,将其作为家校社协同育人的阵地,为高校和家庭开展多样育人活动提供便捷。

3. 完善机制保障

机制保障是高校"教联体"能否高效运行、可持续发展的关键支撑,其作用贯穿资源整合、主体协作、问题解决、成效评估等全流程,核心在于通过制度化与规范化的设计,激发各方协同主体内生动力,最终实现整体育人效果。要建立常态化议事制度,定期召开"教联体"工作联席会议,通报高校协同育人"教联体"工作情况,研究重难点问题,商讨工作对策,部署工作安排,形成高效的信息流转及反馈机制,推进高校"教联体"工作高质量开展。要建立常态化沟通机制,通过建立工作微信群、设置沟通热线、

[①] 中国教育新闻网:《扬州大学团队研发数智平台赋能家校社协同育人》[EB/OL].(2025-02-10)[2025-01-15].http://www.jyb.cn/rmtzcg/xwy/wzxw/202502/t20250210_2111302240.html.

开展线下交流活动等方式,推进家校有效沟通和问题协商处置,创新服务工作模式,推进家校社协同育人工作制度化、规范化、科学化发展。要建立资源保障机制,充分发挥家庭教育学院、研究中心和评估监测中心等机构的作用,推动资源开发、课题研究、培训考核等工作。整合高校属地各类实践基地,以及学校场地、课程、师资等资源,为协同育人活动提供无偿服务。要建立考核激励机制,把"教联体"建设成效作为学校、各职能部门履行教育职责和教育质量评价的重要内容,纳入高校党建与思想政治教育工作考核体系,将考核结果作为学校和教师评先评优、绩效奖励、资源分配等的重要依据。探索推动"教联体"示范点建设,开展学校家庭社会协同育人成果案例评选,总结提炼推广高校"教联体"创新做法及先进经验,并借助各类媒体进行广泛宣传,打造具有辨识度的工作品牌。

(四)贯彻总体国家安全观

习近平总书记指出:"推动创新发展、协调发展、绿色发展、开放发展、共享发展,前提都是国家安全、社会稳定。没有安全和稳定,一切都无从谈起。"[1]高校作为人才培养的重要基地,承担着安全育人的重要使命。加强大学生总体国家安全观教育,是落实立德树人根本任务的重要举措,事关校园安全稳定,事关国家发展稳定和社会长治久安。新时代高校贯彻总体国家安全观,要从科学把握总体国家安全观、构建常态化教育体系、创新教育的方法手段等方面着力,推动总体国家安全观教育在学校落地落实。

1.科学把握总体国家安全观

"总体国家安全观"是以习近平同志为核心的党中央站在统筹"两个大局",准确把握国际国内安全形势,创造性提出的重大战略思想。2014年4月,习近平总书记在中央国家安全委员会第一次会议上,首次提出总体国家安全观,并从"五大要素""五对关系"及十一个重点领域阐述了总

---

[1] 中共中央党史和文献研究院编:《习近平关于总体国家安全观论述摘编》,中央文献出版社,2018年,第10页。

体国家安全观的内容。①2015年7月,新颁布的《中华人民共和国国家安全法》将"总体国家安全观"写入总则。2017年10月,党的十九大将"坚持总体国家安全观"列入新时代中国特色社会主义思想和治国理政的"基本方略",并写入党章总纲。②2020年12月,习近平总书记在十九届中央政治局第二十六次集体学习时,就贯彻落实总体国家安全观提出"十个坚持"的要求,③标志着总体国家安全观理论体系的正式确立。2021年11月,党的十九届六中全会通过的《中共中央关于党的百年奋斗重大成就和历史经验的决议》,明确提出"五个统筹"的重要论断,④进一步丰富和深化了总体国家安全观。2022年10月,党的二十大将"统筹发展和安全"作为治国理政的总则,再次强调"五大要素",并对"五个统筹"作出新表述。⑤总体国家安全观从"总体"着眼,强调国家安全的全面性、相对性和可持续性。同时,它又作为一种科学方法,强调"大安全"理念,强调国家安全的科学统筹。总体国家安全观的核心内涵由"五大要素""五个统筹"和"十个坚持"构成,是习近平新时代中国特色社会主义思想的重要组成部分,为做好新时代国家安全工作提供了根本遵循。高校在开展"十大"育人工作时,必须以总体国家安全观为行动指南,准确把握其科学内涵与精神实质,掌握其科学思维方法,将其融入高校育人全过程。

2. 构建常态化教育体系

高校"十大"育人贯彻总体国家安全观,既是应对复杂安全形势的战略选择,又是落实立德树人根本任务的必然要求。通过将总体国家安全观意识、知识和能力融入人才培养全链条,高校不仅能够培养具备安全素养的新时代青年,还能为筑牢国家安全屏障提供可持续的人才支撑。构

---

① 《习近平主持召开中央国家委员会第一次会议强调 坚持总体国家安全观 走中国特色国家安全道路》,《人民日报》2014年4月16日。
② 《中国共产党第十九次全国代表大会文件汇编》,人民出版社,2017年,第73-74页。
③ 《习近平谈治国理政》第4卷,外文出版社,2022年,第390-391页。
④ 《中共中央关于党的百年奋斗重大成就和历史经验的决议》,人民出版社,2021年,第56页。
⑤ 习近平:《高举中国特色社会主义伟大旗帜 为全面建设社会主义现代化国家而团结奋斗——在中国共产党第二十次全国代表大会上的报告》,《人民日报》2022年10月26日。

建常态化教育体系,是推动总体国家安全观在人才培养环节落地落实的重要抓手。这就要求高校从国家安全的战略高度和青年学生成长的视角出发,对总体国家安全观教育进行整体性顶层设计,致力于建设教学、实践、科研紧密结合的培养体系。要发挥好思想政治理论课的主渠道作用,将总体国家安全观有关内容融入课程教学中,通过案例教学、专题研讨等形式,深化大学生的理论认知。要利用好《总体国家安全观学习纲要》《国家安全教育大学生读本》等资源,开设专门的国家安全教育课程,并将课程纳入人才培养方案通识教育必修课程模块,从国家安全的形势、内涵、策略等方面进行全面系统的教学。总体国家安全观涉及众多方面,同时也与高校众多学科专业紧密相关,高校可依托课程思政,将总体国家安全观融入专业课程教学,教育引导学生在专业领域增强国家安全防范意识。除了要注重课程教学,高校还应将国家安全教育融入日常教育活动,通过主题班会、党团活动、社会实践等方式,普及国家安全知识,提升学生的国家安全意识,增强其维护国家安全的责任感和使命感。

3.创新贯彻总体国家安全观的方式手段

方式手段是教育活动的重要组成部分,丰富而具有针对性的教育方式能够提升国家安全教育的质量和水平。高校只有不断探索创新教育方式和手段,才能将总体国家安全观贯彻落实到教育教学全过程,为国家安全发展提供有力的人才支撑。理论教育与主题实践相结合是创新贯彻总体国家安全观的根本途径。高校要遵循不同学段学生的认知规律,把总体国家安全观的理论讲清楚、讲透彻。同时,还要把"思政小课堂同社会大课堂结合起来"[1],在理论与实践的结合中,教育引导青年学生把总体国家安全观落实到行动中来。线上教育与线下教育相协同是创新贯彻总体国家安全观的重要方式。高校要根据自身特点,开发具有本校特色的"大学生国家安全教育课程平台",打造线上精品教育内容,同时充分利用"两微一端"、官方网站、校园广播电视、学生社团微信公众号等平台,开展国

---

[1] 习近平:《论党的青年工作》,中央文献出版社,2022年,第193页。

家安全宣传教育。在做好线上学习宣传教育的同时,通过参观国防教育基地、国家安全成就展、举办防恐专项演练、开展社会实践调研等沉浸式体验教育,激发学生的学习兴趣,提高国家安全教育的吸引力。校内资源与校外资源相融通是创新贯彻总体国家安全观的重要手段。高校要充分发挥课程资源、人才资源、研究资源等优势,加强总体国家安全观的研究阐释,定期举办国家安全教育专题讲座,组织开展全民国家安全教育日等主题教育活动,营造新时代国家安全意识培育的校园文化氛围。由于国家安全治理涉及主体众多,高校还要走出校门,加强与政府部门、军队、企业等的联系沟通,汇聚更多教育资源,拓展国家安全教育的广度和深度。

主要参考文献

一、经典著作

《马克思恩格斯选集》第1—4卷,人民出版社,2012年。
《马克思恩格斯全集》第3卷,人民出版社,2002年。
《马克思恩格斯全集》第4卷,人民出版社,2012年。
《马克思恩格斯文集》第1卷,人民出版社,2009年。
《列宁选集》第4卷,人民出版社,2012年。
《列宁全集》第10卷,人民出版社,2017年。
《列宁全集》第30卷,人民出版社,2017年。
《毛泽东选集》第1—3卷,人民出版社,1991年。
《毛泽东文集》第7卷,人民出版社,1999年。
《毛泽东文集》第8卷,人民出版社,1999年。
《邓小平文选》第2卷,人民出版社,1994年。
《邓小平文选》第3卷,人民出版社,1993年。
《江泽民文选》第1卷,人民出版社,2006年。
《江泽民文选》第2卷,人民出版社,2006年。
《江泽民文选》第3卷,人民出版社,2006年。
《胡锦涛文选》第3卷,人民出版社,2016年。
《习近平著作选读》第1—2卷,人民出版社,2023年。
《习近平谈治国理政》第1卷,外文出版社,2018年。
《习近平谈治国理政》第2卷,外文出版社,2017年。
《习近平谈治国理政》第3卷,外文出版社,2020年。
《习近平谈治国理政》第4卷,外文出版社,2022年。

二、重要文献

习近平:《之江新语》,浙江出版联合集团、浙江人民出版社,2007年。

习近平:《做党和人民满意的好老师——同北京师范大学师生代表座谈时的讲话》,人民出版社,2014年。

习近平:《在北京大学师生座谈会上的讲话》,人民出版社,2018年。

习近平:《在纪念五四运动100周年大会上的讲话》,人民出版社,2019年。

习近平:《思政课是落实立德树人根本任务的关键课程》,人民出版社,2020年。

习近平:《在全国脱贫攻坚总结表彰大会上的讲话》,人民出版社,2021年。

习近平:《论党的青年工作》,中央文献出版社,2022年。

习近平:《高举中国特色社会主义伟大旗帜 为全面建设社会主义现代化国家而团结奋斗——在中国共产党第二十次全国代表大会上的报告》,人民出版社,2022年。

习近平:《在文化传承发展座谈会上的讲话》,人民出版社,2023年。

习近平:《在纪念毛泽东诞辰130周年座谈会上的讲话》,人民出版社,2023年。

习近平:《论教育》,中央文献出版社,2024年。

习近平:《扎实推动教育强国建设》,《求是》2023年第18期。

习近平:《在中国科学院第二十次院士大会、中国工程院第十五次院士大会、中国科协第十次全国代表大会上的讲话》,《人民日报》2021年5月29日。

习近平:《习近平书信选集》第1卷,中央文献出版社,2022年。

中共中央党史和文献研究院、中央"不忘初心、牢记使命"主题教育领导小组办公室编:《习近平总书记关于"不忘初心、牢记使命"论述摘编》,党建读物出版社、中央文献出版社,2019年。

中共中央党史和文献研究院编:《习近平关于防范风险挑战、应对突发事件论述摘编》,中央文献出版社,2020年。

中共中央党史和文献研究院编:《习近平关于注重家庭家教家风建设论述摘编》,中央文献出版社,2021年。

中共中央党史和文献研究院编:《习近平关于网络强国论述摘编》,中央文献出版社,2021年。

《中共中央关于党的百年奋斗重大成就和历史经验的决议》,人民出版社,2021年。

中共中央文献研究室编:《十六大以来重要文献选编》(中),中央文献出版社,2011年。

中共中央文献研究室编:《十六大以来重要文献选编》(下),中央文献出版社,2008年。

中共中央文献研究室编:《十八大以来重要文献选编》(上),中央文献出版社,2014年。

中共中央党史和文献研究院编:《十八大以来重要文献选编》(下),中央文献出版社,2018年。

中共中央党史和文献研究院编:《十九大以来重要文献选编》(上),中央文献出版社,2019年。

《中国共产党第十九次全国代表大会文件汇编》,人民出版社,2017年。

《中共中央国务院关于深化教育教学改革 全面提高义务教育质量的意见》,人民出版社,2019年。

《中国共产党普通高等学校基层组织工作条例》,人民出版社,2021年。

《中共中央关于进一步全面深化改革 推进中国式现代化的决定》,人民出版社,2024年。

教育部思想政治工作司组编:《加强和改进大学生思想政治教育重要

文献选编(1978—2014)》,知识产权出版社,2015年。

国家发展和改革委员会编:《"十三五"国家级专项规划汇编》,人民出版社,2017年。

中华人民共和国国务院新闻办公室:《新时代的中国青年》,人民出版社,2022年。

《中共中央办公厅、国务院办公厅印发〈关于实施中华优秀传统文化传承发展工程的意见〉》,《人民日报》2017年1月26日。

《中共中央国务院印发〈关于加强和改进新形势下高校思想政治工作的意见〉》,《人民日报》2017年2月28日。

三、理论著作

吴杰:《教学论》,吉林教育出版社,1986年。

施良方:《课程理论——课程的基础、原理与问题》,教育科学出版社,1996年。

谢海光:《互联网与思想政治工作概论》,复旦大学出版社,2000年。

周三多等编著:《管理学——原理与方法》,复旦大学出版社,2003年。

芮明杰:《管理学:现代的观点》,上海人民出版社,2005年。

陈万柏、张耀灿主编:《思想政治教育学原理》,高等教育出版社,2007年。

檀江林等:《高校网络思想政治教育研究》,合肥工业大学出版社,2007年。

徐建军:《大学生网络思想政治教育理论与方法》,人民出版社,2010年。

李猛辉:《高校课程探究》,上海交通大学出版社,2012年。

甘霖:《高校实践育人研究》,人民出版社,2015年。

顾书明:《课程设计与评价》,南京大学出版社,2015年。

周蔚华、徐发波:《网络舆情概论》,中国人民大学出版社,2015年。

黄蓉生：《大学生思想政治教育若干论题研究》，人民出版社，2016年。

黄蓉生等：《大学生思想政治教育改革创新研究》，人民出版社，2018年。

黄蓉生等：《青年思想政治教育时代遵循专论》，西南大学出版社，2022年。

陈小普：《高师心理健康教育理论与实践》，人民出版社，2018年。

李良荣、万师师：《网络空间导论》，复旦大学出版社，2018年。

刘宏达等：《高校思想政治教育工作前沿问题研究》，人民出版社，2019年。

邓军等：《高校思想政治工作质量提升理论与实践·心理育人卷》，广西师范大学出版社，2019年。

马福运：《新时代高校宣传思想工作创新论》，人民出版社，2020年。

黄希庭：《普通心理学》，西南大学出版社，2021年。

曾兰：《当代大学生精神生活现状及其优化研究》，人民出版社，2021年。

王玉忠、金丽馥：《新时代高校网络育人理论与实践》，江苏大学出版社，2021年。

王谦、李红主编：《新时代高校课程育人理论与实践》，江苏大学出版社，2021版。

《新时代思想政治工作大课堂》编写组编著：《新时代思想政治工作大课堂》，人民出版社，2021年。

杨秀红等：《大学生心理健康教育》，复旦大学出版社，2022年。

陈巍：《新时代高校网络育人研究》，浙江大学出版社，2022年。

朱诚蕾：《网络育人论》，武汉大学出版社，2022年。

张永红：《高校思想政治工作育人体系创新发展研究》，重庆大学出版社，2022年。

中国政研会秘书处编:《不断提高基层思想政治工作质量和水平——2023年基层思想政治工作优秀案例》(下册),人民出版社,2023年。

侯丹娟:《高校课程思政建设研究》,中国经济出版社,2023版。

[美]丹尼尔·A.雷恩:《管理思想的演变》,孙耀君、李柱流、王永逊译,中国社会科学出版社,1986年。

[苏]瓦·阿·苏霍姆林斯基:《少年的教育和自我教育》,姜励群等译,北京出版社,1984年。

[美]F.W.泰罗:《科学管理原理》,胡隆昶、冼子恩、曹丽顺译,中国社会科学出版社,1984年。

[德]卡尔·雅斯贝尔斯:《什么是教育》,邹进译,生活·读书·新知三联书店,1991年。

[美]伯顿·克拉克:《探究的场所——现代大学的科研和研究生教育》,王承绪译,浙江教育出版社,2001年。

四、报刊文章

丁雅诵、闫伊乔:《高校思想政治工作成效显著——为中国梦矢志奋斗的青春力量》,《人民日报》2022年1月9日。

王鉴:《加强实践育人,让学生在现实世界中解决真实问题》,《光明日报》2023年5月16日。

宋岳波:《简论教师主体》,《河北师范大学学报(教育科学版)》2001年第1期。

胡成广:《对网络思想政治教育研究热的思考》,《思想教育研究》2006年第2期。

姜国钧:《"课程"与"教学"词源小考——兼与章小谦先生讨论》,《华东师范大学学报(教育科学版)》2006第4期。

王学俭、刘强:《当前高校校园网络舆情的逻辑分析》,《中国高等教育》2010年第10期。

刘洁:《高校管理育人的途径探析》,《思想理论教育导刊》2012年第8期。

黄蓉生:《高校制度建设科学化的三个向度》,《中国高等教育》2013年第23期。

刘建军:《进一步重视科研在高校育人中的地位和作用》,《中国高等教育》2015年第6期。

杨畅:《负面网络舆情视域的政府公信力建设》,《求索》2015年第6期。

傅江浩:《发挥管理育人功能加强大学生思想政治教育浅析》,《思想理论教育导刊》2015年第6期。

敬坤、秦丽萍:《大学生日常生活管理育人的内涵分析》,《湖北社会科学》2015年第7期。

柯宁:《加强高校网络舆情治理》,《中国高等教育》2016年第Z3期。

陈超:《立德树人视域下管理育人的内涵厘定与实践路径》,《思想理论教育导刊》2016年第3期。

尹浩:《高校内部治理主体结构碎片化的整合机制研究》,《当代教育科学》2016年第19期。

高德毅、宗爱东:《课程思政:有效发挥课堂育人主渠道作用的必然选择》,《思想理论教育导刊》2017年第1期。

靳诺:《立德树人:高等教育的根本任务和时代使命》,《中国高等教育》2017年第18期

王建国:《扎实推进习近平新时代中国特色社会主义思想"三进"的思考》,《国家教育行政学院学报》2017年第12期。

兰颖、邓淑华:《高校网络空间风险及其治理》,《学校党建与思想教育》2017年第20期。

骆郁廷、付玉璋:《论高校网络育人协同机制构建的时代价值》,《思想政治教育研究》2018年第4期。

马建青、杨肖:《心理育人的内涵、功能与实施》,《思想理论教育》2018

年第9期。

刘建军:《论"时代新人"的科学内涵》,《思想理论教育》2019年第2期。

吉文桥:《新时代高校制度建设的实践与思考》,《国家教育行政学院学报》2019年第2期。

王瑞:《构建全课程育人的高校思想政治教育大格局》,《思想理论教育导刊》2019年第3期。

潘莉、董梅昊:《高校心理育人面临的现实难题及其突破》,《思想理论教育》2019年第3期。

项久雨、王依依:《高校组织育人:价值、目标与路径》,《思想教育研究》2019年第5期。

阮一帆、徐欢:《高校科研育人探析》,《思想理论教育导刊》2019年第8期。

冯建军:《立德树人的时代内涵与实施路径》,《人民教育》2019年第18期。

燕继荣:《制度、政策与效能:国家治理探源——兼论中国制度优势及效能转化》,《政治学研究》2020年第2期。

洪晓楠、张存达:《习近平新时代中国特色社会主义思想"三进"研究评述》,《思想理论教育导刊》2020年第3期。

柏路:《思想政治理论课主导性和主体性相统一的审思与探索》,《高校马克思主义理论研究》2020年第3期。

胡守敏、李森:《论课程育人生长点的困境与变革》,《课程·教材·教法》2020年第7期。

戴锐、曹红玲:《"立德树人"的理论内涵与实践方略》,《思想教育研究》2017年第6期。

李羽佳:《教育信息化时代高校网络育人队伍建设研究》,《中国高等教育》2020年第24期。

宋时春：《论课程育人的三种逻辑与当代选择》，《教育科学研究》2021年第12期。

杨修平：《论"课程育人"的本质》，《大学教育科学》2021年第1期。

高树仁、郑佳、曹茂甲：《课程育人的历史逻辑、本质属性与教育径路》，《中国大学教学》2022年第Z1期。

成尚荣：《实践育人的理论基础、核心要义与基本形态》，《学术探索》2022年第10期。

刘莹、王鉴：《中国基础教育实践育人的内涵、特征与路径》，《学术探索》2023年第6期。

黄蓉生：《中国式现代化视域下完善高校思想政治工作体系论析》，《思想理论教育导刊》2023年第8期。

冀文彦、刘林：《大学生心理困惑归因及高校心理健康教育策略研究》，《中国高等教育》2023年第7期。

刘晓婷、王玥：《新时代高校服务育人的内在逻辑与实践路径》，《思想理论教育》2023年第8期。

马怀德：《全面推进习近平法治思想进教材、进课堂、进头脑》，《中国大学教学》2023年第9期。

蓝晓霞：《教育强国新征程提升思政引领力的宣传担当》，《思想教育研究》2024年第11期。

徐冉等：《以校内社交平台建设推动高校网络空间治理的探索》，《学校党建与思想教育》2024年第4期。

相关成果辑揽

黄蓉生：《论中国共产党在教育青年方面的独特优势》，《思想理论教育导刊》2012年第11期。

黄蓉生：《关于高等教育质量基本问题的思考》，《中国高教研究》2012年第4期。

黄蓉生：《论新时期大学生雷锋精神教育》，《高校理论战线》2012年第11期。

黄蓉生：《切实加强大学生理想信念教育》，《教育研究》2012年第12期。

黄蓉生、白显良：《党的十六大以来大学生思想政治教育的跨越式发展》，《思想理论教育》2012年第21期。

黄蓉生：《确立工作抓手 提高高校党的建设科学化水平》，《中国高等教育》2013年第5期。

黄蓉生：《青年大学生思想政治教育的时代主题》，《光明日报》2013年7月2日。

黄蓉生：《"三个面向"的大学生思想政治教育时代价值特色》，《中国高等教育》2013年第20期。

黄蓉生、范春婷：《简论30年来思想政治教育科学研究政策发展》，《思想理论教育导刊》2014年第6期。

黄蓉生：《大学生思想政治教育三十年发展论略》，《西南大学学报（社会科学版）》2014年第2期。

黄蓉生、杨挺：《高校思想政治教育课程教材与师资队伍政策30年发展论略》，《高等教育研究》2014年第4期。

黄蓉生：《积极引导青年学生树立社会主义核心价值观》，《光明日报》

2014年7月30日。

黄蓉生:《大学生思想政治教育发展的时代特色——基于思想政治教育专业30年视域》,《思想教育研究》2014年第9期。

黄蓉生、崔健:《加强和改进大学生思想政治教育的中国梦呼唤》,《思想理论教育》2014年第10期。

黄蓉生:《论"三个面向"对大学生思想政治教育的启示与指导价值》,《学校党建与思想教育》2014年第7期。

黄蓉生:《着力增强大学生思想政治教育的针对性实效性》,《思想理论教育导刊》2015年第4期。

黄蓉生、李栋宣:《高校思想政治理论课教师"四有特质"的时代论析》,《思想理论教育导刊》2015年第12期。

黄蓉生:《社会主义核心价值观的文化视域思考》,《中国高校社会科学》2015年第1期。

黄蓉生:《推进思想政治教育学科建设必须处理好几个关系》,《思想理论教育》2015年第2期。

黄蓉生、彭林权:《大学生思想政治教育主要任务的时代特色及其启示》,《求索》2015年第12期。

黄蓉生:《培养中国特色社会主义的坚定信仰者》,《中国高等教育》2015年第7期。

黄蓉生、田歧瑞:《社会主义核心价值观的红色文化特性探析》,《思想教育研究》2015年第10期。

黄蓉生、白云华:《新时期青年思想政治教育工作的行动指南——学习习近平总书记关于青年教育的论述》,《思想理论教育导刊》2016年第6期。

黄蓉生:《意识·能力·机制·平台——高校意识形态工作队伍构建要义》,《光明日报》2016年5月15日。

黄蓉生:《以马克思主义为指导:思想政治教育学科创新发展的根本

遵循》,《思想教育研究》2016年第6期。

黄蓉生、石海君:《党的十八大以来习近平青年论述浅析》,《思想教育研究》2016年第8期。

黄蓉生:《文化自信与高校意识形态安全》,《光明日报》2016年12月11日。

黄蓉生:《坚定高校意识形态工作队伍的文化自信》,《文化软实力》2016年第3期。

黄蓉生:《高校思想政治工作改革创新的"三因"要求论析》,《思想理论教育导刊》2017年第10期。

黄蓉生、崔健:《坚持把立德树人作为中心环节》,《国家教育行政学院学报》2017年第1期。

黄蓉生:《加强高校思想政治工作队伍建设》,《中国高校社会科学》2017年第2期。

黄蓉生:《高校党的建设与思想政治工作的辩证统一》,《光明日报》2017年7月3日。

黄蓉生:《加强高校思想政治工作的学科创新发展思考》,《社会主义核心价值观研究》2017年第4期。

白云华、黄蓉生:《论新形势下青年教育工作的时代遵循》,《思想理论教育》2017年第5期。

黄蓉生、唐登然:《改革开放以来大学生社会主义意识形态教育发展略论》,《教学与研究》2017年第5期。

黄蓉生:《加强高校思想政治工作的学科创新发展思考》,《理论与评论》2018年第1期。

黄蓉生:《新时代思想政治教育学科创新发展若干思考》,《思想理论教育导刊》2018年第3期。

黄蓉生:《切实担负起新时代赋予高校思想政治教育的新使命——学习党的十九大报告的几点初浅体会》,《思想教育研究》2018年第3期。

黄蓉生、崔健、唐斌:《党的十八大以来思想政治理论课教学改革的实践探索与经验启示》,《中国大学教学》2018年第8期。

黄蓉生、丁玉峰:《习近平红色文化论述的思想政治教育价值探析》,《思想教育研究》2018年第9期。

黄蓉生、樊新华:《新时代高校辅导员创新学生党建工作的思考》,《高校辅导员》2019年第1期。

黄蓉生、颜叶甜:《改革开放40年思想政治教育学科发展的历史演进、宝贵经验与前行路径》,《思想理论教育导刊》2019年第4期。

黄蓉生:《新时代加强教师队伍建设的关键所在》,《光明日报》2019年6月11日。

黄蓉生、颜叶甜:《新中国70年党的思想政治教育的发展历程》,《马克思主义研究》2019年第8期。

黄蓉生:《新中国成立70周年高校党建与思想政治工作创新发展的主要经验》,《学校党建与思想教育》2019年第21期。

黄蓉生:《新中国70年大学生思想政治教育发展的理论与实践逻辑》,《思想政治教育研究》2020年第1期。

黄蓉生:《让爱国主义精神在学生心中牢牢扎根》,《光明日报》2020年1月14日。

黄蓉生、徐佳辉:《略论新时代大学生思想政治教育"三办法"》,《思想教育研究》2020年第2期。

黄蓉生:《当好学生健康成长的知心朋友》,《高校辅导员》2020年第3期。

黄蓉生:《我国高校思想政治教育发展特征》,《中国高校社会科学》2020年第5期。

黄蓉生:《习近平关于高校思想政治工作重要论述的价值意蕴》,《马克思主义理论学科研究》2020年第5期。

黄蓉生、谢忱:《新时代加强高校思想政治理论课教师队伍建设的根本遵循》,《思想教育研究》2021年第2期。

黄蓉生:《高校开展党史学习教育的目标取向》,《光明日报》2021年8月23日。

黄蓉生、徐佳辉:《新时代红岩精神的爱国主义教育价值论》,《西南大学学报(社会科学版)》2021年第5期。

黄蓉生、胡红梅:《高校落实立德树人根本任务关键课程若干论域》,《思想教育研究》2021年第8期。

黄蓉生、蒋朝林:《立德与树人:新时代高校思政课教师职业操守的践行》,《河南师范大学学报(哲学社会科学版)》2021年第5期。

黄蓉生:《新时代高校思想政治教育创新若干特征论略》,《思想教育研究》2022年第5期。

黄蓉生、杨瑞:《高校思政课增强适应性的几个关键问题——学习习近平总书记在中国人民大学考察时的重要讲话精神》,《思想理论教育导刊》2022年第7期。

黄蓉生:《推动大学生党史学习教育常态化长效化的历史论域》,《马克思主义理论学科研究》2022年第10期。

黄蓉生:《新时代十年来高校笃行"为党育人为国育才"的价值伟力》,《思想教育研究》2022年第11期。

黄蓉生:《新征程广泛践行社会主义核心价值观论题探赜——学习党的二十大报告体会》,《社会主义核心价值观研究》2022年第6期。

黄蓉生:《新时代高校思想政治教育创新发展的根本取向》,《思想理论教育导刊》2023年第3期。

黄蓉生、刘东旭:《习近平总书记关于加强高校党的建设的重要论述的原创性贡献》,《贵州社会科学》2023年第8期。

黄蓉生:《中国式现代化视域下完善高校思想政治工作体系论析》,《思想理论教育导刊》2023年第8期。

黄蓉生:《建构思想政治教育自主知识体系论析》,《马克思主义理论学科研究》2023年第9期。

黄蓉生、刘东旭:《习近平关于高校党建重要论述的概括、特征及价值》,《国家教育行政学院学报》2023年第9期。

黄蓉生、刘涛:《高校培养新时代好青年的战略策略方略》,《青年学报》2023年第5期。

黄蓉生、刘云彬:《"第二个结合"与思想政治教育高质量发展论略》,《思想教育研究》2023年第11期。

黄蓉生:《思想政治教育学科创立与发展的根本价值取向——写在思想政治教育学科创立40周年之际》,《思想理论教育》2024年第6期。

黄蓉生:《略析"用社会主义核心价值观铸魂育人"重要论断的三重蕴意》,《社会主义核心价值观研究》2024年第3期。

黄蓉生、史甲庆:《习近平总书记关于"为党育人、为国育才"重要论述的意蕴、贡献与路径》,《中国德育》2024年第7期。

黄蓉生、唐颖、钱珠栎:《习近平总书记关于调查研究的重要论述的思想蕴涵、理论特质及实践价值》,《重庆社会科学》2024年第10期。

后 记

党的十八大以来,习近平总书记立足党和国家事业发展全局的高度,深刻阐明了"培养什么人、怎样培养人、为谁培养人"这一教育的根本问题和教育强国建设的核心课题,将加强和改进高校思想政治工作置于治国理政的战略地位,作出一系列重大部署,探索一系列创新举措,推动高校思想政治工作发生历史性变革,取得历史性成就。

2016年12月,中共中央、国务院《关于加强和改进新形势下高校思想政治工作的意见》强调,加强和改进高校思想政治工作,事关办什么样的大学、怎样办大学的根本问题,事关党对高校的领导,事关中国特色社会主义事业后继有人,是一项重大的政治任务和战略工程。要坚持全员全过程全方位育人,把思想价值引领贯穿教育教学全过程和各环节,形成教书育人、科研育人、实践育人、管理育人、服务育人、文化育人、组织育人长效机制。2017年12月,中共教育部党组印发《高校思想政治工作质量提升工程实施纲要》,明确提出构建"十大"育人体系。结合2023年度教育部哲学社会科学研究重大委托项目"推进马克思主义中国化时代化研究"的研究,课题组聚焦新时代高校育人"十大"论域,采用"总—分—总"的范式,从历史、理论、学科、实践四个维度进行系统化、整体化、学理化探究,以期产出集学理阐释、学术研究、理论探讨于一体的高质量研究成果,为时代新人的培养造就提供理论支撑,助力中国特色社会主义教育强国建设。

本书由西南大学中国共产党革命精神与文化资源研究中心组织编写。研究中心主任黄蓉生教授负责总体规划、全面统筹,拟出编写提纲,组织多次提纲研讨,最终确定提纲。具体执笔分工为:导论、后记,黄蓉生;第一章,刘云彬;第二章,白云华;第三章,李思蓓;第四章,谢忱;第五章,唐颖;第六章,徐佳辉;第七章,刘畅;第八章,赵静;第九章,钱珠栎;第十章,梁月凤;第十一章,蒋春芝;第十二章,范曦;第十三章,史甲庆。

  全书初稿形成后,黄蓉生教授审读了初稿,召集作者逐一反馈详细修改意见。各章执笔者根据意见做了反复修改,白云华进行初步统稿,黄蓉生教授在此基础上进行统稿,并调整改写了部分章节后最终定稿。同时,为增加可读性,拓展兴趣性,本书增加了党的十八大以来编写者公开发表的相关学术理论文章。谢忱协助做了大量基础事务工作。

  本书编写过程中,学习借鉴了不少学界有关高校育人、高校思想政治工作方面的研究成果,得到了西南大学出版集团人文社科分社段小佳副社长的鼎力支持,在此,一并致以诚挚谢意!囿于研究能力和水平有限,书中疏漏、不妥当之处在所难免,敬请各位同行专家和广大读者批评指正。

黄蓉生

2025年1月20日于文化村